江苏文库

研究编

江苏历代文化名人传

江苏文脉整理与研究工程

江苏历代文化名人传·范成大

刘蔚 著

江苏人民出版社

图书在版编目(CIP)数据

江苏历代文化名人传. 范成大 / 刘蔚著. — 南京：
江苏人民出版社,2022.12

(江苏文库. 研究编)

ISBN 978 - 7 - 214 - 27315 - 4

Ⅰ. ①江… Ⅱ. ①刘… Ⅲ. ①文化-名人-列传-江
苏②范成大(1126-1193)-传记 Ⅳ. ①K825.4
②K825.6

中国版本图书馆 CIP 数据核字(2022)第 122657 号

书　　　名	江苏历代文化名人传·范成大
著　　　者	刘　蔚
出 版 统 筹	张　凉
责 任 编 辑	石　路
装 帧 设 计	姜　嵩
责 任 监 制	王　娟
出 版 发 行	江苏人民出版社
地　　　址	南京市湖南路 1 号 A 楼,邮编:210009
照　　　排	江苏凤凰制版有限公司
印　　　刷	苏州市越洋印刷有限公司
开　　　本	718 毫米×1 000 毫米　1/16
印　　　张	22.75　插页 4
字　　　数	330 千字
版　　　次	2022 年 12 月第 1 版
印　　　次	2022 年 12 月第 1 次印刷
标 准 书 号	ISBN 978 - 7 - 214 - 27315 - 4
定　　　价	80.00 元

(江苏人民出版社图书凡印装错误可向承印厂调换)

江苏文脉整理与研究工程

总主编

吴政隆　许昆林

学术指导委员会

主　　任　周勋初

委　　员（按姓氏笔画排序）

冯其庸　邬书林　张岂之　郁贤皓　周勋初
茅家琦　袁行霈　程毅中　蒋赞初　戴　逸

出版说明

　　江苏文化源远流长、历久弥新，文化经典与历史文献层出不穷，典藏丰富；文化巨匠代有人出、彪炳史册，在中华民族乃至整个人类文明的发展史上有着相当重要的地位。为科学把握江苏文化的内涵与特征，在新时代彰显江苏文化对中华文化的贡献，江苏省委、省政府决定组织实施"江苏文脉整理与研究工程"，以梳理江苏文脉资源，总结江苏文化发展的历史规律，再现江苏历史上的文化高地，为当代江苏构筑新的文化高地把准脉动、探明趋势、勾画蓝图。

　　组织编纂大型江苏历史文献总集《江苏文库》，是"江苏文脉整理与研究工程"的重要工作。《文库》以"编纂整理古今文献，梳理再现名人名作，探究追溯文化脉络，打造江苏文化名片"为宗旨，分六编集中呈现：

　　（一）书目编。完整著录历史上江苏籍学人的著述及其历史记录，全面反映江苏图书馆的图书典藏情况。

　　（二）文献编。收录历代江苏籍学人的代表性著作，集中呈现自历史开端至一九一一年的江苏文化文本，呈现江苏文化的整体景观。

　　（三）精华编。选取历代江苏籍学人著述中对中外文化产生重要影响、在文化学术史上具有经典性代表性的作品进行整理，并从中选取十余种，组织海外汉学家翻译成各国文字，作为江苏对外文化交流的标志性文化成果。

　　（四）方志编。从江苏现存各级各类旧志中选择价值较高、保存较好的志书，以充分发挥地方志资治、存史、教化等作用，保存江苏的地方文献与历史文化记忆。

（五）史料编。收录有关江苏地方史料类文献，反映江苏各地历史地理、政治经济、文化教育、宗教艺术、社会生活、风土民情等。

（六）研究编。组织、编纂当代学者研究、撰写的江苏文化研究著作。

文献、史料、方志三编属于基础文献，以影印方式出版，旨在提供原始文献，以满足学术研究需要；书目、精华、研究三编，以排印方式出版，既能满足学术研究的基本需求，又能满足全民阅读的基本需求。

"江苏文脉整理与研究工程"工作委员会

江苏文库·研究编编纂人员

主　编

王月清　张新科

副主编

徐之顺　姜　建　王卫星　胡发贵　胡传胜　刘西忠

一脉千古成江河

——江苏文库·研究编序言

樊和平

　　"江苏文脉整理与研究工程"是江苏文化史上继往开来的一个浩大工程。与当下方兴未艾的全国性"文库热"相比，江苏文脉工程有三个基本特点：一是全面系统的整理；二是"整理"与"研究"同步；三是以"文脉"为主题。在"书目编—文献编—精华编—史料编—方志编—研究编"的体系结构中，"研究编"是十分独特的板块，因为它是试图超越"修典"而推进文化传承创新的一种学术努力。

　　"盛世修典"之说不知起源于何时，不过语词结构已经表明"盛世"与"修典"之间的某种互释甚至共谋，以及由此而衍生的复杂文化心态。历史已经表明，"修典"在建构巨大历史功勋的同时，也包含内在的巨大文化风险，最基本的是"入典"的选择风险。《四库全书》的文化贡献不言自明，但最终其收书的数量竟与禁书、毁书、改书的数量大致相当，还有高出近一倍的书目被宣判为无价值。"入典"可能将一个时代的局限甚至选择者个人的局限放大为历史的文化局限，也可能由此扼杀文化多样性而产生文化专断。另一个更为潜在和深刻的风险，是对待传统的文化态度。文献整理，尤其是地域典籍的整理，在理念和战略上面临的最大考验，是以何种心态对待文化传统。当今之世，无论对个体还是社会，传统已经不仅是文化根源，而且是文化和经济发展的资源甚至资本。然而一旦传统成为资源和资本，邂逅市场逻辑的推波助澜，就面临沦为消费和运作对象的风险，从而以一种消费主义和工具主义的文化态度对待文化传统和文献整理。当传统成为消费和运作的对象，其文化价值不仅可能被误读误用，而且也可能在对传统的消费中使文化坐吃山空，造就出文化上的纨绔子弟，更可能在市场运作中使文化不断被糟蹋。"江苏文脉整理与研究工程"的"整理工程"以全面系统的整理的战略应对可能存在的第一种风险，即入典选择的风险；以"研究工程"应对第二种可能的风险，即消费主义与工具主义的风险。我们不仅是既往传统的继承者，更应当是未来传统的创造者；现代人的使命，不仅是继承优秀传统，更应当创造新的优秀传统，这便是传统的创造性转化与创新性发展的真义。诚然，创造传统任重道远，需要经过坚忍不拔的卓越努力和大浪淘沙般的历史积淀，但对"江苏文脉整理与研究工程"而言，无论如何必须在"整理"的同时开启"研究"的千里之行，在研究中继承和发展传统。这便是"研究编"的价值和使命所在，也是"江苏文脉整理与研究工程"在"文库热"中于顶层设计层面的拔群之处。

一　倾听来自历史深处的文化脉动

20 世纪是文化大发现的世纪，20 世纪以来西方世界最重要的战略，就是文化战略。20 世纪 20 年代，德国社会学家马克斯·韦伯的《新教伦理与资本主义精神》，揭示了西方资本主义文明的文化密码，这就是"新教伦理"及其所造就的"资本主义精神"，由此建构"新教伦理＋资本主义"的所谓"理想类型"，为西方资本主义进行了文化论证尤其是伦理论证，奠定了 20 世纪以后西方中心论的文化基础。20 世纪 70 年代，哈佛大学教授丹尼尔·贝尔的《资本主义文化矛盾》，揭示了当代资本主义最深刻的矛盾不是经济矛盾，也不是政治矛盾，而是"文化矛盾"，其集中表现是宗教释放的伦理冲动与市场释放的经济冲动分离与背离，进而对现代西方文明发出文化预警。20 世纪 70 年代之后，亨廷顿的《文明的冲突与世界秩序的重建》将当今世界的一切冲突归结为文明冲突、文化冲突，将文化上升为西方世界尤其是美国国家战略的高度。以上三部曲构成西方世界尤其是美国文化帝国主义的国家文化战略，正如一些西方学者所发现的那样,时至今日,文化帝国主义被另一个概念代替——"全球化",显而易见,全球化不仅是一种浪潮,更是一种思潮,是西方世界的国家文化战略。文化虽然受经济发展制约甚至被经济发展水平所决定,但回顾从传统到现代的中国文明史,文化问题不仅逻辑地而且历史地成为文明发展的最高最难的问题,正因为如此,文化自信才成为比理论自信、道路自信、制度自信更具基础意义的最重要的自信。

在全球化背景下,文脉整理与研究具有重大的国家文化战略意义,不仅必要,而且急迫。文化遵循与经济社会不同的规律,全球化在造就广泛的全球市场并使全球成为一个"地球村"的同时,内在的最大文明风险和文化风险便是同质性。全球化催生的是一个文化上的独生子女,其可能的镜像是:一种文化风险将是整个世界的风险,一次文化失败将是整个人类的文化失败。文化的本质是什么?梁漱溟先生说,文化就是人的生活的根本样法,文化就是"人化"。丹尼尔·贝尔指出,文化是为人的生命过程提供解释系统,以对付生存困境的一种努力。据此,文化的同质化,最终导致的将是人的同质化,将是民族文化或西方学者所说地方性知识的消解和消失;同时,由于文化是人类应对生存困境的大智慧,或治疗生活世界痼疾的抗休,它所建构的是与自然世界相对应的精神世界和意义世界,文化的同质性将导致人类在面临重大生存困境时智慧资源的贫乏和生命力的苍白,从而将整个人类文明推向空前的高风险。应对全球化的挑战和西方文化帝国主义的国家战略,"江苏文脉整理与研究工程"是整个中华民族浩大文化工程的一部分和具体落实,其战略意义决不止于保存文化记忆的自持和自赏,在这个全球化的高风险正日益逼近的时代,完整地保存地方文化物种,认同文化血脉,畅通文化命脉,不仅可以让我们在遭遇全球化的滔滔洪水之时可以于故乡文化的山脉之巅"一览众山小"地建设自己的精神家园和文化根据地,而且可以在患上全球化的文化感冒甚至某种文化瘟疫之后,不致乞求"西方药"来治"中国病",而是根据自己的文化基因和文化命理,寻找强化自身的文化抗体和文化免疫力之道,其深远意义,犹如在今天这个独生子女时代穿越时光隧道,回首当年我们的"兄弟姐妹那么多"

和父辈们儿孙满堂的那种天伦风光，不只是因为寂寞，而且是为了中华民族大家庭的文化安全和对未来文化风险的抗击能力。

"江苏文脉整理与研究工程"是以江苏这一特殊地域文化为对象的一次集体文化自觉和文化自信，与其他同类文化工程相比，其最具标识意义的是"文脉"理念。"文脉"是什么？它与"文献"和文化传统的关系到底如何？这是"文脉工程"必须解决的基本问题。

庞朴先生曾对"文化传统"与"传统文化"两个概念进行了审慎而严格的区分，认为"传统文化"可能是历史上曾经存在过的一切文化现象，而"文化传统"则是一以贯之的文化道统。在逻辑和历史两个维度，文化成为传统都必须同时具备三个条件：历史上发生的，一以贯之的，在现实生活中依然发挥作用的。传统当然发生于历史，但历史上发生的一切，从《道德经》《论语》到女人裹小脚，并不都成为传统，即便当今被考古或历史研究所不断发现的现象，也只能说是"文化遗存"，文化成为传统必须在历史长河中一以贯之而成为道统或法统，孔子提供的儒家学说，老子提供的道家智慧，之所以成为传统，就是因为它们始终与中国人的生活世界和精神世界相伴随，并成为人的生命和生活的文化指引。然而，文化并不只存在于文献典籍之中，否则它只是精英们的特权，作为"人的生活的根本样法"和"对付生存困境"的解释系统，它必定存在于芸芸众生的生命和生活之中，由此才可能，也才真正成为传统。《论语》与《道德经》之所以成为传统，不只是因为它们作为经典至今还为人们所学习和研究，而且因为在中国人精神的深层结构中，即便在未读过它们的田夫村妇身上，也存在同样的文化基因。中国人在得意时是儒家，"明知不可为而偏为之"；在失意时是道家，"后退一步天地宽"；在绝望时是佛家，"四大皆空"，从而建立了与自给自足的自然经济结构相匹合的自给自足的文化精神结构，在任何境遇下都不会丧失安身立命的精神基地，这就是传统。文化传统必须也必定是"活"的，是在现实中依然发挥作用的，是构成现代人的文化基因的生命因子。这种与人的生活和生命同在的文化传统就是"脉"，就是"文脉"。

文脉以文献、典籍为载体，但又不止于文献和典籍，而是与负载它的生命及其现实生活息息相关。"文脉"是什么？"文脉"对历史而言是

"血脉",对未来而言是"命脉",对当下而言是"山脉"。"江苏文脉"就是江苏人的文化血脉、文化命脉、文化山脉,是历史、现在、未来江苏人特殊的文化生命、文化标识、文化家园,以及生生不息的文化记忆和文化动力。虽然它们可能以诸种文化典籍和文化传统的方式呈现和延续,但"文脉工程"致力探寻和发现的则是跃动于这些典籍和传统,也跃动于江苏人生命之中的那种文化脉动。"江苏文脉整理与研究工程"的最大特点就在于它是"文脉工程"而不是一般的"文化工程",更不是"文库工程"。"文化工程""文库工程"可能只是一般的文化挖掘与整理,而"文脉工程"则是与地域的文化生命深切相通,贯穿地域的历史、现在与未来的生命工程。

"江苏文脉整理与研究工程"是"整理"与"研究"的璧合,在"研究工程"中能否、如何倾听到来自历史深处的文化脉动,关键是处理好"文献"与"文脉"的关系。"整理工程"是对文脉的客观呈现,而"研究工程"则是对文脉的自觉揭示,若想取得成功,必须学会在"文献"中倾听和发现"文脉"。"文献"如何呈现"文脉"? 文献是人类文明尤其是人类文化记忆的特殊形态,也是人类信息交换和信息传播的特殊方式。回首人类文明史,到目前为止,大致经历了三种信息方式。最基本也是最原初的是口口交流的信息方式,在这种信息方式中,信息发布者和信息传播者都同时在场,它是人的生命直接和整体在场并对话的信息传播方式,是从语言到身体、情感的全息参与,是生命与生命之间的直接沟通,但具有很大的时空局限。印刷术的产生大大扩展了人类信息交换的广度和深度,不仅可以以文字的方式与不在场的对象交换信息,而且可以以文献的方式与不同时代、不同时空的人们交换信息,这便是第二种信息方式,即以印刷为媒介的信息方式或印刷信息方式。第三种信息方式便是现代社会以电子网络技术为媒介的信息方式,即电子信息方式。文献与典籍是印刷信息方式的特殊形态,它将人类文化史和文明史上具有特殊价值的信息以印刷媒介的方式保存下来,供后人学习和研究,从而积淀为传统。文字本质上是人的生命的表达符号,所谓"诗言志"便是指向生命本身。然而由于它以文字为中介,一旦成为文献,便离开原有的时空背景,并与创作它的生命个体相分离,于是便需要解读,在解读中便可能发生误读,但无论如何,解读的对象并不只是文字本身,而是文字背后的生命现象。

文献尤其是典籍是不同时代人们对于文化精华的集体记忆,它们不仅经受过不同时代人们的共同选择,而且经受过大浪淘沙的历史洗礼,因而其中不仅有创造它的那个个体或文化英雄如老子、孔子的生命表达,而且有传播和接受它的那个民族的文化脉动,是负载它的那个民族的文化生命,这种文化生命一言以蔽之便是文化传统。正因为如此,作为集体记忆的精华,文献和典籍是个体和集体的文化脉动的客观形态,关键在于,必须学会倾听和揭示来自远方的生命旋律。由于它们巨大的时空跨度,往往不能直接把脉,而需要具有一种"悬丝诊脉"的卓越倾听能力。同时,为了把握真实的文化脉动,不仅需要对文献和典籍即"文本"进行研究,而且需要对创造它们的主体包括创作的个体和传播接受的集体的生命即"人物"进行研究。正如席勒所说,每个人都是时代的产儿,那些卓越的哲学家和有抱负的文学家却可能成为一切时代的同代人。文字一旦成为文献或典籍,便意味着创作它的个体成为一切时代的同代人,但无论如何,文献和它们的创造者首先是某个时代的产儿,因而要在浩如烟海的文献和典籍中倾听到来自传统深处的文化脉动,还需要将它们还原到民族的文化生命之中,形成文化发展的"精神的历史"。由此,文本研究、人物研究、学派流派研究、历史研究,便成为"文脉研究工程"的学术构造和逻辑结构。

二　中国文化传统中的江苏文脉

江苏文脉是中国文化传统的一部分,二者之间的关系并不只是部分与整体的关系,借助宋明理学的话语,是"理一"与"分殊"的关系。文脉与文化传统是民族生命的文化表达和自觉体现,如果只将它们理解为部分与整体的关系,那么江苏文脉只是中国文化传统或整个中华文化脉统中的一个构造,只是中华文化生命体中的一个器官。朱熹曾以佛家的"月映万川"诠释"理一分殊"。朗月高照,江河湖泊中水月熠熠,此番景象的哲学本真便是"一月普现一切水，一切水月一月摄"。天空中的"一月"与江河中的"一切水月"之间的关系是"分享"关系，不是分享了"一月"的某一部分，而是全部。江苏文脉与中国文化传统之间的关系便是"理一分殊"，中国文化传统是"理一"，江苏文脉是"分殊"，正因为如此，关于江苏文脉的研究必须在与整个中国文化传统的关系中整体性地把握和展开。其中，文化与地域的关系、江苏文化在中华文化发展中的贡献和地位，是两个基本课题。

到目前为止的一切人类文明的大格局基本上都是由以山河为标志的地理环境造就的，从轴心文明时代的四大文明古国，到"五大洲四大洋"的地理区隔，再到中国山东—山西、广东—广西、河南—河北、江苏的苏南—苏北的文化与经济差异，山河在其中具有基础性意义。在这个意义上，可以将在此以前的一切文明称为"山河文明"。如今，科技经济发展迎来一个"高"时代：高铁、高速公路、电子高速公路……正在并将继续推倒由山河造就的一切文明界碑，即将造就甚至正在造就一个"后山河时代"。"后山河时代"的最后一道屏障，"山河时代"遗赠给"后山河时代"的最宝贵的文明资源，便是地域文化。在这个意义上，江苏文脉的整理与研究，不仅可以为经过全球化席卷之后的同质化世界留下弥足珍贵的"文化大熊猫"，而且可以在未来的芸芸众生饱尝"独上高楼，望尽天涯路"的孤独之后，缔造一个"蓦然回首"的文化故乡，从中可以鸟瞰文化与世界关系的真谛。江苏独特的地域环境与江苏文化、江苏文脉之间的关系，已经不是所谓"一方水土一方人"所能表达，可以说，地脉、水脉、山脉与江苏文脉之间的关系，已经是一脉相承。

我们通过考察和反思发现，水系，地势，山势，大海，是对江苏文脉尤其是文化性格产生重大影响的地理因素。露水不显山，大江大河入大海，低平而辽阔，黄河改道，这一切的一切与其说是自然画卷和自然事件，不如说是江苏文脉的大地摇篮和文化宿命的历史必然，它们孕生和哺育了江苏文明，延绵了江苏文脉。历史学家发现，江苏是中国唯一同时拥有大海、大江、大湖、大平原的省份，有全国第一大河长江，第二大河黄河（故道），第三大河淮河，世界第一大人工河大运河，全国第三大淡水湖太湖，全国第四大淡水湖洪泽湖。江苏也是全国地势最低平的一个省区，绝大部分地区在海拔 50 米以下，少量低山丘陵大多分布于省际边缘，最高峰即连云港云台山的玉女峰也只有 625 米。丰沛而开放的水系和低平而辽阔的地势馈赠给江苏的不只是得天独厚的宜居，更沉潜、更深刻的是独特的文化性格和文脉传统，它们是对江苏地域文化产生重大影响的两个基本自然元素。

不少学者指证江苏文化具有水文化特性，而在众多水系中又具长江文化的特性。"水"的文化特性是什么？"老聃贵柔"，老子尚水，以水演绎世界真谛和人生大智慧。"天下莫柔弱于水，而攻坚强者莫之能胜。"柔弱胜刚强，是水的品质和力量。西方文明史上第一个哲学家和科学家泰勒斯向全世界宣告的第一个大智慧便是：水是万物的始基。辽阔的平原在中国也许还有很多，却没有像江苏这样"处下"。老子也曾以大海揭示"处下"的智慧："江海所以能为百谷王者，以其善下之，故能为百谷王。"历史上江苏的文化作品、江苏人的文化性格，相当程度上演绎了这种"水性"与"处下"的气质与智慧。历史上相当时期黄河曾经从江苏入海，然而黄河改道、黄河夺淮，几番自然力量或人力所为，最终黄河在江苏留下的只是一个"故道"的背影。黄河在江苏的改道当然是一个自然事件或历史事件，但我们也可能甚至毋宁将它当作一个文化事件，数次改道，偶然之中有必然，从中可以发现和佐证江苏文脉的"长江"守望和江南气质。不仅江苏的地脉"露水不显山"，而且江苏的文化作品，江苏人的文化性格，一句话，江苏文脉，也是"露水不显山"，虽不是"壁立千仞"，却是"有容乃大"。一般说来，充沛的水系，广阔的平原，往往造就自给自足的自我封闭，然而，江苏东临大海，无论长江、淮河，还是历史上的黄河，都从这里入大海，归大海，不只昭示江苏的开放，而且演绎江苏文化、江苏文脉、江苏人海纳百川的博大和静水深流的仁厚。

黄河与长江好似中华文脉的动脉与静脉，也好似人的身体中的任督二脉，以长江文化为基色的江苏文化在中华文脉的缔造和绵延中作出了杰出贡献。有学者指出，在中国文明史上，长江文化每每在黄河文化衰弱之后承担起"救亡图存"的重任。人们常说南京古都不少为小朝廷，其实这正是"救亡图存"的反证，"天下兴亡，匹夫有责"的口号首先由江苏人顾炎武喊出,偶然之中有必然。学界关于江苏文化有三次高峰或三次大贡献,与两次大贡献之说。第一次高峰是开启于秦汉之际的汉文化,第二次高峰是六朝文化,第三次高峰是明清文化。人们已对六朝文化与明清文化两大高峰对中国文化的贡献基本达成共识,但江苏的汉文化高峰及其贡献也应当得到承认,而且三次文化高峰都发生于中国社会的大转折时期,对中国文化的承续作出了重大贡献。在秦汉之际的大变革和大一统国家的建构中,不仅在江苏大地上曾经演绎了波澜壮阔的对后来中国文明产生深远影响的历史史诗,而且演绎这些历史史诗的主角刘邦、项羽、韩信等都是江苏人,他们虽然自身不是文化人,但无疑对中国文化产生了深远影响。董仲舒提出"罢黜百家,独尊儒术"的主张,奠定了大一统的思想和文化基础,他本人虽不是江苏人,却在江苏留下印迹十多年。江苏的汉文化高峰对中国文化的最大贡献,一言概之即"大一统",包括政治上的大一统和思想文化上的大一统。六朝被公认为中国文化发展的高峰,不少学者将它与古罗马文明相提并论,而六朝文化的中心在江苏、在南京。以南京为核心的六朝文化发生于三国之后的大动乱,它接纳大量流入南方的北方士族,使南北方文化合流,为保存和发展中国文化作出了杰出贡献。明朝是中国历史上第一次在南京,也是第一次在江苏建立统·的帝国都城,江苏的经济文化在全国处于举足轻重的地位,扬州学派、泰州学派、常州学派,形成明清时代中国文化的江苏气象,形成江苏文化对中国文化的第三次重大贡献。三大高峰是江苏的文化贡献,在重大历史转折关头或者民族国家危难之际挺身而出,海纳百川,则是江苏文化的精神和品质,这就是江苏文脉。也正因为如此,江苏文化和江苏文脉在"匹夫有责"的担当精神中总是透逸出某种深沉的忧患意识。

江苏文脉对中国文化的独特贡献及其特殊精神气质在文化经典中得到充分体现。中国四大文学名著,其中三大名著的作者都来自江苏,这就是《西游记》《红楼梦》《水浒》,其实《三国演义》也与江苏深切相关,虽然罗贯中不是江苏人,但却以江苏为重要的时空背景之一。四大名著中不仅有明显的江苏文化的元素,甚至有深刻的江苏地域文化的基因。《西游记》到底是悲剧还是喜剧?仔细反思便会发现,《西游记》就是文学版的《清明上河图》。《清明上河图》表面呈现一幅盛世生活画卷,实际却是一幅"盛世危情图",空虚的城防,懈怠的守城士兵……被繁华遗忘的是正在悄悄到来的深刻危机。《西游记》以唐僧西天取经渲染大唐的繁盛和开放,然而在经济的极盛之巅,中国人的精神世界却空前贫乏,贫乏得需要派一个和尚不远万里,请来印度的佛教,坐上中国意识形态的宝座,入主中国人的精神世界。口袋富了,脑袋空了,这是不折不扣的悲剧。然而,《西游记》的智慧,江苏文化的智慧,是将悲剧当作喜剧写,在喜剧的形式中潜隐悲剧的主题,就像《清明上河图》将空虚的城防和懈怠的士兵淹没于繁华的海洋一样。《西游记》喜剧与悲剧的二重性,隐喻了江苏文脉的忧患意识,而在对大唐盛世,对唐僧取经的一片颂歌中,深藏悲剧的潜主题,正是江苏文脉"匹夫有责"的担当精神和文化智慧的体现。鲁迅说,悲剧将人生的有价值的东西毁灭给人看。《西游记》是在喜剧形式的背后撕碎了大唐时代人的精神世界的深刻悲剧。把悲剧当作喜剧写,喜剧当作悲剧读,正是江苏文化、江苏文脉的大智慧和特殊气质所在,也是当今江苏文脉转化发展的重要创新点所在。正因为如此,"江苏文脉研究"必须以深刻的哲学洞察力和深厚的文化功力,倾听来自历史深处的江苏文化的脉动,读懂江苏,触摸江苏文脉。

三 通血脉,知命脉,仰望山脉

江苏文化的巨大魅力和强大生命力,是在数千年发展中已经形成一种传统、一种脉动,不仅是一种客观呈现的文化,而且是一种深植个体生命和集体记忆的生生不息的文脉。这种文化和文脉不仅成为共同的价值认同,而且已经成为一种地域文化胎记。在精神领域,在文化领域,江苏不仅有灿若星河的文学家,而且有彪炳史册的思想家、学问家,更有数不尽的才子骚客。长江在这片土地上流连,黄河在这片土地上改道,淮河在这片土地上滋润,太湖在这片土地上一展胸怀。一代代中国人,一代代江苏人,在这里缔造了文化长江、文化黄河、文化淮河、文化太湖,演绎了波澜壮阔的历史诗篇,这便是江苏文脉。

为了在全球化时代完整地保存江苏文脉这一独特地域文化的集体记忆,以在"后山河时代"为人类缔造精神家园提供根源与资源,为了继承弘扬并创造性转化、创新性发展中国优秀传统文化,2016年江苏启动了"江苏文脉整理与研究工程"。根据"文脉"的理念,我们将研究工程或"研究编"的顶层设计以一句话表达:"通血脉,知命脉,仰望山脉。"由此将整个工程分为五个结构:江苏文化通史,江苏历代文化名人传,江苏文化专门史,江苏地方文化史,江苏文化史专题。

"江苏文化通史"的要义是"通血脉",关键词是"通"。"通"的要义,首先是江苏文化与中国文明的息息相通,与人类文明的息息相通,由此才能有民族感或"中国感",也才有世界眼光,因而必须进行关于"中国文化传统中的江苏文脉"的整体性研究;其次是江苏文脉中诸文化结构之间的"通",由此才是"江苏",才有"江苏味";再次是历史上各个重要历史时期文化发展之间的"通",由此才能构成"史",才有历史感;最后是与江苏人的生命与生活的"通",由此"江苏文脉"才能真正成为江苏人的文化血脉、文化命脉和文化山脉。达到以上"四通","江苏文化通史"才是真正的"通"史。

"江苏文化专门史"和"江苏文化史专题"的要义是"知命脉",关键词是"专",即"专门"与"专题"。"江苏文化专门史"在框架上分为物质文化史、精神文化史、制度文化史、特色文化史等,深入研究各类专门史,总体思路是系统研究和特色研究相结合,系统研究整体性地呈现江苏历史上的重要文化史,如哲学史、文学史、艺术史等,为了保证基本的完整性,我们根据国务院学科分类目录进行选择;特色研究着力研究历史上具有江苏特色的历史,如民间工艺史、昆曲史等。"江苏文化史专题"着力研究江苏历史上具有全国性影响的各种学派、流派,如扬州学派、泰州学派、常州学派等。

"江苏地方文化史"的要义是"血脉延伸和勾连",关键词是"地方"。"江苏地方文化史"以现省辖市区域划分为界,13市各市一卷。每卷上编为地方文化通史,讲述地方整体历史脉络中的文化历史分期演化和内在结构流变,注重把握文化运动规律和发展脉络,定位于地方文化总体性研究;下编为地方文化专题史,按照科学技术、教育科举、文学语言、宗教文化等专题划分,以一定逻辑结构聚焦对地方文化板块加以具体呈现,定位于凸显文化专题特色。每卷都是对一个地方文化的总结和梳理,这是江苏文化血脉的伸展和渗入,是江苏文化多样性、丰富性的生动呈现和重要载体。

"江苏历代文化名人传"的要义是"仰望山脉",关键词是"文化"。它不是一般性地为江苏历朝历代的"名人"作传,而只是为文化意义上的名人作传。为此,传主或者自身就是文化人并为中国文化的发展、为江苏文脉的积累积淀作出了重要贡献;或者虽然自身主要不是文化人而是政治家、社会活动家等,但对中国文化发展具有重大影响。如何对历史人物进行文化倾听、文化诠释、文化理解,是"文化名人传"的最大难点,也是其最有意义的方面。江苏历史上的文化名人汗牛充栋,"文化名人传"计划为 100 位江苏文化名人作传,为呈现江苏文化名人的整体画卷,同时编辑出版一部"江苏文化名人辞典",集中介绍历史上的江苏文化名人 1000 位左右。

一脉千古成江河,"茫茫九派流中国"。江苏文脉研究的千里之行已经迈出第一步,历史馈赠我们一次千载难逢的宝贵机遇,让我们巡天遥看,一览江苏数千年文化银河的无限风光,对创造江苏文化、缔造江苏文脉的先行者们献上心灵的鞠躬。面对奔涌如黄河、悠远如长江的江苏文脉,我们惟有以跋涉探索之心,怵惕敬畏之情,且行且进,循着爱因斯坦的"引力波",不断走近并播放来自江苏文脉深处的或澎湃,或激越,或温婉静穆的天籁之音。

我们一直在努力;

我们将一直努力!

目　录

引　言

陈寅恪先生曾说:"华夏民族之文化,历数千载之演进,造极于赵宋之世。"①两宋之际,文化名人辈出,群星璀璨,在诗词文赋、书画音乐、学术著述等不同领域创造出辉煌。南宋名臣范成大正是其中翘楚。

范成大(1126—1193),字至能,号石湖居士,平江府吴县(治今江苏苏州市)人。宋高宗绍兴二十四年(1154)登进士第。曾知处州(治今浙江丽水市),擢起居舍人,迁起居郎。乾道六年(1170),假资政殿大学士出使金国,不辱使命,全节而归,除中书舍人。后历典名藩,除集英殿修撰、知静江府(治今广西桂林市)兼广西经略安抚使,除敷文阁待制、四川制置使、知成都府(治今四川成都市)。淳熙四年(1177),权礼部尚书,次年以中大夫参知政事。后知明州(治今浙江宁波市)兼沿海制置使,除端明殿学士,改知建康(治今江苏南京市),差充江南东路安抚使兼行宫留守。晚年奉祠,退居故里,淳熙十六年(1189)进封吴郡开国侯。绍熙四年(1193)卒,封吴郡公,赠银青光禄大夫。谥文穆。

范成大一生政绩卓著,曾推行处州义役,改革广西盐政,奏减四川赋税,措置建康荒政,是孝宗朝重臣。其道德政事,震撼九牧,在当世即享有盛誉。他不仅是一位杰出的政治家,文化建树亦不同寻常。范成大出身于江南书香门第,其父范雩为南宋高宗朝秘书郎,其母乃北宋名臣蔡襄孙女、四朝宰相文彦博外孙女。在家庭的熏陶和教育下,他自幼遍读经史,束发之年始习诗文,一生笔耕不辍,撰有文集136卷,被时人

---

① 陈寅恪:《金明馆丛稿二编》,上海古籍出版社1980年版,第245页。

誉为"一世文豪"。①

范成大的诗名最为显著,他与杨万里、陆游、尤袤合称南宋"中兴四大诗人",又与苏轼、黄庭坚、陆游被并誉为"宋四名家"。② 杨万里称赞其诗:"大篇决流,短章敛芒;缛而不酿,缩而不窘。清新妩丽,奄有鲍谢;奔逸隽伟,穷追太白。"③钱锺书认为他是中国古代田园诗的集大成者,成就可与开山之祖陶渊明比肩。其词集《余妍亭稿》,后人评曰:"跌宕风流,都归于雅。所谓清空绮丽,兼而有之。姜、史、高、张而外,杳然寡匹。"④他的文章众体兼备,"训诂具西汉之尔雅,赋篇有杜牧之刻深,骚词得楚人之幽婉。序山水则柳子厚,传任侠则史太迁"。⑤ 其行旅笔记《揽辔录》《骖鸾录》和《吴船录》真实记录了途中见闻与感受,"凡山川风俗,物产古迹,与所从游论述,可喜可感,随笔占记。事核词雅,实具史法",⑥在宋人笔记中独树一帜。

范成大在植物谱录和方志编撰方面也造诣颇深。所著《桂海虞衡志》可谓南宋广西地区最完备的风土博物志,包罗植物、动物、矿产、土产、工技、岩洞、风俗、气候、文字诸多门类。晚年撰有《梅谱》和《菊谱》,为中国较早的分类植物谱录;编修的《吴郡志》乃吴地图经向定型方志的过渡之作,以志名书,弃图存文,"征引浩博,而叙述简核,为地志中之善本",⑦对后世修志产生重要影响。

范成大的书法被誉为"南渡后第一",⑧深得蔡襄家传,极受孝宗欣赏。周必大称:"公蔡氏所自出,故书法兼真、行、草之妙,人争藏之。寿皇尤爱赏,相与极论古今翰墨,数被赐予。"⑨岳珂《宝真斋法书赞》称其

① 黄震:《黄氏日抄》卷六十七,《全宋笔记》第十编·十,大象出版社 2018 年版,第 422 页。

② 柴升:《石湖先生诗钞序》,湛之编:《杨万里范成大资料汇编》,中华书局 1964 年版,第 185 页。

③ 杨万里:《石湖先生大资参政范公文集序》,辛更儒笺校:《杨万里集笺校》,中华书局 2007 年版,第 3297 页。

④ 江立:《石湖词跋语》,黄畲校注:《石湖词校注》,齐鲁书社 1988 年版,第 120 页。

⑤ 杨万里:《石湖先生大资参政范公文集序》,辛更儒笺校:《杨万里集笺校》,中华书局 2007 年版,第 3297 页。

⑥ 卢襄:《石湖纪行三录跋》,孔凡礼:《范成大笔记六种》,中华书局 2002 年版,第 30 页。

⑦ 永瑢等撰:《四库全书总目》卷六十八《吴郡志提要》,中华书局 2003 年版,第 598 页。

⑧ 叶昌炽:《语石》卷七,于北山:《范成大年谱》,上海古籍出版社 2006 年版,第 418 页。

⑨ 周必大:《资政殿大学士赠银青光禄大夫范公成大神道碑》,王蓉贵、(日)白井顺点校:《周必大全集》第 2 册,四川大学出版社 2017 年版,第 583 页。

书"笔劲体遒,可广可狭",①足以名家。

　　江南的水土滋养了范成大,他生长于石湖之畔,苦读于昆山禅寺,仕宦四方之后,叶落归根,终老于吴郡。他从博大精深的吴文化中汲取了宝贵营养,在艺文领域取得了斐然成就,又反哺乡梓,为人杰地灵的姑苏增添了夺目的光彩,对后世产生深远影响,为江南文脉的赓续绵延发挥了重要作用。

　　让我们一同走进南宋的历史时空,去追寻这位江苏文化名人的人生历程。

----

① 岳珂:《宝真斋法书赞》卷二十六,卢辅圣主编:《中国书画全书》第 2 册,上海书画出版社 2009 年版,第 613 页。

第一章　早岁悲欢

宋徽宗宣和六年(1124)三月庚子，北宋王朝最后一次科举殿试在汴京(治今河南开封市)进行，平江府吴县(治今江苏苏州市)人范雯高中进士。① 范雯文思敏捷，才华横溢，在太学时就备受学官赏识，驰誉京师。几十年后他的太学同舍龚明之对此记忆犹新，称："(范雯)尝试《禹稷颜回同道论》，先生见之，以为奇作，置之魁选，遂驰誉于太学，学者至今以为模范。"②

宋人有榜下择婿之风，及第进士前程远大，深受朝中权贵青睐，范雯不久便迎娶了北宋名臣、书法家蔡襄的孙女。蔡氏之父为蔡襄季子蔡旻，早卒，终宣义郎开封府工曹；③其三位兄长蔡佃、蔡仴、蔡伸均曾入太学，俱有名声，时号"三蔡"，④后皆由上舍登进士第。蔡佃官至龙图阁直学士，蔡仴为徽猷阁待制；蔡伸与范雯之妻乃一母同胞，俱为蔡旻继室——四朝宰相文彦博之女所生，⑤释褐后曾任太学博士，后又移京东

---

① 据陈騤《南宋馆阁录》卷七记载，范雯乃"沈晦榜进士及第"。中华书局 1998 年版，第 93 页。宋代科举考试一等、二等赐进士及第，参见何忠礼《宋代进士甲第考》，《文史》2002 年第 1 辑。

② 龚明之：《中吴纪闻》卷五"范秘书"，上海古籍出版社 2012 年版，第 68 页。

③ 蔡戡：《大父行状》，《定斋集》卷十四，《景印文渊阁四库全书》，台湾商务印书馆 1986 年版，第 1157 册，第 715 页。

④ 李清馥：《闽中理学渊源考》卷十一，徐公喜、管正平、明华点校，凤凰出版社 2011 年版，第 189 页。

⑤ 据蔡戡《大父行状》，蔡襄之子蔡旻先娶御史中丞贾黯之女，生二子，即蔡佃、蔡仴。贾氏去世后又娶文彦博之女为继室，生子蔡伸。文氏还生一女，即嫁与范雯者，为范成大之母。周必大《资政殿大学士赠银青光禄大夫范公成大神道碑》称："(范成大)母秦国夫人蔡氏，莆阳忠惠公(按：蔡襄)之孙，而潞忠烈公(按：文彦博)外孙也。"(王蓉贵、[日]白井顺点校：《周必大全集》第 2 册，四川大学出版社 2017 年版，第 577 页)。

学司属官,知潍州北海县,通判徐州。①

金榜题名,洞房花烛,范雩遇到了人生中的两大乐事,一切看起来都是那么美好。此时的北宋王朝,举国上下也融融泄泄,一派《清明上河图》般的盛世繁华景象。然而,北方的金国正虎视眈眈。这一年(宣和六年)的八月间,金人试探性南侵,攻下蔚州(治今河北蔚县)。昏庸至极的宋徽宗仍沉迷于声色犬马、土木花石的奢侈生活,丝毫没有意识到形势的严峻。金人看出北宋朝廷的腐朽无能,宣和七年(1125)二月俘虏了辽天祚帝后,十月,金太宗正式颁诏南侵,集结大军,兵分两路,企图一举灭亡北宋。而此时徽宗君臣仍置若罔闻,浑然不觉。十二月,朔州、武州、代州、忻州四地沦陷,西路金军兵临太原城下;东路金军则攻克燕山府,势如破竹。宋廷内外方如梦初醒,乱作一团。宋徽宗急于逃避责任,决意禅位。次年(1126)正月初一,宋钦宗即位,改元靖康。正月初二,金兵开始渡黄河,初六抵达北宋京城。城外金戈铁马,鼓鼙声声,宋徽宗仓皇出逃。宋钦宗派使臣与金谈判,向其进贡巨额金银,金兵暂时撤离汴京。

一　建炎兵火

在这兵荒马乱之际,范雩的妻子蔡氏正孕育着一个新的生命。靖康元年(1126)六月初四,他们的长子范成大出生。这个孩子呱呱坠地,迎接他的竟然是战争的阴云。金兵仍未停止南侵,这一年的十月,大军再次逼近汴京,黑云压城城欲摧,城内官民人心惶惶,纷纷外逃。② 十一月,金兵昼夜进攻,入城之后烧杀抢掠,无恶不作。宋方伤亡惨重,生灵涂炭。靖康二年(1127)三月底,金兵俘虏了徽宗、钦宗等十万人,掳掠大量金银财宝、礼器、文物、图籍后开始撤退,北宋王朝覆灭,史称"靖康之难"。

---

① 蔡戡:《大父行状》,《定斋集》卷十四,《景印文渊阁四库全书》,台湾商务印书馆 1986 年版,第 1157 册,第 715 页。

② 陈邦瞻:《宋史纪事本末》卷五十六,中华书局 2015 年版,第 587 页。

徽宗之子康王赵构侥幸脱身,是年五月,在南京(治今河南商丘市)继承帝位,是为宋高宗,将年号改为建炎。金兵继续进攻,北方多地沦陷,宋高宗仓皇南下。赵构当初组建兵马大元帅府时,范成大的舅舅蔡伸即投奔而去,成为幕府中人,参议军事;后一路扈从高宗南渡,负责后勤供给,立下汗马功劳。"太上皇帝以康王开大元帅幕府,公(按:指蔡伸)间道谒军门。王一见留幕下,同议军事。王即皇帝位,车驾南渡。方仓皇中,道路艰梗,公为顿递官,所至无阙需。上每称其能,寻为神武右军参赞官。"①

范成大的祖籍在平江府吴县,历史上从来没有外族占领过江南,吴县相对安全。吴郡范氏,北宋范仲淹入参大政,最为显赫。范成大与范仲淹虽然谱牒不通,但同属顺阳世系,为范蠡后裔:

> 吴郡范氏,自文正公(按:指范仲淹)起孤童,事仁宗皇帝,当庆历癸未,入参大政。后百三十有六年,公(按:指范成大)复参孝宗皇帝政事。虽谱牒不通,俱望高平派南阳之顺阳,盖鸥夷子苗裔也。今为郡之吴县人。②

范成大的曾祖范泽、祖父范师尹未有显位,但颇注重子孙的教育。自从范成大的父亲范雩进士及第后,他的从兄范成象也于绍兴五年(1135)中进士,足以说明范氏家族有着良好的文化基因和教育传统。范成大聪颖早慧,家庭也格外重视对他的启蒙,尚在怀抱之中,即随时随处教其识字:

> 公在怀抱,已识屏间字。③

他的家位于平江府盘门西南十里的石湖附近。此地湖光山色,一派天然胜景,又有丰厚的历史文化内涵,春秋吴越争霸时期的台垒遗址尚存:

---

① 蔡戡:《大父行状》,《定斋集》卷十四,《景印文渊阁四库全书》,台湾商务印书馆 1986 年版,第 1157 册,第 715 页。
② 周必大:《资政殿大学士赠银青光禄大夫范公成大神道碑》,王蓉贵、(日)白井顺点校:《周必大全集》第 2 册,四川大学出版社 2017 年版,第 577 页。
③ 周必大:《资政殿大学士赠银青光禄大夫范公成大神道碑》,王蓉贵、(日)白井顺点校:《周必大全集》第 2 册,四川大学出版社 2017 年版,第 577 页。

石湖在平江盘门西南十里，盖太湖之派，范蠡所从入五湖者。始吴夫差筑姑苏前后台，相距半里，为城三重，宴游忘归。其前有溪，今号越来溪，勾践由此攻吴，濒溪筑城，与吴人夹水相持，遗址俨然。①

幼年的范成大便生活于此。他在石湖边或戏或钓，纵情玩耍，自称："少长钓游其间，结茅种树，久已成趣。"②还经常到附近的灵岩山寺游玩，那里是当年吴国的馆娃宫，南宋时期，山上山下闲台别馆的遗迹仍依稀可寻。多年以后范成大作赋记之，其《馆娃宫赋》序云："灵岩寺，故吴馆娃宫也，山上下闲台别馆之迹仿佛可考。余少长游焉，感遗事而赋之。"赋云："泂西山之南奔，势郁崒其巉空；若大敌之在前，忽踞虎而跧龙。半紫崖而砥平，访馆娃之故宫……"③

年幼的范成大无忧无虑，然而此时，暂居扬州的宋高宗喘息未定，已占领北方的金人又觊觎江南。建炎三年（1129），金兵继续南下，攻打扬州，一时间风声鹤唳，草木皆兵，宋高宗匆忙渡江，继续向南逃窜。金兵则穷追不舍，连续攻陷了扬州、黄州、建康、临安、洪州、越州、明州等地，所到之处，肆意烧杀抢掠，鱼米之乡变成了人间地狱，而"平江一城，最为荼毒"。④

建炎四年（1130）春二月，金国四太子宗弼率兵从石湖附近的盘门攻入城中，屯守在城内外的宋军不堪一击，守臣周望、汤东野等弃城而逃。金兵在城中肆无忌惮地抢掠、屠杀，无情的战火吞噬着吴郡，方圆二百里弥漫着烟焰，足足烧了五天五夜。宋人钱穆《收复平江记》详细记载了这一惨绝人寰的战争灾难：

> 建炎四年庚戌春二月，金人首领四太子者，自明、越还师，由临安府袭秀州。二十五日犯平江府，午漏未尽四刻，兵自盘门入，劫践官府民居、庖廪积聚，虏掠子女金帛，乃纵火延烧，烟焰见二百里，凡

① 周必大：《资政殿大学士赠银青光禄大夫范公成大神道碑》，王蓉贵、（日）白井顺点校：《周必大全集》第2册，四川大学出版社2017年版，第582页。
② 范成大：《御书石湖二大字跋》，孔凡礼辑：《范成大佚著辑存》，中华书局1983年版，第136—137页。
③ 范成大：《馆娃宫赋》，富寿荪标校：《范石湖集》卷三十四，上海古籍出版社2006年版，第447页。
④ 王明清：《挥麈录·后录》卷十引钱穆《收复平江记》，上海书店出版社2001年版，第158页。

五昼夜。三月初一日，出阊西，寇常、润，于是平江府烧之既尽。士民前后迁避得脱者，十之二三；迁避不及或杀者，十之六七。①

李心传《建炎以来系年要录》卷三十三统计的死伤逃亡人数更多：

是役也，平江士民死者近五十万人，得脱者十之一二而已。②

城中士民伤亡殆尽，仅极少数得以逃脱，小桥下、流水中尸体横陈：

入平江城，市井无一屋存者，但见人家宅后林木而已。菜园中间有屋，亦止半间许，河岸倒尸则无数。出城，河中更无水可饮，以水皆浮尸。至吴江，止存屋三间，其下横尸无数。③

平江的乡野也无计幸免于难，一个个村庄被夷为平地，民居化作灰烬。如"白马涧，去城十八里。有宅百余区，尽被焚毁"④。

金兵退后，防守不力的宋朝官军却趁机搜刮民间，大发战争不义之财，这让平江府的百姓雪上加霜。是年夏季大疫，病死者无数，惨不忍睹：

初，金人烧劫之余，金帛钱谷尚多，仲威即据城纵兵掠取，昼夜搜抉不已。遗民间访旧居，即执之，笞责苦楚，穷问瘗藏之物，民益冤愤。故自金人南渡硐砂，破金陵、广德、杭、秀、常、润、明、越，惟平江被害最深。盖以兵多将庸，民始倚之而不去，既堕虏计，则又再遭官军之毒。是夏疾疫大作，米斗钱五百。有自贼中逃归者，多困饿僵仆，或骤得食而死，横尸枕籍，道路泾港为实，哭声振天地，自古丧乱之邦，未有如是之酷也。⑤

这一年，范成大五岁，亲历了如此残酷的兵祸，幼小的心灵埋下了对战争的恐惧与厌恶。晚年时他记忆犹深，在所撰乡邦文献《吴郡志》中特别提到平江府人口在那场兵火中几丧失殆尽，"宣和间户至四十三万，中更狄难，扫荡流离，城中几于十室九空"；城中名胜几尽化为

① 王明清：《挥麈录·后录》卷十引钱穆《收复平江记》，上海书店出版社2001年版，第159页。
② 李心传：《建炎以来系年要录》卷三十三，中华书局2013年版，第732页。
③ 王明清：《玉照新志》卷三引胡舜申《己酉避乱记》，上海古籍出版社2012年版，第80页。
④ 陆友仁：《吴中旧事》，《景印文渊阁四库全书》第590册，台湾商务印书馆1986年版，第455页。
⑤ 王明清：《挥麈录·后录》卷十引钱穆《收复平江记》，上海书店出版社2001年版，第162页。

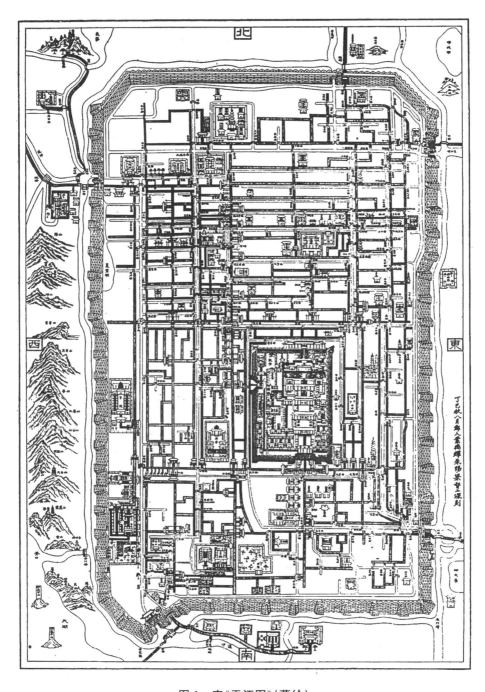

图1　宋《平江图》(摹绘)

废墟，处处狼藉不堪，"吴都佳丽，自昔所闻。建炎兵烬，所存惟觉报小寺及子城角天王祠""郡治旧有齐云、初阳及东西四楼，木兰堂、东西二亭、北轩、东斋等处，今复立者，惟齐云、西楼、东斋尔，余皆兵火后一时创立，非复能如旧闻""（南园）犹有流杯、四照、百花、乐堂、惹云、风月等处。每春，纵士女游观。兵火之后，皆不复有"。①

而战乱给人带来的恐惧、饥饿和颠沛流离，也极大摧残了范成大的健康，自幼体弱的他更加孱弱了，其《问天医赋》曾自序云："余幼而气弱，常慕同队儿之强壮。"②这样多病的体质终其一生，使他备受痛楚与折磨。

二　随父赴任

金人在江、浙一带肆虐蹂躏一番，扬长而去，噩梦一样的兵火终于消散，南宋小朝廷蜗居临安，苟延残喘。建炎四年（1130）十月，秦桧从金国还，十一月入见高宗，除礼部尚书，极力主张与金国媾和。次年，改元绍兴。二月，秦桧任参知政事；八月，为右相兼枢密院事。历史进入了宋金双方时战时和的拉锯时期。

绍兴五年（1135），范成大十岁，他的父亲范雩出任江阴军（治今江苏江阴市）军学教授。江阴知军王棠，字子思，平江府吴县人，乃范雩的同乡，大观三年（1109）贾安宅榜进士。③ 绍兴五年，以左朝奉郎知江阴军。④ 王棠深知人才培养的重要性，请立学官教授生员，给田以养士。高宗诏可，任命左儒林郎范雩出任军学教授：

> 绍兴五年八月，知军事王侯棠请于朝曰："军，故县治；有学，实废余十五年，士无所肄业。今升县复军，法得视列郡，应立学官教授员。军有闲田若干亩，士廪是充。愿补学官弟子员二百四十。"

① 范成大：《吴郡志》，江苏古籍出版社 1999 年版，第 6、51、52、191 页。
② 范成大：《问天医赋》，富寿荪标校：《范石湖集》卷三十四，上海古籍出版社 2006 年版，第 448 页。
③ 范成大：《吴郡志》卷二十八，江苏古籍出版社 1999 年版，第 409 页。
④ 王鏊：《正德姑苏志》卷五十一，《中国地方志集成·善本方志辑·第一编》，凤凰出版社 2014 年版，第 99 页。

诏可。于是,以儒林郎范雩充教授。乃改治学官。未几,讲堂穹宏,两序端直。舍次靖深,庖湢洁具。①

范雩和王棠这对吴县同乡声应气求,齐心协力,共振江阴教育事业,使当地士子形成一心向学的良好学风:

棠又刻《春秋三传》于学,雩亦笃意训率,风俗为变。②

少年范成大也跟随父亲来到江阴。身为军学教授的范雩笃意训导江阴学子的同时,更不遗余力地教育自己的儿子:

少师力教之。年十二,遍读经史。③

范雩善治《易》,④自然希望子承父业。在他的精心教导下,聪慧过人的范成大学业进步飞速。或许因过于用功,14 岁那年(绍兴九年,1139),身体本来就孱弱的范成大大病一场,在鬼门关走了一回,几乎夭折。"生十四年,大病濒死。"⑤幸亏上苍眷顾,怜惜人才,让他挺了过来,给人间留下了一颗读书的种子。病好之后,范成大辛苦研读经史之余,开始创作一些怡情养性的诗文。其子范莘等回忆到:"先人(按:即范成大)尝为莘等言,自十四五始为诗文。"⑥其一生挚友周必大亦称其"十四能文词"。⑦

范成大的气质敏感柔弱,感情细腻丰富,他的诗歌非常唯美,我们来听听这位少年的雏凤清声:

伯劳东去燕西飞,同寄春风二月时。可恨同时不同调,此情那

---

① 王继宗校注:《〈永乐大典·常州府〉清抄本校注》,中华书局 2016 年版,第 437 页。
② 王鏊:《正德姑苏志》卷五十一,《中国地方志集成·善本方志辑·第一编》,凤凰出版社 2014 年版,第 99 页。
③ 周必大:《资政殿大学士赠银青光禄大夫范公成大神道碑》,王蓉贵、(日)白井顺点校:《周必大全集》第 2 册,四川大学出版社 2017 年版,第 577 页。
④ 据陈骙《南宋馆阁录》卷七"秘书郎"记载:"范雩,字伯远,姑苏人。沈晦榜进士及第,治易。"中华书局 1998 年版,第 93 页。按:龚明之《中吴纪闻》、陆友仁《吴中旧事》均记范雩字为"伯达",姑志于此,待考。
⑤ 范成大:《问天医赋》,富寿荪标校:《范石湖集》卷三十四,上海古籍出版社 2006 年版,第 448 页。
⑥ 范莘、范兹:《石湖居士集跋》,富寿荪标校:《范石湖集》附录,上海古籍出版社 2006 年版,第 507 页。
⑦ 周必大:《资政殿大学士赠银青光禄大夫范公成大神道碑》,王蓉贵、(日)白井顺点校:《周必大全集》第 2 册,四川大学出版社 2017 年版,第 577 页。

得更相知。(《偶书》)

底处飞双燕，衔泥上药栏。莫教惊得去，留取隔帘看。(《双燕》)

主人细意惜芳春，宝帐笼阶护紫云。风日等闲犹不到，外边蜂蝶莫纷纷。(《戏题牡丹》)

药栏花暖小猧眠，雪白晴云水碧天。煮酒青梅寒食过，夕阳庭院锁秋千。

西窗一雨又斜晖，睡起薰笼换夹衣。莫放珠帘遮洞户，从教燕子作双飞。

双鲤无书直万金，画桥新绿一篙深。青蘋白芷皆愁思，不独江枫动客心。(《春日三首》)①

正值人生花季的范成大浪漫又多情，心地极为善良。他对双飞的燕子充满了怜惜之意，反复写着"莫教惊得去，留取隔帘看""莫放珠帘遮洞户，从教燕子作双飞"；他对初绽的牡丹花温柔呵护，"宝帐笼阶护紫云"，使其免遭浮蜂浪蝶的骚扰，"外边蜂蝶莫纷纷"。他热爱与追求美好的事物，笔下一派纯美温馨的景致：春光明媚，药栏边花气袭人，小狗懒洋洋地睡着。天如水碧，云如雪白，杯盏中盛满时令节物黄酒和青梅。夕阳院落里有少男少女们喜爱的秋千，那融融泄泄的春光令人微醺。他在诗中悄悄透露着情窦初开时淡淡浅浅的愁思，怕看"伯劳东去燕西飞"，替征人思妇道白"青蘋白芷皆愁思，不独江枫动客心"。

在父母的精心养护之下，年少单纯的范成大尚不谙人间疾苦、世事险恶，更不知朝中和议与主战两派正激烈斗争，势如水火。绍兴八年（1138），秦桧为右相兼枢密使，力主和议；左相赵鼎被秦党论罢，枢密院编修胡铨上疏请斩秦桧、王伦等人，礼部侍郎晏敦复、户部侍郎李弥逊、兵部侍郎张焘等同班入对，反对和议。绍兴九年（1139），岳飞上表，坚决主战，与秦桧遂成仇隙；参知政事李光亦因与秦桧议事不合被罢职。

---

① 范成大诗集卷十一《偶书》诗题小注中写道："以下十五首，三十年前所作，续得残稿，附此卷末。"富寿荪标校：《范石湖集》卷十一，上海古籍出版社 2006 年版，第 143 页。据此卷《初约邻人至石湖》诗题小注云："以下，辛卯自西掖归吴作。"为乾道七年（1171）所作，范成大是年 46 岁，故《偶书》《春日三首》等诗约作于 16 岁。

少年范成大却只管写一些风花雪月的小诗，为赋新词强说愁。

绍兴十年（1140），范雩已到临安（治今浙江杭州）任诸王宫大小学教授，负责教育宗室子弟。范雩深谙教育之道，是年十一月上疏高宗，请求恢复北宋旧法，对赵宋宗室子弟两年一试艺业，取中选者推恩，褒奖学业有成者，激励怠惰者，为职位低下、一心向学的宗室子弟提供上升机会和渠道，《宋会要辑稿·帝系六》记曰：

> （绍兴十年十一月十五日）诸王宫大小学教授范雩言："伏睹祖宗旧法，南班宗室大将军以下每二年一试艺业，取中选者推恩。切详立法之意，以谓大将军至副率府率，官卑齿壮，可以专心学问。既设官以教导之，又间岁以程试之，选其艺业之精，增以禄秩之赐。故官卑者有升进之望，学成者得袭宠之荣，而怠惰者莫不相与激劝，一举而三利，实良法也。建炎二年秋试选人，合行附试，有司以大宗正司及南班宗室尚在京师，乞候次年春秋试依旧施行。因循至今，未曾检举。望诏有司遵行旧制，来年春试选人，复许宗室大将军已下附试艺业。取人之数、推恩之法，一依条格施行。"诏令礼部行宗正司等处，疾速取索合用条法，开具申尚书省。①

绍兴十一年（1141）四月，范雩又兼亲贤宅讲书。北宋时期皇家宗室皆筑大舍聚族而居，太祖太宗九王后裔宅曰睦亲，秦王曰广亲，英宗二王曰亲贤，神宗五王曰棣华，徽宗诸王曰蕃衍。渡江之后诸宗室之子孙开始散居各郡邑，惟有英宗一脉二王子孙为近属，则聚居于临安。②范成大也跟随父亲生活在临安，居住在府治北方的仁和县枣木巷。③

临安城东北郊五十多里处有座佛日山，山中有颇负盛名的净慧禅寺。北宋时期，诸多文化名人如苏轼、秦观等都曾来此寺游览并留下墨宝。范成大的曾外祖蔡襄知杭州时，曾邀名僧契嵩住持净慧寺，礼甚

---

① 徐松辑、刘琳等校点：《宋会要辑稿·帝系六》，上海古籍出版社 2014 年版，第 1 册，第 148 页。

② 王应麟辑：《玉海》卷一百三十"元祐亲贤宅　元符懿亲宅　政和蕃衍宅"条，广陵书社 2003 年影印清光绪九年（1883）浙江书局刊本，第 4 册，第 2414 页。

③ 沈朝宣纂修《嘉靖仁和县志》卷九《人物·风节》有《范成大传》称："世居仁和枣木巷。西有桥，曰石湖。"《四库全书存目丛书·史部》，齐鲁书社 1996 年版，第 194 册，第 141 页。田汝成辑撰，尹晓宁点校《西湖游览志》卷十三记曰："枣木巷，西通石湖桥，宋时范成大所居。"上海古籍出版社 2017 年版，第 132 页。

厚,居数年。① 建炎年间,此山寺侥幸没有遭到兵火破坏,庙宇轩堂保存完好,不少名流的翰墨真迹尚在。"寺不经兵火,面对黄鹤峰,有清泠、一击等轩。库堂后有池,池中有渥洼,泉出石罅中。东坡尝题五绝句,所谓'东麓云根露角牙,细泉咽咽走金沙。不堪土肉藏山骨,未放苍龙浴渥洼'(按:即苏轼《佛日山荣长老方丈五绝》)者是也。堂上有熙宁七年八月送陈述古赴南京时留题真迹,又轮藏刻'天宫宝藏'四字,相传元祐四年出帅时所书。"②范成大也经常来往山中,此时的净慧寺里有僧人名慧举,字举直,俗姓朱氏,父祖皆仕宦,颇能诗。③ 范成大与其交游甚密。"余年十五,往来山中,常与举上人游。居其下。"④

岁月似乎静好,殊不知北方战事正紧。绍兴十年(1140)五月金人败盟,金帅宗弼入东京(治今河南开封),陷拱州(治今河南睢县)、南京(治今河南商丘)、西京(治今河南洛阳),岳飞、韩世忠诸帅奋勇杀敌,岳飞更是发出"直抵黄龙府,与诸君痛饮耳"的豪言,激励手下将士。就在抗金战场上捷报频传、金兵节节败退之际,以妥协苟安为国策的宋高宗害怕岳家军从金国迎回徽、钦二帝,威胁自己的帝位,与秦桧商定,要求岳飞退兵,并将已收复的国土拱手让给金国。绍兴十一年(1141)解除了韩世忠、张俊、岳飞三大帅的兵权,是年十月,将岳飞父子下大理寺狱,十二月以"莫须有"的罪名杀害。当年使金被扣留北方的洪皓听闻后扼腕痛惜,在密奏中写道:"将帅中唯岳飞为金人所畏。"

就在岳飞入狱之际,宋廷命礼部侍郎魏良臣充大金军前通问使出使金国议和。经过一番谈判,绍兴十一年(1141)十一月,宋金达成书面协议,两国以淮水—大散关为界,宋每年向金进贡银、帛各二十五万两、匹。这就是绍兴和议,南宋以赔款割地的屈辱换来了东南半壁江山的统治权,此后,宋金之间维持了二十多年相对的和平。

---

① 陈舜俞:《镡津明教大师行业记》,载契嵩《镡津集》卷首,台湾商务印书馆1986年版,第1091册,第401页。契嵩有《受佛日山请先状上蔡君谟侍郎》等诗,见《镡津集》卷十一。

② 周必大:《乾道壬辰南归录》,王蓉贵、(日)白井顺点校:《周必大全集》第3册,四川大学出版社2017年版,第1604页。

③ 周必大:《乾道壬辰南归录》,王蓉贵、(日)白井顺点校:《周必大全集》第3册,四川大学出版社2017年版,第1604页。

④ 潜说友:《咸淳临安志》卷八十一范成大《题佛日净慧寺东坡题名》,《宋元方志丛刊》,中华书局1990年版,第4册,第4112页。

绍兴和议签订前不久，绍兴十一年（1141）的八月，范峣除秘书正字，[1]开始了他的馆阁生涯。秘书正字虽然官职不高，仅为从八品，[2]主要负责皇家图籍的编辑、校勘工作，诸如修补脱漏，订正文字讹误，但秘书省向来是国家储材之地，旨在培养将来的高级官僚，"择儒学为馆职，自馆职择侍从，由侍从择辅相""要路阙必由此选"。[3] 在此供职的范峣前途不可限量。

三　献赋免解

宋金和议后不久，绍兴十二年（1142）正月二十四日，南宋在临安进行了科举礼部试（又称省试）。给事中程克俊知贡举，右谏议大夫罗汝楫等同知，秘书省校书郎程敦厚、陈之渊，秘书省正字张阐、范峣，诸王宫大小学教授石延庆等并差充点检试卷官。[4] 在举子眼中，这些省试官庄严神圣，当时待词科试的洪迈在多年后回忆到："绍兴十二年壬戌，予寓南山净慈，待词科试，见省试官联骑，公服戴帽，不加披衫，每一员以亲事官一人执敕黄行前。是时，知举、参详、点检官合三十一员，最后一中官宣押者，入下天竺贡院。"[5]

这一年，右相秦桧之子秦熺高中榜眼。"初秦桧无子，取妻兄王晚孽子熺养之。至是举进士，考官擢为第一。故事，凡有官者赴试，谓之锁厅人。锁厅人不为状元，自皇祐初沈文通始。政和末王昂榜，嘉王楷亦降为第二。熺时已除职，桧以为嫌，引故事辞。会诚之（按：陈诚之）策专主和议，遂擢为第一，而熺次之。"[6]秦桧当时曾经试图让其子秦熺

① 陈騤：《南宋馆阁录》卷八，中华书局 1998 年版，第 120 页。
② 孙逢吉：《职官分纪》卷十六，《景印文渊阁四库全书》，台湾商务印书馆 1986 年版，第 923 册，第 398 页。
③ 周必大：《史馆吏部赠通议大夫朱公松神道碑》，王蓉贵、（日）白井顺点校：《周必大全集》第 2 册，四川大学出版社 2017 年版，第 641 页。
④ 徐松辑、刘琳等校点：《宋会要辑稿·选举二〇》，上海古籍出版社 2014 年版，第 10 册，第 5637 页。
⑤ 洪迈撰、孔凡礼点校：《容斋五笔》卷四，中华书局 2005 年版，第 878 页。
⑥ 徐乾学：《资治通鉴后编》卷一百十五，《景印文渊阁四库全书》，台湾商务印书馆 1986 年版，第 344 册，第 288 页。

成为状元，多年后深知此事隐情的陆游在《老学庵笔记》中记载：

> 秦熺作状元时，蔡京亲吏高拣犹在。谓人曰："看他秦太师，吾主人乃天下至缪汉也。"①

令高拣感慨的是四十年前即徽宗崇宁二年（1103）的科举考试，那一年范成大的大舅舅、蔡伸长兄蔡佃本是廷试唱名第一，当时一向自称为蔡襄族弟的太师蔡京故作姿态，举贤避亲，将蔡佃降为第二名，使蔡佃抱恨终身。② 或许迫于舆论，秦桧最终也和蔡京当年一样作了一场秀，未让自己的儿子成为状元，但他仍利用权力，使其侄子秦昌时、秦昌龄以及馆客何溥等高中进士。奸佞之辈对于权力的贪婪攫取从未停止过，蔡京刚从历史舞台消失，秦桧便迫不及待地粉墨登场，科场俨然成为他们炫耀权势、玩弄权术之地。

绍兴十二年（1142）的新科进士中的确也有一些颇具真才实学之士，多年后他们在朝中位居要津，如张扶、陈亢孙、颜师鲁、刘珙、陈体仁、魏杞、袁鳌、徐椿、严焕、杨邦弼、赵公晰、李浩、留正等，洪适、洪遵兄弟也于此年中博学宏词科，赐进士出身。这些人日后都和范成大有着千丝万缕的关系，这或许正是点检试卷官范雩给儿子积累的人脉。

绍兴十二年（1142）八月壬午（二十二日），南宋朝中又迎来一件重要之事，皇太后韦氏从金国返回临安。韦氏乃宋高宗赵构的生母，靖康之乱时和宋徽宗、钦宗一起被金人俘去，羁留北方十余年，受尽凌辱。在绍兴和议签订的过程中，宋高宗表示希望把生母本人和徽宗灵枢接回。和议签订之后，宋廷以每年贡奉巨额银帛为代价，换取金国送归韦氏及徽宗灵枢。这本是个带有耻辱色彩的事件，但秦桧厚颜无耻，极力粉饰与鼓吹，率百官上表说："万里回銮，庆母仪之正位；九重视膳，知子道之攸行。"③高宗也下诏令士人献赋献颂，歌功颂德。一时之间，词章纷至沓来。《建炎以来系年要录》卷一四七绍兴十二年十一月己亥纪事曰：

---

① 陆游撰，李建雄、刘德权点校：《老学庵笔记》卷八，中华书局 2019 年版，第 125 页。
② 蔡戡：《大父行状》，《定斋集》卷十四，《景印文渊阁四库全书》，台湾商务印书馆 1986 年版，第 1157 册，第 715 页。
③ 徐梦莘：《三朝北盟会编》，上海古籍出版社 2019 年版，第 1612 页。

> 诏:皇太后回銮,士人曾经奉迎起居及献赋颂等,文理可采者,令后省看详,申省取旨。时献赋颂者千余人,而文理可采者仅四百人。

在秦桧一手策划的献赋活动中,有不少人借此谄媚吹捧,邀功请赏,因此颇受后人诟病,有文丐奔竞之讽。但是不可否认,也有士人在献赋中显示才华,崭露头角,比如范成大和王廉清。李心传就特别提及此事:

> 于是吴县范成大亦在数中。……成大,雩子也。①

王明清《挥麈录·余话》卷二也记载了其兄王廉清和范成大当年一鸣惊人:

> 绍兴壬戌(按:绍兴十二年)夏,显仁皇后归就九重之养,伯氏仲信,年十八,作《慈宁殿赋》以进,云:"臣闻乾天称父,坤地称母……"许颋彦周跋云:"王仲信此赋,如河决泉涌,沛乎莫之能御也。天资辞源之壮,盖未之见。……"奏赋之时,与范至能成大诏俱赴南宫。②

于北山先生曾评论:"李心传、王明清叙录韦后南归献赋颂事,于千百人中均及石湖,足见其文词优长、姓名前列。"③虽然范成大之赋今已不传,但从《挥麈录》中所存王廉清洋洋洒洒的万言之赋可以窥见大概。王明清称赞其兄廉清"天才既高,辅以承家之学,经术文章超迈今古",范成大与之并驾齐驱,其文学天分与造诣亦可以想见。

这次献赋成功,对于范成大来说受益良多。高宗于众人奏赋之后传下诏令:"有官人进一官,进士免文解一次。"④免解又称拔解,这意味着范成大可以不需要经地方发解,便直接赴尚书省参加礼部试。⑤ 这在

---

① 李心传:《建炎以来系年要录》卷一四七绍兴十二年十一月己亥纪事,胡坤点校,中华书局2013年版,第6册,第2782页。
② 王明清:《挥麈录·余话》,上海书店出版社2001年版,第249—252页。
③ 于北山:《范成大年谱》,上海古籍出版社2006年版,第17页。
④ 李心传:《建炎以来系年要录》卷一四七绍兴十二年十一月己亥纪事,胡坤点校,中华书局2013年版,第6册,第2782页。
⑤ 南宋科举考试分为三级,第一级为发解试(简称解试),由各路主持,将考试合格的士子按解额发送到尚书省,在贡举之年的八月份举行,故又称"秋闱"。第二级为省试,在行都临安由尚书省礼部主持,又称礼部试、南省试,此试在春天举行,又称"春闱""春试"。第三级为殿试,由皇帝在殿廷亲自考试,故又称御试、廷试。参见祝尚书:《宋代科举与文学考论》,大象出版社2006年版。

竞争激烈、层层淘汰的科举选拔考试中,堪称迅捷之径。范成大人生的光明大道即将铺开。

此时,范成大意气风发,裘马轻狂。后来他曾经回忆自己这段人生,正如《霜天晓角》一词中所写:

> 少年豪纵,袍锦团花凤。曾是京城游子,驰宝马、飞金鞚。①

字里行间散发着青春的张扬与恣肆。

好事连连。同月间,范雩又除校书郎兼玉牒所检讨官,②为皇家掌管、检校图书并参与修玉牒。所以,绍兴十二年底,范氏父子可谓双喜临门,都获得施展才华的良机。可是谁也没有预料到,太后回銮之后,随着秦桧政治势力的迅速扩张,对异己者疯狂迫害,朝中形势急转直下。

四 潸然离都

宋高宗认为秦桧在力促太后回銮之事上居功甚伟,绍兴十二年(1142)九月,即擢其为太师,封魏国公,南宋从此进入秦桧一人独相专权的黑暗时期。

几年前(绍兴八年,1138),秦桧力主议和请还宋室陵寝以及徽宗遗骸,并请求接回高宗之母韦氏,主战派枢密院编修胡铨等人曾上疏激烈反对,认为金人狼子野心,奸邪狡诈,绝不可能让韦太后还朝,也不会轻易让还中原之地,哪怕是宋室陵寝;秦桧、孙近、王伦等人一味鼓噪主和,欺罔天听,只为个人谋取权位而已,故请斩三人,坚决主张宋廷与金决一死战。

> 况北人变诈百出,而伦(按:王伦)又以奸邪济之,梓宫决不可

---

① 范成大:《霜天晓角》,黄畲校注:《石湖词校注》,齐鲁书社1988年版,第89页。
② 据陈骙《南宋馆阁录》卷八:"范雩,十二年十一月除(校书郎)。"中华书局1998年版,第112页。李心传《建炎以来系年要录》卷一百四十七:"(绍兴十二年十一月丁未)秘书省正字范雩为校书郎,兼玉牒所检讨官。初除检讨官也。"中华书局2013年版,第6册,第2784页。

还,太后决不可复,渊圣决不可归,中原决不可得。而此膝一屈,不可复伸,国势陵夷,不可复振,可为恸哭流涕长太息也!……虽然伦不足道也,秦桧以腹心大臣,而亦为之……参赞大政,徒取充位如此。有如敌骑长驱,尚能折冲御侮耶?臣窃谓秦桧、孙近亦可斩也。

　　臣备员枢属,义不与桧等共戴天,区区之心,愿斩三人头,竿之藁街。然后羁留敌使,责以无礼,徐兴问罪之师。则三军之士,不战而气自倍。①

如今太后顺利回銮,秦桧深受高宗信任,政治上站稳了脚跟,遂开始疯狂报复,一时间朝野血雨腥风,主战派惨遭大清洗,被远谪蛮荒之地甚至被迫害至死者不在少数。例如胡铨,当年上疏时,"上初无深怒之意也",仅贬至广州。"至壬戌岁(按:绍兴十二年)慈宁归养,秦讽台臣论其前言弗效,诏除名勒停,送新州编管。"②其他主战派人士如赵鼎、李光、王庶、曾开、李弥逊等也难逃厄运,"当世名臣,举族贬窜,阖门废锢"。③范成大的舅舅蔡伸也在其列。

蔡伸与秦桧是太学同舍,亦为进士同年。在太学时二人关系还比较密厚,据蔡伸之孙蔡戡记载,"初公与秦丞相在上庠同舍,甚厚",④但随着蔡伸的名声日盛,妒贤嫉能的秦桧对他逐渐忌恨起来,"又同午登进士第,公一时声名出秦右,秦颇忌之。"靖康之乱以后,秦桧身陷金国,去向不明,而此时的蔡伸则在金兵攻打围堵之际,为高宗护驾,立下了汗马功劳。"上每称其能,寻为神武右军参赞官。"宋室南渡偏安江南后,蔡伸继续为宋廷卖力,在江浙一带招安乱贼,平定地方;后通判真州,又移知滁州,坚决抗金。秦桧南归主和议时,怀疑他是赵鼎一党,将其视为眼中钉,蔡伸遂被罢职奉祠。"秦丞相当国,公与赵丞相鼎、王副

① 胡铨:《上高宗封事》,《澹庵文集》卷二,《景印文渊阁四库全书》,台湾商务印书馆1986年版,第1137册,第21页。

② 王明清:《挥麈录·后录》卷十,上海书店出版社2001年版,第164页。

③ 林希逸:《宋龙图阁学士赠银青光禄大夫侍读尚书后村刘公状》,《竹溪鬳斋十一稿续集》卷二十三,《景印文渊阁四库全书》,台湾商务印书馆1986年版,第1185册,第786页。

④ 蔡戡:《大父行状》,《定斋集》卷十四,《景印文渊阁四库全书》,台湾商务印书馆1986年版,第1157册,第716页。此段引用均出自此文。

枢庶有旧，疑以为党，乃罢郡得祠"。绍兴九年（1139）起知和州，继续在前线抗敌。绍兴十二年（1142），秦桧再次兴风作浪，污蔑主战派赵鼎结党，并将所谓同党之人大肆贬窜迫害，蔡伸"且以细故忤秦意，继又指为赵党。公不自安，因丐祠去"。此后，在秦桧专权的日子里，蔡伸始终遭到打压，数度奉祠，终老于毗陵（治今江苏常州），"议者以公抱负文武才，有经世志。使入掌枢机，出典方面，折冲御侮于樽俎，固其宜也。乃不得志于当路，用不尽其才"，殊为可惜。

范成大的母亲蔡氏自幼亲历党祸。其年少时，外祖父文彦博名列元祐党籍，深受蔡京迫害；靖康之难后，同族之叔祖蔡京被贬死，株连九族，蔡氏的长兄蔡佃深受牵连，遭到除职，被贬到筠州、梅州；① 胞兄蔡伸因南渡护驾有功，得以保全自身，但秦桧当国后，竟再次遭遇政治迫害。这一年，蔡氏在忧患恐惧的情势下离开人世。范成大刚刚体验了献赋成名、免文解的大喜之后，又遽然经历了丧母的大悲。然而，厄运才刚刚开始。

绍兴十三年（1143）二月，范成大的父亲范雩由秘书省校书郎改任秘书郎。② 秘书郎负责典校图书，并掌管文书机要，职位颇重。南宋初不置，高宗绍兴五年（1135）复设，员二人。和范雩同时任职的还有他的进士同年张阐。高宗对秘书省这批英才寄予厚望，敕书曰：

> 敕具官某等：朕广储英髦，实待器使，石渠东观，咸以次升。譬犹合抱之材，长养成就，岂一日之绩哉。以尔阐、尔雩，问学之审，词艺之工，朕故使之典四库之书，以资其博；以尔卫、尔周材，器识之远，行实之孚，朕故使秉太史之笔，以信其公。虽尚周旋三馆之游，然亦曲尽一时之选。乃若编摩之助，教导之勤，各因尔能尚赖余力。③

---

① 据《宋会要辑稿·职官六九》"黜降官"条，靖康元年四月二十九日，蔡京被贬韶州，子孙分送湖南、江西远地。五月十一日，徽猷阁待制蔡佃落职，提举江州太平观，筠州居住。"以臣僚论其为京、攸近属，而赃污奸佞，贼害无辜故也。"（上海古籍出版社2014年版，第8册，第4910页）"七月二十八日，移蔡佃梅州居住。"（第8册，第4911页）

② 陈骙《南宋馆阁录》卷七"秘书郎"："范雩……十三年二月除。"又卷八"校书郎"："范雩十二年十一月除，十三年二月为秘书郎。"中华书局1998年版，第93、112页。

③ 张扩《张阐、范雩并除秘书郎，内张阐兼史院检讨官；赵卫、钱周材并除著作佐郎制》，《东窗集》卷十三，《景印文渊阁四库全书》，台湾商务印书馆1986年版，第1129册，第144页。

然而,此时的秘书省实际上被秦桧操控着。他安排儿子秦熺任秘书少监,长期把控官史的编修,特别是宋高宗在位时期的主要官史——编年体日历的撰写,防止有对自己不利的言词。曾任秘书正字的徐敦立就告诉过王明清:"自高宗建炎航海之后,如日历、起居注、时政记之类,初甚完备。秦会之再相,继登维垣,始任意自专。取其绍兴壬子岁(按:应该是壬戌岁,即绍兴十二年),初罢右相,凡一时施行,如训诰诏旨与夫斥逐其门人臣僚章疏奏对之语,稍及于己者,悉皆更易焚弃。繇是亡失极多,不复可以稽考。逮其擅政以来十五年间,凡所纪录,莫非其党奸谀谄佞之词,不足以传信天下后世。度比在朝中,尝取观之,太息而已。"①秦桧一方面在秘书省大肆安插自己的家人和党羽,除秦熺之外,还有秦埙、王扬英、郑时中、丁娄明、林机、张扩等数十人;另一方面,还有意将持异见者排挤出秘书省,譬如洪皓之子秘书正字洪遵、洪适兄弟。

　　洪皓与秦桧以及蔡伸都是北宋政和五年(1115)进士。建炎三年(1129),他奉高宗之命充任大金通问使,出使金国,请求放归徽、钦二帝,但被金人扣留,流放到冷山(治今黑龙江哈尔滨)。洪皓始终保持气节,不仕于金,且密切关注两国形势的发展,暗中给宋廷传递信息情报。绍兴十一年(1141),洪皓千方百计得到高宗之母韦氏的亲笔信,派人送给高宗,协助太后回銮。绍兴十三年(1143)八月,洪皓自金南归,距离他奉命使金已整整15年。洪皓对当年滞留金国的秦桧颇知根底,建炎四年(1130)秦桧从金国逃归后,当时就有人质疑他是金人纵归的奸细,致使他两度罢相,秦桧也最忌讳别人知道他在金国的那段经历。洪皓返朝后曾与秦桧谈及往事,提起一个名叫室燃的金人,此人深知当年秦桧随完颜昌南下的原委,言下之意暗讽秦桧乃奸细,为金人所用。秦桧感觉洪皓是在恶意挑衅,对他构成了潜在的威胁,必欲先除之而后快。因此指使党羽弹劾洪皓,洪皓回朝仅一个月,即被挤出朝廷,出知饶州。② 同月,他的两个儿子洪遵和洪适也被调离秘书省,分别通判常州

---

① 王明清:《挥麈录·后录》,上海书店出版社 2001 年版,第 54 页。
② 参见游彪:《靖康之变》,中华书局 2007 年版,第 264 页。

范雩在秘书郎这个敏感而重要的位置上任职仅 4 个月，于绍兴十三年（1143）六月突然致仕。② 宋制年满七十或虽未及七十但昏老不胜任的，可以申请致仕。孔凡礼先生说："成大父雩宣和间驰誉太学时，年龄并不大，至本年当未及七十，不合引年致仕之例。"③还有一种情况即官员病势垂危，先请致仕，朝廷例有推恩。范雩致仕当属后者。范雩在此之前并没有生病的征兆和迹象，并且才从校书郎升为秘书郎不久，还与秦熺等人奉旨进诗，《南宋馆阁录》记载：

> 绍兴十三年二月，恭阅御书《左氏春秋》《史记列传》。少监秦熺，著作郎王杨英、周执羔，秘书郎张汉彦，校书郎严抑、张阐、赵卫、钱周材、范雩，正字洪遵、吴芾各一首。④

此时范雩突然致仕且暴卒，难免让人感到有些蹊跷。如果考虑到这段时期秦桧对异己者的疯狂报复以及对秘书省的严格把控，蔡氏家族的姻亲范雩也有被卷入政治漩涡的可能。

对于 18 岁的范成大来说，家庭的巨大变故使他从人生的云端直坠谷底。多年来爱护他、教育他、帮扶他的双亲前后两年骤然离世，只留下他和四个年幼的弟弟、妹妹孤苦无依。⑤ 范成大"茕然哀慕"，扶父亲灵柩回家乡吴县至德乡上沙之赤山祖茔安葬，⑥离开了曾带给他无限希望和欢乐的行在临安。

---

① 据陈骙《南宋馆阁录》卷八"正字"记载：洪遵，绍兴十二年五月除（正字），十三年九月通判常州；洪适绍兴十三年二月除，九月通判台州。中华书局 1998 年版，第 120 页。

② 陈骙：《南宋馆阁录》卷七，中华书局 1998 年版，第 93 页。

③ 孔凡礼：《范成大年谱》，齐鲁书社 1985 年版，第 34 页。

④ 陈骙：《南宋馆阁录》，中华书局 1998 年版，第 56 页。

⑤ 据周必大《资政殿大学士赠银青光禄大夫范公成大神道碑》，范成大有二弟：成绩、成己。二妹成人后一适周杰，一适张氏。王蓉贵、（日）白井顺点校：《周必大全集》第 2 册，四川大学出版社 2017 年版，第 577、583 页。

⑥ 周必大：《资政殿大学士赠银青光禄大夫范公成大神道碑》，王蓉贵、（日）白井顺点校：《周必大全集》第 2 册，四川大学出版社 2017 年版，第 583 页。

第二章　寓居昆山

一　初到禅寺

安葬过父亲之后,范成大并没有留在祖籍吴县,而是寓居昆山县(治今江苏昆山市)读书。昆山县在平江府东北七十里,建炎年间平江府遭遇酷烈的兵火,吴县等地都受到严重破坏,瓦砾山积,废墟遍地,唯独昆山一县因地处偏远,地区广袤,逃过一劫。不少世家都移居此地,渐成为政治、文化和教育较发达的地区。

> 建炎间,敌独不侵。荐绅比来,乐其土风而居之,宦游间多胜事,益号佳邑。①

昆山县治东三百步有一个惠严禅寺,又叫东禅院。这个禅寺始建于唐天祐三年(906),乃镇抚使刘璠舍宅而建。五代梁开平三年(909),改为昆山福院。北宋大中祥符元年(1008),敕改惠严院。高宗南渡时,特为书"普照堂"匾,藏于御书阁法堂。② 禅寺非常安静,是一个适合静养身心、读书治学的好地方,前参知政事王绚就曾住在此处。

王绚,字唐公,秦正懿王王审琦五世孙,与蔡伸家族有旧谊。北宋

---

① 叶子强:《昆山县补注题名记》,《吴都文粹》卷九,《景印文渊阁四库全书》,台湾商务印书馆 1986 年版,第 1358 册,第 843 页。

② 顾潜:《弘治昆山县志》卷十一引元黄溍《荐严资福禅寺佛殿僧堂记》,清桂云堂抄本。乾道元年(1165),孝宗赐名惠严禅寺为荐严资福禅寺,奉成穆皇后香火。参见王峻、顾登:《乾隆昆山新阳合志》卷十"寺观",乾隆十六年(1751)刻本,第 28 页。

崇宁五年(1106)赐上舍第,曾"除辟雍太学录、辟雍正,秩满再任,迁博士。仕两学十余年"。① 建炎中金犯维扬,车驾南渡,王绹与蔡伸均扈从以行。后拜参知政事,因与吕颐浩政见不合,不久力丐奉祠,绍兴七年(1137)薨。王绹虽贵为执政,但为官清廉,其家甚贫,生活极为俭薄。"仕宦二十年,无寸椽可居。自奉祠后寓昆山惠严僧舍,萧然一室,服食器用,无异于寒士。"②王绹与范雩亦有关系。宣和六年(1124),王绹同知贡举,③是年范雩进士及第,故二人有师生之谊;后两家又为姻亲,范成大曾在王绹之子王陕的挽词中提到"事契从先世,姻联亦近亲"。④ 王绹另一个儿子则是日后大名鼎鼎的主战派人士王炎。⑤ 到昆山后范成大便寄居在惠严禅寺的僧舍读书,与王陕相邻,这一住便是十年。

乍离开繁华的临安,也离开了昔日一同成功献赋、即将宏图大展的同伴,独自寓居在偏远冷清的寺庙,范成大的心里无比孤苦。他悄悄地把苦闷寄寓在诗里,自艾自怜。《西江有单鹄行》里那曾经"托身万里云"如今却孤单失群、无法振翅高飞的黄鹄分明就是他自己的写照。范成大有时独自到寺院周边走一走,散散心,虽然环境清幽,秀美如画,"水墨依林寺,青黄负郭田。斜阳犹满地,片月早中天。策策鸦飞急,冥冥树影圆。西山元自好,那更着云烟"(《晚步东郊》),但是他心头的落寞孤寂始终无法排解,转眼间到了元夜,范成大独自一人在昆山寺庙度过。每逢佳节倍思亲,在本该亲人团聚的时候,范成大孤苦伶仃,形只影单,忍不住思念自己在石湖老家的兄弟们,《元夜忆群从》诗云:

> 愁里仍蒿径,闲中更荜门。青灯聊自照,浊酒为谁温? 隙月知无梦,窗梅寄断魂。遥怜好兄弟,漂泊两江村。⑥

强烈的孤独感、漂泊感终于压垮了范成大,来年春天,体弱多病的

---

① 张守:《毗陵集》卷十三,刘云军点校,上海古籍出版社2018年版,第181页。
② 龚明之:《中吴纪闻》卷六"王唐公",上海古籍出版社2012年版,第83页。
③ 徐松辑、刘琳等校点:《宋会要辑稿·选举一》,上海古籍出版社2014年版,第9册,第5255页。
④ 范成大《王希武通判挽词二首》写道:"事契从先世,姻联亦近亲。遽为重壤去,凄断十年邻。"富寿荪标校:《范石湖集》卷三,上海古籍出版社2006年版,第28页。
⑤ 参见周必大:《兴国太守赠太保王公绹神道碑》,王蓉贵、(日)白井顺点校:《周必大全集》第2册,四川大学出版社2017年版,第324页。
⑥ 范成大:《元夜忆群从》,富寿荪标校:《范石湖集》卷一,上海古籍出版社2006年版,第2页。

他开始神经衰弱,整天头晕目眩,"丹田恍滉洞,银海眩眵黑。髀弱类跨鞍,臂强如运甓。合体竞酸嘶,莫夜辄增极"，[1]夜里还经常失眠,睁着眼苦苦熬到天明,"奏床不得眠,耿耿到明发",羡慕极了那些走动着都能睡得着的仙人,"睡仙吾所慕,行步亦鼾息"。俗话说:病来如山倒,病去如抽丝。尽管一直在静养,可范成大的身体从春到秋都没有痊愈,连出去散步的力气也没有了,"新秋病骨顿成衰,不度溪桥半月来"(《秋日二绝》)。他偶尔走到窗前看看木芙蓉,那小花似乎和他一样楚楚可怜、满腹心酸,"辛苦孤花破小寒,花心应似客心酸"(《窗前木芙蓉》),真是感时花溅泪。

痛失双亲的范成大整天茕然哀慕,眼看三年一次的科举大考即将到来,他在献赋之后获得一次免解试的良机,可以直接去临安参加绍兴十五年(1145)的省试。作为家中长子,父母双亡后,范成大肩负着抚养幼弟、弱妹的重任。为了家庭生计,也为了个人的前途,绍兴十四年(1144)的年末,范成大拖着尚未痊愈的病体,从水路出发前去临安,参加明年初的春闱。

一路舟行,途经松江,来到位于海宁(治今浙江海宁市)西北二十五里的长安闸,此乃水路进入临安的重要关卡。范成大看到了一番乱哄哄的景象:数不清的船队如同千军万马拥挤着要通过,互不相让,津吏盛气凌人地向过往船只勒索、刁难,现场充斥着叫嚷声、怒骂声,异常喧嚣纷乱,他在《长安闸》诗中写道:"斗门贮净练,悬板淙惊雷。黄沙古岸转,白屋飞檐开。是间袤丈许,舳舻蔽川来。千车拥孤隧,万马盘一坏。篙尾乱若雨,樯竿束如堆。摧摧势排轧,汹汹声喧豗。逼仄复逼仄,谁肯少徘徊!传呼津吏至,弊盖凌高埃。嗫嚅议讥征,叫怒不可裁。"[2]看到此景,范成大感慨世人或为名利所驱,或为饥寒所迫,外出谋生,受制于人,终究可哀。而自己一向自诩异于众人,可也得被裹挟其中,争抢着通过长安闸,去博取功名。"吾观舟中子,一一皆可哀,大为声利驱,小者饥寒催。古今共来往,所得随飞灰。我乃畸于人,胡为乎来哉?"

---

① 范成大:《不寐》,富寿荪标校:《范石湖集》卷一,上海古籍出版社 2006 年版,第 3 页。
② 范成大:《长安闸》,富寿荪标校:《范石湖集》卷一,上海古籍出版社 2006 年版,第 7 页。

抱着不甚积极的心态,范成大来到了临安府。重返故地,往昔种种都浮现眼前。三年前的省试,父亲范雩尚为点检试卷官;然而此时,他已经遽归道山,物是人非。而独相专权的秦桧一手遮天,把控操纵科举,当年献赋时举国瞩目、被高宗下诏免文解的范成大竟然在殿试中失利了。[①] 虽然对此结果有点预感,但范成大还是难免挫败之痛。落第之后,他怀着非常复杂的心情回到了昆山。在《放鱼行》诗里,[②]范成大对因水落塘枯而被小儿捉住、险遭刀俎的"背负玄鳞三十六"的赤鲤表示了极大的同情,忍不住将其赎回放生,祝愿它"好上龙门饮湖水",诗人的身世之感蕴含其中。

二 太学补试

这段时期,范成大的舅舅蔡伸偶尔会到昆山来看望他。蔡伸有《浣溪沙》一词"沙上寒鸥接翼飞",词序曰:"昆山月华阁。"[③]月华阁位于县西北三里的昆山之上,为此山的登临胜处,淳熙中被焚。[④] 蔡伸还带范成大一起登平江府重建的西楼,据《吴郡志》卷六"官宇"记载:"西楼,在郡治子城西门之上。唐旧名西楼,后更为观风楼,今复旧。绍兴十五年郡守王晚重建。"[⑤]王晚乃秦桧妻兄,秦熺生父,绍兴十四年(1144)三月到十五年(1145)闰十一月任平江知府。[⑥] 王晚在任期间大兴土木,诸多在建炎兵火中被焚毁的楼阁建筑得以重建,如双瑞堂、齐云楼、四照亭、颁春亭、宣诏亭等,西楼即为其一。西楼重建后,吴郡人竞相献诗,"晚

---

① 考范成大科第经历,他于绍兴二十四年(1154)中进士,但此前一年并未参加解试。据缪荃孙《江苏金石记》(上)《吴郡乡举题名碑》"绍兴二十三年"条,此年乡举无范成大名,而"绍兴十七年""绍兴二十年"均有范成大名。(张廷银、朱玉麒主编:《缪荃孙全集·金石》,凤凰出版社2014年版,第323页)据绍兴二十二年(1152)南郊赦,绍兴十五年前殿试下人可免文解,即无须参加解试,可直接参加省试(参见徐松辑、刘琳等校点:《宋会要辑稿·选举一六》,上海古籍出版社2014年版,第9册,第5567页),由此可知范成大曾于绍兴十五年(1145)殿试下第。

② 范成大:《放鱼行》,富寿荪标校:《范石湖集》卷一,上海古籍出版社2006年版,第2页。

③ 蔡伸:《友古词》,唐圭璋编纂:《全宋词》,中华书局1999年版,第1312页。

④ 范成大:《吴郡志》卷三十五,江苏古籍出版社1999年版,第519页。

⑤ 范成大:《吴郡志》卷六,江苏古籍出版社1999年版,第64页。

⑥ 范成大:《吴郡志》卷十一,江苏古籍出版社1999年版,第149页。

初落成,郡人竞献诗,以进士耿元鼎所赋为最。"①龚明之《中吴纪闻》卷六亦有记载:"绍兴中,郡守王晙显道建西楼,赋诗者甚众,独耿时举德基为擅场。其诗曰:'西楼一曲旧笙歌,千古当楼面翠峨。花发花残香径雨,月生月落洞庭波。地雄鼓角秋声壮,天迥栏干夕照多。四百年来无妙手,要看风物似元和。'"②蔡伸和范成大也均有西楼之作。蔡伸《友古词》中有一首《定风波》,词序曰:"丙寅四月,吴门西楼之集。"丙寅年即绍兴十六年(1146),蔡伸曾于此年春季在西楼参加宴集,词曰:

> 老去情钟不自持。篸花酌酒送春归。玉貌冰姿人窈窕。一笑。清狂岂减少年时。
> 欲上香车俱脉脉,半帘花影月平西。待得酒醒人已去。凝伫。断云残雨尽堪悲。③

这一年蔡伸 59 岁,受秦桧打压,犹在奉祠期间。这首词用传统的比兴手法,借春愁、惜别之语,抒写自己的郁郁不得志。范成大在春季也有一首诗《登西楼》,诗云:

> 少年豪气合摧锋,青鬓朱颜万事慵。畴昔四愁无梦到,及时一笑有谁供。诗情饮兴如云薄,草色花光似酒酴。千里春心吟不尽,下楼分付晚烟钟。④

此诗与蔡伸词可互参。年纪轻轻的范成大经历父母亡故、家道中落、科举落第的打击,昔日豪气干云、无忧无虑的少年如今变得消极慵懒,既无诗情也无饮兴,纵然景致醉人,但他心中的愁苦诉说不尽,凄凉的晚钟更令人徒增忧伤。此时此际,他体会到的唯有与年龄不符的沧桑之感。

离开热闹异常的西楼,范成大又回到禅寺读书。或许是受蔡伸的指点,这一年的夏天,他再次奔赴临安府,参加太学秋季补试。太学原本只是宋代国子监的一个馆,北宋庆历年间独立招生,容纳八品以下官

---

① 范成大:《吴郡志》卷六,江苏古籍出版社 1999 年版,第 64 页。
② 龚明之:《中吴纪闻》卷六"西楼诗"条,上海古籍出版社 2012 年版,第 81 页。
③ 蔡伸:《友古词》,唐圭璋编纂:《全宋词》,中华书局 1999 年版,第 1324 页。
④ 范成大:《登西楼》,富寿荪标校:《范石湖集》卷一,上海古籍出版社 2006 年版,第 3 页。

员和平民子弟。到宋神宗时期,太学生取代国子生,成为中央官学生员的主要部分。范成大的父亲范雱和三位舅舅蔡佃、蔡仙、蔡伸均曾入太学,并成功登进士第。尤其蔡伸,释褐后曾任辟雍正,改太学正,迁两学博士,①有着更为深厚的太学情结。

南宋初期,由于战乱,时局不稳,太学停办,直到绍兴十三年(1143)才恢复。② 太学入学需经考试,称为补试,生员名额有阙时,一年可春秋两补。③ 入太学者参加科举考试有优厚政策,不仅比州郡有更宽的解额,也有免解、免礼部试以及释褐授官等机遇。比如上舍生就可直接赴殿试:

> 高宗绍兴十三年始建太学,置祭酒司业各一员,博士三员,正录各一员。上舍生三十员,内舍生百员,外舍生五百七十员,寻又增至千员。自外舍有月校,而公试入等曰内舍;自内舍有月校,而舍试入等曰上舍。凡升上舍者皆直赴廷对。④

因这些特殊政策,在科举考试中太学常有百人以上登进士第,⑤因此也需要补充生员。绍兴十五年的大比之后,士子们对太学补试趋之若鹜,范成大也去参加了绍兴十六年(1146)的太学秋补。夏天尚未过完,他就沿水路向临安出发了。到达德清县(治今浙江湖州)时,由于天气炎热,身体一向虚弱的他中暑了,遂临时上岸,在城山(即吴憾山)僧寺的晚对轩住了三个晚上。多年之后范成大重经此地时,仍痛苦地回忆道:

> 顷岁赴太学试,道病暑。三宿晚对轩,题诗壁间,故在。凡僧寺皆南向,此独反北,故夏无凉风。⑥

在这个坐南朝北、通风不良、闷热异常的小轩里,范成大一直昏睡不醒,他的意识开始模糊,仿佛要离魂了一样。也许上苍再次保佑,不知过

---

① 蔡戡:《大父行状》,《定斋集》卷十四,《景印文渊阁四库全书》,台湾商务印书馆1986年版,第1157册,第715页。

② 徐松辑、刘琳等校点:《宋会要辑稿·崇儒一》,上海古籍出版社2014年版,第5册,第2745页。

③ 梁庚尧:《宋代科举社会》,东方出版中心2017年版,第50—64页。

④ 嵇璜、刘墉等:《续通典》卷五十三,浙江古籍出版社2000年版,第1452页。

⑤ 张维玲:《南宋的待补与待补太学生》,《中华文史论丛》2012年第4期。

⑥ 范成大:《骖鸾录》,孔凡礼点校:《范成大笔记六种》,中华书局2002年版,第43页。

了多久,一缕西风吹来,给人间带来一丝凉意,原来立秋节气悄然降临,斗转星移,天地间换了气象。这一缕清风也把病枕上的范成大从死亡的边缘拉了回来。苏醒之后的他如同梦蝶的庄生一样,不知何为真,何为幻,也许这人间的种种都不过是一场南柯梦罢了。范成大原以为自己会在长久的昏迷中永别人世,回到天上,也许命数不该尽,这溪流、青山又把自己这个人间过客留了下来。他忍不住在晚对轩的墙壁上题了一首诗:

> 一枕清风梦绿萝,人间随处是南柯。也知睡足当归去,不奈溪山留客何。①

既然还是置身于当下这个时空,那就看看人世间的秀丽溪山吧!在这西风乍起、秋阳满地的时节,死里逃生、大梦初醒的范成大又在城山挂月堂的墙壁上题了一首诗:

> 百叠烟鬟得眼明,坐来心迹喜双清。秋阳满地西风起,犹有啼莺四五声。②

身体稍稍恢复之后,范成大继续登舟赶考。这一年的太学补试竞争异常激烈,章如愚《群书考索》记载:"绍兴十六年太学之初兴也,春补就试者五千人,遂分数场,有改名冒试至再三者。秋七月辛未,中丞何若言:今秋补人数又多,乞于贡院引试。"③在这应试大军的鏖战中,范成大再度败北。他回想去年春寒料峭时拖着病躯去临安参加省试和殿试,今年适逢秋老虎的极端天气又去赴太学试,险些要了性命,结果却如此令人失望。当乘船返程再度途经松江时,一向自负的范成大忍不住写下一首诗:

> 长虹斗起蛟龙穴,朱碧栏干夜明灭。太湖三万六千顷,多少清风与明月。青鹢惊飞白鹭闲,丹枫未老黄芦折。谁将横笛叫苍烟,

① 范成大:《题城山晚对轩壁》,富寿荪标校:《范石湖集》卷二,上海古籍出版社 2006 年版,第 21 页。辛更儒《范成大集》注此诗曰:"石湖于绍兴十五年春进士考试不利,其欲入太学深造,必即在十五年之后,十六年之秋。则右诗或其入临安赴太学试途中所赋,时在暑热之夏。"中华书局 2020 年版,第 7 页。所注甚是。

② 范成大:《题城山挂月堂壁》,富寿荪标校:《范石湖集》卷二,上海古籍出版社 2006 年版,第 22 页。

③ 章如愚:《群书考索》后集卷二十七,广陵书社 2008 年版,第 596 页。

无限惊波翻白雪。洞庭林屋旧游处，玉柱金庭路巉绝。水仙逢迎掺修袂，问我归计何当决。去年匹马兀春寒，今此孤篷窘秋热。人生意气得失间，轻重剑头吹一映。莫将尘土涴朱颜，却待丹砂回白发。①

这首诗才气逼人，兼具诗仙李白、诗鬼李贺之风。如此才华横溢之人，却在两次重要考试中连连失利，无缘功名，和当年献赋时一鸣惊人、风光无限形成强烈的反差。面对现实，范成大虽然表面故作潇洒，内心却充斥着不平之气。他始终无法释怀，这种失败的痛苦情绪持续发酵，在除夜祭奠先人时，转化成一腔悲愤，喷薄而出。《除夜感怀》诗云：

松楸百年哀，霜露终岁悲。天地岂汝偏，鬼神谅无私。孤穷罪当尔，我今怨尤谁？喑绝梦自语，伶俜影相随。岂无一经传，政坐五鬼嗤。凿枘共龃龉，榛荆费耘耔。付畀踰丘山，奉承劣毫厘。生男九族欢，所愿作门楣。时命有大谬，生男竟何裨？匏瓜谩柅腹，蒲柳无真姿。戚缩高颧颊，萧骚短鬚髭。贫病老岁月，斗杓坐成移。晓风凄以寒，帘幕相纷披。月星炯我冠，雾雨法我衣。焄蒿奉祠事，苦泪落酒卮。逝者日已远，生者日以衰。羸骖驾九折，日暮抱长饥。岐路正巉绝，耿耿谁当知。②

父亲健在的时候，范成大衣食无忧，前途光明，而如今却如此落魄：已经用过了一次免文解的机会，却最终落第；又没能通过太学补试，前路一片渺茫。男儿有泪不轻弹，只是未到伤心处，想到这些，范成大忍不住痛哭流涕，他哀号双亲早早离世，留下他孤苦伶仃地在这世间，无依无靠。既无才无用，又时运不济，蹭蹬挫败，一事无成，不能光耀门楣，愧对列祖列宗。如今凄惨无助，贫病交加，饥寒交迫，亲人们已经远逝，有谁知，有谁怜。在阖家团圆的除夜，范成大独自哭了一宿，慢慢平复情绪之后，他逐渐恢复理性，开始思考今后的人生之路。既然殿试和太学试都失败了，那就只能和一般的士子一样，重新再从解试开始，在科举考试的漫漫长路中艰难跋涉。

---

① 范成大：《过松江》，富寿荪标校：《范石湖集》卷一，上海古籍出版社2006年版，第6页。
② 范成大：《除夜感怀》，富寿荪标校：《范石湖集》卷二，上海古籍出版社2006年版，第18页。

三　结社交游

　　范成大卧薪尝胆,在昆山惠严禅院的僧舍中闭户下帷,再深淬炼磨砺之功。[1] 他把自己所住之处取名"宴坐庵",每天苦读到深夜。"油灯已暗忽微明,石鼎将干尚有声。衲被蒙头笼两袖,藜床无地著功名。"(《宴坐庵四首》)他刻苦读书的美名一直流传至后世,《淳祐玉峰志》卷下《寺观》"荐严资福禅寺"[2]条记载:

> 范石湖尝读书寺中,屡有诗,载《大全集》及《杂咏》。其后石湖读书处生紫藤,萦蔓可爱,名以"范公藤",名公各有题咏。

　　读书累了,范成大就到禅寺的后圃,在池上的茅亭中游息,后人也将其命名为范公亭。[3]

　　范成大开始大量习诗。他有多首咏史之作,总结历史经验、教训,把握历史规律,阐明自己的史观、史识,如《读史》《读史三首》《题开元天宝遗事四首》《读甘露遗事二首》等。他还效仿唐人的诗作,转益多师,《四库全书总目提要》评价云:

> 初年吟咏,实沿溯中唐以下。观第三卷《夜宴曲》下注曰:以下二首效李贺;《乐神曲》下注曰:以下四首效王建,已明明言之。其他如《西江有单鹄行》《河豚叹》则杂长庆之体;《嘲里人新婚诗》《春晚三首》《隆师四图》诸作,则全为晚唐五代之音。其门径皆可覆按。[4]

他用诗笔记录下四时光景和日常生活:

> 野店垂杨步,荒祠苦竹丛。鹭窥芦箔水,乌啄纸钱风。妪引浓

---

① 于北山:《范成大年谱》,上海古籍出版社 2006 年版,第 19 页。
② 南宋乾道元年(1165),宋孝宗赐名惠严禅寺为荐严资福禅寺,奉成穆皇后香火。参见王峻、顾登:《乾隆昆山新阳合志》卷十"寺观",乾隆十六年(1751)刻本,第 28 页。
③ 王鏊:《正德姑苏志》卷三十二,《中国地方志集成·善本方志辑·第一编》,凤凰出版社 2014 年版,第 485 页。
④ 永瑢等撰:《四库全书总目》卷一六〇《石湖诗集提要》,中华书局 2003 年版,第 1380 页。

妆女,儿扶烂醉翁。深村时节好,应为去年丰。(《寒食郊行书事二首》)

清晨出郭更登台,不见余春只么回。桑叶露枝蚕向老,菜花成荚蝶犹来。(《初夏二首》)

冷艳颜容一笑开,休将鸾扇更徘徊。箜篌细写归舟字,仿佛游仙梦里来。(《嘲里人新婚》)

范成大在僧舍中伴着晨钟暮鼓日日苦学。《礼记》云:"君子之学,以文会友,以友辅仁。独学而无友,则孤陋而寡闻。"初到寺院时,范成大的交游对象多是寺中的僧人以及禅寺附近的邻居,如《与时叙、现老纳凉池上,时叙诵新词甚工》诗中所提到的现老、时叙等。他也参加僧人和俗人共同举办的莲社游山会,品时令鲜果,赋诗为乐。① 渐渐的,他的交游范围更加扩大,最重要的标志是加入了昆山诗社。

昆山素有文人结诗社的传统,诗社中人并非耆老闲散者,而多为应举之士。曾在西楼赋诗中擅场的耿镃(时举)即是诗社中人。② 南宋初期,科举考试有诗赋和经义两种,昆山举子结为诗社,便于互相切磋,促进诗艺。如果有人中进士并赴任官职,便自然退出诗社。譬如李衡,他曾是诗社早期成员,绍兴十五年(1145)中进士第,③此后就不再出现在诗社中。而诗社也会再吸纳新的成员,在得知范成大的诗名之后,昆山诗社中的乐备便力邀其加盟。④ 社中之人纷纷作诗以示欢迎,比如马先觉《喜乐功成招范至能入诗社》云:

燕国将军善主盟,新封诗将一军惊。范家老子登坛后,鼓出胸中十万兵。⑤

---

① 范成大《题现老真》诗云:"三十年来共葛藤,如今莲社冷如冰。茶瓜樱笋游山会,从此斋厨欠一僧。"富寿荪标校:《范石湖集》卷二十二,上海古籍出版社 2006 年版,第 313 页。

② 耿镃,一名元鼎,字德基,又字时举。龚昱《昆山杂咏》卷中有耿镃《用彦平韵赋石外舅短项翁》等诗作,中华书局 1986 年版,第 8 页。

③ 范成大:《吴郡志》卷二十八,江苏古籍出版社 1999 年版,第 412 页。

④ 乐备,字顺之,一字功成。由淮海徙昆山,有学行名,能文章,尤长于诗。绍兴二十四年(1154)进士。见王鏊:《正德姑苏志》卷五十一,《中国地方志集成·善本方志辑·第一编》,凤凰出版社 2014 年版,第 102 页。

⑤ 龚昱:《昆山杂咏》卷下,中华书局 1986 年版,第 10 页。

范成大也依社中之规作和诗一首《和马少伊韵》：

> 气压伊吾一剑鸣，风生铜柱百蛮惊。君家自有堂堂阵，我欲周旋恐曳兵。

入了诗社一般要有雅号，范成大"欲买山无赀，取唐人只在此山中之语，自号此山居士"①。诗社中人常同题吟咏唱和，以切磋诗艺。比如以《雪》为题，《昆山杂咏》中有项寅宾诗云：

> 冻云同色坠飞霙，送腊迎春一岁成。但见红花洗芳面，那闻黄竹度新声。密移琼室祥光满，倾泻银河白浪平。已属画师图此景，炎蒸相对卧桃笙。

范成大也写有一首《次韵项丈雪诗》，诗云：

> 兜罗世界三千刹，重壁楼台十二成。雨暗峨眉封古邑，日曛鸡鹊溜春声。莫将蕉叶评摩诘，且拈梅花慰广平。更忆缑山可怜夜，怯寒谁与伴调笙。

再如范成大先写一首《元日奉呈项丈诸生》，项寅宾作有《和范至能元日》；马先觉写了首《幽居客至》，乐备则有《次马得闲幽居客至韵》。

诗社还经常组织聚会，大家一起游乐，一同吟诗。中秋节范成大因病错过诗社活动，心中倍感遗憾。《中秋卧病呈同社》诗云：

> 人间佳风月，浩浩满大千。俗子不解爱，我乃知其天。以此有尽姿，玩彼无穷妍。受用能几何，北溟一杯然。天公尚龃龉，不肯畀其全。卧病窘诗料，坐贫羞酒钱。琼楼与金阙，想象屋角边。如闻真率社，胜游若登仙。四者自难并，造物岂我偏。②

范成大在昆山诗社找到了归属感，在以后的日子里，志同道合的社友们密切往来，互相关心，互相鼓励。清贫的生活因此多了很多温暖和趣味，他不再像刚到昆山时那般孤单寂寞了。

---

① 周必大：《资政殿大学士赠银青光禄大夫范公成大神道碑》，王蓉贵、（日）白井顺点校：《周必大全集》第2册，四川大学出版社2017年版，第577页。

② 范成大：《中秋卧病呈同社》，富寿荪标校：《范石湖集》卷二，上海古籍出版社2006年版，第24页。

同样给他温暖友情的还有一些昆山的世交，唐子寿即是其中一位。① 唐子寿字致远，礼部侍郎唐辉之子。② 据《淳祐玉峰志》卷中所记，唐氏为吴郡世家，寓居昆山。唐辉登政和五年(1115)进士第，③与范成大舅父蔡伸为同年。唐辉与范成大之父范雩也有很深的旧谊。据范雩太学同舍龚明之所记，唐辉当年曾与龚明之同在平江府学求学，④后也曾入太学，范成大《吴郡志》卷二十六"人物"曾提及昆山同乡马友直在太学时，"侍郎唐公辉、御史王公葆及我先君少师，皆敬爱之"。⑤

长辈的友情延续至下一代，范成大在昆山与唐子寿交游甚密，经常有诗往来，如《次韵唐致远雨后喜凉》等。唐辉卒于绍兴十五年(1145)，唐子寿后因父恩补官，范成大写《青青涧上松送致远入官》为其送行，把自己和唐子寿比为松树和柏树，"偃植虽不同，臭味乃相得"；又借用柏树思念松树，抒发自己对友人即将远行任职的不舍之情，"草木岂有情，亦复念离析。君看此翠柏，错莫无颜色。孤阴愁月夜，独籁怨风夕。苍官何当归，相望长相忆。"并有《戏题致远书房》："逋客已随丹凤诏，但余花草怨秋深。"唐子寿赴任后，范成大还经常和他书信往来。生病的时候，夜里无眠，范成大会给唐子寿写诗，抒发人生感慨："万事心空痴已惯，百骸岁晚病相投。"(《病中夜坐呈致远》)他期盼着唐子寿返乡，出关相迎而未接到友人时，范成大写下《九月三十日夜出关候致远不至》，表达自己的失望之情；唐子寿从外地寄来诗作，范成大会次韵，如《次韵致远自毗陵见寄二首》；自己做好新诗后，也会想着寄赠唐子寿，同他切磋诗艺，如《寄赠致远并呈现老》等。

---

① 范成大：《次韵唐致远雨后喜凉》，富寿荪标校：《范石湖集》卷二，上海古籍出版社 2006 年版，第 5 页。

② 唐子寿为隆兴元年(1163)进士，见范成大：《吴郡志》卷二十八"进士题名"，江苏古籍出版社 1999 年版，第 414 页。唐子寿父唐辉，绍兴初为礼部侍郎兼侍讲，见《建炎以来系年要录》卷八十七绍兴五年三月纪事，中华书局 2013 年版，第 4 册，第 1660 页。唐子寿为王葆次女之婿，见周必大：《左朝请大夫王公葆墓志铭》，《文忠集》卷九十，王蓉贵、(日)白井顺点校：《周必大全集》第 2 册，四川大学出版社 2017 年版，第 802 页。

③ 范成大《吴郡志》卷二十八"进士题名"政和五年何㮚榜进士有唐辉，小注曰："俨孙，礼部侍郎。"江苏古籍出版社 1999 年版，第 410 页。

④ 龚明之《中吴纪闻》卷五"郑应求相"条："予年二十时，三舍法行，与郑君聘应求同在郡庠。应求精于人鉴，同舍皆为其品题，心甚畏之。尝见唐琱子明，以手拊其腰曰：'异日金琅珰无疑矣。'子明性庄重，面大发赤。上海古籍出版社 2012 年版，第 74 页。可见龚明之与唐辉都是平江府学同学。

⑤ 范成大：《吴郡志》卷二十六，江苏古籍出版社 1999 年版，第 390 页。

唐子寿的叔叔唐煜(字子光)乃建炎二年(1128)进士，[①]此时或为平江府学教授，范成大也与其有诗歌唱和，如《次韵唐子光席上赏梅》《次韵唐子光教授河豚》等。也许因为这种关系，范成大得以寄籍平江府学，便于日后参加解试。

四　乡举题名

光阴荏苒，三年一次的科举解试即将开始。绍兴十七年(1147)三月二十四日，高宗亲自下诏，广布天下：

> 朕惟自古圣王之治，莫先得士。而国家科目之设，最为周密。往者宇内多故，犹不忘三年之举，矧今疆垂日靖，学校兴行，人知乡方，顾不能率厥旧典，网罗群材乎！可令有司搜取茂异，咸与计偕，朕将试之春官，亲策于廷，靡以好爵，几有益于治道。布告天下，体朕意焉。故兹诏示，想宜知悉。[②]

范成大于此年秋天参加解试。宋代解试由各路组织，在府治举行，但本州府各级官僚及发解官的子弟、亲属、门客等为了避嫌，不能与一般士子同场考试，而由国学、各路转运司集中考校，称"别头试"。[③]因各路将参加别头试的士子以牒文形式移送到转运司，故在转运司举行的别头试又称"牒试"；又因在转运司考试，转运司俗称漕司，故牒试亦称"漕试"。[④]如果本路长官、监司官(转运使副、提点刑狱公事、提举常平司)的亲属、门客参加漕试，则需赴邻路考试。李心传《建炎以来朝野杂

---

① 范成大《吴郡志》卷二十八"进士题名"建炎二年李易榜有唐煜(辉弟)，江苏古籍出版社 1999 年版，第 411 页。杨谭《至正昆山郡志》卷三"进士"建炎二年李易榜亦有"唐煜子光，辉弟，朝请大夫"。王鏊《正德姑苏志》卷五"科第表"建炎二年记载"唐烨(按：当为"煜")，字子光，辉弟，昆山，朝请大夫"，《中国地方志集成·善本方志辑·第一编》，凤凰出版社 2014 年版，第 87 页。

② 无名氏：《绍兴十八年同年小录》，《景印文渊阁四库全书》，台湾商务印书馆 1986 年版，第 448 册，第 346 页。

③ 《宋史》卷一五五《选举志》："士有亲戚仕本州，或为发解官，及侍亲远宦，距以本州二千里，令转运类试。以十率之取三人，于是诸路始有别头试。"上海古籍出版社、上海书店 1986 年版，第 468 页。

④ 参见祝尚书：《宋代科举与文学考论》，大象出版社 2006 年版，第 17 页。

记》甲集卷十三"避亲牒试"条记载:"牒试者,旧制,以守、倅及考试官同异姓有服亲、大功以上婚姻之家与守、倅门客皆引嫌,赴本路转运使别试。若帅臣、部使者亲属、门客则赴邻路,率七人而取一人。"①绍兴十七年(1147),作为平江府的举子,范成大并未在本路参加解试,亦未在所属的两浙转运司参加漕试,而是从水路经镇江等地北上建康(治今江苏南京市),参加江东转运司的漕试。② 他在《南徐道中》(题下小注曰:以下赴金陵漕试作)一诗中表明心迹:

> 生憎行路与心违,又逐孤帆擘浪飞。吴岫涌云穿望眼,楚江浮月冷征衣。长歌悲似垂垂泪,短梦纷如草草归。若有一廛供闭户,肯将箬舫换柴扉!③

　　一向不喜出行的范成大再次踏上孤独羁旅前去赴考,故乡吴县望眼欲穿却无法停留,江上月影使衣衫单薄的征人愈发感觉凄冷。此情此景,范成大惟有长歌当哭,感慨人生如梦。可是不情愿又有何用,生无立锥之地,一贫如洗,只能坐船远行去博取功名,以换得将来的一席之地。

　　舟行数日,范成大终于来到建康界内。弃船登岸后,曲折蜿蜒的丘陵地带殊为难行,与之相比,先前的水路似乎都是坦途了,他在《金陵道中》诗里写道:"愁埃百转西州路,笑忆沙湖一棹飞。"④范成大起早贪黑、马不停蹄地赶路,《晓行》诗云:"篝灯驿吏唤人行,寥落星河向五更。马上谁惊千里梦,石头冈下小车声。"⑤行了一段陆路之后,来到秦淮河边,又要搬运行李坐船,奔赴江东转运司,《秦淮》诗云:"不将行李试间关,谁信江湖道路难。肠断秦淮三百曲,船头终日见方山。"⑥几经辗转,范成大终于来到建康城下,远远望去,金陵的帝王之气令人震撼,《望金陵

---

① 李心传:《建炎以来朝野杂记》甲集卷十三,中华书局 2000 年版,第 266 页。

② 范成大得以赴江东转运司参加漕试,是因其舅父蔡伸抑或从兄范成象的关系尚待进一步考证。

③ 范成大:《南徐道中》,富寿荪标校:《范石湖集》卷一,上海古籍出版社 2006 年版,第 12 页。

④ 范成大:《金陵道中》,富寿荪标校:《范石湖集》卷二,上海古籍出版社 2006 年版,第 13 页。

⑤ 范成大:《晓行》诗题下注云:"官塘驿。"富寿荪标校:《范石湖集》卷二,上海古籍出版社 2006 年版,第 13 页。据周应合《景定建康志》卷十六,官塘驿在溧水县东南二十五里。《宋元方志丛刊》,中华书局 1990 年版,第 2 册,第 1538 页。

⑥ 范成大:《秦淮》,富寿荪标校:《范石湖集》卷二,上海古籍出版社 2006 年版,第 13 页。

行阙》诗云:"圣代规模跨六朝,行宫台殿压金鳌。三山落日青鸾近,双阙清风紫凤高。石虎蹲江蟠王气,玉麟涌地镇神皋。太平不用千寻锁,静听西城打夜涛。"范成大无暇流连风景,立即奔赴转运司考场,经过数日的拼搏奋战,终获成功,苏州府学所立《吴郡乡举题名碑》上,绍兴十七年(1147)的题名中赫然留下了"范成大"之名。[①]

范成大在建康游览了赏心亭、义林院、白鹭亭、胭脂井等名胜古迹,还拜谒了王安石墓,写下数首诗留念,然后踏上了返乡的路途。此时他的心情已与赴试时大不相同,船行进在蜿蜒的秦淮河上,不再是先前感受的"肠断秦淮三百曲",而是令他啧啧称奇:"自金陵复泛秦淮,宛转数百曲。世传始皇东巡,自江乘渡,望气者以为金陵有天子气,乃凿长冈,引潮水入焉,号曰秦淮。逶迤屈曲,不类人功,故又传为龙所开也。"[②]从这些诗文,我们可以想见这个22岁的青年举子解试成功后的轻松心情。九月三日,范成大已经到达胥口,[③]在此偶遇同在江湖上奔波的吴县故人,一番嘘寒问暖、相约故里之后,他又回到昆山禅寺,为明年更重要的春闱做准备。

经过短暂的休整,范成大再度奔赴行都临安,参加绍兴十八年(1148)的礼部试。据《绍兴十八年同年小录》记载,此年二月十二日锁院,权尚书吏部侍郎兼权直学士院边知白知贡举,尚书礼部侍郎兼权吏部侍郎周执羔同知。考试分经义和诗赋两科,二月十八日、十九日、二十日引试诗赋、论策三场,二月二十二日、二十三日、二十四日引试经义、论策三场。三月二十三日引试御试,四月初三日御试策一道,四月

---

① 缪荃孙《江苏金石记》(上)《吴郡乡举题名碑》(原注:在苏州府学)记曰:"绍兴十七年丁卯举:林乔卿、边惇德、范成大。"(张廷银、朱玉麒主编:《缪荃孙全集·金石》,凤凰出版社 2014 年版,第 323 页)孔凡礼先生曾曰:"以上云云,《吴郡志》《玉峰志》《至正昆山郡志》,洪武《苏州府志》,正德《姑苏志》皆不载,明、清两代苏州地区其他方志亦不载,不知何故。岂历代相传,以为不足信耶? 然置之府学,似不应有误。"(孔凡礼:《范成大年谱》,齐鲁书社 1985 年版,第 532 页)辛更儒据《吴郡乡举题名碑》记载提出范成大在绍兴十七年两浙路秋试中得解(辛更儒点校:《范成大集》,中华书局 2020 年版,第 956 页)。笔者亦认为乡举题名碑所录应当可信,范成大参加绍兴十七年秋试并得解,但据《南徐道中》题下小注"以下赴金陵漕试作"可知,其并未由本路发解,而是去相邻的江南东路参加漕试。

② 范成大:《秦淮》,富寿荪标校:《范石湖集》卷二,上海古籍出版社 2006 年版,第 15 页。

③ 范成大:《九月三日宿胥口始闻雁》诗题下注云:"以下归昆山作。"富寿荪标校:《范石湖集》卷二,上海古籍出版社 2006 年版,第 16 页。

十七日皇帝御集英殿唱名,赐状元王佐以下及第、出身、同出身共330人释褐。①

按理,这一年的礼部试对范成大比较有利,知贡举边知白既为吴郡人,且和范雩为同年进士,人品忠厚淡泊;②范雩的另一个同乡好友兼进士同年宗正寺主簿王葆为参详官。但是,此年的科举考试被时相秦桧左右,他的党羽周执羔同知贡举,所选之人多为政见一致者,这一年"状元王佐等三人对策之语,亦载其略,皆附会和议甚力"。③ 而礼部试第一名的徐履,因不肯攀附秦桧,最终仅为五甲之末。《绍兴十八年同年小录》记载:"时相秦桧欲妻以女,因阳狂,廷对不答一字,乃附第五甲末第一百四十二人。时人为之语曰:'殿榜若还颠倒挂,徐履依前作状元。'"朱熹、尤袤、叶衡等人均在此年进士登科,平江府胡元质、冷世光、胡百能、糜师旦、冷世修、林光祖等人也榜上有名,④而范成大却没有考中,他黯然神伤,返回昆山。

绍兴十九年至二十年,范成大又恢复了一介书生寒窗苦读的日子,枯燥而重复,日常而琐碎。庚午年(绍兴二十年,1150)的一天,他翻看自己的记事册,不由感慨道:"划破虚空一剑闲,六根同转上头关。如今宴坐庵中事,政在凡夫道法间。"⑤宝剑无用武之地,每天在宴坐庵读书,和凡夫俗子一样,过柴米油盐的生活,范成大自我解嘲道,或许这就是禅宗所谓的砍柴担水即是道的境界吧。

春去秋来,绍兴二十年(1150)的秋闱眼看又要来临,范成大再次出行参加漕试。这次他沿着运河来到位于扬州的淮南东路转运司,这一年汤鹏举为转运使。⑥ 汤鹏举,字致远,金坛人,绍兴十六年(1146)为两

---

① 无名氏:《绍兴十八年同年小录》,《景印文渊阁四库全书》,台湾商务印书馆1986年版,第448册,第345页。

② 边知白,字公式。曾祖珣自陈留官姑苏,乐其风土,遂世为吴人。知白宣和六年进士,孝友醇诚,蹈绳墨规矩,清虚寡欲,号为吉人,而学佛尤尽诚。见范成大:《吴郡志》卷二十七,江苏古籍出版社1999年版,第395页。

③ 无名氏:《绍兴十八年同年小录》,《景印文渊阁四库全书》,台湾商务印书馆1986年版,第448册,第345页。

④ 范成大:《吴郡志》卷二十八,江苏古籍出版社1999年版,第413页。

⑤ 范成大:《题记事册》(庚午),富寿荪标校《范石湖集》卷三,上海古籍出版社2006年版,第27页。

⑥ 黄之隽:《乾隆江南通志》卷一百二"淮南转运使",《中国地方志集成·省志辑·江南》,凤凰出版社2011年版,第824页。

浙转运判官,[①]绍兴十八年(1148)六月十九日知临安府,十九年(1149)八月十七日除司农卿,[②]绍兴二十年(1150)升淮东漕使。[③] 范成大特意去拜访了汤鹏举,汤鹏举高兴地拿出收藏的著名画僧梵隆的四幅仕女图,范成大施展才华,一一为其题诗。《题汤致远运使所藏隆师四图》诗云:

春风吹梦蓦江飞,行尽江南只片时。深院无人自惊觉,夕阳芳树乳鸦啼。背立妆台髻鬟懒,镜鸾应见茸茸眼。不须回首更嫣然,刘郎已自无肠断。(《欠伸》)

猧儿弄暖绿阶走,花气薰人浓似酒。困来如醉复如愁,不管低鬟钗燕溜。无端心绪向天涯,想见樯竿旛脚斜。槐阴忽到帘旌上,迟却寻常一线花。(《倦绣》)

轻薄人情翻覆手,冰容却耐幽居久。关中旧事逐春休,付与新人莫回首。目送斜阳忘却归,竹风摇曳翠罗衣。君看脉脉无言处,中有杜陵饥客诗。(《倚竹》)

雪意勒花愁未解,背阴一朵寒先退。东风还是去年香,不比人心容易改。宿酒瞢腾正耐春,花枝人面两时新。相看好作风流伴,只恐花枝却妒人。(《嗅梅》)[④]

这几首诗辞藻优美,情调清婉,美人娴雅姿容如在目前,想必深受转运使汤鹏举赞赏。和三年前一样,范成大发解非常顺利。绍兴二十年(1150)苏州府学的乡举题名碑上,他的名字再次出现。[⑤] 也和三年前一样,范成大漕试后回到昆山,冬天的一个夜晚,他又乘着小船从昆山出发,重复当年的行程,去行都临安府参加礼部试。《夜发昆山》诗云:

岁寒人墐户,霜重独登舟。弱橹摇孤梦,疏篷盖百忧。但吟今

---

① 李心传:《建炎以来系年要录》卷一五五,中华书局 2013 年版,第 6 册,第 2936 页。

② 周淙:《乾道临安志》卷三,《宋元方志丛刊》,中华书局 1990 年版,第 4 册,第 3252 页。

③ 黄之隽等:《乾隆江南通志》卷一百四十三《人物志·宦绩》,《中国地方志集成·省志辑·江南》,凤凰出版社 2011 年版,第 686 页。

④ 范成大:《题汤致远运使所藏隆师四图》,富寿荪标校:《范石湖集》卷三,上海古籍出版社 2006 年版,第 33 页。

⑤ 缪荃孙《江苏金石记》(上)《吴郡乡举题名碑》(原注:在苏州府学):"绍兴二十年庚午举:郑毂、张逸民……范成大……"张廷银、朱玉麒主编:《缪荃孙全集·金石》,凤凰出版社 2014 年版,第 323 页。

不乐,岂计几宜休。惭愧沙湖月,年年照薄游。①

为了获取科举功名在江湖上来回奔波,已经是范成大这些年的生活主题。尽管解试成功,可一踏上前往临安的小船,之前种种考试失利的阴影便笼罩在他的心头,总是让他有种不祥的预感。

绍兴二十一年(1151)的春闱如期举行,赵逵最终成为状元,程大昌、周必大、陈居仁、萧德藻、张震、林之奇、蒋芾、詹仪之等人登第,秦桧孙女婿林桷也榜上有名,而范成大再次名落孙山。科举考试是天下士子实现人生价值的重要途径,但其中辛酸谁人能知。范成大自幼在父亲的教导下苦读,父亲去世后还有舅父蔡伸、从兄范成象等社会关系,即便如此,他却一再科场失利。从绍兴十五年(时年 20 岁)至绍兴二十一年(时年 26 岁),他参加了三次科考,均铩羽而归。尤其是后两次考试,皆顺利发解却最终落第,六年之中,心中一次次升腾起希望,又一次次破灭,如此周而复始,对人的身心都是一种极大的摧残与折磨。

屡战屡败的范成大从临安回乡,行至都城东面的上塘河时,正值传统的清明、上巳节,柳绿桃红,春光无限。而当水边宴饮、郊外游春的热闹人群逐渐散去,野店寒水益发寂寥,极度失落的他忍不住写下了一首诗:

> 店舍无烟野水寒,竞船人醉鼓阑珊。石门柳绿清明市,洞口桃红上巳山。飞絮着人春共老,片云将梦晚俱还。明朝遮日长安道,惭愧江湖钓手闲。②

诗人感叹青春的逝去,想象着明朝那些新科进士们都将在行都赴宴游赏,"春风得意马蹄疾,一日看尽长安花",何等风光;而他一无所获,只能闲于江湖,空有羡鱼之意,内心惭愧不已。乘舟返乡途中,看到熟悉的乡间景象,范成大渐渐萌生了归隐之心。《余杭道中》诗云:"落花流水浅深红,尽日帆飞绣浪中。桑眼迷离应欠雨,麦须骚杀已禁风。牛羊路杳千山合,鸡犬村深一径通。五柳能消多许地,客程何苦镇匆

---

① 范成大:《夜发昆山》,富寿荪标校:《范石湖集》卷四,上海古籍出版社 2006 年版,第 43 页。
② 范成大:《暮春上塘道中》,富寿荪标校:《范石湖集》卷三,上海古籍出版社 2006 年版,第 27 页。

匆。"算了吧,不要再奢求什么功名了,还是回去归隐吧。

回到昆山后,范成大的心情犹如江南的黄梅天,总也不得晴朗。他本来就羸弱的身体几乎不能自持,整个黄梅雨季,范成大一直卧床不起,《病中绝句八首》云:"空里情知不着花,逢场将病当生涯。蒲团软暖无时节,夜听蚊雷晓听鸦。""溽暑薰天地涌泉,弯跧避湿挂行缠。出门斟酌无忙事,睡过黄梅细雨天。"①他不由感慨造化弄人,生我何用,只是为了给这人间试验药方的吧,"石鼎飕飕夜煮汤,乱拖芝术斗温凉。化儿幻我知何用?只与人间试药方。"②在病得一塌糊涂的时候,范成大梦见自己还在江湖上为了考试而奔波,梦中他以为那淅淅沥沥的梅雨声是冬天赴临安时飞雪打在船窗上的声音,"病中心境两俱降,犹忆江湖白鸟双。一夜雨声鸣纸瓦,听成飞雪打船窗。"科举失利给这个年轻人留下了多少心理阴影,实在令人心痛。

病情越来越严重,范成大万念俱灰,他终日默默无语,几乎陷入自闭,且看他在病中所写三首偈子,"一尘不偶同归处,四海无亲独步时""化尽此身成药树,不妨栽得病根深""莫把无言绝病根,病根深处是无言",③但范成大还是无法参透人生,字里行间有着无法言说的痛苦和落寞。落第后的整整一年,他都在这样的情绪中度过,心灰意冷,任岁月蹉跎,《除夜书怀》诗云:"鬓绿看看雪,心丹念念灰。"壬申新年(绍兴二十二年,1152)来临之际,范成大写下《元日山寺》一诗:

> 听熟朝鱼又暮钟,全将慵懒度三冬。贪眠豹褥窗间日,怕拥驼裘陌上风。登阪自怜行蹭蹬,读碑仍怪视蒙笼。少年豪壮今如此,略与残僧气味同。④

他一天天地听着寺庙的木鱼声和钟声,躲在屋里、躺在床上打发时间。偶尔起来到外面走走,腿脚都不利索;读读碑文吧,眼力蒙蒙眬眬的,也看不清,这哪里是一个二十多岁的年轻人的样子。

① 范成大:《病中绝句八首》,富寿荪标校:《范石湖集》卷四,上海古籍出版社 2006 年版,第 46 页。
② 范成大:《病中绝句八首》,富寿荪标校:《范石湖集》卷四,上海古籍出版社 2006 年版,第 46 页。
③ 范成大:《病中三偈》,富寿荪标校:《范石湖集》卷四,上海古籍出版社 2006 年版,第 47 页。
④ 范成大:《元日山寺》,富寿荪标校:《范石湖集》卷四,上海古籍出版社 2006 年版,第 48 页。

范成大的内心始终郁积着难以言说的痛苦，他身体虚弱无力，心态更是颓废消极。当五月份再次来临，去年落第返乡后的一幕幕情景又重新浮现，再次重重地击垮了范成大。在潮热的梅雨季，夏至前一日，他竟然感染了严重的风寒，几乎病入膏肓，奄奄一息。病榻之上，范成大隐然觉得一缕魂魄已脱离肉体，来到天宫，偶遇天医：

> 吴山之朣，不达不闻。有门常关，日与病亲。岁直壬申（按：绍兴二十二年），亢中于昏。薄寒中之，不良睡眠。觉邪梦邪，陆离纷纭。神马具装，出于顶门。驱风鞭霆，莫知所从。紫城翠楼，千窗万栊。玉书垂芒，天医之官。中有一人，瑶冠紫衣。如帝如尊，众真绕围。我瞻而思，是其天医者邪？窃乐其名，幸已我疾。①

于是范成大前去拜谒天医，将自己这些年所受病痛折磨一一陈述，只因吃了无数汤药也未奏效，遂请求天医为其开剂良方：

> 五日一曳杖，十日一卧簀……挛拳惰其四支，黯黮淫乎大宅。百骸九窍，无一得适……三建若燎，五毒若螫。入口如茶，下咽如载。燥刚以发舒，酸苦以涌泄。杵臼无停鸣，铛鼎不暇涤。瞑眩酷烈，疾战纵击。外邪未溃，中气先踣。久立则踬，久行则躄。语多则逆，卧多则惕。先寒而裘，未暑而绤。席避风而五迁，衣恶湿而再襞。旦欲兴而三休，夜将诵而九息。听蚁为牛，视朱作碧。

范成大读过孙思邈《千金方》等医书，对病理略知一二，他自己分析到，人之生病不外乎三种：一为感染致命病毒、病菌，所谓"伐性之斧"；二为生离死别，伤心过度所致，所谓"蠹心之孽"；三为娇生惯养，如深居温室，缺乏抵抗力，所谓"炀和之灶"。范成大自认为并没有这三种致病原因，但总是遭受病痛折磨，"疾痛疴痒，无时不有"，百思不得其解，认为当"天实为之，非人速辜"。故请天医赐下良方，为其解除病苦。

> 语未竟，仰闻太息曰：有是哉！汝之忧也。凡汝所苦，可以理测；凡汝所求，吾不汝啬。病自汝得，造化吾知。汝穷汝原，何药

---

① 范成大：《问天医赋》，富寿荪标校：《范石湖集》卷三十四，上海古籍出版社 2006 年版，第 449 页。

之为。

天医指出,范成大之病乃忧心过重,无药可救,遂示下天机:

> 今即汝身,示汝三机:隐几退思,载抚四维。汝身块然,汝方火驰。甘寐于床,委骸陈尸。梦游何方,悲啼笑嘻。溘焉以死,乌鸢狐狸。生汝安住,死汝安归?形与化迁,汝岂变移。虚空无傍,奚所据依?厥状维何,为青为黄,为一为多,为短为长。未病何形,已病何色?痒苛酸辛,谁觉谁识?

天医所言,正触及范成大的思想深处:神游四维之间,随物赋形;形有生老病死、喜怒哀乐,而无关乎神。所以遗形养神,是为关键。听完天医一席话,范成大"形开神澄,汗濡寝衣",苏醒过来。其实《问天医赋》中所写,实为范成大自己内心之感悟,他通过这些年所受之病痛,认知人生的现象与本质,在哲学层面反思形神问题,追寻人生终极意义,这使他与思考过同样问题的陶渊明产生了强烈的思想共鸣。陶氏《形影神》三诗的诗序云:"贵贱贤愚,莫不营营以惜生,斯甚惑焉。故极陈形影之苦,言神辨自然以释之。好事君子,共取其心焉。"在卧病期间,范成大开始细细品读陶诗:

> 卧病十日,绿阴满庭,因颂渊明《荣木》诗。其序曰:"日月推迁,已复有夏。总角闻道,白首无成。"犁然有感,乃和其韵。①

陶渊明当年亦抱经济之器,但遭时不竞,回翔十载,卒屈于戎幕佐吏。志不获骋,明年决策归休,遂写下《荣木》诗。范成大自父母亡故之后住到昆山惠严禅寺,至今也已近十年。此时心有戚戚,遂檃栝陶渊明诗意,也写下《荣木》一诗,效仿陶氏,抒归隐之意:"自我来归,十年不富。孰蠚孰蛊,惟汝自疚。冉冉荣木,霜华将坠。天黑路长,屼蹶可畏。隶也不力,奚取六骥。脂车着鞭,一息而至。"躺在病床上,看着窗前的橘树和枇杷,那是他刚到昆山读书时所种,如今已有十年。枇杷已经结子,而同时从西山移来的橘树,虽然据说当年就可以开花,可是整整十

① 范成大:《荣木》,富寿荪标校《范石湖集》卷一,上海古籍出版社 2006 年版,第 7 页。

年过去了,却未见一朵。范成大另作一首《两木》诗,小序云:"壬申(按:绍兴二十二年)五月,卧病北窗,惟庭柯相对。手植绿橘枇杷,森然出屋。枇杷已着子,橘独十年不花。各赋一诗。"①这两棵不同结局的果树令范成大沉思许久,尤其是橘树,或许它并不适应现在的水土,那么还是让它重返故山,在自然环境中按其本性自在地生长吧。"风土谅非宜,翁言岂予夸。会令返故山,高深谢污邪。石液滋旧根,山英擢新葩。黄团挂霜实,大如崆峒瓜。当有四老人,来驻七香车。"也许返归故里才是最适合自己的人生道路。病榻之上的范成大感觉自己就是那棵十年不开花的橘树,他已然做好了放弃科举、回乡归隐的心理准备。

五　进士登科

然而,人生中总有许多意想不到的事情。绍兴二十二年(1152),尚书司封员外郎王葆回到昆山丁母忧。② 王葆,字彦光,吴郡昆山人。由郡学贡太学,登宣和六年进士第。他和范成大之父范雩既是同乡、太学同舍,又是同年进士,③二人关系甚为亲密。

王葆善于识人。当年御史李衡尚为布衣,就受到王葆青睐,将从妹嫁给他;周必大在登进士第后,被王葆选为女婿,"王公于人物鉴裁尤精。乐巷李侍御史衡,布衣流落,一见以女弟妻之。左丞相周益公必大初第,以女妻之。知其为国器也。"④王葆还一向乐于提携后学,"公起布衣,笃学力行,为乡里所敬。后生奇士,争造门问道,公指授有方,人人

---

① 范成大:《两木》,富寿荪标校:《范石湖集》卷一,上海古籍出版社 2006 年版,第 8 页。

② 此据周必大乾道三年(1167)代阁直学士张震作《左朝请大夫王公葆墓志铭》所云,见王蓉贵、(日)白井顺子点校:《周必大全集》第 2 册,四川大学出版社 2017 年版,第 801 页。王葆绍兴二十一年(1151)由宗正丞任司封员外郎,李心传《建炎以来系年要录》卷一六二记载:"十有二月,司封员外郎王葆言民多销铜钱为器,利率五倍,乞禁约。诏申严行下。"绍兴二十二年(1152)起丁母忧三年,绍兴二十四年(1154)十二月迁监察御史。见李心传:《建炎以来系年要录》卷一六七,中华书局 2013 年版,第 7 册,第 3247 页。

③ 龚明之《中吴纪闻》卷六"王彦光"条:"王葆,擢宣和甲辰第。"上海古籍出版社 2012 年版,第 86 页。范成大《吴郡志》卷二十八《进士题名》宣和六年沈晦榜有范雩、王葆、凌哲、边知白等 12 人,江苏古籍出版社 1999 年版,第 411 页。

④ 范成大:《吴郡志》卷二十七,江苏古籍出版社 1999 年版,第 395 页。

成其材。好贤乐善,出于天性。贫者周之,未遇者为揄扬致声誉,后多至执政大僚。"①当得知故人之子范成大竟然"无科举意"时,王葆忍不住代其亡父批评教育起来,范成大晚年在《吴郡志》中回忆到:"成大以早孤废业,一日呼前,喻勉切至,加以诘责。"②王葆极力劝说:"子之先君期尔禄仕,志可违乎?"③他用范雩的遗志激励范成大,一定要考取功名、步入仕途,方不负先人当年的厚望;又将范成大留之席下,亲自督导学业,"程课甚严"。

王葆具有丰富的科场经验,他自己是进士出身,又曾在绍兴十八年(1148)省试中,以左承议郎行宗正寺主簿差充参详官;④绍兴二十一年(1151)殿试中,又以宗正寺丞差覆考官。⑤ 经他指点之人多在科考中折桂,当年他的太学同舍龚明之甚为叹服,在所撰《中吴纪闻》中特别提到:"至于从其学者,亦能第。其甲科之先后,无不一如所期。至今言其事者,莫不称叹,以为不可及。"⑥范成大早年一直由父亲范雩亲授学业,遍读经史;父亲去世之后,他就在昆山禅寺中自学,十年寒窗,虽打下了坚实的基础,但科举考试有特殊的路数,尤其是策论,年纪尚轻的范成大显然不得要领,即便刻苦用功多年也未见奏效,所以在省试、殿试中连连失利。有了王葆的悉心点拨与指教,范成大的学力大增。

绍兴二十二年(1152)十一月戊申,一条好消息从天而降,宋高宗合祀天地于圜丘,大赦天下。⑦ 其中有一条赦令曰:绍兴十五年前殿试下人,将来可免文解。⑧ 这对于范成大来说可谓天赐良机。他曾在绍兴十

① 周必大:《左朝请大夫王公葆墓志铭》(代阁直学士张震,乾道三年),《文忠集》卷九十,王蓉贵、(日)白井顺点校:《周必大全集》第 2 册,四川大学出版社 2017 年版,第 802 页。
② 范成大:《吴郡志》卷二十七,江苏古籍出版社 1999 年版,第 395 页。
③ 周必大:《资政殿大学士赠银青光禄大夫范公成大神道碑》,王蓉贵、(日)白井顺点校:《周必大全集》第 2 册,四川大学出版社 2017 年版,第 577 页。
④ 无名氏:《绍兴十八年同年小录》,《景印文渊阁四库全书》,台湾商务印书馆 1986 年版,第 448 册,第 345 页。
⑤ 周必大:《左朝请大夫王公葆墓志铭》(代阁直学士张震,乾道三年)云:"绍兴辛未,震对策集英殿,天子嘉其狂直,不黜而进之。时尚书郎王公彦光为覆考官。"王蓉贵、(日)白井顺点校:《周必大全集》第 2 册,四川大学出版社 2017 年版,第 801 页。
⑥ 龚明之:《中吴纪闻》卷六《王彦光》条,上海古籍出版社 2012 年版,第 87 页。
⑦ 脱脱等:《宋史》卷三一《高宗本纪》,上海古籍出版社、上海书店 1986 年版,第 79 页。
⑧ 徐松辑、刘琳等校点:《宋会要辑稿·选举一六》,上海古籍出版社 2014 年版,第 9 册,第 5567 页。

五年殿试落第,这就意味着可以免去解试,直接赴临安参加礼部试,这条南郊赦令仿佛给范成大打了一剂强心针。

绍兴二十三年(1153),左迪功郎、徽州司户参军周必大到昆山迎娶王葆长女。① 周必大,字子充,一字洪道,庐陵(治今江西吉安市)人。他曾与范成大一起参加过绍兴二十一年的科举考试,幸运地成为新科进士。登第之后,覆考官王葆将长女许配于他。此年,王葆服丧满一年,按礼法规定家庭可以婚嫁,周必大遂亲自到昆山娶亲。他和范成大是同年生人,②家庭背景也比较相近,周必大科第仕宦的成功以及婚配的美满无疑又给正在苦读的范成大增添了一份动力。是年岁末,他再次踏上了去往临安的赶考之路。

绍兴二十四年(1154)正月九日,御史中丞魏师逊知贡举,权礼部侍郎汤思退、右正言郑仲熊同知贡举。③ 范成大经过一番奋战,终于成功地通过礼部试、殿试,一举登科,中第五甲同进士出身。④ 这一年共356人登第,张孝祥为状元,秦桧之孙秦埙为探花。《宋史·张孝祥传》称:"(孝祥)绍兴二十四年廷试第一。时策问师友渊源,秦埙与曹冠皆力攻程氏专门之学,孝祥独不攻。考官已定埙冠多士,孝祥次之,曹冠又次之。高宗读埙策,皆秦桧语,于是擢孝祥第一,而埙第三。"⑤这年科考中,与范成大同在昆山诗社的乐备以及杨万里、虞允文、钱良臣、徐梦莘、陈骙、赵廱等人均顺利登科。陆游此年亦参加礼部试,他曾为浙漕锁厅试第一,位列秦埙之上,礼部试却因论恢复被秦桧黜落,令其抱憾终身。因为有这段共同的科举经历,范成大和这些进士同年在日后形成了非常密切的关系。

孟子云:"天将降大任于是人也,必先苦其心志,劳其筋骨,饿其体肤,空乏其身,行拂乱其所为,所以动心忍性,增益其所不能。"从19岁

---

① 《周益国文忠公文集》卷首附《周益国文忠公年谱》:"绍兴二十一年……擢进士第……王公葆许以女妻公。……绍兴二十三年癸酉,公年二十八。是岁,公亲迎于平江之昆山。"见王蓉贵、(日)白井顺点校:《周必大全集》第1册,四川大学出版社2017年版,卷首第19页。
② 周必大《资政殿大学士赠银青光禄大夫范公成大神道碑》曰:"某与公齐年。"见王蓉贵、(日)白井顺点校:《周必大全集》第2册,四川大学出版社2017年版,第583页。
③ 徐松辑、刘琳等校点:《宋会要辑稿·选举一》,上海古籍出版社2014年版,第9册,第5255页。
④ 陈骙:《南宋馆阁录》,中华书局1998年版,第98页。
⑤ 脱脱等:《宋史》卷三八九《张孝祥传》,上海古籍出版社、上海书店1986年版,第1350页。

到 29 岁,范成大这十年的经历很好地验证和诠释了这段话。父母双亡、家道中落后,范成大一无所有,寓居昆山寺庙苦读,其间四次去临安参加科举考试(绍兴十五年、十八年、二十一年、二十四年),但前三次均落第,铩羽而归。他忍受着一次又一次的沉重打击,也曾心灰意冷甚至消极倦怠,身体几近崩溃,但最终重整旗鼓,卷土重来。正是在这周而复始的循环过程中,范成大的学业得以反复淬炼与磨砺,日趋精进,并于绍兴二十四年(1154)成功登进士第,走出了人生中最关键、最重要的一步。而这十年寒窗苦读和反复落第的经历成为范成大一笔宝贵的精神财富:既使得他日后对人生的痛苦和挫折具备了强大的承受能力,面对再大、再多的困难和问题时,都能不为所困,百折不挠,最终成功化解;又使他具有了扎实、深厚的学术积累,为日后治国理政以及终生治学奠定了坚实基础。

第三章　步入仕途

一　结缘魏氏

宋代新科进士前程似锦,所以达官显贵常与其联姻,为自己家族的发展助力。绍兴二十四年(1154)的状元张孝祥就被秦桧姻党曹泳提亲,"后曹泳揖孝祥于殿廷,以请婚为言。孝祥不答,泳憾之"。① 范成大则与魏良臣的侄女喜结良缘。"夫人,承直郎信臣女,绍兴参知政事敏肃公(按:魏良臣)之犹子。敏肃知公深,一见以远大期之。"②

魏良臣,字道弼,宣和三年(1121)进士。曾两度出使金国,"迁吏部郎官,金人犯高邮,择使讲和。上曰:'魏良臣颇有气节,宜往。'使还,旧相去国,廷议不协,丐祠归,闲废累年""金人败盟,擢吏部侍郎奉使。乌珠拥精锐以惧之,良臣从容不慑,反复审辨,讫定初议"。③ 陆游《老学庵笔记》也曾记载:"魏道弼参政使金人军中,抗辞不挠。虏酋大怒,欲于马前斩之,挥剑垂及颈而止。故道弼头微偏。"④

魏良臣为溧水(治今南京溧水区)崇教乡南塘人,⑤又徙居宣城(治

---

① 脱脱等:《宋史》卷三八九《张孝祥传》,上海古籍出版社、上海书店1986年版,第1350页。

② 周必大:《资政殿大学士赠银青光禄大夫范公成大神道碑》,王蓉贵、(日)白井顺点校:《周必大全集》第2册,四川大学出版社2017年版,第583页。

③ 张铉:《至大金陵新志》卷十三下之上,《景印文渊阁四库全书》,台湾商务印书馆1986年版,第492册,第584页。

④ 陆游:《老学庵笔记》卷一,中华书局1979年版,第14页。

⑤ 参见《至大金陵新志》卷十三下之上、民国《高淳县志》魏良臣传、《宋史·宰辅表》、韩元吉《南涧甲乙集》卷二十一《魏叔介墓志铭》等。

今宣城宣州区）。① 所以范成大自称"臣妻族魏氏，见居溧水、宣城之间"。② 登进士第后的一两年间，他经常往返于吴县、宣城与溧水岳家。桐叶初落、荷叶凝露的秋天，他从宣城返回，途中格外想念亲友，《晓自银林至东灞登舟，寄宣城亲戚》："怀我二三友，高堂晨欲兴。风细桐叶堕，露浓荷盖倾。凝香绕燕几，安知路傍情。"到了冬天，范成大复前往溧水南塘岳家。魏良臣宅在高淳县东十里南塘铺南塘井旁，③范成大曾在那里度岁过年，他和魏家的内兄弟们唱和新诗：

> 燃萁烘暖夜窗幽，时有新诗趣倡酬。为问灞桥风雪里，何如田舍火炉头。寒釭欲暗吟方苦，冻笔难驱字更遒。绝笑儿痴生活淡，略无岁晚稻粱谋。④

寒冷的冬夜，一家人围坐在一起，火炉里烧着豆萁，暖意融融。兄弟们作着新诗，你唱我和，多么温馨和谐的家庭生活画面。范成大自父母双亡后便独自在昆山禅寺读书，四处奔波赴考，十年期间，两个妹妹已先后出嫁，年幼的弟弟很少能和他见面、交流。魏氏岳家让他重新感受到家庭的温暖，虽然生活平淡，但充满了爱和幸福，范成大真心喜欢这样的日子。进士登科后，他不再是那个整日垂头丧气、病病恹恹、痛苦呻吟的落第书生，新的家庭给范成大带来了新的人生意义和乐趣。久积在心头的雾霾一扫而光，如今他的眼中，一切都充满了希望和生机：

> 埭外新陂绿，冈头宿烧红。裹鱼蒸菜把，馈鸭锁筠笼。酒侣晨相命，歌场夜不空。土风并节物，不与故乡同。（《南塘寒食书事》）
>
> 暖日烘繁梅，秾香扑征靽。云烟酿春色，心目两骀荡。柳眉翠已扫，桑眼青未放。兹游定不俗，前路八千嶂。（《行唐村平野

① 洪亮吉等：《宁国府志》卷二十六《人物志·名臣》，《中国地方志集成·安徽府县志辑》，江苏古籍出版社1998年版，第208页。
② 范成大：《再辞免知建康府札子》，孔凡礼辑：《范成大佚著辑存》，中华书局1983年版，第38—39页。
③ 黄之隽等：《乾隆江南通志》卷三十，《中国地方志集成·省志辑·江南》，凤凰出版社2011年版，第586页。
④ 范成大：《南塘冬夜倡和》，富寿荪标校：《范石湖集》卷五，上海古籍出版社2006年版，第53页。

晴色妍甚》)

范成大的笔下一派熙和骀荡的春光，非昔日愁苦哀怨可比拟。和魏氏结亲不仅改变了范成大的心境，更对他的仕途有所帮助。范成大与魏良臣的关系益发亲近了，他在宣城兴致勃勃地游览钟乳石洞——金牛洞，洞中幻石象形，巧成天造，扣之，声侔鼓钟。此洞乃魏良臣偶然发现，其《金牛洞记》云："绍兴甲戌(按：绍兴二十四年，1154)秋……仆乃杖策继往，登临四顾，洞形敞豁，上有巨迹，如仰足印。青螭蟠绕于前，宝盖倒垂于下，山川林壑，夸奇挺乔，莫可形容。"①范成大在石壁上题诗，其《题金牛洞》序称："洞在宣城之成山，前此芜废无闻，自魏公尚书发之，常有笙萧仙音之瑞。"诗云："自从仙伯弭芝盖，凤舞鸾歌开洞天。新诗剩说山中妙，我不曾游先梦到。"②在魏良臣的指点下，范成大也开始留心政务、关念民生。他到魏良臣的香火院——净行寺时，③就关注到旁边的圩田每每被潦涨所毁，《净行寺傍皆圩田，每为潦涨所决，民岁岁兴筑，患粮绝，功辄不成》诗云："崩涛裂岸四三年，落日寒烟正渺然。空腹荷锄那办此，人功未至不关天。"治理水患成为其一生都致力解决的民生问题。

绍兴二十五年(1155)十月丙申，独相秦桧去世，他的党羽不久也逐渐被铲除，历史翻开了新的一页。此年十一月壬子，魏良臣任参知政事。④ 同年十二月丙申，范成大从兄左从政郎范成象行太学录。⑤ 范成大也调徽州(治今安徽歙县)司户参军，⑥正式步入仕途。

---

① 魏良臣：《昆山金牛洞记》，《光绪宣城县志》卷二十九，《中国地方志集成·安徽府县志辑》，江苏古籍出版社 1998 年版，第 639 页。

② 范成大：《题金牛洞》，富寿荪标校：《范石湖集》卷四，上海古籍出版社 2006 年版，第 51 页。

③ 吴寿宽等：《民国高淳县志》卷十四《寺观》，《中国地方志集成·江苏府县志辑》，江苏古籍出版社 1991 年版，第 195 页。

④ 脱脱等：《宋史》卷三一《高宗本纪》，上海古籍出版社、上海书店 1986 年版，第 80 页。

⑤ 李心传：《建炎以来系年要录》卷一百七十，中华书局 2013 年版，第 7 册，第 3247 页。

⑥ 周必大：《资政殿大学士赠银青光禄大夫范公成大神道碑》，王蓉贵、(日)白井顺点校：《周必大全集》第 2 册，四川大学出版社 2017 年版，第 577 页。

二 徽州司户

绍兴二十五年(1155)岁末,范成大先到吴县的祖茔扫墓,然后启程赴徽州任。《范石湖集》卷五《天平先陇道中时将赴新安掾》云:

> 霜桥冰涧净无尘,竹坞梅溪未放春。百叠海山乡梦熟,三年江路旅愁生。松楸永寄孤穷泪,泉石终收漫浪身。好住邻翁各安健,归来相访说情真。

范成大摆脱了痛苦不堪的三年一循环的科举考试,从此不再是漫浪的山野之人,而是有了官职,终于可以告慰列祖列宗。他祭拜过先人之后,和邻里们一一告别,踏上了新的人生征途。

绍兴二十六年(1156)岁初,刚过而立之年的范成大途经雪川、桐川、宁国、宣城、休宁前往徽州。他的旅途是轻松的:

> 结束晨装破小寒,跨鞍聊得散疲顽。行冲薄薄轻轻雾,看放重重叠叠山。碧穗炊烟当树直,绿纹溪水趁桥弯。清禽百啭似迎客,正在有情无思间。①

他不再需要像之前那样披星戴月、火急火燎地赶考,如赴金陵漕试时所写:"篝灯驿吏唤人行,寥落星河向五更。"(《晓行》)也不用为自己年年失利而心生惭愧,如屡次赴临安府参加礼部试时所写:"惭愧沙湖月,年年照薄游。"(《夜发昆山》)在早春微寒的清晨,前去赴任的范成大骑着马慢悠悠地行走在徽州的地界。薄薄轻轻的雾气在身边缭绕,重重叠叠的山峦时隐时现,他一边走一边欣赏着这如梦似幻的景致。当晨雾渐渐散去,人们日出而作。一穗碧青的炊烟升起,无风的时候,像一棵笔直的小树矗立着;溪水披着绿色的波纹,随着小桥的走势,蜿蜒流淌。最是那多情的鸟儿,在枝头百啭而歌,好像在迎接远道而来的客人。多么美好的春天!

然而生活不是一味地轻松和简单,抵达徽州之后,范成大要迅速完

---

① 范成大:《早发竹下》,富寿荪标校:《范石湖集》卷五,上海古籍出版社 2006 年版,第 59 页。

成从新科进士向司户参军角色的转变。司户参军掌管户籍赋税、仓库受纳，职位较低，仅为从九品，属于幕职官。宋代的官和吏是两个不同阶层，官为朝廷任命，有俸禄，也有升职渠道；而吏往往没有编制，做具体事务，有时打杂，甚至没有俸禄，他们在夹缝里生存，世故圆滑，更有甚者生性狡猾、贪婪。这些油滑老吏对新科进士往往带有偏见，嘲笑他们是书呆子，百无一用，"老奸吏视新进士，如儿女子"。① 更有同僚欺负初来乍到者，刚到徽州时，范成大就受到了戏弄：

> 石湖范参政初官到任，参州在客位。其同参者，闻为吴郡人，即云"呆子"。石湖先生闻之在怀，后因醵会日，云："请呆子。"石湖先生书《口号》曰："我是苏州监本呆，与爷上寿献棺材。宗室原来是皇族，雨下水从屋上来。"②

范成大是个有心之人，他爱观察，勤思考，力求尽快熟悉司户参军的事务。在徽州，他开始较多接触底层社会，目睹百姓生活的艰辛与穷苦，他把这些写到了诗里，如《后催租行》：

> 老父田荒秋雨里，旧时高岸今江水。佣耕犹自抱长饥，的知无力输租米。自从乡官新上来，黄纸放尽白纸催。卖衣得钱都纳却，病骨虽寒聊免缚。去年衣尽到家口，大女临岐两分首。今年次女已行媒，亦复驱将换升斗。室中更有第三女，明年不怕催租苦！③

这首诗把农民的惨痛生活描写得淋漓尽致。秋收的时候，连绵的雨水淹没了田地，农家颗粒无收。朝廷明明已经蠲租，而乡官犹催缴不停，农民只能卖掉衣服甚至女儿来交租。诗句沉痛促迫，令人不忍卒读。范成大早年在昆山读书时也曾写过一首《催租行》，自言是"效王建"所作，在那首照着葫芦画瓢的仿作中，刻画了一个强行催租的里正的无耻相，带有几分讽刺意味："输租得钞官更催，踉跄里正敲门来。手持文书杂嗔喜，我亦来营醉归耳。床头悭囊大如拳，扑破正有三百钱。

① 吴徹：《送范石湖序》，《竹洲集》卷十二，《景印文渊阁四库全书》，台湾商务印书馆1986年版，第1142册，第265页。

② 张仲文：《白獭髓》，吴晶、周膚点校，当代中国出版社2014年版，第13页。

③ 范成大：《后催租行》，富寿荪标校：《范石湖集》卷五，上海古籍出版社2006年版，第60页。

不堪与君成一醉,聊复偿君草鞋费。"①而如今他担任徽州司户参军,现实提供了最真实的素材,他对农民的窘迫之境有了更加直接的感受,了解得更加深入,表现得也更加深刻,诗作自然地继承中唐新乐府运动的批判精神。

面对种种司户事务,范成大不惮烦琐,刻意历练自己,深受几任知州器重。绍兴二十六年(1156)十一月九日,李稙以右朝散大夫到知徽州任。② 李稙颇有传奇色彩,其自幼明敏笃学,后随父客苏轼门时,太史晁无咎见之曰:"此国士也!"以女妻焉。靖康之难后,赵构以康王开大元帅府,时群盗四起,饷道阻绝,京畿转运使向子諲派李稙督押犒师之银百万两、粮百万石,招募忠义二万余众前去增援,"时高宗驻师巨野,闻东南一布衣统众而至,士气十倍。首加劳问,稙占对详敏。高宗大悦,亲赐之食。曰:'得一士如获拱璧,岂特军饷而已。'承制授承直郎,留之幕府。"③此后李稙便和范成大舅父蔡伸同在大元帅幕府,为高宗建立政权立下汗马功劳。但秦桧当国后,"凡帅府旧僚率皆屏黜"。李稙与蔡伸等人命运相似,亦丐祠奉亲,寓居长沙之醴陵十有九年,杜门不仕。秦桧死后,这批当年的帅府旧僚方得复出。绍兴二十六年(1156)十月二十二日,范成大的舅舅蔡伸去世,未能被重新任用;④而他的老同僚李稙则在半个月后出知徽州。

李稙到达徽州之后,范成大不失时机地向其上书自荐,《上李徽州》谓:"学优则仕,仕优则学,是终身之间有时而仕,无时而不学也。""荐士而束以文法,王公大人可以少愧,而草茅抱负挟持之才,亦可流涕太息,无复当世之望矣。又况法已大弊。"⑤其好学深思令李稙另眼相看,欣赏有加,后迁提点坑冶时,还要辟范成大为干事,"李御下严,独霁威待公。会迁提点坑冶,辟公干办公事,不就"。⑥

① 范成大:《催租行》,富寿荪标校:《范石湖集》卷三,上海古籍出版社 2006 年版,第 30 页。
② 罗愿:《新安志》卷九《州守题名》,《宋元方志丛刊》,中华书局 1990 年版,第 8 册,第 7749 页。
③ 脱脱等:《宋史》卷三七九《李稙传》,上海古籍出版社、上海书店 1986 年版,第 1322 页。
④ 蔡戡:《大父行状》,《定斋集》卷十四,《景印文渊阁四库全书》,台湾商务印书馆 1986 年版,第 1157 册,第 717 页。
⑤ 黄震:《黄氏日抄》卷六十七,《全宋笔记》第十编·十,大象出版社 2018 年版,第 422 页。
⑥ 周必大:《资政殿大学士赠银青光禄大夫范公成大神道碑》,王蓉贵、(日)白井顺点校:《周必大全集》第 2 册,四川大学出版社 2017 年版,第 577 页。

　　徽州风俗崇尚淫祠，李椿到任知州后首以正人心、息邪说为事，民俗为变。① 次年立春日，李椿亲笔题"新安郡"三字，榜之南楼之上。是日清晨瑞雪纷集，邦人以为吉祥之兆，范成大作诗称赏其翰墨笔力，赞誉其化育民风之功。《知郡安抚以立春日揭所书新安郡，榜南楼之上，晓雪纷集，邦人以为善祥，遂开宴以落之。辄赋长句一篇，以附风谣之末》诗云：

　　　　碧瓦朱甍上牛斗，妙墨新题森锁钮。使君笔力挽春来，一夜飞花暗梅柳。南山与楼相对高，向来千载争雄豪。八分三字一弹压，众峰戢戢如儿曹。人间盛事天不隔，急催此雪成三白。未论千古福邦人，先卜明年满冈麦。东风酒面吹凝酥，不辞醉倒归相扶。短歌万一传乐府，湛辈亦与公名俱。

　　李椿亦善诗，② 公余便和范成大等文士一起宴集、赏花，次韵唱和。范成大《次韵知郡安抚九日南楼宴集三首》《次韵知郡安抚元夕赏倅厅红梅三首》等诗，均是与李椿交游所作。李椿"才兼文武，干练明达"，③ 其少时出入苏轼门下，又为晁无咎之婿，诗歌创作也颇有苏黄遗风。周必大称其"道隆德盛，学富文雄"，④ 陆游后曾为其文集作跋称："《中野》《去鲁》《归周》三诗，可以追媲退之《琴操》，而世不甚传。使予得见李公，当百拜师之，不特愿为执鞭而已。"⑤ 范成大受其影响，诗境也发生很大转变，《四库全书总目提要》称其："自官新安掾以后，骨力乃以渐而遒。盖追溯苏黄遗法，而约以婉峭，自为一家。"⑥ 例如《晚集南楼》中的诗句："宇宙勋名无骨相，江山得句有神功。"《次韵朱严州从李徽州乞牡

① 脱脱等：《宋史》卷三七九《李椿传》，上海古籍出版社、上海书店1986年版，第1322页。

② 李椿在徽州曾作有《访南山许真人故居》七绝一首，见《城阳山志》卷中；"有文集十卷，题曰《临淮集》，庐陵胡铨为之序"，见《宋史》卷三七九《李椿传》，上海古籍出版社、上海书店1986年版，第1322页。

③ 脱脱等：《宋史》卷三七九《李椿传》，上海古籍出版社、上海书店1986年版，第1322页。

④ 周必大：《贺李大夫椿自湖北漕移江东启》，王蓉贵、（日）白井顺点校：《周必大全集》第1册，四川大学出版社2017年版，第203页。

⑤ 陆游：《跋李袓徕集》，《渭南文集》卷二十八，《陆游集》第五册，中华书局1976年版，第2250页。

⑥ 永瑢等撰：《四库全书总目》卷一六○《石湖诗集提要》，中华书局2003年版，第1380页。

丹三首》："十二玉栏天一笑,只今归路五云开。"①均骨力遒劲,境界阔大。

李稙在徽州任职不足两年,绍兴二十八年(1158)四月改除荆湘北路转运判官。范成大依依不舍地为其送别,在所作《送李徽州赴湖北漕》诗中,他用比兴手法,将李稙喻为千丈松,把自己喻为孤竹,毫不掩饰对李稙的依附之意,诗云:"徂徕千丈松,阅世耸绝壁。高标上霄汉,峻节贯金石。惟有孤生竹,亭亭附微植。月夜借清景,春朝分秀色。"可如今孤竹尚未站稳脚跟,千丈松就另有高就了,"托根未渠央,万牛挽山泽。昂藏转江湖,夷路入王国。明堂五云上,一柱屹天极。可望不可攀,清都与尘隔。"只留下那竿孤竹感伤不已,在风雨中飘摇,"依然此清士,空山淡愁闻。悲吟发清籁,摇荡风雨夕。"范成大此时除自己立身尚不稳外,从兄范成象被卷入政治风暴也给他带来极大的不安全感。范成象与汤鹏举关系密切,汤鹏举在秦桧死后拜御史中丞,后为参知政事,力除秦桧余党,将王晌、王铸、郑侨年、郑震、方滋、张扶、徐宗说、曹筠等人排击殆尽。但他也有利用职权、考察不周、颠倒是非之弊。绍兴二十七年(1157)十一月,殿中侍御史叶义问弹劾汤鹏举效秦桧结党营私,交通台谏,贼害良善。② 在此之前的十月辛酉(二十九日),范成象和刘天民即被叶义问论为汤鹏举党,首先被罢职。"太学博士范成象阿附权势,甘为仆隶。遍走台谏之门,士类所鄙。诏并罢。义问首劾成象、天民,盖以摇汤鹏举也。"③朝廷中争权夺利引起的政治风波对范成象的仕途造成致命打击,绍兴二十七年十二月二日高宗下诏,刘天民、范成象、留观德永不得与堂除差遣。④ 从兄前途未卜,范成大在官场上失去

---

① 朱严州为朱翌,据《严州图经》卷一《州守题名》:绍兴二十七年七月十一日,以左朝散郎秘阁修撰知,(绍兴二十八年)十一月初十日改知宣州。朱翌(1098—1167),据《宋史翼》卷二十七补传所记:号潜山居士,舒州人。政和进士。《绍定四明志》卷八《朱翌传》云:"翌,字新仲,政和八年赐同上舍出身。绍兴中为中书舍人,秦桧恶其不附己,谪居韶州十余年。"陆游《跋朱新仲舍人自作墓志》曰:"秦丞相擅国十九年,而朱公窜岭南者十有四年。"可见朱翌和蔡伸、李稙、秦桧为进士同年,均被秦桧打压。相关资料可参徐松辑、刘琳等校点:《宋会要辑稿·职官七〇》,上海古籍出版社 2014 年版,第 8 册,第 4928 页;张剑:《朱翌及其家族事迹考辨》,《汉语言文学研究》2011 年第 2 期。
② 李心传:《建炎以来系年要录》卷一百七十八,中华书局 2013 年版,第 7 册,第 3410 页。
③ 李心传:《建炎以来系年要录》卷一百七十八,中华书局 2013 年版,第 7 册,第 3407 页。
④ 徐松辑、刘琳等校点:《宋会要辑稿·职官七〇》,上海古籍出版社 2014 年版,第 8 册,第 4942 页。

了一个靠山，所以，他才会在李稙离任时表现得如此忧心忡忡。

所幸李稙的继任者潘莘是位"仁厚乐易"的长者，①他于绍兴二十八年(1158)六月八日到任徽州。是年夏季大旱，潘莘颇以为念，下车伊始便郑重斋醮祷雨。范成大《知郡检计斋醮祷雨，登时感通，辄赋古风以附舆颂》记录了此事：

> 六月火云高偃蹇，使君有意怜焦卷。一封红篆驿金龙，雨气倏随炉燎满。风师避路雷车鸣，石破天惊檐溜倾。不知稻本颇苏否，但觉溪声如百霆。税驾朱旛未云久，造化功成屈伸肘。我评兹事与天通，知公小试调元手。清坛深夜宾众真，前驱霓旌后飙轮。定有灵官识仙伯，报道紫皇思侍臣。

作为司户参军，范成大也不是一味地坐在公署里处理案牍簿书，立秋之后，他就走访乡村，深入民间，了解生产生活状况。《诗集》卷七《新馆》诗云："露稻粘明珰，风茅衮高浪。荒烟暗白道，行行乱蛩响……稍寻泉石盟，略褫簿书障。"②他一路沿檄经过临溪寺、盘龙驿、竹下、寒亭、清逸江、隐静山、新岭等地，足迹遍及绩溪、繁昌、休宁等县，"英游偶然同，吏檄乃不恶"。③ 途中范成大通过交谈、询问的方式了解民情民意，比如《竹下》诗记录了与行商的对话："道逢行商问：'平生几芒屩？''颀肩走四方，为口不计脚。劣能濡箪瓢，何敢议囊橐？'"《寒亭》诗记录了此地庄稼良好的长势以及与老农的对话："沟塍与涧合，陇亩抱山转。向来六月旱，此地免焦卷。早穗已垂垂，晚苗犹剪剪。一川丰年意，比屋闹鸡犬。老农霜须鬓，矍铄黄犊健。自云足踏地，常赋何能免。刘熟倩人输，不识长官面。康年无复事，但恐社酒浅。"此番吏檄之后，范成大掌握了许多农业生产的第一手信息。这一年受春季旱情影响，徽州秋粮总体上略有歉收，朝廷为此蠲租。州守潘莘为人为官中规中矩，

---

① 吴儆：《送范石湖序》，《竹洲集》卷十二，《景印文渊阁四库全书》，台湾商务印书馆 1986 年版，第 1142 册，第 265 页。
② 范成大：《新馆》，富寿荪标校：《范石湖集》卷七，上海古籍出版社 2006 年版，第 80 页。
③ 范成大：《隐静山》，富寿荪标校：《范石湖集》卷七，上海古籍出版社 2006 年版，第 82 页。

"谨绳墨,不可挠以非法",①按朝廷赦令执行,结果诸军粮食储备不足,将校告急。范成大通过亲自走访,已经知晓今年的收成状况,民生暂时无忧,便随机应变,直接免符开仓济军,并上报潘莘,避免矛盾激化,大局才安定下来,"潘格郊赦不弛,诸军粮欠。众言纷起,将校告急于公。公径为免符,白守行之,乃定。"②展露出实干、果敢的从政风范。

次年(1159)晚春,范成大再次沿樟淳安、严州、桐庐、富阳、余杭、於潜、昌化等地,作了15首行旅诗。③ 他后来在《骖鸾录》中写道:"予自绍兴己卯岁(按:绍兴二十九年),以新安户曹沿樟,来识钓台,题诗壁间。"④范成大此时已中进士五年,当乘船沿着水路吏樟时,看到似曾相识的渡口水景,当年为博取功名在江湖上奔波赶考的景象如在目前,他在《富阳》诗中感慨道:"不到江湖恰五年,歙山青绕屋头边。富春渡口明人眼,落日孤舟浪拍天。"不过如今身份已不同,他的关注点很快就转移到政务官事上来了。此时两浙的乡村正是才了蚕桑又插田的大忙时节,范成大效仿当年於潜县令楼璹所写的《耕织图诗》,创作了多首关怀农桑的诗歌,也为自己积累农业生产经验。如:

《刈麦》:

> 麦熟连雨妨刈,老农云:"得便晴,即大获;不尔,当减分数。"

> 麦头熟颗已如珠,小陇惟忧积雨余。匀我一晴天易耳,十分终惠莫乘除。

《插秧》:

> 种密移疏绿毯平,行间清浅縠纹生。谁知细细青青草,中有丰年击壤声。

《晒茧》:

---

① 吴儆:《送范石湖序》,《竹洲集》卷十二,《景印文渊阁四库全书》,台湾商务印书馆1986年版,第1142册,第265页。
② 周必大:《资政殿大学士赠银青光禄大夫范公成大神道碑》,王蓉贵、(日)白井顺点校:《周必大全集》第2册,四川大学出版社2017年版,第577页。
③ 范成大:《淳安》诗题下小注云:"以后十五首沿樟严杭道中。"富寿荪标校:《范石湖集》卷七,上海古籍出版社2006年版,第84页。
④ 范成大:《骖鸾录》,孔凡礼点校:《范成大笔记六种》,中华书局2002年版,第45页。

俗传叶贵即蚕熟,今岁正尔。

隔篱处处雪成窝,牢闭柴荆断客过。叶贵蚕饥危欲死,尚能包裹一丝窠。

《科桑》:

斧斤留得万枯株,独速槎牙立暝途。饱尽春蚕收罢茧,更殚余力付樵苏。①

这年闰六月,州守潘莘被罢职。《建炎以来系年要录》记载:"(绍兴二十九年闰六月戊辰)左司谏何溥言:'知徽州潘莘乃沈该之甥婿,自该召用,引在郎曹。凡士大夫之干求差遣者,举集其门,珍玩苞苴,何所不有!寻为台谏所言,劾章不下,滥从外补,士论不平久矣。望赐罢黜,仍永不得与堂除。'从之。"②这对于范成大来说不是个好消息,因为他在徽州任期将满,作为选人,要得到五位上司的保奏,方能改京官,而这是他仕途发展中极为重要的一步。赵升《朝野类要》卷三"改官"条记载甚详:"承直郎以下选人,在任须俟得本路帅抚、监司、郡守举主保奏堪与改官状五纸,即趋赴春班改官。谢恩则换承务郎以上官序,谓之京官,方有显达。其举主各有格法限员,故求改官奏状,最为艰得。如得,则称门生。"③如果不能得到帅抚、监司、知州等五人保举便无法顺利改官,所以选人们往往多方请求举荐,"从第一份举状递到吏部(这在当时被称作'破白')到凑齐所要求的全部举状(即所谓'合尖'),往往需要一个相当长的过程,其间充满着选人的匆匆奔走与苦苦请求。"④范成大的同僚徽州推官胡宗伟罢官改秩时,就因不够五纸,遂往金陵、丹阳诸使司处干谒,又前往行在临安,来回奔波,寻求保奏,致有倦游之叹。⑤

所以,熟识的长官离任对于范成大的前途很不利。当通判赵积中

---

① 范成大:《刈麦》《插秧》《晒茧》《科桑》,富寿荪标校:《范石湖集》卷七,上海古籍出版社 2006 年版,第 86 页。

② 李心传:《建炎以来系年要录》卷一百八十二,中华书局 2013 年版,第 8 册,第 3511 页。

③ 赵升:《朝野类要》卷三,中华书局 2007 年版,第 70 页。

④ 邓小南:《宋代文官选任制度诸层面》,中华书局 2021 年版,第 201 页。

⑤ 范成大:《胡宗伟罢官改秩,举将不及格,往谒金陵、丹阳诸使者,遂朝行在,颇有倦游之叹,作诗送之》,富寿荪标校:《范石湖集》卷六,上海古籍出版社 2006 年版,第 74 页。

也请祠而归时，他感到改官的前途更加黯淡，在《送通守赵积中朝议请祠归天台》诗中不无感伤地写道："厚禄故人车结辙，掉头独泛清溪月。不从世外得超然，世间谁肯如公决。生平我亦一沙鸥，苇白芦黄今正秋。送公使我归思动，破烟冲雨忆扁舟。明年想见东山起，我亦煎茶石桥水。道逢襄笠把渔竿，即是马曹狂掾史。"①表面上看，这首诗是称赏赵积中不慕功名利禄，超然世外，自己也想步其后尘，归乡闲居。实际上，这里透露出范成大心底的焦虑，他的家族、妻族此时都不能给他很有益的帮助，父亲范雩和舅父蔡伸已经去世，从兄范成象政治上已失势，妻叔魏良臣也于前两年被罢参知政事，范成大刚刚踏上仕途不久，他期待着能顺利改官，继续发展，而并不真的甘心就此投闲，所以他在送同僚返乡时颇有几分兔死狐悲的悲凉，如《送詹道子教授奉祠养亲》："世间此乐几人同，看我风前孤泪堕。一杯送舟下水西，我欲赠言无好词。径须唤起束广微，为君重补南陔诗。"②詹道子乃詹亢宗，早范成大六年中进士，年富力强便奉祠，好在他高堂尚在，还能回家共享天伦之乐，而范成大父母双亡，自觉回乡后光景更为凄惨。所以，这段时期他的心情是有些郁闷的。

三　幸遇三洪

然而时来运转，绍兴二十九年（1159）九月十六日，洪适以左朝奉郎来知徽州。③

洪适字景伯，为洪皓长子。他于绍兴十二年（1142）中博学宏词科同进士出身，是年范成大之父范雩为点检试卷官。据陈骙《南宋馆阁录》所

---

① 范成大：《送通守赵积中朝议请祠归天台》，富寿荪标校：《范石湖集》卷七，上海古籍出版社 2006 年版，第 83 页。

② 范成大：《送詹道子教授奉祠养亲》，富寿荪标校：《范石湖集》卷七，上海古籍出版社 2006 年版，第 83 页。

③ 罗愿：《新安志》卷九《州守题名》，《宋元方志丛刊》，中华书局 1990 年版，第 8 册，第 7749 页。

记,洪适绍兴十三年(1143)二月除秘书省正字,①而范雩同年同月由校书郎改除秘书郎。② 二人在秘书省共事数月,范雩六月致仕,不久便病逝,洪适亦因其父洪皓忤秦桧,九月则离开秘书省,通判台州(治今浙江台州)。

洪适上任徽州之际,范成大便迫不及待地向其上书,亟望汲引。黄震对此颇有微词,《黄氏日抄》曾说:"初,公(按:范成大)任徽州户曹,以书谒其守洪公适……公固一世文豪,而儒先汲引亦非默默,而人忽自知,其书词多起人意者。"③虽然范成大所上之书今已佚,但从他同时所作诗《古风上知府秘书二首》中,的确可以看出其心意之迫切。诗中描写了随神仙升天的鸡犬和附在大鹏羽翼上遨游高空的苍蝇,"鸡犬尔何知,偶舐药鼎余。身轻亦仙去,罡风与之俱。俯视旧篱落,眇莽如积苏。非无凤与麟,终然侣虫鱼","大鹏上扶摇,南溟聆天沸。斥鷃有羽翼,意满蓬蒿里。不如附骥蝇,掣电抹荆蓟。谁云极么么,俛仰且万里。向来庭户间,决起不踰呮。飘飘托方便,意气乃如此"。范成大并没有批判或讥讽鸡犬与苍蝇,反倒认为它们时运好,善假于物,遂扶摇万里,平步青云,远胜蓬蒿之中的凤、麟与鷃,"微物岂有命,政尔谢泥涂。时哉适丁是,邂逅真良图""物生未可料,旦暮倘逢世。君看功名场,得失一交臂"。④ 看得出来,为了得到洪适的提携,范成大丝毫不掩攀附之意,表现得甚至有些卑微了。好在洪适非常欣赏他,"一见知其远器",⑤并有意培养、锻炼范成大,"洪公博洽精明,每以讼牒付公,必问一牒几人?姓名云何? 公由此究心熟吏事,洪公喜,日与公商榷古今。常曰:'吾视君齿,必至两地,其自爱。'"⑥在洪适的悉心栽培和不断勉励下,范成大无论吏事还是学养都迅速提升,"(洪适)勉以吏事,暇则商榷著述。自

---

① 据陈骙《南宋馆阁录》卷八,洪适绍兴十三年二月除正字,九月通判台州。中华书局1998年版,第120页。

② 据陈骙《南宋馆阁录》卷八,范雩绍兴十三年二月为秘书郎。中华书局1998年版,第112页。

③ 黄震:《黄氏日抄》卷六十七,《全宋笔记》第十编·十,大象出版社2018年版,第422页。

④ 范成大:《古风上知府秘书二首》,富寿荪标校:《范石湖集》卷七,上海古籍出版社2006年版,第88页。

⑤ 周必大:《丞相洪文惠公适神道碑》,《平园续稿》卷二十七,王蓉贵、(日)白井顺点校:《周必大全集》第2册,四川大学出版社2017年版,第627页。

⑥ 周必大:《资政殿大学士赠银青光禄大夫范公成大神道碑》,王蓉贵、(日)白井顺点校:《周必大全集》第2册,四川大学出版社2017年版,第577页。

是范公官业文笔高一世,每德公云"。①

洪适还经常让范成大代笔给友人写贺启或挽词,让他熟悉自己的人脉,为将来改官增添一些途径和渠道。比如邵大受权户部侍郎,范成大有《代洪徽州贺户部邵侍郎启》;知临安府钱端礼除户部侍郎,范成大亦有贺启《贺户部钱侍郎启》。范成大此时尚未参朝,启中所云"阻典城迹""偶司近都"等语,均是代洪适所撰。② 而范成大为已故临安知府张淳所作挽词《龙学侍郎清河侯张公挽词二首》,亦是因洪适而发。③

洪适词科出身,亦是风雅之人,他在徽州兴建浮丘亭,以望黄山,请范成大为赋新诗。范成大欣然领命,其《浮丘亭》诗云:"黟山郁律神仙宅,三十六峰雷雨隔。碧城栏槛偃双旌,笑揖浮丘为坐客。岩扉无锁昼长开,紫云明灭多楼台。云中仙驭参差是,肯为使君乘兴来。西昆巉绝不可至,东望蓬莱愁弱水。谁知芳草遍天涯,玉京只在珠帘底。他年麟阁上清空,却访旧游寻赤松。我亦从公负丹鼎,来斫砂床汲汤井。"④从诗中可以见出,范成大对洪适尊崇有加,二人相得甚欢。后洪适作舍盖堂,也命范成大作记,"鄱阳洪适典郡之明年建,以延四方往来之士,范成大有记"。⑤秋季,范成大再次奉命在徽州境内吏檄,秀美壮丽的山水激发了他的诗情,沿途写有多首纪行诗,如《祁门》《灵山口》《浮梁》《番阳湖》《回黄坦》《桑岭》《天都峰》《温泉》等。这些诗作或写乳滩险绝,"轰雷卷雪鬓成丝""舟如滚石下高山";或写祁门庄严,"石梁平波心,金刹驾岩腹。溪藤卷霜缯,山骨琢紫玉";或写烟波浩渺,"凄悲鸿雁来,泱漭鱼龙蛰。雷霆一鼓罢,星斗万里湿";或写天都雄奇,"孤撑紫玉楼,横绝太霄碧"。诗中因物赋形,境界益加开阔,笔力越发精进。范成大感慨:"世界真庄严,造物极不俗。向非来远游,那有此奇瞩。"⑥读万卷书,行万里路,此言不虚!

① 周必大:《丞相洪文惠公适神道碑》,《平园续稿》卷二十八,王蓉贵、(日)白井顺点校:《周必大全集》第2册,四川大学出版社2017年版,第627页。
② 参见于北山:《范成大年谱》,上海古籍出版社2006年版,第54页。
③ 参见孔凡礼:《范成大年谱》,齐鲁书社1985年版,第91页。
④ 范成大:《浮丘亭》,富寿荪标校:《范石湖集》卷七,上海古籍出版社2006年版,第89页。
⑤ 靳治荆:《康熙歙县志》卷三,清康熙年间刊本,第53页。
⑥ 范成大:《回黄坦》,富寿荪标校:《范石湖集》卷七,上海古籍出版社2006年版,第92页。

范成大追随洪适一年有余，如鱼得水，受益匪浅。遗憾的是，绍兴三十年(1160)岁末，他的徽州司户参军秩满，无奈去任。洪适十分不舍，设宴为其送行，依依话别之际，范成大念及洪适当初营建新堂欲赏早梅，名其为"见花"。如今堂尚未建成，自己却要离别了，他不由想起苏轼和郑户曹的故事，当年苏轼在徐州建黄楼，准备邀请郑户曹登楼赋诗，可惜楼成郑氏已离去，令苏轼感慨不已。如今旧事仿佛重演，洪适的见花堂建成时，范成大也已经远行，无缘为座上客，"怀不能已"，遂赋诗一首《伏闻知府秘书欲取小杜〈桐庐诗语〉，以见花名堂。成大记东坡〈送郑户曹诗〉云："荡荡清河壖，黄楼我所开。迟君为坐客，新诗出琼瑰。楼成君已去，人事固多乖。"此段大类今日。成大行且受代，计梅开堂成，归舟已下南浦，欲为坐客不可得。怀不能已，请先为公赋之》。筵席散后，范成大踏上了归乡之路，洪适的内心却久久不能平复，离人尚未走远，他便再也抑制不住澎湃之情，奋笔疾书一首诗《送范至能》，派人一路追赶着送去。旅途中的范成大看到尚未干透的墨迹，倍受感动。洪适诗开篇云："愁云暗千山，欲雪意未歇。雨脚侵夜分，鹢首勇朝发。"[1]愁云惨淡，阴雨绵绵，送别者的心情可想而知。洪适对范成大的学识、人品极为赞赏，称："磊磊胸中书，高谈倾上笏。结驷映天街，登瀛有仙骨。"他认为范成大将来必定能成就大业，流芳百世，"摩挲先友碑，姓名或湮没。却顾浮丘亭，寄声频日月"。洪适对范成大的感情真挚且深厚，对他的期许殷切且高标。范成大立即次韵一诗，表达自己将终生铭记洪适的恩情，《知府秘书遣帐下持新诗追路赠行，辄次韵寄上》云："恩勤一未报，终古铭肌骨。幡幡迹虽远，耿耿心不没。门阑如水波，永印此孤月。"第二天到达梅口，范成大看到梅花已含苞，触景生情，又次韵一首，寄给洪适，《寄上鄙句之明日，舟次梅口，南枝已有春意，复次知府秘书赠行高韵》。韩愈《马说》曾云："世有伯乐，然后有千里马。千里马常有，而伯乐不常有。故虽有名马，祇辱于奴隶人之手，骈死于槽枥之间，不以千里称也。""策之不以其道，食之不能尽其材，鸣之而不能通

---

① 洪适：《送范至能》，《盘洲文集》卷四，凌郁之辑校：《鄱阳三洪集》，江西人民出版社 2011 年版，第44 页。

其意。执策而临之曰:'天下无马。'呜呼! 其真无马耶? 其真不知马也!"如果说范成大是一匹千里马,洪适就是他的伯乐,在徽州时期发现了他的潜力,在以后的仕途中不断助力范成大,成就他的事业。对于范成大来说,结识洪适,何其幸哉!

从绍兴二十五年(1155)岁末到绍兴三十年(1160)岁末,范成大任职徽州司户参军整整五年。这五年的基层历练使他脱去了书生气,成长为一个熟习政事的精干之士,不仅深受几任知州的赏识,同僚们对他都心悦诚服,就连奸猾老吏也不敢小觑他,在州中颇有威望。吴儆在众僚为范成大送行时所作诗集的序中说道:

> 吴郡范至能为户曹新安三年(按:当为五年),州三易将:始安抚李公,刚毅有大度,为郡以严称,人视之肃然者也。李公既迁,继以检详潘公,仁厚乐易,号长者,然谨绳墨,不可挠以非法。最后秘书洪公,有文章,名最高,又方以政事称一时。三公所趣不同,而至能事之,辄见引重。同时幕府属邑之吏,皆推其能,莫与抗。老奸吏视新进士如儿女子,侮慢且持之者,皆缚手屏迹,不敢弄以事。①

吴儆认为范成大德才兼备,为人低调、踏实,将来必能像他的同乡先辈范仲淹那样成就大业:

> 至能之才,用之天下,不患不及仕,不患不达。然仆闻之,才者德之病也,名者身之灾也。庄生有言曰:"虎豹之文来畋,执犛之狗来籍。"近世功名福禄如韩魏公,亦鲜俪矣。其言有曰:"用则可以成功,不用则可以免祸者,其惟晦乎!"至能,文正公之族孙,将世其家者,可无重乎!

离开徽州,范成大回到故乡守岁,他已经整整五年没有在老家过年了。《次韵乐先生除夜三绝》诗云:"天边客里五迎冬,争信还乡似寓公。人事都非城郭是,独怜鸡犬识新丰。"②这一年他36岁。

① 吴儆:《送范石湖序》,《竹洲集》卷十二,《景印文渊阁四库全书》,台湾商务印书馆1986年版,第1142册,第265页。
② 范成大:《次韵乐先生除夜三绝》,富寿荪标校:《范石湖集》卷八,上海古籍出版社2006年版,第96页。

因州守洪适等人的保奏，范成大五纸改官状已经逐渐集齐，冬去春来，他便起身前往临安，亲赴铨司，等待改官。或许是洪适以及其他社会关系的大力荐举，范成大此次成功破格改官，"用举主，升从事郎"，[①]正九品。他在临安短暂停留后，便返回故乡平江府待阙。

范成大和洪氏兄弟的确缘分深厚。回乡不久，绍兴三十一年（1161）五月，洪遵来知平江府。洪遵，字景严，乃洪皓次子、洪适之弟、洪迈之兄。当年洪皓被扣留金国，三子尚幼，跟随母亲苦苦度日。不久洪皓之妻去世，洪氏三兄弟遂寓居寺庙，发愤苦读，"兄弟即僧舍肄词业，夜枕不解衣。"[②]绍兴十二年（1142），洪遵与兄洪适同试博学宏词科，中魁选，赐进士出身。五月，即除秘书省正字。"高宗以皓远使，擢为秘书省正字。中兴以来，词科中选即入馆，自遵始。"这一年，范成大之父范雩亦在秘书省，与洪遵同职。[③] 后来范雩于绍兴十二年十一月擢为校书郎，十三年二月为秘书郎，直到六月致仕，这期间与洪遵在秘书省共事一年有余。

洪遵到平江府任知府后，待阙家居的范成大与其交游甚密。绍兴三十一年（1161）八月奉命为洪遵增建的思贤堂作记，十月九日复为其新建的瞻仪堂作记。[④] 此二堂均为纪念唐代以来吴郡历史上知名州守以及当代诸知府所作，有写真画像；而范成大作记，显然旨在称颂现任知府洪遵的功绩。《思贤堂记》云：

> 吴郡治故有思贤亭，以祠韦、白、刘三太守。更兵烬久之，遂作新堂，名曰三贤。其四年，当绍兴辛巳，鄱阳洪公始益以唐王常侍、本朝范文正公之像，复其旧之名亭者榜焉。……洪公，忠宣公之子，擢博学宏词第一，名字满四海。……公既以道学文章命一世，顾有羡于五君子者。意将迹其惠术，讲千里之长利，以膏雨此民。……夫才高而不自贤，位高而滋共其官，盛德事也。[⑤]

① 周必大：《资政殿大学士赠银青光禄大夫范公成大神道碑》，王蓉贵、（日）白井顺点校：《周必大全集》第2册，四川大学出版社2017年版，第577页。
② 脱脱等：《宋史》卷三七三《洪皓传》所附《洪遵传》，上海古籍出版社、上海书店1986年版，第1306页。
③ 陈骙：《南宋馆阁录》卷八，中华书局1998年版，第120页。
④ 范成大：《思贤堂记》《瞻仪堂记》，《吴郡志》卷六，江苏古籍出版社1999年版，第61—63页。
⑤ 范成大：《思贤堂记》，《吴郡志》卷六，江苏古籍出版社1999年版，第61页。

而《瞻仪堂记》更是在介绍了此堂修建本末外,凸显了洪遵临危不乱、从容应对战时变局的沉稳风范。绍兴三十一年(1161),宋金形势陡然紧张。参知政事贺允中,叶义问等使金还,觉察金势必败盟,有迁都南侵意。正月,殿中侍御史陈俊卿建言要厉兵秣马,做好军备。①朝廷调兵遣将,六月乙卯(十三日),太尉刘锜为淮南、江南、浙西制置使,节制诸路军马,"金主亮调兵六十万,自将南来,弥望数十里,不断如银壁,中外大震。时宿将无在者,乃以锜为江、淮、浙西制置使,节制逐路军马。"②九月,金主完颜亮大举南侵。十月渡淮。南宋官兵奋力抵抗,太尉刘锜败金人于皂角林,李宝则在密州(治今山东诸城市)陈家岛大败金国水军。"三十一年,金主完颜亮命其尚书苏保衡由海道窥二浙,朝廷以浙西副总管李宝御之。宝驻兵平江,守臣朱翌素与宝异,朝议以遵尝荐宝,乃命遵知平江。及宝以舟师捣胶西,凡资粮、器械、舟楫,皆遵供亿。宝成功而归,遵之助为多。"③在这场轰轰烈烈的抗金战事中,洪遵镇守平江,大力协助李宝,不动声色,化解危机,确保了一方平安。范成大《瞻仪堂记》记下了洪遵的功绩:

　　　　是岁,北虏谋畔盟,积甲并塞,使行人来启兵端。又造舟东海上,将数道入寇。天子赫怒,大发步骑待边。分命楼船将督水居之士,营巨浸以直贼冲。吴前当出师通道,后控海浦所从入,烽堠相望,羽书疾星火。公声气弗为动,春容颐指。不敛一钱,不籍一夫,机事立决无留。行奸人幸骚摇一逞,心醉叵测,相率遁去。里门晏闭,田间无吠犬。行歌刘熟,不知有军兴。……公于艰难时用剧郡,呼吸变故,曾无足以婴道德之威,齿文章之斧斤者。治行冠一世,而不自以为功,若此足矣。④

　　此年十一月虞允文在采石矶与金作战,大获全胜,不久,完颜亮被其部下所杀。南宋半壁江山暂时化险为夷,范成大也结束了在故乡待阙的日子,即将赴临安开始他的京官生涯。

① 参见李心传:《建炎以来系年要录》卷一八八,中华书局 2013 年版,第 8 册,第 3642 页。
② 脱脱等:《宋史》卷三六六《刘锜传》,上海古籍出版社、上海书店 1986 年版,第 1287 页。
③ 脱脱等:《宋史》卷三七三《洪遵传》,上海古籍出版社、上海书店 1986 年版,第 1306 页。
④ 范成大:《瞻仪堂记》,《吴郡志》卷六,江苏古籍出版社 1999 年版,第 63 页。

第四章　改任京官

一　入监药局

绍兴三十二年(1162)岁初,范成大赴临安监太平惠民和剂局。[①] 此局原属太医局,后专门析出。《宋会要辑稿》记载:"高宗绍兴六年正月四日,诏置药局,以惠行在太医局熟药东西南北四所为名。内将药局一所以和剂局为名。……同日,诏:'和剂局置监官,文武各一员,差京朝官或大使臣,依杂卖场请给。'"[②]惠民和剂局主要负责制药以济民疾,也负责皇家部分宣赐之药。《咸淳临安志》卷九记载:"在太府寺内之右。制药以给惠民局与暑腊药之备宣赐者。"[③]

惠民和剂局的工作平淡无奇,颇为轻松,初到临安的范成大有时间和旧知、新友们频繁往来,周必大是关系最密切的一位。他是王葆长女之婿,因岳家关系与范成大相识相知,自称"御史王公,予外舅也,以是与公善"。[④] 周必大比范成大早三年进士登科,也曾任徽州户曹,此时已回到临安任秘书省正字。[⑤]

---

① 周必大:《资政殿大学士赠银青光禄大夫范公成大神道碑》,王蓉贵、(日)白井顺点校:《周必大全集》第 2 册,四川大学出版社 2017 年版,第 577 页。

② 徐松辑、刘琳等校点:《宋会要辑稿·职官二七》,上海古籍出版社 2014 年版,第 6 册,第 3744 页。

③ 潜说友:《咸淳临安志》卷九,《宋元方志丛刊》,中华书局 1990 年版,第 4 册,第 3436 页。

④ 周必大:《资政殿大学士赠银青光禄大夫范公成大神道碑》,王蓉贵、(日)白井顺点校:《周必大全集》第 2 册,四川大学出版社 2017 年版,第 583 页。

⑤ 据陈骙《南宋馆阁录》卷八,周必大自绍兴三十年十月至三十二年五月任秘书正字。中华书局 1998 年版,第 122 页。

阳春二月，秘书省绯、碧两种桃花开了，绚烂芬芳，如香雾，似云霞。周必大一边欣赏，一边想到了他的朋友——那个才华横溢、浪漫多情的玉牒所编修陆游。[①] 他们年纪相仿，志趣相近，又都住在临安的百官舍，邻里关系极为融洽，"得居连墙，日接嘉话。每一相从，脱帽褫带。从容笑语，输写肝肺。邻家借酒，小圃锄菜"。[②] 陆游也是个极爱花之人，周必大便将二色桃花折下送他，并赋诗《以红碧二色桃花送务观》（壬午二月）云："碧云欲合带红霞，知是秦人洞里花。俗眼只应窥燕麦，不如送与谪仙家。"如此阆苑仙葩俗眼哪能识得，只有谪仙陆游才可欣赏。

　　馆阁的桃花自然非同寻常，秘书正字赠花的风雅之举更令范成大羡慕不已，于是他也写了首诗作《次韵周子充正字馆中绯碧两桃花》："碧城香雾赤城霞，染出刘郎未见花。凭仗天风扶绛节，为招萼绿过羊家。"[③]并请周必大也帮他折几枝带出来。[④] 周必大果然满足了朋友的心愿，第二天就折了送到他家中，范成大惊喜之余写下《明日子充折赠次韵谢之》："海上三山冠彩霞，六时高会雨天花。步虚声里随风下，吹落寻常百姓家。"[⑤]这桃花仿佛天上仙品，如今降临自己家中，真是蓬荜生辉啊！可天有不测风云，第三天竟然突降大雨，眼见着桃花就要被雨打风吹去。有花堪折直须折，莫待无花空折枝，惜花又极重友情的周必大再次冒雨折花，把这抹美丽的春色赠给了朋友，范成大《明日大雨复折赠再次韵》诗又云："一天云叶翳朝霞，风卷泥沾不惜花。群玉山高春好在，人间烟雨暗千家。"普普通通的赏花事，使得两位情志相投的人心曲相通，诗意相映，在精神层面上达到高度契合，逐渐成为终生的知己。

　　当时临安城中还有一些知名之士如韩元吉、林栗、邹樗、王秬、尹

①　陆游《剑南诗稿》卷十八《岁晚书怀》自注："绍兴末，游官玉牒所。"《剑南诗稿》卷一绍兴三十二年作有《玉牒所迎驾望见周洪道舍人》。分别见《陆游集》，中华书局 1976 年版，第二册第 533 页，第一册第 17 页。

②　陆游：《祭周益公文》，《渭南文集》卷四十一，《陆游集》第五册，中华书局 1976 年版，第 2395—2396 页。

③　范成大：《次韵周子充正字馆中绯碧两桃花》，富寿荪标校：《范石湖集》卷八，上海古籍出版社 2006 年版，第 101 页。

④　周必大：《范致能以诗求二色桃再次韵二首》，王蓉贵、（日）白井顺点校：《周必大全集》第 1 册，四川大学出版社 2017 年版，第 18 页。

⑤　范成大：《明日子充折赠次韵谢之》，富寿荪标校：《范石湖集》卷八，上海古籍出版社 2006 年版，第 101 页。

稿、刘仪凤等过从甚密。这些才俊惺惺相惜，情投意合，平时人情往来不断，你送我桃花、海棠，我送你黄柑、茗茶，有了石芥、竹笋等时令之物也互相馈赠，①大家还经常聚餐。范成大也加入了这个行都交游群，周必大《龙飞录》记曰："（绍兴三十二年十一月）壬子，旬假，雨中访务观。务观约韶美、少稷、至能共饭。"他们结成一个关系密切的群体，不仅满足社会交往的情感需求，在政治上也同声相应，同气相求，彼此助力。比如是年闰二月，丞相汤思退知绍兴，范成大、周必大、韩元吉等均赋诗送之。② 临安知府赵子潚除权户部侍郎，范成大写有《贺户部赵侍郎启》，周必大亦有《户部赵侍郎颂德》。

这些在东南临安的年轻官员生活充裕，岁月静好，但西北战事正紧，宋金双方互有输赢。绍兴三十二年（1162）二月，惠逢收复河州（治今甘肃临夏市），遗民踵道相迎；闰二月，金人反攻河州，杀数万父老婴孺，抓数千壮丁充军。蔡州（治今河南汝南县）、淮宁府（治今河南淮阳县）也相继被攻陷。兴元府（治今陕西汉中市）驻扎御前右军统制杨从仪率诸将攻大散关，拔之。三月，四川宣抚使吴璘收复德顺军（今甘肃静宁县）；四月，镇江都统制张子盖败金人于石湫堰。登基不久的金世宗完颜雍与野蛮暴戾、一心只想南侵的海陵王完颜亮不同，他知书达礼，有小尧舜之称，所以不想延续这种混战局面，春季派使者左监军高忠建来告登位，且议和。③ 金人既有通好之意，南宋朝廷也随机应变，礼尚往来。绍兴三十二年三月丁巳，高宗遣洪迈等贺金主即位。④ 南宋遣使还有其他目的，即希望与金国称兄弟国，并请归还河南祖宗陵寝之地。四月戊子（二十二日），洪迈假翰林学士充贺登位使出使金国，高宗

① 周必大除《以红碧二色桃花送务观》（壬午二月）诗外，还有《许陆务观馆中海棠未与而诗来次韵》《奉常林黄中博士以黄柑饷陆务观司直，陆赋长句，林邀予次韵》《务观得曾吉甫茶及以诗见遗，因次其韵》《陆务观编修以石芥送刘韶美礼部，刘饮以劲酒。二公皆旧邻也，因其有诗次韵二首》《招陆务观食江南笋》，归有绝句云："色如玉版猫头笋，味抵驼峰牛尾狸。归向妻孥夸至夕，书生寒乞定难医。"戏和》，陆游《剑南诗稿》卷一也有《周洪道学士许折赠馆中海棠，以诗督之》。

② 参见范成大《镇东行送汤丞相帅绍兴》、周必大《送汤相守绍兴二十韵》（壬午二月）、韩元吉《送汤丞相帅会稽》《南涧甲乙稿》卷五）等诗。

③ 脱脱等：《宋史》卷三七三《洪迈传》"三十二年春，金主褒遣左监军高忠建来告登位，且议和。迈为接伴使"。上海古籍出版社、上海书店 1986 年版，第 1307 页。

④ 脱脱等：《宋史》卷三二《高宗纪》，上海古籍出版社、上海书店 1986 年版，第 83 页。

亲自书写笔札赐迈等,表露真实心迹,"祖宗陵寝隔阔三十年,不得以时洒扫祭祀,心实痛之。若彼能以河南地见归,必欲居尊如故。"①

洪迈出使之际,惠民和剂局监官范成大赋二诗为其送行。《送洪景卢内翰北使二首》云:

> 金章玉色照离亭,战伐和亲决此行。国有威灵双节重,家传忠义一身轻。平生海内文场伯,今日胸中武库兵。万里往来公有相,淮溃阴德贯神明。(自注:近日两淮战地掩骼,公之请也。)

> 檄到中原杀气销,穹庐那敢说天骄。今年蕃始来和汉,即日燕当远徙辽。北土未干遗老泪,西陵应望孝孙朝。着鞭往矣功名会,麟阁丹青上九霄。

范成大第一首诗极言洪迈此行意义重大,所谓"战伐和亲决此行"。称出使既是威严国事,又继承其父洪皓的忠义家风;并对洪迈的文才武略推崇备至。第二首诗则期许出使效果,认为此举可使中原安定,陵寝回归,洪迈也将功名显赫,图于麟阁。于北山先生评价二诗:"其爱国思想跃然纸上。而后亲涉金廷,此不啻息壤之盟矣。以诗而论,亦集中之佳作。"②

然而洪迈使金并不顺利,金人傲慢无礼,寻衅滋事,"至燕金阁门,见国书呼曰:'不如式。'抑令使人于表中改陪臣二字。朝见之仪,必欲用旧礼。迈初执不可,既而金锁使馆,自旦及暮,水浆不通。三日乃得见。金人语极不逊,大都督怀忠议欲质留,左丞相张浩持不可。乃遣还。七月,迈回朝。"③洪迈历险无果而返,范成大以诗迎接。《洪景卢内翰使还入境以诗迓之》云:

> 玉帛干戈泅并驰,孤臣叱驭触危机。关山无极申舟去,天地有情苏武归。汉月凌秋随使节,胡尘卷暑避征衣。国人渴望公颜色,为报褰帷入帝畿。

---

① 脱脱等:《宋史》卷三七三《洪迈传》,上海古籍出版社、上海书店 1986 年版,第 1307 页。

② 于北山:《范成大年谱》,上海古籍出版社 2006 年版,第 70 页。

③ 脱脱等:《宋史》卷三七三《洪迈传》,上海古籍出版社、上海书店 1986 年版,第 1307 页。

洪迈此行并未达到预期效果，没有促成归还陵寝之事，"殿中侍御史张震以迈使金辱命，论罢之"。① 但在范成大看来，洪迈虽败犹荣，在变化莫测的危急形势下，他呈现出大无畏的气概，并且全身而退，便是大智大勇，令人钦佩。《宋史》论曰："孔子云：使于四方不辱君命，可谓士矣。当建炎、绍兴之际，凡使金者，如探虎口，能全节而归，若朱弁、张邵、洪皓，其庶几乎，望之不足议也。皓留北十五年，忠节尤著，高宗谓苏武不能过，诚哉然。竟以忤秦桧，谪死，悲夫！其子适、遵、迈，相继登词科，文名满天下。适位极台辅，而迈文学尤高，立朝议论最多，所谓忠义之报，讵不信夫。"②洪迈父子出使金国的义勇行为对范成大有所激励，八年之后他也慨然北行，前仆后继，试图实现洪迈未竟之业，此是后话。

洪迈回朝后，宋孝宗已登基。去年冬季，完颜雍在其堂兄完颜亮南侵之时夺位，金朝已改天换地；而南宋高宗朝中的文武大臣多垂垂老矣，不堪重任，是年，太尉刘锜卒于临安，观文殿大学士行宫留守汤思退出知绍兴。③ 老皇帝高宗也力不从心，绍兴三十二年（1162）六月，禅位于太子赵眘，是为孝宗。赵眘乃宋太祖赵匡胤七世孙，宋室皇位在太祖过世后由太宗赵光义一脉继承，直到南渡之后高宗无子过继赵眘，皇权又重归太祖一脉。至此，宋金两国新的天子和大臣陆续登上历史舞台，时代翻开了崭新的一页。

二　选差召试

孝宗继位伊始，励精图治，绍兴三十二年（1162）年末即诏令百官条陈时弊，"诏侍从、台谏集议当今弊事，仍命尽率其属，使极言无隐"。④ 太平惠民和剂局也应诏组织上书言弊，范成大积极参与，他精心准备，

---

① 脱脱等：《宋史》卷三七三《洪迈传》，上海古籍出版社、上海书店1986年版，第1307页。
② 脱脱等：《宋史》卷三七三《洪迈传》，上海古籍出版社、上海书店1986年版，第1307页。
③ 脱脱等：《宋史》卷三二《高宗本纪》，上海古籍出版社、上海书店1986年版，第83页。
④ 脱脱等：《宋史》卷三三《孝宗本纪》，上海古籍出版社、上海书店1986年版，第84页。

指陈十件弊事，涉及社会民生方方面面，尤其指出不能做表面文章，"《京局应诏》言弊，谓通国之弊，蔽以一言曰文具。后列十事"。① 范成大的实干思想引起了左相陈康伯、参知政事史浩的关注。"公举十事，极论文具非所以为国。执政奇其才。"②

公元 1163 年，岁在癸未，宋孝宗改元隆兴。此年正值三年一次的科举取士，由于边防战事频仍，右正言周操进言："天下之事，当权轻重而为之，不可执一。国家三岁省闱取士，近年以来，多以台谏长官为知举，盖重之也。此日处置边事，务各机宜，盖当以边事重于礼闱可也。所有知举官，欲望朝廷于翰苑、六部、两省官内选差，乞存留台谏官在外，相遇参酌事宜。枢密院官属不可暂阙，仍乞不令入院。兼今岁缘免举赴省人数至多，与常岁不同，其所差官，欲望量加添增，所贵依时开院，不致滞留。"③孝宗从之，从翰苑、六部、两省官内选差知贡举，并添参详官二员，点检试卷官四员，别试所点检试卷官添二员。正月，翰林学士承旨知制诰洪遵知贡举，兵部侍郎周葵、中书舍人张震同知。秘书少监胡铨、工部员外郎魏杞、监察御史陈良翰等为参详官，太府寺丞陈天麟、枢密院编修官尹穑、著作佐郎龚茂良等为点检试卷官，人数较往常为多。38 岁的太平惠民和剂局监官范成大因言弊事切中肯綮，被执政者关注，此年也被抽调来点检试卷，与洪遵等人共同为天下取士。

与之前选差知贡举、参详官、点检试卷官的台谏、枢密院官属略有不同，隆兴元年负责科考的这些鸿儒雅士文化修养相当高，这一年录取的进士也不同凡响，不仅具有政治才干，在诗文创作以及著述方面也颇有造诣。状元木待问(后成为洪迈之婿，官至焕章阁待制、礼部尚书)自不消说，吕祖谦、林光朝、袁枢、袁说友、王阮、李嘉谋、李嘉言、姚申之、陈说、张良臣、张缜、黄度、杨方、张抑、傅伯成、许及之、孙逢吉、虞俦、马之纯、周去非、王遽等人均才华横溢，这与知贡举洪遵、参详官胡铨、点检试卷官范成大等人着意提携此类人才不无关系。比如明州人楼

① 黄震：《黄氏日抄》卷六十七，《全宋笔记》第十编·十，大象出版社 2018 年版，第 421 页。
② 周必大：《资政殿大学士赠银青光禄大夫范公成大神道碑》，王蓉贵、(日)白井顺点校：《周必大全集》第 2 册，四川大学出版社 2017 年版，第 577 页。
③ 徐松辑、刘琳等校点：《宋会要辑稿·选举二〇》，上海古籍出版社 2014 年版，第 10 册，第 5642 页。

钥，其省试策论辞艺极佳，"学问渊源，论议切直，为前后场之冠，已考入魁选。"①遗憾的是，殿试文中偶然触犯了宋哲宗的庙讳，可能无缘科第。眼看一个人才要被废黜，知贡举洪遵特奏请宋孝宗，为楼钥争取机会，最终，楼钥被置于末甲第一名。②点检试卷官范成大在给楼钥谢词的回复中写道："琼杯偶缺，初惊一字之难；金蕣昭垂，果下六丁之救。"③真心为楼钥感到庆幸。再如王阮（南卿），其省试的策论极言定都建康，有理有据，点检试卷官范成大得而读之，叹曰："是人杰也。"④因为这次科举考试，许多隆兴元年的进士都与范成大结下了终生友谊。

　　然而，科举取士刚刚结束，一场政治风暴不期而至。孝宗的亲信龙大渊、曾觌开始招权植党，兴风作浪。孝宗尚在建王府之时，龙、曾二人便一直随从，待孝宗继位后，二人便鸡犬升天。《宋史·佞幸传》称："孝宗受禅，大渊自左武大夫除枢密院副都承旨，而觌自武翼郎除带御器械，干办皇城司。"⑤右谏议大夫刘度遂上奏弹劾二人，称："轻儇浮浅，凭恃恩宠，入则侍帷幄之谋，出则陪庙堂之议。摇唇鼓舌，变乱是非，凡皇闱宴昵之私，宫嫔嬉笑之语，宣言于外，以自夸娆。至引北人孙昭出入清禁，为击球杂舞之戏。上累圣德，伏望斥退。"⑥孝宗未从，隆兴元年（1163）三月九日庚子，反倒诏令龙大渊除知阁门事，曾觌权知阁门事。这下激起了群愤，刘度请求贬黜进行抗议，自言："臣欲抑之而陛下扬之，臣欲退之而陛下进之，臣欲使之畏戢而陛下示之以无所忌惮。是臣所言皆为欺罔，何施颜面，尚为谏官。乞赐贬黜。"范成大的友人中书舍人张震缴还除命，奉祠归蜀；起居郎周必大封还录黄，亦奉祠而去。范成大作诗为他们送行，同情友人遭际，感慨人心险恶，《送张真甫中书奉祠归蜀》诗云："客路莫嫌归计拙，春江争似骇机深。一封朝奏钧天梦，万里江行魏阙心。"《送周子充左史奉祠归庐陵》诗云："倾盖当年真旦

① 徐松辑、刘琳等校点：《宋会要辑稿·选举四》，上海古籍出版社 2014 年版，第 9 册，第 5336 页。
② 脱脱等：《宋史》卷三九五《楼钥传》，上海古籍出版社、上海书店 1986 年版，第 1361 页。
③ 范成大：《回楼大防末甲头名取放》，黄震：《黄氏日抄》，《全宋笔记》第十编·十，大象出版社 2018 年版，第 424 页。
④ 脱脱等：《宋史》三九五《王阮传》，上海古籍出版社、上海书店 1986 年版，第 1362—1363 页。
⑤ 脱脱等：《宋史》卷四七〇，上海古籍出版社、上海书店 1986 年版，第 1549 页。
⑥ 李心传：《建炎以来朝野杂记》乙集卷六，中华书局 2000 年版，第 603 页。

暮,沾巾明日有河山。后期淹速都难料,相对犹怜鬓未斑。"

孝宗受禅之后,为表示对高宗的尊重,专门成立编类圣政所,搜集整理高宗朝法令典章、诏旨条例,由尚书左仆射同中书门下平章事兼枢密使陈康伯兼提举。绍兴三十二年(1162)六月丁亥,诏曰:"朕惟太上皇帝临御,三纪法令典章粲然备具。嗣位之初,深惧坠失其议,设官裒集建炎、绍兴以来诏旨、条例以闻,朕当与卿等恪意奉行,以对扬慈训。"①既而命吏部侍郎徐度、刑部侍郎路彬裒集。隆兴元年(1163)三月十六日,"令编类圣政所修纂光尧寿圣太上圣政。凡大号令、大政事合遵行者并编类,每月投进。以凌景夏有请也。"周必大曾兼编类圣政所详定官,②此时去职后,圣政所需要补充人员,范成大文才出众,被推举入所,同时还负责撰写敕令,"寿皇受禅,命宰臣编类高宗圣政。隆兴元年四月,以公为检讨官,又兼敕令所。近世局务无修书者,人以公为宜。"③和他同在圣政所共事的还有陆游、陈居仁等人。编类工作有条不紊地进行,然而仅仅两个月,枢密院编修陆游因不满龙大渊、曾觌用事,私下请参知政事张焘进言,结果触怒孝宗,被贬出京城,通判镇江(治今江苏镇江市)。"时龙大渊、曾觌用事,游为枢臣张焘言:'觌、大渊招权植党,荧惑圣听。公及今不言,异日将不可去。'焘遽以闻。上诘语所自来,焘以游对。上怒,出通判建康府,寻易隆兴府"。④范成大又一次送别友人,其《送陆务观编修监镇江郡归会稽待阙》二诗云:

> 宝马天街路,烟篷海浦心。非关爱京口,自是忆山阴。高兴余飞动,孤忠有照临。浮云付舒卷,知子道根深。

> 见说云门好,全家住翠微。京尘成岁晚,江雨送人归。边锁风雷动,军书日夜飞。功名袖中手,世事巧相违。

---

① 王应麟辑:《玉海》卷四十九"乾道光尧圣政"条,广陵书社 2003 年影印清光绪九年(1883)浙江书局刊本,第 2 册,第 930 页。

② 周必大:《文忠集》卷首年谱,王蓉贵、(日)白井顺点校:《周必大全集》第 1 册,四川大学出版社 2017 年版,卷首第 20 页。

③ 周必大:《资政殿大学士赠银青光禄大夫范公成大神道碑》,王蓉贵、(日)白井顺点校:《周必大全集》第 2 册,四川大学出版社 2017 年版,第 577 页。

④ 脱脱等:《宋史》卷三九五《陆游传》,上海古籍出版社、上海书店 1986 年版,第 1363 页。周密《齐东野语》卷十一"陆务观得罪"条所记更详,中华书局 1983 年版,第 199—200 页。

范成大称赞友人陆游忠心耿耿，深谙道义；又对他的被逐深感不平和惋惜。孝宗即位之初，锐意收复中原，一边派使臣与金国谈判，一边派武将与金国交兵，正如范成大诗中所写，"边锁风雷动，军书日夜飞"。但此年五月，南宋在交战中遭受重创，李显忠与邵宏渊兵溃符离，宋兵伤亡惨重，淮河一带尸横遍野，血流成河。就在国家急需人才的节骨眼上，素有奇才大略的陆游偏偏被逐，令人感叹事与愿违。然而，这一切还只是孝宗朝近幸兴风作浪的开端，虽然此时范成大刚到临安不久，尚未卷入政治漩涡，但此后的几十年中，他和周必大、陆游等人一次次遭到此类政治风暴的袭击，各自飘摇，影响了他们一生的命运。于北山先生说："张震、周必大、陆游此次去国，均系与赵眘亲信龙大渊、曾觌政治矛盾之结果。周、陆、范等此时为朝廷新进人物，不满因循萎靡之现实，尤不满于佞幸近习之当道。胆识风力，均有足称。石湖虽未陷入政治漩涡，而送行诗感情充沛，爱憎分明，固非仅离情别绪而已。惟从斗争之发展观之，此非结局，而系肇端。厥后与龙、曾及其党羽斗争到底者为陆游；必大则渐趋妥协，致身通显，虽非由龙、曾而进，但堕入软熟应付，不免为舆论所不与；石湖在此方面，内心有矛盾，宦途多坎坷，故虽屡建节于外藩，但不能久安于朝路。其结果则惋叹自疏、移情山水，盖亦有感于履霜坚冰，而自置于遁世无闷、忧则违之之域，亦非陆游之比也。"[1]

送别了张震、周必大、陆游等友人，范成大继续留在圣政所工作。能在京城任职，对于个人发展来说至关重要。范成大释褐之后在地方上历练多年，凭借个人才干和家庭的良好人脉出任京官，[2]所以非常珍惜现在的平台。他善于抓住机会，在孝宗即位之初上书言弊，脱颖而出，被选拔参与点检试卷、除圣政所检讨官。为高宗类编圣政，需要走访、联系高宗南渡之后的老臣，包括康王府邸旧人，和他们有了更多的接触渠道，关系也进一步密切。十二月三日，宰相陈康伯判信州，范成大赋《昼锦行送陈福公判信州》诗送行，祝贺其衣锦还乡。和这些朝中

---

① 于北山：《范成大年谱》，上海古籍出版社 2006 年版，第 77 页。

② 范成大与洪适三兄弟的交往始于其父范雩与他们的旧谊，与周必大的友谊也延续了范雩和王葆的感情，与李稙、朱翌的忘年交则和舅父蔡伸不无关系。

重臣交游,对范成大日后的发展显然有很大帮助。

陆游离职归乡后,他曾任的枢密院编修一职有所空缺。隆兴二年(1164)二月,范成大改除此官。周必大《神道碑》称:"(隆兴)二年四月除枢密院编修官,居数月,自以铨格,改左宣教郎。"此年,江淮一带仍战事不断,朝中和战之声此起彼伏。汤思退主和议,四月主战派张浚罢江淮都督府,陈良翰、周操同罢。汤思退奏遣宗正少卿魏杞使金议和,兵部侍郎胡铨上书反对。十一月金兵攻陷濠州(治今安徽凤阳县)、滁州(治今安徽滁州市),汤思退谪居永州(治今湖南永州市),中途忧悸而死。范成大在枢密院位卑人微,亦明哲保身,不轻易发声。自春徂秋,工作之余就和同僚们在临安的湖山胜概间雅集欢聚。西湖、灵石山、王氏园、陈园照山堂、宝林寺可赋轩,处处留下他和李泳、李洪、刘孝韪、陈苍舒、韩元吉等人游览、宴集的身影。但闲散游逸只是表象,范成大的内心一直不停进取。

孝宗即位后,垂意人才的选拔和储备,尤重秘书省。绍兴三十二年(1162)十一月二日即诏曰:"馆职学官,祖宗设此,储养人材。朕亦欲待方来之秀,不可定员数。"隆兴元年(1163)七月十九日又诏曰:"秘书省系育材之地,且以七员为额,不妨兼领他局。"[1]并命秘书省召试。"时馆职定员,有诏公(按:范成大)与王衐候阙召试。"[2]南宋官制,馆职需召试而后除,"及第出身次甲、人已历仕者,召试馆职。中选,即为秘省官""所试文字尤精细于常制"。[3] 然孝宗破例,拟令太学博士郑升之不试先除,顺带并除枢密院编修范成大秘书正字。范成大不肯以此招惹幸进之谤,执意参加召试,隆兴二年闰十一月十三日,上札子曰:"先准指挥,候馆职有阙召试。今忽被除目,未敢安职。乞检会召试指挥,容成大就试待命。"[4]于是,孝宗下诏令郑升之、范成大一并引试。

一个清冷的冬夜,雪后初霁,范成大和一行友人雅兴大发,相约到

① 徐松辑、刘琳等校点:《宋会要辑稿·职官一八》,上海古籍出版社 2014 年版,第 6 册,第 3487 页。
② 周必大:《资政殿大学士赠银青光禄大夫范公成大神道碑》,王蓉贵、(日)白井顺点校:《周必大全集》第 2 册,四川大学出版社 2017 年版,第 577 页。
③ 赵升:《朝野类要》卷二,中华书局 2007 年版,第 60 页。
④ 徐松辑、刘琳等校点:《宋会要辑稿·选举三一》,上海古籍出版社 2014 年版,第 10 册,第 5851 页。

西湖赏雪,唯独陈苍舒未至,后寄来两首绝句。范成大次韵二首《朋元不赴湖上观雪之集,明日余召试玉堂,见寄二绝,次其韵》:

> 雪溪清兴未渠阑,晚上西楼带月看。公子自贪低唱酒,肯来同对玉峰寒。

> 文场宁复鬓霜宜,白玉堂前雪霁时。不惜狂言枨忌讳,秃毫冰砚竟无奇。①

和朋友赏雪的次日,范成大便赴试馆职了。进士登科已经十年,现在年近不惑,两鬓开始斑白,又再次进入考场。虽然他在给陈苍舒的诗中一再谦称所写策论均是狂言,平平无奇,但从黄震抄录的节文来看,范成大果然有雄才大略,绝非一介狂妄书生所能作。《黄氏日抄》卷六十七所录石湖文《馆职策》曰:

> 《议兵》莫若留营屯,盖度支月给,诸军居十之九,三岁大礼,犒军居十之八。一有军兴,大费突出,虽积金齐于箕斗,发粟浩如江河,终亦屈竭。宜留营屯以更戍,转输之费供锄耰垦凿之须,渐开屯田,以时阅习。②

范成大试策文中主张留营屯田,自产自给,可解决军费,实乃备战备荒之良策。又谓:

> 汉高帝一天下者也,家室狼狈而不顾;越句践复仇者也,非报吴之事则不言。东晋保境土者也,稽古礼文之事毕兴,而北向争天下之事不问焉。今终日所从事者,保境土之规模而已,又兼欲为越王、汉帝之所为,宜其财散力分,坐縻岁月。

他为孝宗收复中原、实现中兴大业出谋划策。多年之后,黄震一边摘抄此试策一边忍不住赞叹:"末议文气极好!"

---

① 范成大:《朋元不赴湖上观雪之集,明日余召试玉堂,见寄二绝,次其韵》,富寿荪标校:《范石湖集》卷九,上海古籍出版社 2006 年版,第 118 页。
② 黄震:《黄氏日抄》卷六十七,《全宋笔记》第十编·十,大象出版社 2018 年版,第 421 页。

三 右迁馆阁

隆兴二年(1164)十二月,范成大凭借自己的实力玉堂召试成功,除秘书省正字。[①] 距离其父范雩任此职整整 23 年。中书舍人洪适在《范成大秘书省正字制》中写道:"瀛洲英俊之躔也。中兴以来,未有父子踵相蹑者。尔学赡而文缛,并美于前人。盖观异书,以正鱼鲁之谬。"[②]此月,钱端礼任参知政事,范成大的进士同年虞允文同知枢密院事。

同月,洪适以礼部尚书出使金国,贺金主生辰,以缓解两国紧张敌对关系。[③]"时金人再犯淮,羽檄沓至,书诏填委,咨访酬答,率称上旨,自此有大用意。金既寻盟,首为贺生辰使。"[④]这是南宋首次派使臣专程为金世宗贺生辰,孝宗特意选择洪适为贺生辰使,正是借用其父洪皓在金国的影响。洪皓当年出使曾被扣留金国 15 年,以气节折服金人,以学识教授金人,颇受敬重。范成大为洪适送行,在《送洪内翰使虏二首》诗中称颂此次破冰之旅的重大意义,"边烽已却来南虏,使节犹烦第一人",并申明其父洪皓当年的功德,"单于若问公家世,说与麒麟画老臣"。果不其然,洪适使金效果良好,双方关系有所缓和,"金遣同签书枢密院事高嗣先接伴,自言其父司空有德丁皓,相与甚欢,得其要领以归。"[⑤]次年正月,孝宗又遣通问使魏杞使金,双方国书以叔侄相称,金人以和议成诏中外。孝宗改年号为乾道。

乾道元年(1165),岁在乙酉,范成大在秘书省连续擢升。任秘书正字仅三个月即升为校书郎,六月兼国史院编修官,十一月迁著作佐郎仍兼国史院编修,[⑥]仕途一帆风顺。这一切与洪适有很大关系,范成大的迅速提拔和后者在朝中的发展几乎同步。洪适使金归来后受孝宗重

① 陈骙:《南宋馆阁录》,中华书局 1998 年版,第 123 页。
② 洪适:《盘洲文集》卷二十二,凌郁之辑校:《鄱阳三洪集》,江西人民出版社 2011 年版,第 239 页。
③ 脱脱等:《宋史》卷三三《孝宗本纪》,上海古籍出版社、上海书店 1986 年版,第 86 页。
④ 脱脱等:《宋史》卷三七三《洪适传》,上海古籍出版社、上海书店 1986 年版,第 1306 页。
⑤ 脱脱等:《宋史》卷三七三《洪适传》,上海古籍出版社、上海书店 1986 年版,第 1306 页。
⑥ 周必大:《资政殿大学士赠银青光禄大夫范公成大神道碑》,王蓉贵、(日)白井顺点校:《周必大全集》第 2 册,四川大学出版社 2017 年版,第 577 页。

用,八月任参知政事,并权知枢密院事,十二月为右相兼枢密使。范成大自徽州户曹时期即深受洪适赏识,其为政思想也受洪适影响极大。①乾道元年,不仅范成大在仕途上快速进步,他的亲人也发展顺利。其从兄范成象在高宗朝被永久废黜,此时重新入仕,为左朝奉郎提举荆湖南路常平茶盐公事。② 其表兄蔡洸(蔡仲次子)已任大理丞,乾道元年三月二十五日,被选差为铨试、公试、类试的考试官。③ 其内家兄弟魏端仁等人也在临安任职,与范成大时有次韵唱和。④

范成大对秘书省、国史院的工作尽职尽责,曾建议要加速纂辑神宗、哲宗、徽宗三朝史书的进度,上札子云:

> 臣闻自古有国有家,虽盛衰不同,而未尝无一代之史策。以小喻之,譬如士庶之家,大则有家法,小则有日记,虽倥偬弗暇给之时,决不可一日而阙,非若其他翰墨文词空言无用之比也。恭惟国家五朝正史,久已大成,而神宗皇帝、哲宗皇帝、徽宗皇帝三朝史书,始于绍兴二十八年开院纂辑,糜费帑廪,九年于此,惟帝纪略备之外,其余邈然无涯。不惟旧闻失坠,无书可考,亦缘是非褒贬,易招悔咎,朝廷既不督课,有司幸于因循。加以席未及暖,迁徙而去,甚或提纲无官,秉笔全阙,动经旬月,无复谁何! 人徒见馆宇邃严,吏胥旁午,皆谓煌煌天朝,必备史策,而不知文具如此。⑤

范成大认为目前史书纂辑过于缓慢,而文献资料逐渐散佚,令人震慄:

> 臣窃检照景德中修太祖、太宗两史,十年而成。天圣中修真宗史,四年而成。熙宁中修仁宗、英宗两史,六年而成。今之三史,若

---

① 《宋史》本传称洪适在知徽州后,曾言及役法以及屯田等,"寻提举江东路常平茶盐,首言役法不均之弊。……但留屯淮泗,募兵积粟,以为声援。"范成大后来一贯推行的义役法、屯田法等均与洪适所倡别无二致。

② 范成象本年为昆山县令李结作《昆山县重修学记》系衔如此。钱谷:《吴都文粹续集》卷五,《景印文渊阁四库全书》,台湾商务印书馆 1986 年版,第 1385 册,第 120 页。

③ 徐松辑、刘琳等校点:《宋会要辑稿·选举二〇》,上海古籍出版社 2014 年版,第 10 册,第 5643 页。

④ 范成大:《次韵魏端仁感怀俳谐体》,富寿荪标校:《范石湖集》卷十,上海古籍出版社 2006 年版,第 122 页。

⑤ 范成大:《论三朝国史札子》,孔凡礼辑:《范成大佚著辑存》,中华书局 1983 年版,第 20 页。

只用目前规摹，更数十百年，亦恐汗青无日。何则？自熙宁初元，至今百年，见闻所逮，尚难追记。只更一二十年，残编断简，渐就散逸，故家遗俗，无可询究。虽悔向来之因循，欲决意成之，亦不可复得。文谟武烈，恐遂湮晦，何以仰称陛下追孝清庙、羹墙祖宗之心？

因此提议尽快抢救性保护各类文字，并对修史者克以期限，促成三朝史书早日撰成：

> 臣每念至此，震慄汗下。伏望特赐圣裁，亟命朝廷讨论史事，立之课程，克以期限。其熙宁以来旧事，本院无书可考者，许关取秘阁四库所藏，及搜访士大夫家所存干照文字，网罗参订。仍择儒馆优闲之臣数人，增兼编择，庶得并工分力，结局有期。成书之后，荐之宗祐，于以上慰三后在天之灵，燕宁欢喜，介福家邦，与天无极。此臣所谓系国体重大。前者亲目其弊，今又再司其职，不敢缄默，且陛下家事也。伏望特留圣虑。

不得不说，范成大是一个非常称职的史官，既有强烈的忧患意识，又有高度的责任心，还有切实有效的工作方法。但他深知朝廷中的政治斗争错综复杂，虽然高调做事，却一向低调做人，在送友人倪俦归乡所写诗中便表明自己的淡泊之志："我亦吴松一钓舟，蟹舍漂摇几风雨。因君赋里说江湖，破帽蹇驴明亦去。"①公退之余，他的生活也非常平淡简朴，"公退闭閤卧，官居如净坊。屋角断虹饮，日西杨柳黄。客来束我带，客去书满床。睡觉有忙事，煮茶翻断香。"②不争，故天下莫能与之争，乾道二年（1166）二月，范成大除尚书吏部员外郎兼国史院编修官。③

尽管与世无争，范成大的快速升迁还是引起了一些人的妒忌。右迁尚书吏部员外郎仅一个月，三月四日，范成大即被罢官，原因是"言者论其巧官幸进、物论不平故也"。④ 右相洪适曾为其据理力争，认为应当

---

① 范成大：《倪文举奉将归东林，出示绮川西溪二赋，辄赋长句为谢，且以赠行》，富寿荪标校：《范石湖集》卷十，上海古籍出版社 2006 年版，第 121 页。
② 范成大：《王园官舍睡起》，富寿荪标校：《范石湖集》卷十，上海古籍出版社 2006 年版，第 124 页。
③ 周必大：《资政殿大学士赠银青光禄大夫范公成大神道碑》，王蓉贵、（日）白井顺点校：《周必大全集》第 2 册，四川大学出版社 2017 年版，第 577 页。
④ 徐松辑、刘琳等校点：《宋会要辑稿·职官七一》，上海古籍出版社 2014 年版，第 8 册，第 4954 页。

唯才是用,不必拘泥年限,但是未能奏效。《宋史全文》卷二十四下本月丁巳纪事谓:"丁巳,进呈殿前司升差将副等。洪适等奏:'升差但以年限,殊不较量能否,合亦呈试事艺。'宰相曰:'着廷间擢左右史,顾不可为郎耶?'然成大竟罢。"旋领宫祠,乃主管台州崇道观。而洪适不久之后也被罢相。

范成大和洪适先后被罢,正是孝宗新朝政治斗争的必然结果。孝宗亲政后致力于清除秦桧余孽,但其府邸旧属、皇亲国戚又觊觎权力,逐渐形成一股新的势力,排挤先朝老臣,遏制新进士大夫的崛起。所以洪适、范成大包括去年离任的周必大、陆游等人,都成为新朝权势纷争中遭受打击的对象。此年,孝宗朝的大臣如走马灯一样地变换人选,三月,右相洪适被罢之后,四月,枢密使汪澈罢,五月参知政事叶颙罢,以魏杞参知政事,林安宅同知枢密院事兼权参知政事。八月魏杞兼同知枢密院事,蒋芾权参知政事。十二月,叶颙、魏杞为左右相,蒋芾参知政事,陈俊卿同知枢密院事兼参知政事。朝中权力正在洗牌,在一次次博弈中,新一代孝宗臣子逐渐经受考验,浮出水面,登上历史舞台。

而范成大此时根基未稳,欲速则不达,既遭罢职,遄返故乡。他在谢表中写道:

> 瞻尔庭而有待,人谓何功? 以公服而衣祖,臣犹知惧。……贪天之功以为己力,固何异窃财之讥;如川之至以莫不增,尚能歌归美之什。①

二十多年前,其父秘书郎范雩遽然离世,年轻的范成大无依无靠,只得凄凉离京,返回故乡。如今他和父亲一样,在秘书省时间不长,初到吏部任职,形势却急转直下。自绍兴三十二年(1162)入监惠民和剂局以来,他在临安生活了四年,如今却遭到罢职,只得再次离开行都。和二十多年前相同,这次他的离京,场面同样冷清:因为老友周必大等人早在他之前就已经被贬出临安,没有多少故人友朋送行;更重要的是

---

① 黄震:《黄氏日抄》卷六十七,《全宋笔记》第十编·十,大象出版社 2018 年版,第 420 页。

此时政局扑朔迷离，人人自危，不敢轻易表达立场。只有同舍赵友益追路送诗，令范成大不禁感慨人情冷暖，世态炎凉。数月之后，他写下一首《顷自吏部郎去国时，独同舍赵友益追路送诗。数月，友益得仪真，过吴江，次元韵招之》，诗云："东风分袂省西廊，袖有明珠照客航。道义有情通出处，文章无地著炎凉。"①正可谓患难见真情。

---

① 富寿荪标校：《范石湖集》卷十，上海古籍出版社 2006 年版，第 131 页。

第五章　一落一起

一　赋闲乡里

乾道二年(1166)春天,范成大在故里度过。这一年他 41 岁,本是大展宏图的人生黄金时期,却只能赋闲在家。

江南的气候,出了梅雨季就是伏旱天,酷热难耐。即便七月流火,斗转星移,暑气仍盛,没有丝毫消退的迹象。身在平江府的范成大对丙戌年(乾道二年)的酷暑印象太深了,他在诗中反复提及:"赤日才低又火云,巷南街北断知闻。"(《次韵耿时举苦热》)"秋热出意表,谁云法天运。"(《明日夜雨陡凉复次前韵呈时举》)"暑窗当午思昏昏,雷起千峰睡不闻。铄石谁能招楚魄,斫冰我欲访湘君。"(《次韵王浚明用时举苦热韵见赠》)。范成大和老友们一起登姑苏台避暑,《丙戌闰七月九日与王必大登姑苏台,招王浚明、陈渊叔、耿时举避暑,次时举韵》云:

> 始贺火流西,还嗟斗斜闰。余暑犹强颜,新凉颇难进。燥刚渴欲坼,焦卷秃如烬。炎官扶日毂,辉赫不停运。

王必大是王葆之弟王万,王浚明乃王珪之孙王晓。耿镃(时举)则是范成大在昆山诗社的老友。绍兴十五年(1145)郡守王晚重建西楼后,他曾和范成大一起赋诗,并独为擅场。但可惜的是范成大后来考取进士，而耿时举一直久居太学，不得一第。① 范成大和这些老友们一起欣赏米芾的书迹，"渊叔出米元章书迹，甚奇"，他一边赞叹米芾之字"奇书铁钩锁，丽句锦窠晕"，一边以其清高孤介之格自喻自勉，"兹游我辈独，难挽软红韧。君看笼中鸟，宁识咸池韵"。

闲居于平江府城西的家中，范成大庆幸自己脱离了官场的羁绊和束缚，他在《浴罢》诗中写道："西城落日半轮明，浴罢衣裳一倍轻。"真是无官一身轻！他在家里庭院中新建了一个小池塘，种上荷花，享受那一丝丝的清凉之意，《次韵耿时举苦热》诗末注云："余家近穿小莲池，时举亦种竹檐间，皆为度暑计。"荷风吹来，令人惬意，"荷风拂簟昭苏我，竹月筛窗慰藉君"。对于这次罢职回乡，范成大表面上很旷达，口口声声说从今开始可以浮湛放荡，过自由自在的生活，甚至后悔之前踏上仕途，每天还要正襟危坐，"避暑无奇那避谤，能觞便了莫能文。浮湛放荡从今始，悔把长裾强沐薰"。② 但是从其文字中，我们仍能感受到范成大对于无故遭受毁谤耿耿于怀，不平之气终究未消。

和他同样际遇的还有好友李结。李结，字次山，河阳（治今河南孟州市）人。当初曾与范成大同在徽州，任休宁（治今黄山市休宁县）主簿。李结为人"廉洁不挠，冰清而玉刚"，③在徽州时期也颇受州守洪适赏识。乾道元年（1165），李结为昆山县令，因去年大水，县里良田尽毁，是年二月大饥且有疫情。李结组织饥民疏浚塘浦，兴利除弊。年底，范成大尚在秘书省任著作佐郎时，曾为李结写过《昆山县新开塘浦记》，④赞其兴水利、赈灾荒之功。此时，洪适和范成大仕途受挫，关系密切的李结应当也难逃厄运，周必大称其曾"卜筑霅溪，又号渔社，其善学柳下

① 龚明之《中吴纪闻》卷六："绍兴中，郡守王晚显道建西楼，赋诗者甚众。独耿时举德基为擅场，其诗曰：'西楼一曲旧笙歌，千古当楼面翠峨。花发花残香径雨，月生月落洞庭波。地雄鼓角秋声壮，天迥栏干夕照多。四百年来无妙手，要看风物似元和。'德基他文称是。居太学久之，不得一第而死，惜哉！"上海古籍出版社 2012 年版，第 81 页。
② 范成大：《次韵耿时举苦热》，富寿荪标校《范石湖集》卷十，上海古籍出版社 2006 年版，第 127 页。
③ 吴儆：《冰玉辞》，《竹洲集》卷十六，《景印文渊阁四库全书》，台湾商务印书馆 1986 年版，第 1142 册，第 280 页。
④ 姚文灏：《浙西水利书》卷上，《景印文渊阁四库全书》，台湾商务印书馆 1986 年版，第 576 册，第 101 页。

惠者耶"。① 擅长绘画的李结自绘两图,其一泛舟湖山之下,小女奴坐船头吹笛;其二跨驴渡小桥,入深谷,颇有潇洒自在、超然尘外的意趣。范成大为之各题一首绝句,诗云:

> 船头月午坐忘归,不管风鬟露满衣。横玉三声湖起浪,前山应有鹊惊飞。
>
> 黄尘车马梦初阑,杳杳骑驴紫翠间。饱识千峰真面目,当年拄笏漫看山。②

此二诗蕴含深意,当年在徽州时,范成大和李结曾在拄笏亭欣赏山景,而如今经历了许多,阅尽人间万象,犹如"饱识千峰真面目",如梦初醒。回想年轻之时,何等天真、浪漫。

范成大等人的政治遭遇固然值得同情,但此时南宋百姓更是生活在水深火热之中。去年宋金暂时和议,战事稍减,但内政问题重重,社会矛盾激化。南宋每年给金国二十万的岁币都转嫁到百姓头上,沉重的苛捐杂税逼迫得民不聊生,"蚕未成丝,已催夏税;禾未登场,已催冬苗""顷岁小不登,乡曲小民十百为群,持杖剽夺,借艰食之名以逞其私憾,倒廪倾困,所在皆然",③农民暴动此起彼伏。与在旱涝灾害中挣扎的农民相比,此时的范成大还只是政治失意,乡居期间和世交故友们频繁往来,写写诗赋,发发牢骚,尚未形成开阔的社会视野和兼济天下的情怀。这只是他韬光养晦、独善其身的一个时期。

在乡居期间,范成大的父辈们相继去世。如太傅杨存中、前参政汤鹏举、赵子潚、郑作肃等,范成大为他们写下数首挽歌,真挚感人。乾道三年(1167)三月,范成大的父执王葆病入膏肓。王葆在范成大人生中起到至关重要的作用,当年他一次次科举失利,准备彻底放弃之际,正是王葆及时棒喝并指导着他最终踏上了成功之途,才有了日后的逐步发展,范成大对王葆的感情不亚于亡父范雩。王葆病重时,他的女婿周

---

① 周必大:《跋李次山雪溪渔社图》,王蓉贵、(日)白井顺点校:《周必大全集》第1册,四川大学出版社 2017年版,第166页。按:周必大此文称,李结与其有"先世之契"。

② 范成大:《李次山自画两图,其一泛舟湖山之下,小女奴坐船头吹笛;其一跨驴渡小桥,入深谷。各题一绝,富寿荪标校:《范石湖集》卷十,上海古籍出版社2006年版,第128页。

③ 佚名:《宋史全文》卷二十四下李信父言,中华书局 2016年版,第2031页。

必大携家眷从江西吉州(治今江西吉安)奔赴宜兴(治今江苏宜兴市)探望,五月途经平江府,与范成大相晤数日,阊门分别之后,范成大又派人送礼物和书简,周必大《泛舟游山录》卷一记云:"至能走介送熏香、松黄、新茶,其简云:'来日登天平,须攀援至远公亭及诸石屏处。'"六月十九日,王葆卒。① 八月,范成大赴宜兴,与周必大等人一起送王葆之枢回昆山卜葬,他们冒着大雨扶灵柩至茔所,"丁未,大雨。大悦开穴,深丈有五尺,积雨泉涓涓。芰舍上漏下泥,不可居。同范至能、鲁子师、李良佐投宿洞灵观,檐溜通夕如滩声",②十月二十六日王葆葬于昆山。③ 范成大对王葆早年的教诲之恩铭刻在心,在《提刑察院王丈挽词》中,他深情写道:

> 日者悲离索,公今又眇冥。门人办韩集,子舍得韦经。此去念筑室,空来闻过庭。平生无路见,终古泣松铭。

王葆的离世令范成大再次感受到丧父一样的悲痛,在操办丧事的过程中,他和王葆的家人感情上益加亲近了。王葆的次女婿唐致远、妹婿张汉卿都是范成大早年在昆山时期的世交,他的长婿周必大自结亲后和范成大相识,在临安任职时成为挚友,此后更是肝胆相照,不分彼此,如同亲人一般。

在昆山办理王葆丧事期间,范成大或许想起了自己的夙愿,当年在禅寺苦读的时候,他还是一介贫寒书生,虽然很渴望能有属于自己的山野居所,但没有财力购买,周必大称其"欲买山,无赀,取唐人'只在此山中'之语,自号此山居士"。④ 这次罢职归乡,范成大重新萌生了经营别业的想法。他步入仕途已经十余年,应当有些积蓄,这些年又频繁为人

① 周必大《省斋别稿》卷十《左朝请大夫王公葆墓志铭》(代直学士周震所作)曰:"公年七十矣,以六月告老,是月十九日卒于正寝。"王蓉贵、(日)白井顺点校:《周必大全集》第2册,四川大学出版社2017年版,第802页。周必大《泛舟游山录》亦记云:"六月丁卯朔,外舅卒。哭祭。"王蓉贵、(日)白井顺点校《周必大全集》第3册,四川大学出版社2017年版,第1564页。
② 周必大:《泛舟游山录》卷一,王蓉贵、(日)白井顺点校:《周必大全集》第3册,四川大学出版社2017年版,第1569页。
③ 周必大:《泛舟游山录》卷一,王蓉贵、(日)白井顺点校:《周必大全集》第3册,四川大学出版社2017年版,第1594页。
④ 周必大:《资政殿大学士赠银青光禄大夫范公成大神道碑》,王蓉贵、(日)白井顺点校:《周必大全集》第2册,四川大学出版社2017年版,第577页。

作记、作铭,如乾道三年(1167)二月,应吴江主簿高文虎之请,作《新修主簿厅记》;六月,应吴江县令赵伯虚之请,作《三高祠记》;八月,应吴县县令袁祖忠之请,作《吴县厅壁续记》等,这些都是为官府所作。为私人所作也不在少数,如《詹氏知止堂铭》等,润笔费应当可观。此时,范成大便开始着手重整故园,他在自幼生活的石湖附近亲自开荒植树,多年后他在《三月十六日石湖书事三首》一诗中回忆道:"种木二十年,手开南野荒。茞茞新岁月,依依旧林塘。"① 他和善于勘察风水的朋友僧人师寿一起商议选址,营建一座农圃堂,"寿老自眉庵远来,相与度地"。② 此堂地势绝佳,对楞伽山,临石湖,堂成之时,范成大自作《上梁文》庆祝:"吴波万顷,偶维风雨之舟;越戍千年,因筑湖山之观。"③ 又在园中种上芝草香花,《次韵马少伊、郁舜举寄示同游石湖诗卷七首》云:"芝草琅玕无锁钥,自无超俗扣门人""彩笔红笺芳径里,句中挟我万花香";圃里还栽上瓜果蔬菜,"红皱黄团熟暑风,甘瓜削玉藕玲珑"。石湖别业规模初具,四季景色宜人,范成大经常邀请友人来游,"镜面波光倒碧峰,半湖云锦万芙蓉。去年荡桨香风里,行傍石桥花正浓。""得得来题小隐诗,拂花萦柳画船移。湖边好景春犹未,须到秋清月满时。"④他也效仿陶渊明躬耕,"忆初学圃时,刀笠冒风霜"。⑤ 但是范成大毕竟不甘心终老垄亩,其中一个标志便是和明州(治今浙江宁波)士人交游渐多。

南宋时期,四明地区相继出现很多对朝政乃至学术都有极大影响力的望族,譬如史氏(史才、史浩、史弥远、史弥忠、史嵩之)、袁氏(袁毂、袁燮、袁甫)、楼氏(楼异、楼璹、楼钥)、汪氏(汪思温、汪大猷)、高氏(高闶、高文虎、高似孙)等家族。⑥ 乡居时期的范成大和他们都有所交往,

① 范成大:《三月十六日石湖书事三首》,富寿荪标校:《范石湖集》卷二十八,上海古籍出版社 2006 年版,第 387 页。此诗作于淳熙十四年(1187),上溯 20 年,为乾道三年(1167)。

② 范成大《赠寿老》诗云:"农圃规模昔共论。"诗末注云:"十八年前始作农圃堂,寿老自眉庵远来,相与度地。"富寿荪标校:《范石湖集》卷二十六,上海古籍出版社 2006 年版,第 360 页。此诗作于淳熙十二年(1185),上溯 18 年,亦为乾道三年(1167)。

③ 周密:《齐东野语》卷十《范公石湖》条,中华书局 1983 年版,第 177 页。

④ 范成大:《次韵马少伊、郁舜举寄示同游石湖诗卷七首》,富寿荪标校:《范石湖集》卷十一,上海古籍出版社 2006 年版,第 133 页。

⑤ 范成大:《三月十六日石湖书事三首》,富寿荪标校:《范石湖集》卷二十八,上海古籍出版社 2006 年版,第 387 页。

⑥ 黄宽重:《宋代的家族与社会》,国家图书馆出版社 2009 年版,第 4 页。

高氏家族的高文虎时任吴江主簿,请范成大为主簿厅作记;楼氏家族的楼钥读范成大所写《三高祠记》后作诗称颂不已。① 四明家族中属史氏家族最盛,"四明衣冠之族,绍兴以来,莫盛于史氏。"史家曾经"一门三宰相,四世八公卿",②史浩即曾两度为相。史浩乃孝宗当年府邸旧臣,曾任建王府直讲、宗正少卿等职,在宋孝宗的教育和受禅上起到巨大作用。孝宗即位后,不半年而拜相,又首言赵鼎、李光之无罪,岳飞之久冤,宜复其官爵,禄其子孙,悉从之。③ 史浩和周必大等人私交很好,都曾住在百官宅舍中,其自称与周必大"定交于百官直舍之中,引类于一人践祚之始"。④ 曾荐举辛次膺、张焘、周葵、任古、胡铨、张戒、王十朋、金安节、王大宝、周必大等数十人。范成大也和史浩相识,绍兴三十二年(1162),其监太平惠民和剂局时应诏言弊,精切务实,曾引起时任参政的史浩的注意;乾道三年(1167),史浩虽暂时奉祠,闲居四明,但其远房侄子史正志出任刑部侍郎,"浩与正志姓同而族异,拜浩而父事之。在浩之门,最为用事,故士论有亲侄之嘲"。⑤ 范成大此期作了《贺史刑侍启》,表达了自己的艳羡之意。启云:

> 某久睽英表,远庇余休。第切忻于得舆,阻趋庆于成厦。进皋陶之淑问,已陟禁严;用方叔之壮猷,伫跻枢要。⑥

用世之心隐约可见。而朝政也正朝着有利于范成大的方向发展,乾道三年(1167)二月,龙大渊、曾觌以漏言贬外;范成大的进士同年虞允文知枢密院事,六月,为资政殿大学士、四川宣抚使。十一月,陈俊卿参知政事,刘珙同知枢密院事,谓复仇雪耻,诚今日之先务;然非内修政事,有十年之功,恐未可轻动。朝中大局渐定,在多方斡旋之下,范成大

① 楼钥:《读范吏部三高祠堂记》,《攻媿集》卷一,顾大朋点校:《楼钥集》,浙江古籍出版社2010年版,第10页。
② 佚名:《排韵增广事类氏族大全》,《景印文渊阁四库全书》,台湾商务印书馆1986年版,第952册,第388页。
③ 脱脱等:《宋史》卷三九六《史浩传》,上海古籍出版社、上海书店1986年版,第1364页。
④ 史浩:《贺周右相启》,《鄮峰真隐漫录》卷二十五,俞信芳点校:《史浩集》中册,浙江古籍出版社2016年版,第468—469页。
⑤ 王十朋:《论史正志札子》,《王十朋全集》,上海古籍出版社2012年,第618页。
⑥ 范成大:《贺史刑侍启》,《五百家播芳大全文粹》卷十三,孔凡礼辑:《范成大佚著辑存》,中华书局1983年版,第121页。

曾除提举浙东常平,命未出而寝。① 乾道三年十二月立春之日,范成大终于等来了人生的春天,他被任命为左奉议郎权发遣处州军州主管学事兼管内劝农事。

二 起知处州

一朝天子一朝臣,孝宗继位之后,急需选拔自己可以倚仗的文臣武将。范成大才学出众,在应诏上书十弊以及秘书省召试时已经崭露头角,颇受执政关注,此后连续的擢升也证明了他的实力。在赴任处州(治今浙江丽水市)之前,孝宗特意安排陛对。乾道四年(1168)五月,范成大被召至行都临安府。②

范成大一心向学,正如他早年在徽州上知州李稙书中所云:"学优则仕,仕优则学,是终身之间,有时而仕,无时而不学也。"学是仕的前提,步入仕途后也从不放弃学。所以,无论仕或不仕,学是持续不断的。范成大在闲居故里期间也不会无所事事,而是充分利用这难得的整块时间读书与思考,借鉴历史经验,分析天下大势,应对现实问题。他在给友人的诗中写道:"陇上新登谷,江头旧熄烽。今年吾计得,安稳读三冬。"③所以,召对之际,范成大早已深思熟虑,胸有成竹。他总结自己在惠民和剂局应诏上书以及秘书省召试时的观点,利用难得的面奏皇帝的机会,连上《经国》《慎行》《兵制》数疏,慷慨陈词。

范成大认为每天的时间有限,国家的财力有限,个人的精力也有限,应当把有限的三力集中起来,用在当务之急上,而不可浪费在繁文缛节、日常琐事上。他在《论日力国力人力疏》中详细阐述道:

---

① 洪迈:《夷坚丙志》卷十七《王铁面》,《夷坚志》,中华书局 1981 年版,第 511 页。

② 参见周必大《资政殿大学士赠银青光禄大夫范公成大神道碑》和《宋会要辑稿》第一百七十四册《兵》六之二〇。分别见王蓉贵、(日)白井顺点校《周必大全集》第 2 册,四川大学出版社 2017 年版,第 578 页;徐松辑、刘琳等校点:《宋会要辑稿·兵六》,上海古籍出版社 2014 年版,第 14 册,第 8727 页。

③ 范成大:《次韵耿时举王直之夜坐》,富寿荪标校:《范石湖集》卷十,上海古籍出版社 2006 年版,第 131 页。

所谓力者有三：一曰日力，寸阴是也；二曰国力，资用是也；三曰人力，思虑智术之所及者是也。世事无穷，而三力有限，岂可分之于不急之地哉！臣虽疲贱，去国未久，固尝仰窥陛下神谟圣策，将大有为。窃计复古之心，规摹已定，然而风俗宴安，期会倥偬，稽古礼文之事太繁，承平虚费之习未尽，日力穷于不急之务，国力耗于不急之须，人力疲于不急之役，皆非所以副陛下规摹之所欲为者。非旷然大有以损益之，恐不免于志勤道远之叹。愿陛下与共政之臣，自治三力，专用之于所欲为之地，凡规摹之外，一切稍缓，俟大欲既济，复之未晚。

范成大认为当前国是为恢复中原，他用越王勾践卧薪尝胆之事激励孝宗，认为只有心无旁骛，集中日力、国力与人力，方能成卓然功业：

昔越勾践未得志也，早朝宴罢，非谋吴之策则不讲。自古能用三力，无出其右者。故功业卓然。此虽陈迹，可以验今。①

这番话深深地触动了孝宗，他当即表态会身体力行，周必大记曰："公前应诏上封事及试策反复论此，至是方见上，力以为言。上曰：'卿能激昂如此，朕当行之。'"②

范成大还提出一系列治国理政的具体措施，诸如要慎刑。他认为人命关天，切不可草菅人命，制造冤假错案。谨慎量刑，实属仁政，"庶几伏辜者无憾，负枉者获伸，足以称陛下矜恤之心，滋圣朝仁厚之福。"③又如要严格军纪，精简队伍，设立规范化的营伍。"臣窃询宿弊，尚有二端：一曰简阅未精，二曰营伍未立……夫简阅精，则人材可恃；营伍立，则纪律可行。二事具举，成军隐然。惟陛下令之耳。"④这些也正说到了孝宗心坎里，《宋会要辑稿》记载："（乾道四年）五月十三日，新权发遣处州范成大进对，论诸州军简阅未精，营伍未立。上曰：'正缘无营寨，所

① 范成大：《论日力国力人力疏》，孔凡礼辑：《范成大佚著辑存》，中华书局1983年版，第8页。
② 周必大：《资政殿大学士赠银青光禄大夫范公成大神道碑》，王蓉贵、（日）白井顺点校：《周必大全集》第2册，四川大学出版社2017年版，第578页。
③ 范成大：《论狱法疏》，孔凡礼辑：《范成大佚著辑存》，中华书局1983年版，第9页。
④ 范成大：《论兵制疏》，孔凡礼辑：《范成大佚著辑存》，中华书局1983年版，第9—10页。

以纪律不行。'"①可见君臣之间相谈甚为投机。

召对之后，范成大于八月抵处州任。处州地处浙江西南山区，有丽水、龙泉、松阳、遂昌、缙云、青田等属县。范成大到任不久就遇到松阳县民争讼，闹得不可开交。这是江浙一带经常出现的社会问题，"盖江浙民久病差役催科，往往破家竭产，用是良民惮役，争讼嚣然"。② 范成大了解到婺州东阳县（治今浙江东阳市）民间自发组织兴起了义役，即随家贫富输金买田，收入用以助役户。"行之三十年，俗大欢洽。郡守吕（按：当为吴）疏上其事，号其乡曰循礼，里曰信义。"③范成大认为义役之法有效地解决了纷争，建议松阳县效仿实施：

> 四年八月至郡。松阳民争役，公晓之曰："吾闻东阳县有率钱助役者，前婺守吴侯义之，为易乡名，揭碑褒劝；尔与之邻，独无愧乎？"④

此法果然奏效，松阳县民非常感谢范成大。如此良策何不在处州各县推行呢？范成大怀着一腔热情，令各乡之人举义田，选德高望重的乡绅负责具体事务，有司不得干预：

> 民既感谢，则推广其制，谕乡人视贫富输金买田，择信义之家掌其事，储岁入助当役者，命曰义役。仍许自第名次，有司勿预。数月间，人皆乐从。一县二十五都，悉以办告。甲乙相推，远至二十年，诸邑争效之。

一时间，处州诸多县邑争相效仿，乡民自治，秩序井然，俨然呈现出范成大理想中的儒家大同社会的模样。

任职处州期间，范成大不断深入了解民瘼，尤其关心贫困人口的生存问题。浙东地区下户丁钱负担甚重，朱熹也曾指出："两浙人户，岁出丁盐钱，每丁纳钱二百二十七文，并令纳绢一丈、绵一两，已是太重。自

① 徐松辑、刘琳等校点：《宋会要辑稿·兵六》，上海古籍出版社2014年版，第14册，第8727页。
② 李心传：《建炎以来朝野杂记》甲集卷七《处州义役》，中华书局2000年版，第154页。
③ 黄之隽等：《乾隆江南通志》卷七十六《食货志》，《中国地方志集成·省志辑·江南》，凤凰出版社2011年版，第463页。
④ 周必大：《资政殿大学士赠银青光禄大夫范公成大神道碑》，王蓉贵、（日）白井顺点校：《周必大全集》第2册，四川大学出版社2017年版，第578页。

今第五等以下人户,一半依旧折纳外,余一半折纳见钱"。① 五等下户更是不堪重负,"其后物价益贵,乃令每丁输绢一丈,绵一两,皆取于五等下户,民甚病之"。② 范成大为民请命,上疏乞议减浙东丁钱。③

范成大还在处州兴建桥梁,造福一方百姓。处州栝苍门外有浮桥,为各属县往来要道。浮桥下乃大溪,宽深莫测,每当雨水骤涨,奔湍冲激,势若汪洋。浮桥岁久失修,来往行人非常危险。乾道四年(1168)冬,范成大着手改建。令州曹筹集经费,交付乡绅负责办理。用 72 艘船前后相连为梁,夷若坦途。范成大又专拨 50 亩寺田,每年收租用作桥梁维修。乾道五年(1169)正月,浮桥建成,四民称便。范成大与民同乐,命名为平政桥,并欣然作记曰:

> 栝苍带郭浮桥,岁久不葺,民苦病涉。乾道四年冬,郡守范成大实始改作。郡从事张彻、惠利民、丽水县留清卿调其工费,以授州民豪长者四人,使董役吏勿得有所与。凡为船七十有二,联续架舟为梁三十有六,筑亭溪南以莅之。岁十一月桥成,名之曰"平政"。亭成,名之曰"知津"。又得废浮图之田五十亩于缙云,以其租属亭,岁时治桥,俾勿坏。明年正月,大合乐以落之。众请铭其事于石,使后有考。铭曰:孰梁斯兮?踏渊若衢。我维新之,梐梐其舻。工休于亭,有粟在耨。岂维新之,永以不朽。④

修葺通济堰是范成大在处州所做的又一重要的惠民利民之事。处州地处山区,缺少水源,土地贫瘠,容易干涸,唯引水灌溉方能保障农业生产所需。南朝梁代,曾于处州西面修通济堰,但年久失修,已经不可使用。范成大重新寻访故迹,兴工修堰。周必大记之颇详:"处多山田。梁天监中,詹、南二司马作通济堰于松阳、遂昌之间,激溪水四十里外,溉田二十万亩。溪远田高,堰坏已五十年。公寻故迹,议伐大木,横壅

① 朱熹:《朱子大全》卷十八《奏台州免纳丁绢状》,朱杰人、严佐之、刘永翔主编:《朱子全书(修订本)》第 20 册,上海古籍出版社、安徽教育出版社 2010 年版,第 809 页。
② 马端临:《文献通考》卷十一,中华书局 2011 年版,第 308 页。
③ 黄震:《黄氏日抄》卷六十七,《全宋笔记》第十编·十,大象出版社 2018 年版,第 408 页。
④ 范成大:《平政桥记》,《浙江通志》卷三十八丽水县《济川桥》条,孔凡礼辑:《范成大佚著辑存》,中华书局 1983 年版,第 154 页。

溪流,度水与田平,即循溪叠石岸,引水行其中,置四十九闸,以节启闭。上源用足,乃及其中,次及其下,而堰可复。议定,官为雇工运石,命其傍食利户各发丁壮,分画界至。以五年正月同日兴工,四月而成,水大至,如初议。"①乾道五年(1169)四月,通济渠修成,范成大突然接到诏令要重回临安。他亲自前往通济堰慰问劳工时,父老不舍曰:"堰成,公忍去我耶?"②范成大也在思考他离任之后通济堰的长期利用问题,修复渠堰固然重要,维护更为关键。从梁代天监年间至宋明道、元祐、政和、绍兴年间,通济堰虽屡修筑,但是由于未立规条,往往旋葺旋废。范成大不希望自己费力再修的通济堰重蹈覆辙,他说:"吾能经始,安能保其无坏?"③于是制定了极为周全详尽的堰规,共二十条,涉及堰首、田户、甲头、堰匠、堰工、舡缺、堰概、堰夫、渠堰、请官、石函斗门、湖堰塘、堰庙、水淫、逆扫、开淘、叶穴头、堰司、堰簿、堰山等方方面面,诸人各司其职,各尽其责。为告诫后人来者,范成大令将堰规刻于石上,立于詹南庙中,并亲自作《通济堰碑》详叙修堰始末:

> 通济堰,合松阳、遂昌两溪之水,引而东行,环数十百里,溉田广远,有声名浙东。按长老之记,以为萧梁氏时詹、南二司马所作。至宋中兴乾道戊子,垂千岁矣。往迹芜废,中下源尤甚。明年春,郡守吴人范成大与军事判官兰陵人张澈,始修复之,事悉具新规。三月,工徒告休。成大驰至斗门,落成于司马之庙。窃悲夫水无常性,土亦善堙,修复之甚难,而溃塞之实易。惟后之人,与我同志,嗣而茸之,将有考于斯。今故列其规于石以告。四月十九日,左奉议郎权发遣处州军主管学事兼管内劝农事范成大书。④

---

① 周必大:《资政殿大学士赠银青光禄大夫范公成大神道碑》,王蓉贵、(日)白井顺点校:《周必大全集》第2册,四川大学出版社2017年版,第578页。
② 周必大:《资政殿大学士赠银青光禄大夫范公成大神道碑》,王蓉贵、(日)白井顺点校:《周必大全集》第2册,四川大学出版社2017年版,第578页。
③ 周必大:《资政殿大学士赠银青光禄大夫范公成大神道碑》,王蓉贵、(日)白井顺点校:《周必大全集》第2册,四川大学出版社2017年版,第578页。
④ 范成大:《通济堰碑》,孔凡礼辑:《范成大佚著辑存》,中华书局1983年版,第174页。

有了明确的堰规,"后之浚污通塞,实赖其法。"①通济堰得到了有效的保护,为处州的农业灌溉发挥了持续性作用,直到清代仍是"水利最大",②至今尚在使用,真可谓功在当代,利在千秋。

图2　丽水通济堰

在处州的大半年时间,范成大忙于政务,兴义役、上疏乞减丁钱、造平政桥、修通济堰,政绩卓著。文士出身的他葆有风雅之习,对地方的文化建设也做出了独特的贡献。他发挥善书的优势,为多处楼阁书榜题额,如为徽宗时处州郡守杨嘉言所建烟雨楼书榜,③为前郡守徐度所建的好溪堂书榜。④ 范成大还在处州建造了一些富有文化意味的亭堂,如莲城堂、莺花亭等,后者即是响应浙东提举徐蒇之议而造。范成大刚到处州不久,徐蒇按部来到此地。徐蒇,字子礼,亦吴郡人,善隶书。曾知江阴军,兴修水利,请求蠲租,颇有政绩;后知秀州,以文章饬吏事,无

① 王尚絅跋:《堰规》,李遇孙:《栝苍金石志》卷五,《续修四库全书》,上海古籍出版社1996年版,第912册,第34页。
② 王尚絅跋:《堰规》,李遇孙:《栝苍金石志》卷五,《续修四库全书》,上海古籍出版社1996年版,第912册,第34页。
③ 祝穆:《方舆胜览》卷之九《浙东路·处州》,中华书局2003年版,第157页。
④ 熊子臣等修:《栝苍汇纪》卷四《次舍纪》,《四库全书存目丛书·史部》,齐鲁书社1996年版,第193册,第475页。

苛猛之政,吏民举安。① 徐葳擅长诗词,与陆游、曾几等均有交往。到处州后,他不由联想起北宋时期的词人秦观。秦观当年被贬谪处州,曾在此地创作一阕名词《千秋岁》,词云:

> 水边沙外。城郭春寒退。花影乱,莺声碎。飘零疏酒盏,离别宽衣带。人不见,碧云暮合空相对。
>
> 忆昔西池会。鹓鹭同飞盖。携手处,今谁在。日边清梦断,镜里朱颜改。春去也,飞红万点愁如海。②

徐葳建议范成大建座亭子,从这首词里取莺花二字为亭命名,以纪念秦观,并创作了六首绝句。范成大听从建议,遂在南园修建了莺花亭,次年亭子建成,范成大也次韵赋诗六首寄给徐葳。《次韵徐子礼提举莺花亭》小序云:

> 秦少游"水边沙外"之词,盖在括苍监征时所作。予至郡,徐子礼提举按部来过,劝予作小亭,记少游旧事。又取词中语名之曰"莺花",赋诗六绝而去。明年亭成,次韵寄之。③

诗云:

> 滩长石出水鸣堤,城郭西头旧小溪。游子断魂招不得,秋来春草更萋萋。
>
> 愁边逢酒却成憎,衣带宽来不自胜。烟水苍茫外沙路,东风何处挂枯藤。
>
> 垆下三年世路穷,蚁封盘马竟难工。千山虽隔日边梦,犹到平阳池馆中。
>
> 文章光焰照金闺,岂是遭逢乏圣时。纵有百身那可赎,琳琅空有万篇垂。
>
> 山碧丛丛四打围,烦将旧恨访黄鹂。缬林霜后黄鹂少,须是愁红万点时。

---

① 范成大:《吴郡志》卷二十七,江苏古籍出版社 1999 年版,第 394 页。
② 秦观:《千秋岁》,唐圭璋编纂:《全宋词》,中华书局 1999 年版,第 592 页。
③ 范成大:《次韵徐子礼提举莺花亭》,富寿荪标校:《范石湖集》卷十,上海古籍出版社 2006 年版,第 132 页。

古藤阴下醉中休，谁与低眉唱此愁。团扇他年书好句，平生知己识儋州。

范成大经历过政治挫折，被罢职还乡，所以他对秦观的生平遭际有了解之同情，诗中流露出深深的惋惜。而莺花亭作为一个具有纪念意义的建筑，也引起了众多文人对秦观的缅怀，一种感伤的情绪在范成大的诗友间传递，产生了一批同主题的唱和诗。同样有着被逐出京城经历的陆游的《莺花亭》诗云："沙外春风柳十围，绿阴依旧著黄鹂。故应留与行人恨，不见秦郎半醉时。"此诗与范成大六绝句中的第五首同韵；江涛也有同题和韵诗："春雨溪头长柳围，游仙枕上赋黄鹂。谁知醉卧古藤下，却是浮生梦里时。"①芮国器的次韵诗被楼钥誉为最佳，"莺花亭诗，祭酒芮公国器一章最佳：'人言多技亦多穷，随意文章要底工。淮海秦郎天下士，一生怀抱百忧中。'余尝诵而悲之，因并记焉。"②诗人们通过莺花亭，实现了与前代作者秦观的精神交流，留下了不少佳作，这是范成大对处州地方文化做出的一大贡献。

范成大在处州虽然时间不长，前后不足一年，但是为当地百姓做了不少实事，《栝苍汇纪》卷十一《治行纪》曰："（范成大）乾道中知本州。开通济堰，造平政桥，置田五十亩为修桥费；命属邑设法行义仓。邑民皆便之。"③范成大一片公心，在处州推行仁政，为民利民，深受当地百姓的爱戴，后来处州人曾为其建生祠。④ 但是，他无意中触动了当地部分豪强以及胥吏的利益，譬如修平政桥，工费交由"州民豪长者四人，使董役吏无得有所与"，⑤无形中引起了未参与此事的豪族以及胥吏的不满。而他专拨五十亩寺田，以其租供维修平政桥的费用，也没有得到长期实

---

① 沈翼机等纂：《雍正浙江通志》卷五十一"古迹"，《中国地方志集成·省志辑·浙江》，凤凰出版社2010年版，第1082页。

② 楼钥：《定海县淮海楼记》，顾大朋点校：《楼钥集》第三册，浙江古籍出版社2010年版，第970页。

③ 熊子臣等修：《栝苍汇纪》卷十一《治行纪》，《四库全书存目丛书·史部》，齐鲁书社1996年版，第193册，第621页。

④ 熊子臣等修：《栝苍汇纪》卷九《禋祀纪》，《四库全书存目丛书·史部》，齐鲁书社1996年版，第193册，第606页。

⑤ 范成大：《平政桥记》，孔凡礼辑：《范成大佚著辑存》，中华书局1983年版，第154页。

施,"后田没于官,桥废"。① 范成大大力推广的义役法,也没有均衡好各方利益,十余年后他的进士同年处州人蒋继周就极力反对,②"时蒋尚书继周为右正言,因力论其扰民,请罢"。③ 再如所修通济堰,范成大原立堰规中特有《堰山》一条,此山专为堰堤取材所用,但是到了开禧元年(1205),参知政事何澹筑成石堤代替原先的木堤,将堰山据为己有,"因请于有司给此山,今山为何氏物业,非堰山矣"。④ 范成大在处州一心为公与当地权势之家的一己私心形成鲜明对照。

乾道五年(1169),孝宗恢复之心日炽,重用主战派王炎、虞允文等。三月,召四川宣抚使虞允文还,以参知政事王炎兼抚四川。并从各地召集贤才回朝,右仆射陈俊卿推荐遂宁知府张震和处州知州范成大掌内制,乾道五年五月,范成大知任处州尚不满一年,即被召至行在。他匆忙间将未竟之业嘱托给继任者楼璩(按:楼钥之父),令其继续在松阳以外的五县推行义役法,⑤之后便离开这片让他注入一腔热情、寄寓无限政治理想的山区。

① 潘绍诒:《处州府志》卷之六《桥渡》,《中国地方志集成·浙江府县志辑》,江苏古籍出版社 1993 年版,第 182 页。
② 据陈骙《南宋馆阁录》卷七"秘书郎":蒋继周,字世修,括苍人,张孝祥榜进士出身。中华书局 1998 年版,第 94 页。
③ 李心传:《建炎以来朝野杂记》甲集卷七,中华书局 2000 年版,第 155 页。
④ 潘绍诒:《处州府志》卷二十六《艺文志·金石》,《中国地方志集成·浙江府县志辑》,江苏古籍出版社 1993 年版,第 948 页。
⑤ 黄震:《黄氏日抄》卷六十七,《全宋笔记》第十编·十,大象出版社 2018 年版,第 408 页。

第六章　重返临安

一　郎官清要

乾道五年(1169)五月,范成大再次回到临安,受到孝宗皇帝召见。十三日陛对之时,范成大谈及处州义役,孝宗听后大喜,要将此良法颁布诸路实施。范成大行事慎重,他认为义役还需进一步试行,尚不可贸然立法,遂对曰:"此可助法,非以为法。顾守令行之何如耳。"[①]孝宗听从了他的建议,暂缓推行义役法。范成大还根据在处州任上的经验,乞革弓手之弊。弓手由县里招有家产户籍人充当,一般以五百人为限,以增强地方武装力量,但乾道年间形同虚设。据《宋会要辑稿》记载:

> 五年五月十三日,权发遣处州军州事范成大进对,奏:"弓手之制弊坏。大县额管百人,姑以十分为率,其阙额不补者常二分,差出借事者亦二分,县中过数占留与县尉干预民事、承引追呼者又二分。此三色者,固已占破六十余人,寔在尉司者四十人而已。又有小吏、阍人、院子、市买之属,亦不下十数人。寔计真为弓手者,才二十人而已,仅足以充县尉当直肩舆之役,往往全无桩充校阅缉捕之数。欲望先委诸路提刑官遍行属州,汰减老弱,随阙招填,依今来训练将兵之制,分定弓弩、枪牌诸色技艺,具名注籍。逐州委钤

---

① 周必大:《资政殿大学士赠银青光禄大夫范公成大神道碑》,王蓉贵、(日)白井顺点校:《周必大全集》第2册,四川大学出版社2017年版,第578页。

辖或路分一员,每季下县教阅,仿禁军赏格,随宜激赐,略以军法检校。如此,则州县之势稍壮。"上曰:"卿理会此,极切事情。"①

孝宗对范成大的奏议极为欣赏,两日后便诏各路施行。召对之际,孝宗透露出让范成大伴随左右、掌管内制的想法,他说:"卿文学词翰,宁宜直禁林。"范成大有了三年前擢迁尚书吏部员外郎招致诽谤罢职的前车之鉴,遂恳切地推辞,退朝之后又向右仆射陈俊卿禀明心意,足见其为人之小心谨慎。孝宗志图恢复,五月习射之时,弓弩弦断误伤眼睛,一个月不能视朝,②便将范成大留在身边,内殿奏事,首先让他过目奏折。陈俊卿向孝宗阐明范成大推辞掌内制之意,孝宗还是一心想重用他,并声称:"不专在内制,正要士人宿直备顾问。"③范成大乃除礼部员外郎兼崇政殿说书,不久孝宗又令再加清职,遂兼国史院编修官。④

早在范成大回朝前的一个月,他的从兄范成象已被召回临安,出任工部郎官。⑤ 如今兄弟二人同朝任职,范成大援引前朝故事,上奏乞班其下,"乞避兄成象立班,照庆历八年李端懿复防御使,与弟沂州防御使端愿同班,端愿乞下之例,从之。又元丰六年亦有兄任起居郎,弟中书舍人,班兄之下。"⑥范成大和范成象几乎同时被召至行在,这意味着吴郡范氏在孝宗朝逐渐迎来了家族的高光时刻。

孝宗的臣子们如同走马灯一样,不停地在京城与地方上轮换。范成大此次重返临安,颇有物是人非之感,从前的友人如周必大、陆游等以及在秘书省的旧同僚早已烟消云散。正孤独寂寞之时,范成大遇见了五年前因龙大渊、曾觌之事受到牵连而去国还乡的周畏知。当年范成大曾经赋诗为其送行,安慰他后会有期,《送周畏知司直归上饶待次》诗曰:"频惊陆海风波梦,未了京尘粥饭缘。后日重来应访旧,五湖烟浪

① 徐松辑、刘琳等校点:《宋会要辑稿·兵三》,上海古籍出版社 2014 年版,第 14 册,第 8670 页。
② 陈桱:《通鉴续编》卷十八,《景印文渊阁四库全书》,台湾商务印书馆 1986 年版,第 332 册,第 820 页。
③ 周必大:《资政殿大学士赠银青光禄大夫范公成大神道碑》,王蓉贵、(日)白井顺点校:《周必大全集》第 2 册,四川大学出版社 2017 年版,第 578 页。
④ 据陈骙《南宋馆阁录》卷八:"范成大,乾道五年五月,以礼部员外郎再兼国史院编修官。"中华书局 1998 年版,第 132 页。
⑤ 佚名:《衡州府图经志·人物》,马蓉等点校:《永乐大典方志辑佚》第四册,中华书局 2004 年版,第 2219 页。
⑥ 黄震:《黄氏日抄》卷六十七,《全宋笔记》第十编·十,大象出版社 2018 年版,第 408 页。

有渔船。"①如今二人果然在行都重逢,惊喜之余,周畏知和前韵赠与范成大,范成大也次韵一首,《诗集》卷十一有诗《己丑五月被召至行在,遇周畏知司直,和五年前送周归弋阳韵见赠,复次韵答之》:

> 分袂悠悠尔许年,莫嗔蓬鬓两萧然。酒槽不奈青春老,经笥空供白昼眠。暗绿千章新活计,软红三尺旧尘缘。相逢且作西湖客,山绕荷花襯画船。

时光悠悠,一别数年,如今再会面,双鬓已萧然。对酒当歌,人生几何,一任岁月蹉跎。临安城外西湖边,与老友重续旧缘。泛舟湖上,青山绵绵不断,荷花清香幽幽,如梦似幻,令人不知今夕何夕。

在礼部员外郎任上,范成大根据他在处州工作的经验,多次上疏言事。譬如慎刑,这是范成大反复重申的仁政重点,任职礼部员外郎时曾连上两次奏议论及此。一则认为要善待囚犯,对于贫病者要及时接济,不能令其无辜死于囹圄。二则认为赦免之令要如期行下,不要因为延迟造成犯人额外冤死。《历代名臣奏议》卷二一七《慎刑》有记礼部员外郎范成大上奏曰:

> 臣闻狱重事也。民之受冤,不止于捶楚锻炼之苦而已。其间贫乏之人,无家供食,干连守待,易得淹延,空肠枵腹,以受捶楚。加以雪霜疫疠,非时侵之,故罪不抵死而毙于囹圄者极多。准令,给囚之物许支钱;准格,在禁之囚许支米。……庶几狴犴之中,接济饥苦,称罪受刑,不夭生命。
>
> 臣闻狱者,君子之所尽心也。……凡奏谳之牍所经由处,并严立近限,克期报应,觉举稽违,速与行下。庶几有可宥之理者,不置之必死之地。②

范成大极富有同情心,他对待囚犯都如此仁慈,悲天悯人,对普通百姓更有好生之德。《历代名臣奏议》卷一百八《仁民》还记载他任礼部

① 范成大:《送周畏知司直归上饶待次》,富寿荪标校《范石湖集》卷十,上海古籍出版社 2006 年版,第 121 页。
② 范成大:《论慎刑疏》《又论慎刑疏》,孔凡礼辑:《范成大佚著辑存》,中华书局 1983 年版,第 14 页。

员外郎时,根据所了解的处州实际情况,上奏请求效仿苏轼在密州(治今山东诸城)的做法,将宽余之米专储常平义仓,以养弃儿:

> 臣伏见比者臣寮有请以福建等路有不举子之风,乞支钱米以济贫乏。……昔苏轼知密州,盘量宽剩,得数百石,专储以养弃儿。……乞令运司仿苏轼遗意,措置宽剩,量拨助之。每岁各具支过钱米、活过赤子数目奏闻。①

范成大任礼部员外郎的同时,还兼崇政殿说书。《宋史》卷一百六十二《职官志》"崇政殿说书"条记载其职:"掌进读书史,讲释经义,备顾问应对。学士侍从有学术者为侍讲、侍读,其秩卑资浅而可备讲说者则为说书。"程颐、范祖禹等均曾为北宋时期的崇政殿说书,"王十朋、范成大皆以郎官兼,亦殊命也。"②孝宗本是勤学之人,又满怀壮志想成就一番帝王伟业,所以求贤若渴,不耻下问,常向博学之士请教经史要义,更有随时可以切磋交流的学术侍从,崇政殿说书即为其一。范成大颇受孝宗皇帝青睐,他经常陪伴皇帝身边,与其谈史论经,无比清尊。

作为崇政殿说书,范成大每周要在玉堂寓直一晚,以备孝宗随时宣对。皇家的宫室华美绝伦,朱阁、绮户、碧瓦、玉阶气派非凡,置身其中恍若天上仙境。范成大每每在寓直空闲时作诗抒写这种独特的感受,"摘文窗户九霄中""碧瓦参差月万重",③"夜长来伴玉堂宿,天近似闻丹桂香。鸂鶒楼栏浮瑞气,凤凰城阙带新凉"。④ 孝宗时常给寓直的官员们赏赐酒食,以示恩宠。范成大《寓直玉堂拜赐御酒》就记下了此事,诗曰:

> 归鸦陆续堕宫槐,帘幕参差晚不开。小雨遂将秋色至,长风时送市声来。近瞻北斗璇玑次,犹梦西山翠碧堆。惭愧君恩来甲夜,殿头宣劝紫金杯。

---

① 范成大:《论不举子疏》,孔凡礼辑:《范成大佚著辑存》,中华书局1983年版,第13页。
② 脱脱等:《宋史》卷一百六十二,上海古籍出版社、上海书店1986年版,第493页。
③ 范成大:《玉堂寓直》,富寿荪标校:《范石湖集》卷十一,上海古籍出版社2006年版,第134页。
④ 范成大:《己丑中秋寓宿玉堂,闻沈公雅大卿、刘正夫户部集张园赏月,走笔寄之》,富寿荪标校:《范石湖集》卷十一,上海古籍出版社2006年版,第134页。

最令范成大有价值感的莫过于孝宗数次宣对。有一天,孝宗将范成大召至面前,诚恳地请教:"朕治心养性,以求知道。"范成大遂举历史上圣君为例,为其解释内圣外王之道:"知道莫如尧、舜、禹、汤、文、武、周、孔。其静而圣,存心养性是也;动而王,治天下国家是也。汉、唐之君,功业固有之,道统则无传焉。"范成大所言道统深得孝宗之心,上嘉奖数四。[①]

除为孝宗讲经释道外,范成大对自己礼部的工作也尽心尽责。九月二十七日,他与权礼部侍郎郑闻同上《论郊祭明堂位置疏》,言秋季郊祀之礼,孝宗下诏依从。[②]

相对于郊祀,范成大更关心国是。乾道五年(1169),宋金双方关系开始紧张。中原沦陷区的人民无法忍受金国暴政,纷纷举义,也有不少人南归。范成大建议对归正之人应当合理任用,收编整合,以加强恢复中原的力量。有上疏《乞除归明归正字以示一家》,当为鼓励从金人占领区南归的爱国分子。孝宗也一直励精图治,积极备战。六月,任命坚决主战的虞允文为枢密使;八月,虞允文为右相,兼枢密使。十月,金国遣贺生辰使来为孝宗贺寿,但使者骄横放肆,寻衅滋事,范成大未雨绸缪,在内殿上《论虏使生事札子》,认为金人图谋不轨,劝孝宗当早做防备,集中日力、国力、人力应对,有备无患。范成大在奏札中说:

> 臣窃闻前日金国遣使来奉寿觞,其正使沿路于琐琐末节,多欲少变旧例,皆非国体重轻,特出一时无稽之说。陛下待之有法,一不得志而去。然自近年未尝敢尔,其所以敢尔者,士大夫窃议谓有两说:或谓山东饥旱,民多流徙,恐为吾所窥测,故为此骄状以示泰然而坚盟信;或谓彼国以陛下天锡神武,不忘中原,经理边陲,江淮增势,必虑和好不久,虏之君臣或有计议,使者恐预知之,故敢肆然出此。二说是非,固未易决,要之,皆所以启陛下自治待时之计。

---

① 周必大:《资政殿大学士赠银青光禄大夫范公成大神道碑》,王蓉贵、(日)白井顺点校:《周必大全集》第 2 册,四川大学出版社 2017 年版,第 578 页。

② 范成大:《上郊祀疏》,孔凡礼辑:《范成大佚著辑存》,中华书局 1983 年版,第 69—70 页。

何则？从前之说，彼惮于兴役，而惧吾有谋耶，则安知其无可乘之机？从后之说，彼疑吾经略而不恃和好耶，则安知其无先事之举？故曰：皆所以启陛下自治待时之计。臣愚，欲望圣慈与帷幄大臣乘此闲暇之时，稍纾不急之务，益讲待敌之策，早夜孜孜，更甚前日，以待事至而应焉。臣去年面对，尝陈三力之说：一曰日力，寸阴可惜者是也；二曰国力，资用所出者是也；三曰人力，愚虑智术之所及者是也。此三力者有限，不可糜费于不急之地，尽用以待敌，犹恐不给，臣区区愚忠，因使人之来，又有所感，故复为陛下略言之。伏惟留神省察！①

十月乙酉(初三日)，孝宗派遣曾任崇政殿说书的刑部侍郎汪大猷出使金国贺正旦，密令其借此行窥探金国消息。汪大猷乃太府少卿、两浙转运副使汪思温之子，与范成大相识多年。绍兴二十三年(1153)，汪大猷为平江府昆山县丞，②范成大正在昆山惠严禅寺苦读，并于次年进士登科。③ 绍兴三十二年(1162)，汪大猷与范成大同在临安任职，汪大猷干办行在诸司粮料院，范成大监太平惠民和剂局。隆兴二年(1164)二人同在秘书省，汪大猷为秘书少监，范成大为秘书正字。乾道五年(1169)六月，二人又同为崇政殿说书。为汪大猷送行时，范成大赋诗《送汪仲嘉侍郎使虏，分韵得待字》，勉其成功，诗云："圣人坐明堂，洪覆等穹盖。岁颁两玉节，前后歌出塞。公才有廊庙，安用试专对。要烦第一人，镇抚大荒外……"④

范成大一心希望致君尧舜上，他又上疏劝勉孝宗自强不息，奉皋陶之谟，谨其宪度，屡省其事，成尧舜之治。《历代名臣奏议》卷一百九十《勤政》记载礼部员外郎兼崇政殿说书范成大上奏曰：

臣闻治天下之道，非以无其具之为患，而以有其具而不责其成功之为患也。……盖兴事之初，不谨宪度，固无可行之理，宪度谨

---

① 范成大：《论虏使生事札子》，孔凡礼辑：《范成大佚著辑存》，中华书局 1983 年版，第 12 页。

② 罗鹏、黄懿：《浙江余姚大隐南宋汪大猷墓发掘报告》《南方文物》2011 年第 4 期。

③ 于北山：《范成大年谱》，上海古籍出版社 2006 年版，第 33 页。

④ 范成大：《送汪仲嘉侍郎使虏，分韵得待字》，富寿荪标校：《范石湖集》卷十一，上海古籍出版社 2006 年版，第 136 页。

矣,而必继以"屡省"者,盖事不加省,则虽成而必隳。屡之为言,不一而足之谓,朝省之,暮又省之,今日省之,明日又省之,不知何时而已也。《二典》之治,百圣所师;皋陶之谟,后世莫及。撮其枢要,初不远于人情,而无高世离俗,甚高难行之说。今圣主将大有为,以蹑尧舜之迹,观皋陶之歌,思过半矣。①

孝宗听后大喜,曰:"卿言切治道。"已退,复召范成大,曰:"为朕寻绎经传与此论协者条上。"范成大即摘取《书》《易》《左传》《国语》《孟子》《荀子》等书。② 范成大的学识深受孝宗赏识,十二月,又被擢为起居舍人兼侍讲,仍兼实录院检讨官、国史院编修。范成大上殿道谢,孝宗曰:"卿宏深博约,因有此除。"③宋代的起居舍人承唐制,隶属中书省,从六品上。掌修记言之史,录制诰、德音,如记事之制。季终以授国史。④ 起居舍人与起居郎被称为右、左史,掌记天子日常言行,御殿则侍立,行幸则从,大朝会则一右一左对立于殿下螭首之侧。凡朝廷命令、赦宥礼乐、法度损益、因革赏罚、劝惩群臣、进对文武臣除授及祭祀、宴享、临幸、引见之事,四时气候、四方符瑞、户口增减、州县废置,皆书以授著作官;⑤有时还与实录院、日历所、会要所共同编修国朝史。⑥

范成大每日随侍孝宗之右,负责记注孝宗圣语。他曾上《论记注圣语札子》,指责语录体史书修撰过于粗疏,称"臣蒙恩待罪柱下,窃考记注所载,十不一二。盖缘进对臣僚循习故常,例以无所得圣语为报";⑦希望申严法令,"亲闻圣语应记注事不报后省者,违制论。又应报圣语而违者,修注官具申尚书省。若报到无圣语者,月终类聚以闻",以期完美记录孝宗有关纪纲法度之说、性命道德之蕴,与记载尧舜之言的《二

---

① 范成大:《论勤政疏》,孔凡礼辑:《范成大佚著辑存》,中华书局1983年版,第10—11页。
② 周必大:《资政殿大学士赠银青光禄大夫范公成大神道碑》,王蓉贵、(日)白井顺点校:《周必大全集》第2册,四川大学出版社2017年版,第578页。
③ 周必大:《资政殿大学士赠银青光禄大夫范公成大神道碑》,王蓉贵、(日)白井顺点校:《周必大全集》第2册,四川大学出版社2017年版,第578页。
④ 欧阳修、宋祁:《新唐书》卷四十七,中华书局1975年版,第1212页。
⑤ 脱脱等:《宋史》卷一百六十一《职官志》,上海古籍出版社、上海书店1986年版,第489页。
⑥ 赵升:《朝野类要》卷二云:"起居郎、起居舍人,谓之左右史。掌记注日生机政。又实录院、日历所、会要所,皆编修国朝史文。"中华书局2007年版,第45页。
⑦ 范成大:《论记注圣语札子》,孔凡礼辑:《范成大佚著辑存》,中华书局1983年版,第15页。

典》一样永垂不朽，"庶几大哉王言，无敢隐匿。圣谟洋洋，匹休《二典》，天下万世幸甚！"范成大还曾针对左右史侍立位置过远，不利于附耳倾听记注圣语提出建议，《论侍立札子》曰："窃见今来左右史侍立，乃在正殿东南隅朵殿之上，漠然并无所闻，诚乖书言记动之义。谨按唐制，凡御殿，则二史侍立于殿上御座左右，执笔以记言动。其紫宸入阁，天子临轩，即立螭头，逼阶倾耳而听之，或殿上，或螭头，皆得密闻王言，即时记录，证据甚明。"①提议孝宗参酌前古盛际，"特制史官侍立之地，以为圣代成法"，②孝宗从之。任右史之后，范成大得以亲侍殿上，益发兢兢业业，尽职尽责。

由于身处孝宗之侧，他也有机会倾听朝堂之上重臣们的种种见解，了解时局变化。此时，朝中之人对恢复中原有两种声音，以左右相陈俊卿和虞允文为代表。"允文尝有恢复中原之议，而俊卿持重，卒与允文不合。人有议允文所为虚诞，竟不效。"③十二月，张栻（张浚之子）入对。"栻言欲复中原之地，必先收中原百姓之心。欲得中原百姓之心，当先有以得吾境内百姓之心。"④乾道六年（1170）正月，孝宗召已致仕的礼部侍郎黄中入见，黄中又言："比年以来，言和者忘不共戴天之仇，固无久安之计；言战者复为无顾忌大言，又无必胜之策。必也暂与之和而亟为之备，内修政理而外观时变，则庶乎其可。"⑤主张暂缓用兵，内治为先。范成大对主战与内治两种声音均有响应。攘外必先安内，他在处州时便曾上疏请求减免浙东丁钱，以安抚民心。此时，范成大又向孝宗重申此言，详细论说以绢计赃，估价颇轻，而论罪过重之弊。孝宗听后惊曰："是陷民深文也。"遂增为四千，而刑轻矣。⑥ 乾道六年（1170）正月，处州

① 范成大：《论侍立札子》，孔凡礼辑：《范成大佚著辑存》，中华书局1983年版，第16页。

② 范成大：《论侍立札子》，孔凡礼辑：《范成大佚著辑存》，中华书局1983年版，第17页。

③ 刘时举：《续宋编年资治通鉴》卷九，《景印文渊阁四库全书》，台湾商务印书馆1986年版，第328册，第966页。

④ 刘时举：《续宋编年资治通鉴》卷九，《景印文渊阁四库全书》，台湾商务印书馆1986年版，第328册，第967页。

⑤ 刘时举：《续宋编年资治通鉴》卷九，《景印文渊阁四库全书》，台湾商务印书馆1986年版，第328册，第967页。

⑥ 周必大：《资政殿大学士赠银青光禄大夫范公成大神道碑》，王蓉贵、（日）白井顺点校：《周必大全集》第2册，四川大学出版社2017年版，第578页。

得以免丁钱。

范成大对南宋兵备废弛颇感忧心。临安府余杭县的弓手在捕捉盐贩时反被杀伤,暴露出官方的军力脆弱,范成大又继续奏请招阅弓手,希望借此增强地方武装力量。《宋会要辑稿》记载起居舍人范成大所言:

> 近日临安府余杭县尉司弓手捕捉私盐,势力不敌,为所杀伤。正以弓手单弱,疏失如此。伏见诸州禁军占役、偷惰之弊,陛下令以姓名、事艺注籍于御前,不测于逐州点拨一二十人到行在核实。缘此,州郡皇恐奉承,断不敢占留杂役,及不敢一日不入教场。若欲痛革弓手之弊,亦当依禁军造籍、开具姓名及所执事艺斗力细数上之于兵部。一年一次,取旨量择一二十县,每县点拨数名赴兵部或枢密院,依籍核试,以其殿最虚实,将教阅官及县尉重作赏罚。其籍乞限指挥到一季申发,令兵部专一拘催。毋令迤逦废格。①

孝宗听从范成大建议,五月四日诏曰:"令诸路提刑司行下所部州县,遵依已降指挥,将弓手精加教阅,每岁躬亲前去点检拍试,具有无事艺,升进退堕,置籍申枢密院。"

如果宋金有战事,持有铜钱之类的硬通货就显得格外重要,既可以补充武器装备所需金属,又能减少再铸造成本,防止通货膨胀。范成大虑及此,上疏提议设法使北方铜钱流通过来,"聚茶榷场专以见钱出卖而轻其价,则钱之在北者必来。以管仲藏石壁来天下货财为证";②又上奏论防止南宋铜钱流失蕃国,曰:"蕃货皆非吾中国不可无之物,而诱吾泉宝以去。欲权住明州蕃舶。"③

起居舍人范成大如此敬业,除积极主动地做好本职工作,还为孝宗建言献策,得到孝宗极大的信任与肯定。乾道六年(1170)五月,范成大迁起居郎,并兼国史院编修、实录院检讨。④ 他想孝宗所想,急孝宗所

---

① 徐松辑、刘琳等校点:《宋会要辑稿·兵三》,上海古籍出版社 2014 年版,第 14 册,第 8671 页。
② 黄震:《黄氏日抄》卷六十七,《全宋笔记》第十编·十,大象出版社 2018 年版,第 409 页。
③ 黄震:《黄氏日抄》卷六十七,《全宋笔记》第十编·十,大象出版社 2018 年版,第 409 页。
④ 陈骙:《南宋馆阁录》,中华书局 1998 年版,第 132 页。

急,闰五月,又上奏乞禁沿江置场,以免客费日多,物日涌,钱日轻。"(闰五月)己亥,臣僚言:方今重征之弊,莫甚于沿江。如蕲之江口、池之雁汊,自昔号为大小法场,言其征取酷如杀人。比年不止两处,凡溯流而上,至于荆峡,虚舟往来,谓之力胜,舟中本无重货,谓之虚喝;官征百金,先抛千金之数,谓之花数,骚扰不一。欲乞行下沿江诸路监司,严行禁革。及刷沿江置场繁并处,取旨废罢。从之。"①

二 出使金国

范成大心思细密、感觉敏锐,陪伴在皇帝身边,每天用心记录圣语、传达圣意,益发了解孝宗内心深处的起伏变化,他知道孝宗皇帝目前有两块最大的心病。隆兴和议之后,宋金两国恢复正常外交往来,南宋仍因循绍兴和议时秦桧所定媚金的礼仪,其中受书礼尤令孝宗深感耻辱。当年两国约定,金国使者递交国书时,南宋皇帝要亲自降榻接受,"凡金使者至捧书升殿,北面立榻前,跪进。帝降榻受书,以授内侍",②孝宗认为此礼仪具有侮辱性。乾道五年(1169)陈俊卿为相,孝宗与他谈及欲遣泛使祈请更改受书礼,且移兵建康,如未果则宣战。陈俊卿力劝,希望孝宗稳妥行事,不要贸然挑起事端,可先趁使臣去金国贺正旦时与金馆伴提及此事,探探口风,"或冬间因贺正使,遣王卞偕行,先与北馆伴议论,言朝廷将遣泛使之意,或令殿上口奏。彼若许遣,则有必从之理;若其不许,犬羊岂可责以礼度"。③ 孝宗稍稍按捺住遣使的冲动,但是心结始终未除。汪大猷冬季出使金国贺正旦时秘密领命,范成大去岁底赋诗为其送行时便有"要领一笑得,归来安鼎鼐"④的预期。但乾道六年(1170)二月,汪大猷一行返回临安,未见任何

---

① 佚名:《宋史全文》卷二十五上,中华书局 2016 年版,第 2087 页。
② 徐乾学:《资治通鉴后编》卷一二三,《景印文渊阁四库全书》,台湾商务印书馆 1986 年版,第 344 册,第 423 页。
③ 岳珂:《桯史》卷四"乾道受书礼",上海古籍出版社 2012 年版,第 39—40 页。
④ 范成大:《送汪仲嘉侍郎使虏,分韵得待字》,富寿荪标校:《范石湖集》卷十一,上海古籍出版社 2006 年版,第 137 页。

成效,或许与金国馆伴议论此事时即受阻。孝宗仍不甘心,又将派遣泛使之事提上议程。

和受书礼一样,北宋皇室陵寝一直落在金人手中也是孝宗一块心病。胡铨曾说:"绍兴戊辰,太常少卿方庭硕使北虏,展陵寝。先是诸陵皆遭发,哲宗皇帝至暴骨,庭硕解衣裹之。惟昭陵如故。庭硕归奏,太上皇帝涕下沾襟,悲动左右。故相(按:秦桧)大怒,劾庭硕奉使无状,请窜斥。有旨除广东提刑。到官不逾月,以瘴死。自是出疆者不敢复言陵寝矣。隆兴改元冬,某被召赐对,首及庭硕语,上大感悟,奋然有恢复意。亟议遣使问发陵之故,会时相方主和议而止。然侧闻至尊割心尝胆,志未尝一日不驰于伊吾之北也。乾道庚寅夏五月,某以温陵守奏事,上喟然曰:'朕复仇雪耻,此志决矣。'某奏云:'陛下此举已迟。'上默然。"①但是孝宗对祖宗陵寝仍在异邦念念不忘。

乾道六年(1170),孝宗为此二事执意派遣泛使,这在朝堂内外引起轩然大波,不少大臣担心此举可能会激怒金人,引发战争,纷纷反对。左相陈俊卿认为目前国力虚弱,不宜贸然行事,可推迟一二年,待财力稍充、士卒素饱再遣使,称"不敢迎合意指,误国事。即杜门请去,以观文殿大学士帅福州";②吏部侍郎张栻面见孝宗,极力劝说:"臣窃见比年诸道,亦多水旱,民贫口甚。而国家兵弱财匮,官吏诞谩不足倚赖。正使彼实可图,臣惧我之未足以图彼也。"③吏部尚书陈良祐也上奏曰:"内视不足,何暇事外?迩者未怀,岂能绥远?奏入,忤旨。贬瑞州居住。"④孝宗意志坚决,士大夫有忧其无备而召敌者,皆斥去之。遂同右相虞允文商议,要选才识有经学、通达国体者持节以往,以申请陵之思。早在去年秋天,孝宗和虞允文便曾爰立左右,密求专对之人,当时范成大自礼部侍郎、崇政殿说书为右史、侍讲,孝宗便暗暗属意于他,所谓"天意攸属"。⑤ 此年五月,孝宗又问虞允文:"谁可使者?"虞允文推荐李焘和

① 胡铨:《送范至能使金序》,《胡澹庵先生文集》卷十六,清乾隆二十二年(1757)刻本,第5—6页。
② 脱脱等:《宋史》卷三八三《陈俊卿传》,上海古籍出版社、上海书店1986年版,第1332页。
③ 朱熹:《右文殿修撰张公神道碑》,《晦庵先生朱文公文集》卷八十九,《朱子全书》,上海古籍出版社、安徽教育出版社2010年版,第24册,第4133页。
④ 脱脱等:《宋史》卷三八八《陈良祐传》,上海古籍出版社、上海书店1986年版,第1345页。
⑤ 岳珂:《桯史》卷四"乾道受书礼",上海古籍出版社2012年版,第40页。

范成大。退朝后虞允文将此事告知李焘，后者惊慌失措地推辞道："今往，敌必不从，不从必以死争之，是丞相杀焘也。"①又召范成大告之。范成大深谙孝宗心意，他明知要求金人归还陵寝并更改受书礼，无异于与虎谋皮，所以此次出使凶多吉少，非常危险。尽管如此，一向忠君忧国的他考虑再三，还是愿为君、为国分忧，于是抱着赴死之心，安排好后事，准备接受任命。闰五月九日，诏范成大假资政殿大学士、醴泉观使充奉使金国祈请国信使；权知阁门事兼副都承旨康湑假崇庆军节度使副之。②

出使前，君臣有一番长谈。孝宗说："朕以卿气宇不群，亲加选择。闻外议汹汹，官属皆惮行，有诸?"范成大对曰："无故遣泛使，近于求衅，不戮则执。臣已立后，仍区处家事，为不还计，心甚安之。"孝宗脸色突然变得严肃，说："朕不败盟发兵，何至害卿? 啮雪餐毡，理或有之。不欲明言，恐负卿耳。"③在众人纷纷退却之际，范成大临危受命，明知山有虎，偏向虎山行，表现出大无畏的精神，获孝宗首肯。临行之际，范成大发现国书上仅写有祈请归还陵寝一事，至于更改受书礼之事孝宗则命其随机应变，自行办理，这无疑又增大了出使的难度。范成大请求将二事一并载入国书，朝廷不从。六月甲子（十五日），范成大带着艰巨的任务，从临安出发，义无反顾地踏上了使金的险途。胡铨所作《送范至能使金序》慨叹曰：

> 昔班定远叹不得生入玉门关；李太白入蜀，作《蜀道难》，其词云："蜀道之难，难于上青天。"自今观之，玉门在酒泉郡之西，距中原未远也。蜀道，唐之内郡。而二子已愁慼若不堪其忧，况使绝域邈在万里外，道阻且长，不啻身热头疼之阪、斧冰作糜之境，而又有羊胛司官之忧、子木中甲之虞，而一切不顾，谈笑就车，虽古烈丈夫其能远过也哉!④

---

① 佚名:《宋史全文》卷二十五上，中华书局 2016 年版，第 2088 页。
② 徐松辑、刘琳等校点:《宋会要辑稿·职官五一》，上海古籍出版社 2014 年版，第 8 册，第 4430 页。
③ 周必大:《资政殿大学士赠银青光禄大夫范公成大神道碑》，王蓉贵、（日）白井顺点校:《周必大全集》第 2 册，四川大学出版社 2017 年版，第 579 页。
④ 胡铨:《送范至能使金序》，《胡澹庵先生文集》卷十六，清乾隆二十二年（1757）刻本，第 6 页。

南宋使团沿着运河一路北上。范成大为祈请正使,武将崇信军节度使康谔为副使,赵磻老为范成大书状官,隆兴元年进士李嘉言为亲信随行。① 六月庚午(二十一日),范成大抵达平江府,恰逢好友周必大从江西赴临安陛对途经此地。周必大隆兴年间曾因反对龙大渊、曾觌而奉祠多年,乾道四年(1168)重新被任用,权发遣南剑州未赴,又除福建路提点刑狱公事。② 是日晚间,周必大便到姑苏馆与范成大相见,③故友重逢,想必会推心置腹,交流国事、家事。

　　离开平江府不久,范成大一行到达镇江,又巧遇自山阴(治今浙江绍兴市)启行赴夔州(治今四川奉节县)通判任的老友陆游。当年因得罪龙、曾而去国的陆游也结束了奉祠,此年六月去四川赴任,途经镇江停留数日,受到范成大的表兄镇江知府蔡洸的款待。④ 六月二十八日,范成大抵达镇江后遂派人邀请陆游在金山的玉鉴堂一起吃饭叙旧,陆游《入蜀记》此日所记曰:"奉使金国起居郎范至能至山,遣人相招食于玉鉴堂。至能名成大,圣政时同官,相别八年,今借资政殿大学士提举万寿观侍读为金国祈请使云。"

　　八月戊午(十一日),南宋使团到达宋金边界淮河。渡河之时,船顺风如飞,旗帜招展,声势颇为壮观,渡口百姓争相拥观,此情此景令南宋使臣范成大信心满满,仿佛要去打赢一场没有硝烟的战争。他壮志满怀地写下了一首七绝《渡淮》:

　　　　船旗衮衮径长淮,汴口人看拨不开。昨夜南风浪如屋,果然双节下天来。⑤

---

① 王鏊:《正德姑苏志》卷五十一《赵磻老传》:"孝宗朝,以书状官随范成大奉使金国。"《中国地方志集成·善本方志辑·第一编》,凤凰出版社 2014 年版,第 102 页。光绪《广德州志》卷三十八《名臣传》:"(李嘉言)从范成大使北,使事多从其议。"见《中国地方志集成·安徽府县志辑·光绪广德州志》,江苏古籍出版社 1998 年版,第 549 页。

② 楼钥:《少傅观文殿大学士致仕益国公赠太师谥文忠周公神道碑》,顾大朋点校:《楼钥集》第五册,浙江古籍出版社 2010 年版,第 1716 页。

③ 周必大:《乾道庚寅奏事录》,王蓉贵、(日)白井顺点校:《周必大全集》第 3 册,四川大学出版社 2017 年版,第 1601 页。

④ 陆游:《入蜀记》卷一:"(六月)十七日平旦,入镇江。泊船西驿,见知府右朝散郎直秘阁蔡洸子平。" "十九日……赴蔡守饭于丹阳楼……蔡自点茶颇工。"《渭南文集》卷四十三,《陆游集》第五册,中华书局 1976 年版,第 2411—2412 页。

⑤ 范成大:《渡淮》,富寿荪标校:《范石湖集》卷十二,上海古籍出版社 2006 年版,第 145 页。

渡过淮河后,金国派尚书兵部郎中田彦皋、行侍御史完颜德温为正副接伴使同行。田彦皋"极知书""说话通情"①,"其文采议论,大段过人。且知向慕中国"②,对南宋使节也很客气。在他们的陪同之下,范成大深受触动,踏上沦陷五十年的中原故土,心中颇多感慨。行至汴河,这里曾是南北水运枢纽,据《宋史·河渠志》所记:"汴水横亘中国,首承大河,漕引江、湖,利尽南海,半天下之财赋,并山泽之百货,悉由此路而进。"③如今汴京沦陷,汴河也失去作用,自泗州以北皆干涸,河床上草木丛生。当地百姓都说:"等到我们大宋恢复中原,一统江山,汴河还会重新开通的。"范成大有感于此,又创作了一首《汴河》,诗云:

> 指顾枯河五十年,龙舟早晚定疏川?还京却要东南运,酸枣棠梨莫蓊然。

此诗虽然气势磅礴,抒发了定然收复中原的决心,但不得不说,此时范成大的雄心壮志中包含着盲目的自信与乐观。使团行到宿州(治今安徽宿州市),五更出城,只见鬼火满野。此地正是七年前隆兴北伐的主战场,李显忠和邵宏渊两路出师,后溃败于宿州符离,宋兵死伤惨重,"走者自相蹂藉,僵尸相枕,争城门而入,门填塞,人人自阻,遂缘城而上,我(金)军自濠外射之,往往堕死于隍间,杀骑士万五千,步卒三万余人。"④范成大《宿州》一诗记下了战争留下的惨景:

> 狐鸣鬼啸夜茫茫,元是官军旧战场。土伯不能藏碧磷,三三两两照前冈。

途中遇到数位父老,"见使车潸然",⑤此情此景令使臣们倍感凄伤。

车行数百里,经过南京(治今河南商丘市),唐朝安史之乱中,许远、张巡以及雷万春等人在睢阳县拼死守卫,弹尽粮绝,以身殉国。范成大

---

① 周必大:《思陵录》下,王蓉贵、(日)白井顺点校:《周必大全集》第3册,四川大学出版社2017年版,第1663页。

② 周必大:《奉诏录》七,王蓉贵、(日)白井顺点校:《周必大全集》第3册,四川大学出版社2017年版,第1455页。

③ 脱脱等:《宋史》卷九十三《河渠志》,上海古籍出版社、上海书店1986年版,第324页。

④ 脱脱等:《金史》卷八十七《纥石烈志宁传》,上海古籍出版社、上海书店1986年版,第203页。

⑤ 黄震:《黄氏日抄》卷六十七,《全宋笔记》第十编·十,大象出版社2018年版,第428页。

深受触动，情不自禁写下两首诗，《雷万春墓》云："九陨元身不陨名，言言千载气如生。欲知忠信行蛮貊，过墓胡儿下马行。"《双庙》云："平地孤城寇若林，两公犹解障妖祲。大梁襟带洪河险，谁遣神州陆地沉。"以此向前朝的忠勇之士致敬。

八月丁卯，南宋使团行至故都汴京，昔日繁华的帝京如今一片荒凉。曾经的皇家花园宜春苑只剩断井颓垣，《宜春苑》诗云："狐冢獾蹊满路隅，行人犹作御园呼。连昌尚有花临砌，肠断宜春寸草无。"进入旧宋门，弥望悉荒墟，满目疮痍。昔日的大相国寺，倾檐缺吻，无复旧观。范成大压抑住内心的悲愤之情，他深知此行还有重要的隐秘任务——刺探金国的政治、经济等状况，获取有用的情报，于是他用客观冷静之笔，在行程录《揽辔录》中记录在开封的所见所闻。譬如交钞所：

> 横入东御廊门，绝穿桥北驰道，出西御廊门，过交钞处。交钞所者，虏本无钱，惟炀王亮尝一铸正隆钱，绝不多，余悉用中国旧钱，又不欲留钱于河南，故效中国楮币，于汴京置局造官会，谓之交钞。拟见钱行使，而阴收铜钱，悉运而北，过河即用见钱，不用钞。钞文曰："南京交钞所，准户部符尚书省批降检会，昨奏南京置局即造一贯至三贯例交钞，许诸人纳钱给钞，河南路官、私作见钱流转。若赴局支取，即时给付，每贯输工墨钱十五文。七年纳换，别给钱，以七十为百。伪造者斩，捕告者赏钱三百千。"前后有户部干当令使、干当官、交钞库使副书押，四围画云鹤为饰焉。[1]

旧京自城破后，不复当初。完颜亮当年曾经以此地为南都，营建新城，崇饰宫阙，比往日更加壮丽，但意外经火，焚烧殆尽，民间荒残自若，新城内大抵皆墟，至有犁为田处。而北宋的旧城内，市肆皆苟完而已，四望时见楼阁峥嵘，皆旧宫观寺宇，无不颓毁。这些残破的建筑见证过帝京昔日的荣耀，如今朱颜已改，仿佛在默默诉说亡国的惨痛记忆。行走在故都，这满目疮痍深深地刺痛着范成大的心，让他体会到浓重的黍离之悲。当地的遗民被迫遵循胡俗，他们的发饰衣帽已经胡化，"衣装

---

① 范成大：《揽辔录》，孔凡礼点校：《范成大笔记六种》，中华书局 2002 年版，第 12 页。

之类,其制尽为胡矣。自过淮已北皆然,而京师尤甚。"①他们望见故国使臣失声痛哭,有感于斯,范成大写下了著名的《州桥》一诗:

> 州桥南北是天街,父老年年等驾回。忍泪失声询使者:"几时真有六军来?"

清潘德舆曾评曰:"沉痛不可多读。此则七绝至高之境,超大苏而配老杜者矣。"②

进入赵宋皇室宫城后,目睹昔日圣殿被金人恣意践踏玷污,范成大压抑已久的满腔痛苦、愤懑和厌恶之情如同火山一样爆发了,他痛斥金人是禽兽犬羊,发誓要将他们驱除殆尽,一雪国耻。《宣德楼》一诗云:

> 峣阙丛霄旧玉京,御床忽有犬羊鸣。他年若作清宫使,不挽天河洗不清。

经过徽宗称道君时所居壶春堂,"使属官吏望者皆殒涕不自禁",③他们想到当年的国君徽宗被掳至北方,惨死于荒漠,再也不能重归故国,便痛哭流涕,范成大《壶春堂》诗云:"松漠丹成去不归,龙髯无复有攀时。芳园留得觚棱在,长与都人作泪垂。"

离开令人肠断的故都,范成大的心情久久不能平复。行五十里,过封丘至胙城界中,当他遇到黄河溢出形成的一条条渐水时,不由心生感慨:"黄流日夜向南风,道出封丘处处逢。紫盖黄旗在湖海,故应河伯欲朝宗。"④在范成大眼中,黄河之水似乎也知道当今圣上已在东南,所以越出河床,日夜向南奔流,要朝宗入海。渡过黄河之后,范成大经过汤阴、相州、磁州、邯郸、内丘、赵州、栾城、定州、安肃军等地,来到了当年北宋与辽国的边界白沟。以前这里还是大宋的领土,出塞路旁依依的杨柳便是历史的见证,而如今却早已成了金国的地盘,这让经过此地的南宋使节徒增感伤,范成大《出塞路》云:

> 当年玉帛聘辽阳,出塞曾歌此路长。汉节重寻旧车辙,插天犹有万垂杨。

---

① 范成大:《揽辔录》,孔凡礼点校:《范成大笔记六种》,中华书局 2002 年版,第 12 页。
② 潘德舆:《养一斋诗话》,朱德慈辑校,中华书局 2010 年版,第 154 页。
③ 范成大:《揽辔录》,孔凡礼点校:《范成大笔记六种》,中华书局 2002 年版,第 13 页。
④ 范成大:《渐水》,富寿荪标校:《范石湖集》卷十二,上海古籍出版社 2006 年版,第 148 页。

跨过白沟，范成大才真正感到异族之区风土气候的恶劣，固城（治今河北固安县）水的味道极恶，又苦又咸如同海水，与临安甘甜的水质无法相比。范成大《固城》诗云：

柳桊凉罐汲泉遥，味苦仍咸似海潮。却忆径山龙井水，一杯洗眼洞层霄。

途中还有一些所谓灰洞的狭窄通道，大风起时，尘土弥漫，让人睁不开眼睛，辨不清方向，"灰洞者，两边不通风，尘埃蒙洪其间也"。① 到达良乡时，更是遭遇大风，"几拔木。接伴使云：'此谓之信风。使人远来，此风先报，使入城。'"②就这样，范成大一路风尘仆仆，终于在九月九日到达金国国都燕山城（治今北京市）外的燕宾馆。③ 从渡淮至此历时一个月，行程二千五十八里。④

一路上，范成大一直在思考如何把孝宗未写入国书的更改受书礼之意稳妥地转达给金主。尽管他和金国接伴正使田彦皋关系非常融洽，后者对范成大很是仰慕，"深敬慕公，至求巾帻效之"，⑤范成大《蹋鸱巾》一诗就是写田彦皋其人其事，诗题下注云："接送伴田彦皋爱予巾裹，求其样，指其所戴蹋鸱有愧色。"诗云："重译知书自贵珍，一生心愧蹋鸱巾。雨中折角君何爱，帝有衣裳易介鳞。"⑥但是范成大知道金国法度森严，接伴使无权直接向金主转达使臣的附请，所以他途中缄口不言，未透露一语，不令两位接伴使生疑。平安抵达燕京后，范成大下榻会同馆，他开始考虑是否可以通过馆伴使将附请意愿转达金主。但目不识丁的馆伴使耶律宝太让范成大失望了，他在《耶律侍郎》诗题下小注中写道："兵部侍郎耶律宝，馆伴使也。不识字，如提刑、运使等字，亦指以问。"诗云：

① 黄震：《黄氏日抄》卷六十七，《全宋笔记》第十编·十，大象出版社2018年版，第430页。
② 范成大：《揽辔录》，孔凡礼点校《范成大笔记六种》，中华书局2002年版，第14页。
③ 范成大《燕宾馆》题下注云："燕山城外馆也。至是，适以重阳。金重此节，以其日祭天。"富寿荪标校《范石湖集》卷十二，上海古籍出版社2006年版，第157页。
④ 黄震：《黄氏日抄》卷六十七，《全宋笔记》第十编·十，大象出版社2018年版，第430页。
⑤ 周必大：《资政殿大学士赠银青光禄大夫范公成大神道碑》，王蓉贵、（日）白井顺点校：《周必大全集》第2册，四川大学出版社2017年版，第579页。
⑥ 范成大：《蹋鸱巾》，富寿荪标校：《范石湖集》卷十二，上海古籍出版社2006年版，第157页。

乍见华书眼似獐,低头惭愧紫荷囊。人间无事无奇对,伏猎今成两侍郎。

与这样的馆伴使交流请求转达更改受书礼无异于对牛弹琴,此种情势之下,范成大果断决定亲自奏请金主。为了不让金人有所察觉,夜深人静的时候,他悄悄地放下帷帐,点上蜡烛,秘密赶写附请之词。岳珂《桯史》记曰:

> 至燕,乃夜蔽帷秉烛,密草奏。具言他日北使至,欲令亲王受书,其辞云云。①

九月戊子(十一日),天已大亮,上朝的时辰到了。范成大怀揣密奏,带上国书,上马出馆,穿过皇城,来到皇宫觐见金世宗。他按照一系列外交礼仪跪进了国书,本已完成使命,应该顺理成章地退朝。谁也没有料到,范成大突然取出自己连夜赶写的奏札,决意请求金主接受。《桯史》记曰:

> 大昕而朝,遂怀以入。初跪进国书,随伏奏曰:"两朝既为叔侄,而受书礼未称。昨尝附完颜仲、李若川等口陈,久未得报,臣有奏札在此。"

这种违反外交常规、私自大胆奏请的举动令金国君臣异常震愕,他们的反应格外激烈。金主先大骇继而怒斥,令范成大退下,但范成大长跪不起,坚决请求他接纳奏疏。几个回合的交锋后,金主看他态度如此强硬,只能宣诏,令交由馆伴使处再上报,使者暂时下殿,听候处置:

> 雍酋大骇,顾译其宣徽副使韩钢曰:"有请当语馆伴,此岂献书启处耶? 自来使者,未尝敢尔。"厉声令绰起者再三,范不为动,再奏曰:"奏不达,归必死,宁死于此!"雍酋怒,拂袖欲起,左右掖之坐。又厉声曰:"教拜了去!"钢复以笏抑范拜,范跪如初。雍酋曰:"何不拜?"范曰:"此奏得达,当下殿百拜以谢。"乃宣诏令纳馆伴处。范不得已,始袖以下。

---

① 岳珂:《桯史》卷四"乾道受书礼",上海古籍出版社 2012 年版,第 40 页。下引出处皆同。

退下之后，范成大远远望去，只见殿上一片混乱，臣僚往来纷然，商议对策。金国太子认为他胆大包天，一定要杀之以示国威，被其兄越王制止方才作罢。过了片刻之后，金廷上才恢复正常，又令重新引见使者：

> 望殿上臣僚往来纷然，既而，虏太子谓必戮之以示威，其兄越王不可而止。顷之，引见如常仪。

退朝之后，范成大回到会同馆，金世宗果然宣旨将附请之奏取走。馆中守吏议论纷纷，传言金国要拘留使者。但范成大早已将死生置之度外，他做好了像苏武那样被长期羁留异域的准备，大义凛然，无怨无悔，只是默默地写下《会同馆》一诗，表明了自己心志：

> 万里孤臣致命秋，此身何止一沤浮！提携汉节同生死，休问牴羊解乳否？

但事情发生了戏剧性的转变，金世宗完颜雍非但没有处置范成大，反而对其精忠报国、视死如归的精神非常赞叹，认为他的骨气堪称典范，足以激励两朝臣子，并令宣徽副使韩钢设宴款待。宴席之上，韩钢转达了金主对范成大的敬意："公早来殿上，甚忠勤。皇帝嘉叹，云：'可以激励两朝臣子。'"范唯唯谢。①

惊心动魄的一天总算过去了，范成大刚刚松了一口气，一波未平一波又起，金国截获了西夏与南宋的密约蜡书。几年前右相虞允文为四川宣抚使时，曾与西夏权臣任德敬（西夏王之外祖）结约甚密。后王炎继任宣抚四川，遂以蜡书遗任德敬，密约夹攻金国。不料任德敬谋篡其国，事败被诛杀。这封蜡书为夏人所获，并致之北庭，金主看到后益怒，遂向南宋使臣发难。② 九月十五日范成大上殿辞行，金主令其臣传谕云："盟好已固，汝国乃以帛书密与夏国任德敬结约，此何理也？"范成大机智冷静地回答说："界外奸细伪为之。"金人半信半疑，退朝后馆伴使又持蜀中蜡书来，指着宋臣印文给范成大看，印文皦然可识。范成大故

① 岳珂：《桯史》卷四"乾道受书礼"，上海古籍出版社 2012 年版，第 41 页。
② 李心传：《建炎以来朝野杂记》乙集卷十九，中华书局 2000 年版，第 846 页。

作轻松地笑着说："御宝可伪，况印文乎？"①他的镇定自若破除了金人的疑虑，轻松化解了一场政治危机。乾道六年（1170）十月，范成大顺利返回临安。金世宗在给宋孝宗的答书中有"抑闻附请之辞，欲变受书之礼。出于率易，要以必从"之语，孝宗于是知晓范成大在金国竭节尽忠，不辱使命，遂有重用之意。

范成大出使之后，金人同意归还钦宗灵柩安葬，但是不愿更定受书礼。虽然范成大此行并未圆满完成预期任务，但是他亲历北地，深入了解到金国军政、经济、文化等方面的重要信息，对宋金两国的力量悬殊也有了比较客观和直接的认知，为孝宗和战策略的制定提供了重要的参考，陆游曾评论曰："其使虏而归也，尽能道其国礼仪、刑法、职官、宫室、城邑、制度，自幽蓟以出居庸、松亭关，并定襄、五元以抵灵武、朔方，古今战守离合，得失是非，一皆究见本末，口讲手画，委曲周悉，如言其内事，虽虏耆老大人，知之不如是详也。"②出使途中，范成大逐日记录从淮河至金国都燕山城的所见所闻，撰成行程录《揽辔录》，客观上保留了诸多珍贵的历史文献资料，具有重要的史学和文学价值。途中，他还创作了 72 首绝句，号《北征小集》，这些诗与《揽辔录》内容各有侧重，着重抒发个人情感，流露出强烈的爱国精神，奏响了南宋乾道时期诗坛的最强音。

三　封还词头

出使归来，副使以下皆迁阶两官，唯范成大不预，仅除中书舍人，同修国史及实录院同修撰，赐紫章服。友人为其鸣不平，半年前曾随舅父汪大猷赴金国贺正旦的楼钥代其父——处州知州楼璩所写贺启云："抗穹庐而不挠，全故璧以复归。……天颜为开，国势增重。径上紫微之直，快吟红药之阶。虽儒者最以掌制诰为荣，而人言犹有典属国之

---

① 岳珂：《桯史》卷四"乾道受书礼"，上海古籍出版社 2012 年版，第 41 页。
② 陆游：《筹边楼记》，《渭南文集》卷十八，《陆游集》第五册，中华书局 1976 年版，第 2139 页。

叹。"①楼氏父子认为范成大有经国之才,但只被任命为中书舍人,实在委屈。周必大则揣测可能是因为范成大曾言不该轻信西夏与之密约而令丞相虞允文不快,"盖大臣不乐公尝言其轻信西夏也"。②

但范成大并不计较个人得失,而是安之若素。他以中书舍人兼侍讲,继续在经筵为孝宗讲《礼记》,宣扬儒家正统仁政思想,深合上意:

> 上励精政事,患风俗委靡,书崔寔《政论》赐辅臣。公讲《礼记》"天子不合围,诸侯不掩群",上曰:"此成汤祝网意也。"公遂奏:"德莫大于好生,陛下得之矣! 乃者御书《政论》,意在饬纪纲,振积弊,而近日大理议刑,递加一等,此非以严致平,乃酷也。"上大喜曰:"卿知言! 闻临安已观望行事矣。"讲退,侍讲张君栻谓公深得纳约自牖之义,右史莫君济曰:"当书之记注。"后数日,公进故事,复申其说。③

他更用自己出使的亲身体验,影响孝宗的和战决策。出使金国之后,范成大根据自己掌握的各方面第一手信息,判断目前北伐时机尚未成熟,他的主战思想同出使之前有所不同,变得更加成熟稳健,不主张贸然进攻,与虞允文产生了一些分歧。使北后不久,范成大便上奏朝廷,建言慎重派遣泛使、间谍,"谍者诡姓遁迹,冒儿死而图万全,索隐察微,问一二而知十百。此非妄男子所能,非其人不可。"④而早在范成大出使之前,孝宗曾召归正人辛弃疾入对延和殿。"时虞允文当国,帝锐恢复,弃疾因论南北形势及三国晋汉人才,持论劲直,不为迎合,作《九议》献于朝,言逆顺之理,消长之势,技之长短,地之要害甚备。"⑤在范成大出使期间,有不少布衣狂生为迎合孝宗恢复之意上书鼓吹北伐,有十

① 楼钥:《代贺范舍人启》,顾大朋点校:《楼钥集》第三册,浙江古籍出版社 2010 年版,第 1069 页。
② 周必大:《资政殿大学士赠银青光禄大夫范公成大神道碑》,王蓉贵、(日)白井顺点校:《周必大全集》第 2 册,四川大学出版社 2017 年版,第 579 页。
③ 周必大:《资政殿大学士赠银青光禄大夫范公成大神道碑》,王蓉贵、(日)白井顺点校:《周必大全集》第 2 册,四川大学出版社 2017 年版,第 579 页。
④ 黄震:《黄氏日抄》卷六十七,《全宋笔记》第十编·十,大象出版社 2018 年版,第 409 页。
⑤ 徐乾学:《资治通鉴后编》卷一二三,《景印文渊阁四库全书》,台湾商务印书馆 1986 年版,第 344 册,第 423 页。

余人因此补官。回朝之后,范成大苦口婆心地劝说孝宗,请求制止这种风气:

> 臣闻圣人在上,所以虚己以来天下之言者,盖欲广见闻,资启沃,以辅聪明之所未及也。至于朝变夕改,乘时射利之徒,候伺上意,耳剽口传,为迎合之说,取容一时,以钓爵位者,将安用之哉!国家之于北虏,可谓血仇矣。是仇也,天地神明,社稷苍生,其谁不知?陛下受太上之托,荷列圣之休,不忘北向,以雪宗庙大耻,可谓有志矣。是志也,天地神明、社稷苍生,亦其谁不知?乃宸谟圣策,甫欲有所设施,而一时射利之徒如前所云者,即便仿佛指意,争献迎合之说,翻旧史以谈计谟,检方志以述地理,询北客以撰事机,走权门以伺报应,如是而已。圣朝以其说之惓惓,不吝赏激,至有布衣补官而去者甚众。一人得志,转相倡和,竞以迎逢为进身事业。传播既广,四方翕然,泄陛下之神机,漏朝廷之密指,甚非国家之利也。伏望圣慈与腹心辅臣,思大计之甚重,审先务之当行,日夜淬厉,自图实效。凡迎合之虚言,取悦一时之听,无益于国而徒利其身者,不必更诱而进之,以开倖门而玩大谋。天下幸甚。①

范成大还奏曰:"倖门不可开,继此,臣必缴奏。"孝宗答曰:"诚然,书已满屋,朕皆弗省。"②此后盲目鼓吹恢复之声逐渐消散,孝宗也慢慢将国事重心转移到内治,朝臣纷纷献计献策。

乾道六年(1170),范成大友人监进奏院李结献治田三议,曰务本、曰协力、曰因时,孝宗诏令胡坚常相度以闻。其后户部以三议切当,但工力浩瀚,欲谕有田之家,各依乡例,出钱米与租佃之人,更相修筑,庶官无所费,民不告劳。从之。③ 李结此议与范成大在处州推行的义役异曲同工,都立足民间自治,互利互惠。乾道七年(1171)正月,范成大再

---

① 范成大:《论献说迎合布衣补官之弊札子》,孔凡礼辑:《范成大佚著辑存》,中华书局 1983 年版,第18—19 页。
② 周必大:《资政殿大学士赠银青光禄大夫范公成大神道碑》,王蓉贵、(日)白井顺点校:《周必大全集》第 2 册,四川大学出版社 2017 年版,第 579 页。
③ 王鏊:《正德姑苏志》卷十二《水利》,《中国地方志集成·善本方志辑·第一编》,凤凰出版社 2014 年版,第 214 页。

次向孝宗提出义役之事。两年前他从处州任上被召至临安,陛对时曾提及义役,但当时只在松阳一县试点,尚未见很大成效,范成大也不敢贸然提出推广至各地。而时隔两年,处州六邑均已实施,且效果很好,范成大有了底气,他向孝宗进言:"处州六邑义役已成,可以风示四方,美俗兴化,请命守臣胡沂(按:现任处州知州)以其规约来上。"①孝宗从其所请,命在诸路颁布实施义役之法。范成大对禁止铜钱外流的问题也有了更明确的认知,建议留硬通货在国库,以备战时所需。"及北使回,又奏四明、温陵商舶籴买山东麻豆,彼减价而须见钱,钱过界者不胜计。"②

中书舍人负责朝廷制诏的撰写,本是清雅文书之职。唐代曾任此职的白居易有诗云:"丝纶阁下文书静,钟鼓楼中漏刻长。坐到黄昏谁是伴,紫薇花对紫微郎。"范成大刚任职不久,同年进士杨万里被擢为国子博士,范成大即为制《国子博士告词》;后周必大除礼部侍郎兼权直学士院、升同修国史、实录院同修撰,杨万里除太常博士,洪遵为建康知府、江东安抚使兼行宫留守时孝宗褒扬其治绩,制词均为范成大所撰。宋代皇帝标榜与士大夫治天下,赋予外制官特别重要的权力——封还词头。词头乃皇帝任免人事的简要意见,词臣据此撰拟制诏,如果他们对任免决策有异议,可以将词头封还,不予草制。《宋史·职官志一》载:"舍人,掌行命令为制词,分治六房,随房当制。事有失当及除授非其人,则论奏封还词头。"③这意味着中书舍人可在某种程度上干预朝廷官员的任命。

乾道七年(1171)三月己卯(初五日),张说以明州观察使知阁门事兼枢密都承旨,除签书枢密院事,④在朝中引起轩然大波。张说并无真才实干,只因其妻乃寿圣太后之妹,凭借裙带关系攀援擢拜枢密院事,满朝文武听说之后,争相反对。同知枢密院事的刘珙耻与之共事,力辞不拜。左司员外郎兼侍讲张栻上疏切谏,且诣朝堂指责丞相虞允文曰:

① 李心传:《建炎以来朝野杂记》甲集卷七,中华书局 2000 年版,第 154 页。
② 黄震:《黄氏日抄》卷六十七,《全宋笔记》第十编·十,大象出版社 2018 年版,第 409 页。
③ 脱脱等:《宋史》卷一六一《职官志》,上海古籍出版社、上海书店 1986 年版,第 489 页。
④ 毕沅:《续资治通鉴》卷一四二,中华书局 1957 年版,第 3795 页。

"宦官执政，自京、黼始；近习执政，自相公始。"允文惭愤不堪。杙复奏曰："文武诚不可偏。然今欲右武以均二柄，而所用乃得如此之人，非惟不足以服文吏之心，正恐反激武臣之怒。"帝虽有所感悟，尚未寝成命。①将作监殿中侍御史李处全则乞遣张说按行边戍，以息众论。②

朝中一片哗然之时，中书舍人范成大表现得若无其事。岳珂《桯史》卷四"一言悟主"条所记甚详：

> 其为西掖时，上用知阁门事枢密都承旨张说为签书，满朝哗然起争，上皆弗听。范既当制，朝士或过问当视草与否？笑不应，独微声曰："是不可以空言较。"问者不恆，又哗然谓范党近习取显位，范亦不顾。既而廷臣不得其言，有去者。③

范成大不露声色，甚至被人误解为张说之党，但他心中早有打算，不愿起草张说历官告词，只是虑及此时孝宗不听劝谏的强硬态度，决定用点策略和方法，婉言劝解。范成大留词头七日不下，④他先找到一个机会，与孝宗漫谈他事，后取出词头奏及此事，用州郡曹官不可因私交而授职作比，缓缓解释外戚张说不宜执政枢密院：

> 范词犹未下，忽请对，上意其弗缴，知其非以说事，接纳甚温。范对久，将退，乃出词头，纳榻前。玉色遽厉，范徐奏曰："臣有引谕，愿得以闻，今朝廷尊严，虽不可以下拟州郡，然分之有别，则略同也。阁门官日月引班，乃今郡典谒吏耳，执政大臣，倅贰比也。陛下作福之柄，固无容议，但圣意以为有一州郡，一旦骤拔客将吏为通判职曹官，顾谓何耶？官属纵俯首，吏民观听又谓何耶？"上霁威沉吟曰："朕将思之。"明日，说罢。⑤

范成大的劝谏艺术颇为高超，岳珂评价道："悟主以一言之顷，理明辞正。"孝宗沉思良久，最终听从了范成大建议，将张说罢为安庆军节度

① 毕沅：《续资治通鉴》卷一四二，中华书局1957年版，第3795—3796页。
② 脱脱等：《宋史》卷三四《孝宗本纪》，上海古籍出版社、上海书店1986年版，第88页。
③ 岳珂：《桯史》卷四"一言悟主"条，上海古籍出版社2012年版，第41页。
④ 脱脱等：《宋史》卷三八六《范成大传》，上海古籍出版社、上海书店1986年版，第1341页。
⑤ 岳珂：《桯史》卷四"一言悟主"条，上海古籍出版社2012年版，第41—42页。

使,奉祠家居。范成大的举动令张说颇为惊讶,在他印象中范成大温和友善,平时关系很好,他怎么也没有料到会遭其反对,便对旁人说:"张左司(按:张栻)平时不相乐,固也。范至能亦胡为见攻?"①又指着所坐亭子中的建材、花木说:"这些都是范成大送给我的。"张说对范成大的行为百思不得其解,有人甚至因此质疑他的人品,然而这恰恰是正人君子的所作所为。虽然范成大平日对张说以礼相待,这属于个人情谊;但在大是大非面前,必定坚守原则和底线。清人姚鼐因此称其贤,曾曰:"君子之行不必同,大趣归于义而已。拒小人甚严,君子之介也;于人何所不容,故旧往来,有不能绝者,君子之和也。至于当国家大政,进贤退不肖,则不敢忘守官之节,以平居昵好之私,夺朝廷是非之正,此非贤者而能之乎?"②

孝宗虽然罢了张说枢密院之职,但是对范成大仍心存芥蒂。四月庚午(二十六日),范成大以侍讲递宿禁中。当时孝宗任命皇太子领临安尹,按理应该交由中书舍人范成大起草告词,但是孝宗绕开了他而以秘书少监兼权学士院周必大代之。③ 此事之后,敏感的范成大请求去职,孝宗勉留。周必大《资政殿大学士赠银青光禄大夫范公成大神道碑》记曰:"后月余,公求去。上曰:卿言引班事甚当,朕方听言纳谏,乃欲去耶?"范成大遂继续留任。

五月二十日是太上皇高宗的寿辰,南宋将此日定为天申节。或许是为了笼络范成大,孝宗打亲情牌,令其一起到高宗的德寿宫贺寿。南风煦暖,范成大捧杯随侍在太上皇的玉座旁。这种恩宠荣耀让他在以后的日子里念念不忘,一年后他还作诗回忆当时的情形:"去岁排场德寿宫,薰风披拂酒鳞红。小臣供奉金龙盏,亲到虚皇玉座东。"④范成大

① 毕沅:《续资治通鉴》卷一四二,中华书局 1957 年版,第 3796 页。

② 姚鼐:《重修石湖范文穆公祠记》,《惜抱轩文集》卷十四,刘季高标校:《惜抱轩诗文集》,上海古籍出版社 1992 年版,第 232 页。

③ 周必大《玉堂杂记》卷一:"庚午,偶当日被宣。范紫微成大先以侍讲递宿,闻报遽出。"王蓉贵、(日)白井顺点校《周必大全集》第 3 册,四川大学出版社 2017 年版,第 1672 页。《省斋文稿》卷十四《皇太子领临安尹御笔并御批诏草跋》,王蓉贵、(日)白井顺点校:《周必大全集》第 1 册,四川大学出版社 2017 年版,第 113 页。

④ 范成大:《壬辰天中(按:应为"申"字)节,赴平江锡燕,因怀去年以侍臣摄事,捧御杯殿上,赋二小诗》,富寿荪标校:《范石湖集》卷十一,上海古籍出版社 2006 年版,第 140 页。

对太上皇高宗是有感情的，他的父亲范雩当年是高宗朝的秘书郎，他的舅舅蔡仲当年扈从高宗一路南渡，还有那年韦太后南归，举国献赋，少年范成大一鸣惊人，高宗亲自赏赐他免文解、赴南宫……总之，天申节之后，范成大又重新安下心来，一如既往地为赵宋皇家尽忠职守，以天下为己任。

范成大又开始连续上疏，建言献策，"公自是数有缴奏"。① 仁政是他一以贯之的思想，虽然身处庙堂之上，范成大却一直关注民间百姓的生存。乾道七年(1171)七月，湖南、江西出现饥荒，他便上疏提醒赈济须分就远乡，使偏僻贫困之地不被遗漏。"是月赈湖南、江西饥。中书舍人范成大言：夫赈济赈粜，其要不过两言。莫不便于聚人，莫良便于散给。"② 又根据在处州从政的经验，建议孝宗减免两淮民户丁钱、两浙丁盐绢。"上谕辅臣曰：范成大言处州丁钱太重，遂有不举子之风。有一家数丁者，当重与减免。卿等更详议来。"寻又蠲旱伤路流民户税。③ 对于法律法规，范成大也认为要合情合理，不能拘泥，如所奏《缴伪会齐仲断案》，"初，乾道六年七月四日指挥，限三日毁印。湖州齐仲以八月十七日有犯，断以死罪，谓在三日外也。石湖谓七月七日降指挥，十一日方关户部检法案。金部之与法案同一曹局，顷步之间，八日方能关行，而况传至外州。合更审，会湖州出榜的日，仍豁限三日，敕限外照本人所犯日子，然后处断。"后黄震抄录此奏状时不禁赞曰："此仁人之举也，记之。"④

官员是国家政策、制度的具体执行者与实施者，在范成大看来，官员的任用和管理至关重要，所以他又针对此类问题连续上疏。如论主帅与将佐联姻后任职当有所回避，以防积弊日深，误败国事，"臣尝见主帅与将佐姻连者多矣，当其无衅也，上则曲意容庇，下则恃势妄作，积弊日深，军政遂坏。及其交恶也，小则絮烦朝廷，大则误败国事。……欲

---

① 周必大：《资政殿大学士赠银青光禄大夫范公成大神道碑》，王蓉贵、(日)白井顺点校：《周必大全集》第 2 册，四川大学出版社 2017 年版，第 579 页。
② 佚名：《宋史全文》卷二十五下，中华书局 2016 年版，第 2118 页。
③ 佚名：《宋史全文》卷二十五下，中华书局 2016 年版，第 2118 页。
④ 黄震：《黄氏日抄》卷六十七，《全宋笔记》第十编·十，大象出版社 2018 年版，第 405 页。

乞下臣此章,令诸军不得辄容合避之亲,充填本军将佐"。① 又上疏论将帅为其下告赃,唯将帅是问,不株及他人。② 对于贵近的越制请求,范成大也主张要推恩有度,以防互相效仿,败坏风气,"节使知宗士铢乞照嗣王例全支米麦等恩数,石湖奏:立爱惟亲,固圣人之用心。法行自近始,亦圣治之先务。贵近无尺寸者,相习如此,异时勋臣战士若复越制请求,则如之何而拒之?"③

　　国是由主战调整到内治后,孝宗求贤若渴,广招天下之士,范成大又上《论知人札子》,谓人各有才,人主需明白其才之所长,各尽其才,因材施用,方能进退天下之才,为我所用。④ 孝宗广揽天下之才,此段时期,有不少投机分子也蠢蠢欲动,秦桧党徒宋贶便是其中之一。宋贶为人奸诈险恶,当年甘作秦桧鹰犬,绍兴后期被劾罢职,安置梅州。"乙未,右宣奉大夫宋贶责授果州团练副使,梅州安置;右太中大夫徐琛责授成州团练副使,道州安置;循州编管人王会移琼州编管。御史中丞汤鹏举奏:会奸赃狼藉,罪大责轻。贶、琛党附权臣,民之蟊贼,今又长恶不悛,每多怨谤,故谪之。"⑤但宋贶并不死心,多年之后为东山再起制造舆论,捏造梅州异僧为定光佛化身庇护之事。⑥ 孝宗奇异之,遂召其赴行在。"因奏制敌、便民、理财三事,几万言。上颂可者数四。"⑦宋贶巧舌如簧,迷惑孝宗,看到这些范成大心急如焚。他经历过绍兴年间秦党对文武大臣的迫害和排挤,对他们极为痛恨,如今秦氏余党要死灰复燃,再度祸害朝政,想到这些范成大不寒而栗,他立刻上《论宋贶召命疏》,力劝孝宗不要用此人。奏疏云:

---

① 徐松辑、刘琳等校点:《宋会要辑稿·职官六三》,上海古籍出版社 2014 年版,第 8 册,第 4763 页。
② 黄震:《黄氏日抄》卷六十七,《全宋笔记》第十编·十,大象出版社 2018 年版,第 409 页。
③ 黄震:《黄氏日抄》卷六十七,《全宋笔记》第十编·十,大象出版社 2018 年版,第 405 页。
④ 范成大:《论知人札子》,孔凡礼辑:《范成大佚著辑存》,中华书局 1983 年版,第 19—20 页。
⑤ 李心传:《建炎以来系年要录》卷一百七十五,中华书局 2013 年版,第 7 册,第 3346 页。
⑥ 参见洪迈:《夷坚志·补》卷十四《梅州异僧》,何卓点校,中华书局 1981 年版,第 1677—1678 页;蓝鼎元:《鹿洲初集》卷十一《潮州杂记总论》,《景印文渊阁四库全书》,台湾商务印书馆 1986 年版,第 1327 册,第 751—752 页。
⑦ 李以申:《宋尚书贶传》,《新安文献志》卷九十三,《景印文渊阁四库全书》,台湾商务印书馆 1986 年版,第 1376 册,第 540 页。

契勘：宋贶当秦桧柄国之时，号为亲昵用事，为世指目，章章尤显者。士大夫丑其姓名，于今有年矣。臣取会前后章疏，奸污之状，固不一端，为奉使则兴贩北货，摄京府则强略倡优，任版曹则买诸军之银，领赡军则受辟官之赂，司建康留钥则专为权门起造园宅。如此之类，未易概举，亦未暇论也。究其始初罢逐之由，正缘司计不职，以致左帑阙乏，支遣不行，至用临安公使库及激赏赡军等库钱物挪移。又勘虚旁令军人自往漕司支请，若漕司无钱，几致生事。臣寮论其身为计臣，经画如此。是时桧犹无恙，而贶已斥矣，则其才术已试大缪，明白如此。[1]

范成大历数宋贶斑斑劣迹，走私北货、挪用公款公物、行贿受贿、生活腐化奢靡，不一而足，人品极其恶劣，当年正因此才被罢职。范成大提醒孝宗，千万不要听信妖言妄语，受其蒙蔽和欺骗：

今闻忽有召命，窃恐或谓其有富国才术欺陛下者。只考元罢户部因由，则是非虚实，灼然可见。

范成大又耐心地分析天子用才之道，既可用偶犯错误的君子，也可适当地用有才的小人，但宋贶既非君子又无才干，一味祸国殃民，令人生骇。这样的无才小人实在不堪进用，否则秦党余孽纷纷效仿，沉渣泛起，必将后患无穷：

臣闻人才难得，弗忍终弃，圣人之用心也。使君子之人而偶罣宪网，固当扶拭而进之；使小人而有才，亦可覆其玷缺，驾驭以驱使之。今以贶为君子而偶罣宪网邪？则平生奸污之声，遍于海隅矣。以为小人而有才者耶？则当兵衅未开之前，朝廷积富之后，从容版曹，而使帑藏空乏，至以虚旁拨遣军人，亦可骇矣。窃恐一旦进用，不惟无益于国，其余党类帖息伏潜者，皆将动心经营，侥幸复进，徒使疑议四起，又费弹压。

范成大希望宋孝宗明辨是非，总之，不能任用无德无才的宋贶，以

---

① 范成大：《论宋贶召命疏》，孔凡礼辑：《范成大佚著辑存》，中华书局 1983 年版，第 21—22 页。

免坏了士风：

> 臣恭惟陛下昭德塞违，以临照百官，正欲安靖国人，统一风俗而已。将来贶或有所除授，必致众议纷纷，以发其不靖之机。臣蒙被陛下擢置西掖，正典书命，比之诸臣，尤不当缄默。伏惟圣慈储神委照，揽臣此章，特留圣念，别赐处分，不胜幸甚。

范成大的奏疏有理有据，真切感人，但是却没有被孝宗采用。不久，宋贶复右中大夫集英殿修撰，后任镇江知府。[①] 这是因为宋孝宗的治国思想逐渐发生变化，不再一味地主张恢复中原，转而寻求内治。他急于用人，所以不顾一切地从文臣、外戚、近习乃至前朝废黜者中择其所用。范成大等人对张说和宋贶的弹劾与斗争，正是新崛起的文臣群体与后二者势力的较量。但是在这两次政治风波中，宋孝宗左右摇摆，禁不住奸人、小人的蛊惑，张说、宋贶又暗中谋划钻营（按：张说次年仍签书枢密院事），最终得偿所愿。这令范成大一再失望，遂萌生去国之意。乾道七年（1171）八月五日，诏范成大以中书舍人兼侍讲同修国史、兼实录院同修撰，除集英殿修撰、知静江府。[②] 静江府（治今广西桂林市）地处极其偏远的广西，这一番外放显然有贬谪之意。范成大的门生、隆兴元年进士、临安府学教授石斗文（字天民）出位上疏，为范成大等人鸣不平：

> 寿皇即位之九年，锐欲恢复。思度外用人，而张说者除签书枢密。讲筵官张公栻、中书舍人范公成大、刑部侍郎王公秬交章论其不可。命既中寝居，顷之，三人相继去国。公（按：石斗文）奋然出位拜疏，谓比者缙绅相贺，以陛下舍己从人，改过不吝，真尧、汤之主。而道路或言，左右仆御怨此三人入骨髓，将必媒孽其后。臣以谓圣明在上，决不容此，今事卒验，臣诚骇然。夫以陛下之明，误举至此，忽不自觉，浸润肤受，真可畏哉！群臣指以相戒，骨鲠

---

① 《江南通志》卷六十四："乾道六年知镇江府蔡洸浚河……七年诏漕臣沈度修筑练湖堤岸……八年知镇江府宋贶浚河。"《中国地方志集成·省志辑·江南》，凤凰出版社 2011 年版，第 281—282 页。

② 徐松辑、刘琳等校点：《宋会要辑稿·选举三四》，上海古籍出版社 2014 年版，第 10 册，第 5922—5923 页。

沮怠,精锐销恧,异日国家有大奸慝,政事有大愆缪,陛下何自闻之……①

石斗文言辞非常激烈,代表了一部分民意,但是并未奏效。乾道七年(1171)八月,范成大无奈接受任命,离开了临安。由于静江知府李浩尚在任上,范成大便暂时回到故里待阙。中秋之夜尚未到家与亲人团聚,只能孤零零地泊舟吴兴城外,颇有此生劳苦不息之喟叹。②

---

① 孙应时:《烛湖集》卷十一《编修石公行状》,《景印文渊阁四库全书》,台湾商务印书馆 1986 年版,第 1166 册,第 652 页。
② 范成大:《桂林中秋赋》小序云:"辛卯出西掖,泊舟吴兴门外……叹此生之役役。"富寿荪标校:《范石湖集》卷三十四,上海古籍出版社 2006 年版,第 457 页。

第七章　远赴桂海

一　待阙石湖

再回故里，范成大已经 46 岁了。五年之前，他除尚书吏部员外郎为言者论罢后，也是返回故乡。石湖是范成大心中永远的港湾，像母亲温暖的怀抱，给漂泊天涯的游子无限的抚慰。无论经历过何等狂风暴雨、惊涛骇浪，身心疲惫的范成大只要回到石湖，就会得到彻底的放松，一切失意都被涤荡得干干净净，心中的创痕被悄然抚平，云淡风轻。这里是他的栖身之地，也是情感的寄托和精神的家园。

乾道二年(1166)罢职回乡的次年，范成大曾在石湖边经营自己的别业。他开荒植树，培花育果，建造农圃堂。初具规模后，范成大就起知处州，继而重返临安，任礼部员外郎、起居舍人、起居郎等职，后又出使金国并擢中书舍人，鞠躬尽瘁，为国为君。离开石湖已经太久了，这番归来，范成大的思想悄然发生了变化。他深感人生在世如白驹过隙，外在的功名利禄都不足惜，唯有内心的平和安乐弥足珍贵，故出处进退，顺其自然，遂进一步精心营建别业，整日徜徉于石湖，怡然自得。平江府教授崔敦礼《石湖赋》记下了和范成大的精神交流：

> 崔子问于石湖先生曰："富贵人所愿，闲寂不可居。位通显者有洋洋之志，处幽旷者怀戚戚之悲，此人之常情也。先生芥钟鼎而不盼，屣轩冕而若遗。居无墙宇之饰，而丘壑以为乐；家无珠玉之玩，而泉石以为资。不已迂乎？"先生莞尔而笑曰："子安知予之真

乐哉！寓形宇宙间,身世同浮萍。吾常委心任去留,奚肯逐物而营营？时乎见用,则进而上紫微之掖；一朝遇坎,则退而归石湖之耕。方其余之在紫微,未尝忘江湖之梦；及其余之耕石湖也,益自觉公侯之轻。"①

范成大不同于流俗,弃轩冕若敝屣,在自然山水间徜徉,找到了心中的至乐：

> 盖山林斯予之至乐,而簪绂不能以撄情者也。

石湖地势奇古,景致如画,范成大爱之至深：

> 予尝览吾石湖之胜矣：其地有残塘故垒,断岸长云,迤逦延连,缭曲幽深者,越王之所城也。东临具区,观沧波之杳渺,怒涛之轩轰,风帆浪楫,出灭烟云者,鸱夷之所经也。西傍越溪,见吴王之台,想夫千军万马,衔枚潜渡,黄金白璧之殿,化而为荒莱。南连横山,北睇亚字城,楼观相望,翼乎峥嵘。

但是这块风水宝地荒芜了千百年,无人识得。是范成大发现了石湖之美,并懂得欣赏石湖之美。他随势高下修建了一些亭榭轩阁如梦渔轩、盟鸥亭等,以便从不同的角度观赏到不同的景致；似锦的花卉、扶疏的草木又把石湖打扮得更加摇曳多姿：

> 其地势奇古如此,自越迄今千五百岁,霜露之所蒙翳,狐狸之所窜处。至于登临之要,则不得而择其所。我乃披天奥,发地藏,平夷土涂,诛薙芜荒,抉万象之偃蹇,洗千古之凄凉。筑农圃湖山之观,耸碧城昆阆之丘。岫幌纳千峰之秀,云庄开万壑之幽。夜月兮嬉渔,春风兮芳洲。渺烟波兮鸥鹭,适忘机之乐；度雪桥兮龟鱼,听挂杖之游。(自注：皆园中名)至于水静鹄立,林幽鹤鸣,漾湖光于几席,占山影于台亭。花粲粲以昌披,木欣欣其敷荣。菡萏兮十里,琅玕兮满城。其他幽芳奇观,间见层出,又不可殚举而悉名。

---

① 崔敦礼:《石湖赋》,《宫教集》卷一,《景印文渊阁四库全书》,台湾商务印书馆 1986 年版,第 1151 册,第 780 页。本页引用均出自此赋。

在范成大此番精心营建之下,石湖仿佛从蓬头粗服的村姑变成了国色天香的美人,"石湖之名,前此未甚著,实自范文穆公始,由是绘图以传。"①趁着待阙的空闲,范成大尽情悠游山水之间:

> 于是或命篮舆,或漾轻舟,或舒啸以登皋,或赋诗而临流,或掘云于嵯峨之顶,或采月于澄泓之洲。若乃浩荡连空,月华正中,鉴秋毫于浮玉,倒寒影于垂虹。鼓桌踏松江之浪,扣舷吟笠泽之风。访莼鲈于渔父,诘龙橘于江童。此天下之至乐也,其何得以加之。

图3 石湖山水

当漫漫寒冬过去,春天又来到人间,石湖焕发出勃勃生机。范成大便呼朋唤友,一同前往,傍花随柳,游山玩水。其《初约邻人至石湖》诗云:

> 窈窕崎岖学种园,此生丘壑是前缘。隔篱日上浮天水,当户山横匝地烟。春入葑田芦绽笋,雨倾沙岸竹垂鞭。荒寒未办招君醉,且吸湖光当酒泉。②

范成大的文友们也频频吟咏石湖,"一时名人胜士,篇章赋咏,莫不极铺张之美"。③ 吴县尉徐似道游石湖写有《念奴娇》一词,范成大和曰:

① 卢熊撰:《洪武苏州府志》卷七,成文出版社1983年版,第323页。
② 范成大:《初约邻人至石湖》,富寿苏标校《范石湖集》卷十一,上海古籍出版社2006年版,第138页。
③ 周密:《齐东野语》卷十,中华书局1983年版,第178页。

湖山如画，系孤篷柳岸，莫惊鱼鸟。料峭春寒花未遍，先共疏梅索笑。一梦三年，松风依旧，萝月何曾老？邻家相问，这回真个归到。

绿鬓新点吴霜，尊前强健，不怕山翁号。赖有风流车马客，来觅香云花岛。似我粗豪，不通姓字，只要银瓶倒。奔名逐利，乱帆谁在天表？

平江府教授崔敦礼也有一首《和徐尉念奴娇》，词云：

吴淞江畔，对烟波浩渺，相忘鸥鸟。日日篮舆湖上路，十里珠帘惊笑。高下楼台，浅深溪坞，着此香山老。辋川图上，好风吹梦曾到。

不用金谷繁华，碧城修竹，自比封君号。万壑千岩天付与，一洗寒酸郊岛。霖雨方思，烟尘未扫，合挽三江倒。功成名遂，却来依旧华表。

乾道八年（1172）的春天，范成大和友人尽情陶醉于石湖的湖光山色，朝中却依然刀光剑影，政治斗争并未停歇。这一年二月，虞允文、梁克家为左右相，并兼枢密使，去年签书枢密院事未果的张说此时成功上任。御史李衡、给事中王希吕、直学士周必大、谏官莫济均因激烈反对，被罢职去国，都人作《四贤诗》以记之。[①] 其中，周必大重复了范成大当年之举，不肯起草张说任官告词，遂领宫祠返回江西故里。[②] 三月己巳（初一），周必大途经平江府，应范成大邀请游览石湖。见多识广的周必大对石湖称赞不已，认为甲于东南一带：

饮酒至夜分，留题云："吴台越垒，距盘门才十里，而陆沉于荒烟野草者千七百年。紫微舍人始创别墅，登临得要，甲于东南。岂

① 后李衡之孙在昆山作四贤堂纪念此四人。王鏊《正德姑苏志》卷三十一记载："四贤堂在昆山，宋孝宗朝李衡为御史，以论张说不行，遂致仕。时给事中莫济不书敕，直学士周必大不草制，谏官王希吕与衡相继论奏不报，四人同时去国。布衣庄治赋《四贤诗》以纪之。其后衡之孙潜作堂于家，画四贤之像，并祠其中。"《中国地方志集成·善本方志辑·第一编》，凤凰出版社2014年版，第474页。

② 周必大在《南归录》中记载道："乾道壬辰二月乙卯，予任权礼部侍郎兼侍讲、直学士院，同修国史、实录院修撰。坐不草新除签书枢密张说、王之奇不允诏，与在外宫观。"王蓉贵、（日）白井顺点校：《周必大全集》第3册，四川大学出版社2017年版，第1604页。

鸱夷子成功于此,扁舟去之,天贻绝景,须苗裔之贤者然后享其乐耶?"①

范成大听后愧谢曰:"公言重,何乃轻许与如此!"周必大曰:"吾行四方,见园池多矣,如芳林、盘园,尚乏此趣,非甲而何?"②

周必大在苏州停留一月,与范成大多次相聚,交游甚欢。两位老友非常默契,不言政治,只管风月。三月癸未(十五日)月圆之夜,周必大与范成大相会于石湖,他在《南归录》中记道:

> 薄晚,至能来。望夜月色如昼,乘小舟入石湖之心,风露浩然。登岸,策杖度行春桥,次度越来溪。桥新修,归饮烟波亭,饭农圃堂。此景此乐,未易得也,夜分乃寝。

花香馥郁,清梦安吉,在萝月松风的相伴下,两位老友美美地睡了一宿。不知不觉,早起觅食的鸟儿已窥檐语,霎时云破日出,金色的阳光洒满书帙,快快起床吧,趁着大好的天气,还要晒种子种秋谷呢。这是多么理想的、令人陶醉的田园耕读生活啊!范成大即兴赋诗《与周子充侍郎同宿石湖》:

> 幽香馥蕙帐,清梦安且吉。萝月堕苍茫,松风隐萧瑟。晓禽啄且鸣,唤我起盥栉。钩窗纳云涛,滟滟浴初日。金钲忽腾上,倒景落书帙。佳晴有新课,晒种催菽秫。从今不得闲,东皋草过膝。③

范成大和周必大是同岁之人,此时已近知天命之年,二人相约,六十挂冠,在石湖共度余生。④

待阙石湖的范成大不仅徜徉于山水之间,还俨然成了一位老农,忙

---

① 周必大:《南归录》,王蓉贵、(日)白井顺点校:《周必大全集》第 3 册,四川大学出版社 2017 年版,第1605 页。

② 范成大:《骖鸾录》,孔凡礼点校:《范成大笔记六种》,中华书局 2002 年版,第 51 页。

③ 范成大:《与周子充侍郎同宿石湖》,富寿荪标校:《范石湖集》卷十一,上海古籍出版社 2006 年版,第138 页。

④ 周必大《资政殿大学士赠银青光禄大夫范公成大神道碑》:"壬辰春,自春官去朝,过平江,游城西诸山。公访寺灵岩,同宿石湖,望夜,小舟共载湖心,风露浩然,尝有六十挂冠之约。其后或同朝,或相遇于外,每以未践言为恨。"王蓉贵、(日)白井顺点校:《周必大全集》第 2 册,四川大学出版社 2017年版,第 583 页。

着小麦的冬种夏收。《刈麦行》诗云："梅花开时我种麦,桃李花飞麦丛碧。多病经旬不出门,东陂已作黄云色。腰镰刈熟趁晴归,明朝雨来麦沾泥。犁田带雨插晚稻,朝出移秧夜食麨。"这份农忙的充实感和收获的喜悦是官场中人无法体会的。在石湖生活得越久,范成大越感到自己精神的蜕变,逐步走向和光同尘、返璞归真的境界。他和当地的友人们效仿当年司马光、范纯仁、文彦博、祖无择等耆老结社真率会,"序齿不序官;为具务简素;朝夕食各不过五味;菜果脯醢之类各不过三十器;酒巡无算深浅,自斟饮之必尽;主人不劝,客亦不辞;逐巡无下酒时,作菜羹不禁",①每个人都随意自然。一天清晨,范成大前去赴会。他随随便便地穿着白色的葛衣,系着乌纱,走在乡间小路上。清澈的小溪哗啦啦地流淌着,两岸已有农人踩着水车往稻田车水,发出吱扭吱扭的声响,在风中回荡,合奏着美妙的晨曲。一块块的稻田整齐有序地排列,像一个个网格;青青的稻尖上挂着圆溜溜的露珠,走在田间,仿佛置身于一张点缀着无数明珠的翡翠网中,妙处难与君说。范成大用诗歌记下了这美好的时辰与轻松自在的心情,《壬辰七月十六日侵晨真率会,石湖路中书事》云:"白葛乌纱称老农,溪南溪北水车风。稻头的皪粘朝露,步入明珠翠网中。"②

乡居的日子惬意舒适,范成大已经沉醉其中。然而京城老友周畏知赴任湖南帅张栻的属官,路过吴门相访,惊扰了他的清梦。虽然范成大对周畏知口口声声称"我且披蓑听雨眠",③但他明白自己的身份,作为待阙官员随时要准备赴任。自从去年出使金国感染腹疾,范成大的身体健康受到严重损害,瘦骨嶙峋,形同槁木,"余去年北征,感腹疾于滑州,且死复生,今惟皮骨粗存",他曾再次上疏乞求奉祠养老,但未被获许,"再上疏,丐外祠以老,弗获命"。④ 到了年末,尽管内心极不情愿,

① 张照等撰:《石渠宝笈》卷三十五,《景印文渊阁四库全书》,台湾商务印书馆 1986 年版,第 825 册,第 417 页。

② 范成大:《壬辰七月十六日侵晨真率会,石湖路中书事》,富寿荪标校:《范石湖集》卷十一,上海古籍出版社 2006 年版,第 140 页。

③ 范成大:《周畏知司直得湖南帅属,过吴门,复用己丑年倡和韵赠别》,富寿荪标校:《范石湖集》卷十一,上海古籍出版社 2006 年版,第 143 页。

④ 范成大:《骖鸾录》,孔凡礼点校:《范成大笔记六种》,中华书局 2002 年版,第 41 页。

范成大还是结束了待阙的生活，整理行装，带着家眷奔赴广西，出任静江知府兼广西经略安抚使。同行者还有去年陪同使金的李嘉言以及成大之弟范成绩等人。

二　舟行吴越

乾道八年(1172)十二月七日，范成大从吴县沿着水路出发，开始了远赴静江府的行程。

行至震泽，前福州教授闻人阜民、贺州文学周震亨等赶来同行。周震亨精于命理之学，评范成大五行曰："公欲遄归以老，抑未也？今南去三千里，安坐再期，末年冬中，复西南行万里，亦再期乃归。"①这番话给硬着头皮前去赴任的范成大一些心理暗示，某种程度上打消了他速去速回的念头。

船继续前行到达安吉州(治今浙江湖州)，知州薛季宣设宴招待，次日陪同范成大游北山石林。石林乃范成大同乡叶梦得的故居，"在卞山之阳，万石环之，故名。"②叶梦得历任杭州知州、尚书左丞、江东安抚使兼知建康府等职，晚年归湖州卞山，卒于此地。③ 范成大舍舟登岸，翻山越岭，寻觅乡党前贤的足迹。《骖鸾录》记云：

> 乘轻舟十余里，登篮舆，小憩牛氏岁寒堂，自此入山。松桂深幽，绝无尘事。过大岭，乃至石林。④

叶梦得故居规模尚在，但无人居住，一片颓败荒芜的景象：

> 则栋宇已倾颓，西廊尽拆去，今畦菜矣。正堂无恙，亦有旧床榻在凝尘鼠壤中。堂正面卞山之高峰，层峦空翠照衣袂，略似上天竺白云堂所见而加雄尊。

① 范成大：《骖鸾录》，孔凡礼点校：《范成大笔记六种》，中华书局 2002 年版，第 41 页。
② 周密：《癸辛杂识》前集之"吴兴园圃·叶氏石林"，王根林校点，上海古籍出版社 2012 年版，第 6 页。
③ 脱脱等：《宋史》卷四四五《叶梦得传》，上海古籍出版社、上海书店 1986 年版，第 1489 页。
④ 范成大：《骖鸾录》，孔凡礼点校：《范成大笔记六种》，中华书局 2002 年版，第 42 页。

叶梦得素好石，故居中奇石林立，令人叹为观止：

> 自堂西过二小亭，佳石错立道周。至西岩，石益奇且多。有小堂曰"承诏"。叶公自玉堂归守先陇，经始之初，始有此堂。后以天官召还，受命于此，因以为志焉。其旁，登高有罗汉岩，石状怪诡，皆嵌空装缀，巧过镂剜。自西岩回步至东岩，石之高壮垒砢，又过西岩，小亭亦颓矣。叶公好石，尽力剔山骨，森然发露若林，而开径于石间，亦有自他所移徙置道傍以补阙空者。

晚年的叶梦得在此著书立说，名动天下。但其子孙未能传承家学，"石林每夜必延诸子女、儿妇列坐说《春秋》，听者不悦，曰：'翁翁又请说《春秋》耶！'"①其十万余卷藏书后毁于火中，王明清《挥麈录》后录卷七记曰："叶少蕴少年贵盛，平生好收书，逾十万卷。置之霅川弁山山居，建书楼以贮之，极为华焕。丁卯冬，其宅与书俱荡一燎。"②其后子孙也搬离此处，石林山居遂成荒墟。范成大亲临其境，喟叹不已：

> 方公著书释经于堂上，四方学士闻风仰之，如璇玑景星，语石林所在，又如仙都道山，欲至不可得。盖棺未几，而其家已不能有，委而弃之灌莽丛薄间。游子相与徘徊，叹息之不能去。或谓此地离人太远，岑蔚荒虚，非大官部曲众多者难久处。又云：公没后，山鬼抢攘，暮夜与人错行，妇子不能安室，故诸郎去之云。

离开叶梦得的石林故居，范成大又来到另一处以奇石见称的园林——沈氏小玲珑，其设计巧妙，山石形象逼真，遗憾的是沈氏主人已去世，两个幼子无力打理，亦逐渐荒废：

> 霅川有两玲珑山，石林为大玲珑，又有小玲珑，在长兴县界路口，闻其尤胜石林，遂过之。小玲珑今属沈氏。沈氏之父死，二子幼，方检校于官。此山石色微黄而更奇古，一丘悉中空，洞穴十数，皆旁相通贯，故名玲珑。泉声泻坏磴中，窈如深谷。堂前小池，石如牛马，虺隤其中。池后山屏上洗出之石，襞积嵌岩，巧怪万状。

---

① 王大成：《野老纪闻》，王楙：《野客丛书》附录，中华书局 1987 年版，第 357 页。
② 王明清：《挥麈录·后录》，上海书店出版社 2001 年版，第 137 页。

缺罅清泉泓泓，丛桂覆其上。亭、馆既无人居，亦渐荒废。霅川特无好事者能捐厚赀买之沈氏，虽不得仙，亦足以豪矣。

叶梦得的石林和沈氏的小玲珑都是花费巨资营建的人间奇境，如今却都随着主人的逝去而颓败荒废。人生在世，盛极而衰，这是谁都无法避免的历史规律，着实令人唱叹！在这两处昔日的胜景之地，范成大感慨万千，他又写下两首诗抒发幽怀，《与吴兴薛士隆使君游弁山石林先生故居》诗云："经营三十年，成毁一飞电。摩挲土花碧，小立为三叹。"[1]《自石林回过小玲珑，岩窦益奇。昔为富人吴氏所有，今一子尚幼，山检校于官》诗云："当时间阎子，目力在尘外。孤童藐难料，奇事疑有待。"[2]他的思想也受到很大的冲击，既然人生有限，世事变化无常，美好转瞬即逝，苦难如影随形，人生的价值何在，意义何在，又当怎样度过或长或短的一生，这些问题一直在范成大的脑海中盘旋。凄风冷雨中，不知不觉行至湖州的南门外，猛抬头，前方有座濯缨亭，空中似乎传来一阵久远的、缥缈的歌声，"沧浪之水清兮，可以濯我缨；沧浪之水浊兮，可以濯我足"。范成大茅塞顿开，恍然大悟，此时风也息了，雨也停了，天气陡然晴朗，他的心中一片光明，原先横在道上挡住去路的大山仿佛瞬间变成了迎接他们的使者。走进亭子，撩起茫茫野水清洗征尘，范成大的心中已经给出了答案。人生要委任运化，随遇而安，不悲不喜，不忧不惧。该进取时进取，为国为民，鞠躬尽瘁；该退隐时退隐，享受生活，升华精神，诗意地栖居。范成大把这一缕思绪也写到了诗中，《濯缨亭在吴兴南门外》诗云："凄风急雨脱然晴，当道横山似见迎。野水茫茫何用许，澜供游子濯尘缨。"[3]穷则独善其身，达则兼济天下，这是中国传统士大夫的人生准则，在范成大远赴千里之外的行程之初，给了他最及时的影响和启迪。洗尽缨尘，范成大重新整装待发，如同当年出使北地

① 范成大：《与吴兴薛士隆使君游弁山石林先生故居》，富寿荪标校：《范石湖集》卷十三，上海古籍出版社 2006 年版，第 159 页。

② 范成大：《自石林回过小玲珑，岩窦益奇。昔为富人吴氏所有，今一子尚幼，山检校于官》，富寿荪标校：《范石湖集》卷十三，上海古籍出版社 2006 年版，第 159 页。按：根据《骖鸾录》，"吴氏"当为"沈氏"，孔凡礼点校：《范成大笔记六种》，中华书局 2002 年版，第 43 页。

③ 范成大：《濯缨亭在吴兴南门外》，富寿荪标校：《范石湖集》卷十三，上海古籍出版社 2006 年版，第 160 页。

那样，内心涌动着一股至大至刚的浩然之气，这次他要去遥远的广西完成新的历史使命。

十二月二十四日至二十七日，范成大一行泊船余杭县（治今浙江杭州）。他的乳母徐氏病重，不能再跟随全家南行。范成大 18 岁时父母双亡，留下他和几个幼弟弱妹，一群孤雏，无依无靠，凄惨可怜。乳母徐氏一直不离不弃，陪伴在这群孩子身边，她的爱如同寒冬里微弱的火光，给范氏遗孤们带来一丝温暖。所以范成大对这位义仆乳母的深厚感情为常人所不能及，晚年一直奉养。此次去广西赴任，本意要带她同行，无奈乳母年老体弱，自登舟出发始便哮喘严重，禁不住长途跋涉。范成大考虑再三，便将乳母留在临安，他的张氏妹夫此时正在此地为官，范成大遂将乳母托付给妹妹、妹夫照顾。"乳母徐，自登舟，病喘甚，气息绵惙。若以登陆行，则速其绝，委之，恩义不可。过余杭五日，计无所出，昨夕达晓不寐，往来方寸中，此其势，必不可以远行也。且政使嫡母有兼侍，而长子远使，亦当就养他子，况乳保哉！张氏妹从其夫方宦临安，又同乳于徐者，遂决意留之张氏。分路时，心目刲断。世谓生离不如死别，信然。"①范成大是个有情有义的人，对待老乳母如同亲母一般，此时生离死别，"心目刲断"，痛甚至哉！

二十八日，范成大从余杭出发，与远来送行的亲戚告别。亲人们都把广西视为瘴蛮可怖之地，十分担心他的性命安危。骨肉分离，哭声一片，写不尽的凄怆：

> 皆曰："今过岭入厉土，何从数得安否问，此别是非常时比。"或曰："君纵归，恐染瘴，必老且病矣。亦有御瘴药否？"其言悲焉。呜泣且遮道，不肯令肩舆遂行。又新与老乳母作生死诀，一段凄怆，使文通复得梦笔作后赋，亦不能状也。②

人非草木，孰能无情，尽管内心很伤感，作为一家之主的范成大表面上仍非常平静，他以唐代诗人对桂林的美好描述宽慰亲友，遂继续踏上征途：

---

① 范成大：《骖鸾录》，孔凡礼点校：《范成大笔记六种》，中华书局 2002 年版，第 44 页。
② 范成大：《骖鸾录》，孔凡礼点校：《范成大笔记六种》，中华书局 2002 年版，第 44 页。

始余自紫微垣出帅广右，姻亲故人，张饮松江，皆以炎荒风土为戚。余以唐人诗，考桂林之地，少陵谓之宜人，乐天谓之无瘴，退之至以湘南江山胜于骖鸾仙去，则宦游之适，宁有愈于此乎！既以解亲友而遂行。①

　　当晚，一行人借宿在富阳县的客馆——一座废寺中。次日登舟将行，大雪纷飞，无法行驶，又停留了一天，方才出航。船行在富春江上，雪后的江山有一种别样的美，范成大穿上去年使金时所做的厚棉袍，戴上毡帽，坐在船头欣赏难得的江上雪景：

　　　　雪满千山，江色沈碧。夜，小霁，风急，寒甚。披使虏时所作绵袍，戴毡帽，坐船头纵观，不胜清绝。剡溪夜泛，景物未必过此。②

　　这一晚正是除夕，每逢佳节倍思亲，范成大不由想起去年在故里过年的场景，按照习俗祭祀祖先、放爆竹、饮酒聚餐、打灰堆，"除夜祭毕，则复爆竹，焚苍术及辟瘟丹。家人酌酒，名分岁。食物有胶牙饧、守岁盘。夜分祭瘟神，易门神、桃符之属。夜向明，则持杖击灰积，有祝词，谓之打灰堆。盖彭蠡庙中如愿故事，吴中独传。"③城里乡下热热闹闹，红红火火，处处洋溢着浓浓的乡情乡味。然而今年人在旅途，风雪兼程，范成大的内心是有些怅惘的，在当天的日记里记曰："除夜行役，庙祭及乡里节物尽废。"④一家人在客船上迎来了癸巳新年。

　　乾道九年（1173）的正月初一，范成大的船行至子陵钓台，十余年间他曾数度登临这个著名景点：

　　　　始，予自绍兴己卯岁，以新安户曹沿檄来，始识钓台，题诗壁间。后十年，以括苍假守被召，复至，自和二篇，及今又四年，盖三过焉，复自和三篇。⑤

　　这一回范成大带领家中子弟去登台，为他们讲元正礼，拜谒三先生

① 范成大：《桂海虞衡志·序》，孔凡礼点校：《范成大笔记六种》，中华书局 2002 年版，第 81 页。
② 范成大：《骖鸾录》，孔凡礼点校：《范成大笔记六种》，中华书局 2002 年版，第 44 页。
③ 范成大：《吴郡志》卷二，江苏古籍出版社 1999 年版，第 14—15 页。
④ 范成大：《骖鸾录》，孔凡礼点校：《范成大笔记六种》，中华书局 2002 年版，第 44 页。
⑤ 范成大：《骖鸾录》，孔凡礼点校：《范成大笔记六种》，中华书局 2002 年版，第 45 页。

祠,让他们接受传统教育：

> 率家人子登台,讲元正礼,谒三先生祠。登绝顶,扫雪,坐平石
> 上。诸山缟然,冻云不开,境过清矣。

正月三日,泊舟严州(治今浙江建德市)。范仲淹曾守此地,并作《潇洒桐庐郡》十诗。范成大一向敬重这位同乡同姓的先人,称为"吾家文正公",到严州后便渡江上浮桥,游报恩寺,《骖鸾录》记曰:"中有潇洒轩,取吾家文正公'潇洒桐庐郡'之句以名。"①渡浮桥时,范成大目睹从歙浦运来的杉排(用几根杉木并排捆在一起,便于在水中运输)毕集桥下,因浮桥收费过重而不能及时通过,便结合当年在徽州户曹的工作经验,一针见血地指出重征与欠客费导致杉木价格暴涨:

> 浮桥之禁甚严,歙浦杉排,毕集桥下,要而重征之,商旅大困,
> 有濡滞数月不得过者。余掾歙时,颇知其事。休宁山中宜杉,土人
> 稀作田,多以种杉为业。杉又易生之物,故取之难穷。出山时价极
> 贱,抵郡城已抽解不赀,比及严,则所征数百倍。严之官吏方曰:
> "吾州无利孔,微歙杉不为州矣。"观此言,则商旅之病,何时而瘳。
> 盖一木出山,或不直百钱,至浙江乃卖两千。皆重征与久客费
> 使之。②

可以看出,范成大此时已经进入赴任官员的角色,他并不像一般的文人墨客那样,沿途一味创作诗词文赋,或吟咏山水,或抒发羁旅情怀,而是把南下当成了一次难得的实地调研,一路上关注经济民生,为日后治理地方积累各种经验。

离开严州,连日小舟跧湾,范成大病体颇觉疲倦。有时遇大雨滂沱,不便行船,便又舍舟登岸,在泥水中跋涉,殊为不易。正月十三日辗转到达衢州(治今浙江衢州市)。上元节就要到了,范成大留在衢州,与当地的故人好友共度佳节。十四日,衢州郡守张几仲(张俊之子)邀请范成大赴宴赏灯,前吏部尚书汪应辰亦自玉山赶来相会。汪应辰乃绍兴五年

---

① 范成大:《骖鸾录》,孔凡礼点校:《范成大笔记六种》,中华书局 2002 年版,第 45 页。
② 范成大:《骖鸾录》,孔凡礼点校:《范成大笔记六种》,中华书局 2002 年版,第 45 页。

(1135)状元,与范成大从兄范成象同年登科,八年之前,范成大任秘书正字、校书郎、著作佐郎,汪应辰为国史院编修。他乡遇故知,真乃乐事,范成大在日记《骖鸾录》中记道:"是日乃立春,晓幡夜蛾,同集尊前,真良辰也。"①十五、十六日,范成大复拜谒汪应辰于超化寺两山阁,当年和范成大同除正字、校书郎的郑升之也赶来相聚,汪应辰留大家吃饭,入座次时一番推辞谦让,又听汪应辰讲述麟台故事,宾主其乐融融:

> 十五日、十六日,谒公于超化寺之两山阁。留饭,与前馆职郑升之公明偕。余与公明同召试,同除正字、校书郎。汪公时修国史。馆中例序齿,公明长余十余岁,复用故事逊公明,公明力辞,云:"各已出馆,正当叙官。"至逡巡欲遁去。汪公拱立无言。余从容请之,公徐曰:"应辰旧与凌季文尚书皆为正字,季文年长上坐。比岁仆以端明殿学士守平江,过湖,季文在焉。时为显谟阁学士,同会郡中。仆亦用故事逊季文,季文不辞。"公明遂就坐。记于此,以补《麟台后志》。②

在衢州停留了四五日,范成大陆行进入江西境内。

三　赣湘风雨

江西山水颇有佳处,范成大沿途观览风景,"大抵自上饶溪行,南岸绵延皆低,石山童无草木,色赤似紫。或一石长数里不休,或有如盘、如屏、如几及卧牛、蹲蟆之状者,不可胜计。石上平净,可以摊曝麦禾。"③最后一句不由自主地想到农事、民生,不同于一般山水游记仅摹写山水景物,体现出范成大身为官员的责任与担当。

江西境内并非都是坦途,闰正月初一,船行至鄱阳湖边。这片水域时常有盗贼出没,素为危险地带,客船必须结伴快速通行。偏偏天有不

---

① 范成大:《骖鸾录》,孔凡礼点校:《范成大笔记六种》,中华书局 2002 年版,第 46 页。
② 范成大:《骖鸾录》,孔凡礼点校:《范成大笔记六种》,中华书局 2002 年版,第 46—47 页。
③ 范成大:《骖鸾录》,孔凡礼点校:《范成大笔记六种》,中华书局 2002 年版,第 47 页。

测风云,风雪肆虐,渡湖时范成大和众人胆战心惊,幸好未遇水盗袭击。《骖鸾录》记曰:

> 闰月一日,宿邬子口。邬子者,鄱阳湖尾也。名为盗区,非便风张帆及有船伴不可过。大雪,泊舟龙王庙。二日,雪甚风横,祷于龙神。午,霁,发船邬子……道中极荒寒,时有沙碛,芦苇弥望。或报盗舟不远,夜遣从卒爇船傍苇丛,作势以安众。①

心有余悸的范成大还在《过鄱阳湖次游子明韵》诗中写道:"野鹰兀兀平沙上,折苇萧萧古渡头。满眼荒寒底处所,令人肠断五湖舟。"②

闰正月五日,范成大一行来到隆兴府(治今江西南昌市)滕王阁,唐代才子王勃曾在此写下千古名句"落霞与孤鹜齐飞,秋水共长天一色"。如今名阁已毁,其故基甚侈,官府在城上盖了一座大堂,用作卖酒处所,昔日"滕王高阁临江渚,佩玉鸣鸾罢歌舞。画栋朝飞南浦云,朱帘暮卷西山雨"的风流不在,唯有大江云涛浩然,令人感慨。

南浦一别之后,范成大继续登船,溯清江而行。"缘岸居人,烟火相望,有乐郊气象。""两日来,带江悉是橘林。翠樾照水,行终日不绝,林中竹篱瓦屋,不类村墟。"清江美丽富饶,别是一番景象,与鄱阳湖芦苇弥望的荒寒迥然不同。为何两处相距不甚远的水域,一处水盗出没,另一处百姓安居乐业,范成大从经济角度进行了思考,仓廪实而后知礼仪,清江"疑皆得种橘之利。江陵千本,古比封君,此固不足怪也"。③ 即将上任广西经略使的范成大真切地感受到了经济与民生、民风之间的重要关系,富民强国成为他日后重要的从政理念。

在清江上舟行数日,闰正月十四日船靠岸登陆。范成大的家属已经先行,于是他独自冒着微雨游览两处著名的私家园林——芗林和盘园。芗林是故户部侍郎向子諲所建,古木参天,修篁森然,梅花的种植最为可观。《骖鸾录》记云:

---

① 范成大:《骖鸾录》,孔凡礼点校:《范成大笔记六种》,中华书局 2002 年版,第 48 页。
② 范成大:《过鄱阳湖次游子明韵》,富寿荪标校:《范石湖集》卷十三,上海古籍出版社 2006 年版,第 161 页。
③ 范成大:《骖鸾录》,孔凡礼点校:《范成大笔记六种》,中华书局 2002 年版,第 49 页。

本负郭平地,旧亦人家阡陌,故多古木修篁。厅事及芎林堂皆为樾荫所泊,森然以寒。宅傍入圃中,步步可观。构台最有思致,丛植大梅,中为小台,四面有涩道,梅皆交枝覆之。盖自梅洞中蹑级而登,则又下临花顶,尽赏梅之致矣。企疏堂之侧,海棠一径,列植如堇篱,位置甚佳。其他处所,自有图本行于世,不暇悉纪。没后,诸子复葺墙后园池,搴芳诸亭,亦不草草。大率无水,仅有一派入园作小池及洞泉之类所谓虎文者,亦不能详考。

看过芎林之后,范成大又去了前湖南转运使任诏(子严)的盘园。那里曾是酒家后院,任诏因喜爱院中一棵古梅而将其收购,并在园中广值桂、梅:

其始酒家之后。有古梅,盘结如盖,可覆一亩,枝四垂,以木架之,如坐大醦醾下。子严以为天下尤物,求买得之。时芎林尚无恙,亦极叹赏,劝子严作凌云阁以瞰之,迄今方能鸠工。梅后坡垄昀昀,子严悉进筑焉。地广过芎林,种植大盛,桂径梅坡,极其繁芜。但亦乏水,当洼下处作池积雨水而已。

实地考察过芎林和盘园之后,范成大认同了去年周必大对自己的石湖别业的评价——"登临之胜,甲于东南"。石湖贵在自然山水绝佳,"如芎林、盘园尚乏此天趣",范成大对自己别业的继续营建也充满了信心,"噫!使余有伯恭之力、子严之才,又得闲数年,则石湖真当不在芎林、盘园下耶。"他还从两处园林的厅、堂、宅、圃、台、亭的设计以及花木的种植得到很大启发,尤其是梅花的种植,多年后当他再回吴郡,便在范村着手打造了梅园,并写下了传之后世的《梅谱》,这又是后话了。

范成大这次远赴桂海,途中可谓公私兼顾。除观风景、会亲友、考察私家园林外,观察民生、了解吏治也是其行旅中的重要事宜。十六和十七日,范成大分别经过新喻县和分宜县,他通过两县的交通设施,判断官吏的治理水平。《入分宜》诗云:"新喻渡无桥,分宜桥有栏。孰欤两微吏,贤否已判然。堂上著威信,四郊如目前。入国政可知,兹焉略窥观。"对分宜县官吏的修桥便民之举大为赞赏。过了分宜县,就进入袁州,前任桂林帅李浩已先在此等候,欲讲交承礼。李浩乃绍兴十二年

(1142)进士,此年范成大之父范雩恰为点检试卷官,所以还有旧谊。李浩曾为司农少卿、大理卿,曾和范成大一样,建议在两淮屯田;因反对虞允文遣泛使而出知静江府兼广西安抚使,此时任满奉祠,与范成大在袁州(治今江西宜春市)完成了交接。范成大在桂林迓吏的陪同下游览了闻名天下的仰山,首次目睹当地特有的梯田,并饶有兴趣地登临山寺,寻觅名胜古迹,饱览秀丽风光。《揽辔录》记曰:

> 出庙三十里,至仰山。缘山腹乔松之磴,甚危。岭阪之上,皆禾田,层层而上至顶,名梯田。建寺之祖仰山师者,事具《传灯录》中,号小释迦。始入山求地,一獭前引,今有獭经桥。至谷中,即二龙所居,化为白衣,逊其地焉。大仰之名,遂闻天下。二龙故迹有大池,上有颜渊亭。别有一泓,名叔季泉,酌以瀹茗。自小释迦塔后,方竹满山,取以为杖,为世所珍。登寺楼以望四山,各有佳峰,每峰如一莲华之叶,如是数十峰,周遭绕寺。山中目其形胜为莲华盆。①

范成大意犹未尽,又写下《游仰山谒小释迦塔访孚惠二王遗迹赠长老混融》一诗,并亲笔书写:

> 堵田溪渊清洄洄,梅洲问路寒云堆。连空磴道虬尾滑,竹舆直上无梯阶。苍官来迎夹道立,相逢无言心眼开。翠微中断雪涧吼,两耳不办供喧豗。林间静极成断相,政要万蛰号风雷。山如莲盆绕金地,龙官避席余苍崖。祖师抱膝坐古塔,大禅海浪翻天来。腾空狡狯我未暇,拄杖踏湿撞莓苔。问龙亦借一席地,解包听雨眠西斋。当年公案忌错举,神通佛法同坑埋。混融庵中的的意,笑我舌本空崔巍。兹事且置饱吃饭,梯田米贱如黄埃。②

范成大此次赴任正值岁末年初,气候极其恶劣,一路雨雪不断。在江西境内陆行,更是连日大雨,道路泥泞,跋涉艰难。范成大频频写下自己的狼狈之状,如《自冬徂春,道中多雨,至临江宜春之间特甚,遂作苦语》诗云:"客行无晴时,涔涔如漏天……蜡屐惊踵决,油衣笑鹑悬。

① 范成大:《骖鸾录》,孔凡礼点校:《范成大笔记六种》,中华书局 2002 年版,第 52 页。
② 富寿荪标校:《范石湖集》卷十三,上海古籍出版社 2006 年版,第 163 页。

掀淖起复仆,顷步如重关。略似鸭与猪,汩没泥水闸。"《骖鸾录》记云:
"自离宜春,连日大雨,道上淖泥之浆如油。不知何人治道。乃乱置块
石,皆刿面坚滑。與夫行泥中,则浆深汩没;行石上,则不可着脚。跬步
艰棘,不胜其劳。"行至萍乡,在冰冷的冬雨中、在烂泥浆里颠仆跋涉多
日的范成大不幸得了伤寒感冒,"咽痛,缓程以求医"。[①] 这可真是一次
折磨人的苦旅!

图 4　石湖游大仰诗帖

闰正月的最后一天,范成大终于走出江西,进入湖南。"数日行江
西道中,林薄逼塞,蹊径欹侧。比登一小岭,忽出山,豁然弥望,平芜苍
然,别是一川陆,盖已是湖南界矣。"[②]二月三日,范成大泛舟湘江前行,
两岸荒凉贫瘠,景色不佳,又及行程劳顿,身心俱疲,人也懒得动笔,连
续几天没写日记,"自此至六日,早暮行倦,则少休,不复问地名。湘江
岸小山坡陀,其来无穷,亦不间断。又皆土山,略无峰峦秀丽之意,但荒
凉相属耳。"[③]但到了湖南境内,自觉距离广西更近了,范成大的使命感
和责任感逐渐增强,船行湘江上,他做了一首歌行体诗,借与湘灵对话
表明自己遵从圣旨、守护一方的坚定决心。《浮湘行》诗云:"吹箫拊瑟
吊湘灵,水妃风御缤来迎,问客良苦远征行。昨者斧钺下青冥,命我尽
护安南兵,岭海一视如王庭。布荡阳春濯腐腥,王事靡盬来有程,匪躬
之故惟尔町。"此后的行程中,他对经济民生也越来越关注了。

---

① 范成大:《骖鸾录》,孔凡礼点校:《范成大笔记六种》,中华书局 2002 年版,第 53 页。
② 范成大:《骖鸾录》,孔凡礼点校:《范成大笔记六种》,中华书局 2002 年版,第 53 页。
③ 范成大:《骖鸾录》,孔凡礼点校:《范成大笔记六种》,中华书局 2002 年版,第 54 页。

二月八日，范成大进入南岳衡山地区，纷繁嘈杂、乱象丛生的岳市令他印象深刻。"至岳市，宿衡岳寺。岳市者，环皆市区，江、浙、川、广诸货之所聚，生人所须无不有。既憧憧往来，则污秽喧杂，盗贼亡命多隐其间，或期会结约于此，官置巡检司焉。"① 次日，范成大因伤寒尚未痊愈，不能在风雨中登衡山，所以只拜谒了南岳庙，在《谒南岳》诗中，他再次勾画出自己忧国忧民的肖像，"走乞桂林伯，与神俱南辕。上谒礼亦宜，为国忧元元。"

二月十三、十四日，范成大泊衡州（治今湖南衡阳市），谒石鼓书院、衡州学宫，书院前有座新的诸葛亮庙，是其从兄范成象乾道元年（1165）提举荆湖南路常平茶盐公事时所立，《骖鸾录》称："书院之前有诸葛武侯新庙，家兄至先为常平使者时所立。"②

十六日、十七日，行衡州、永州之间，进入丘陵地带。"路中皆小丘阜，道径粗恶，非坚坡即乱石，砌处又泥淖，虽好晴旬余，犹未干。跬步防踬，吏卒呻吟相闻。大抵湘中率不治道，又逆旅、浆家皆不设圊溷，行客苦之。"③ 又有一座大山黄罴岭挡住去路，翻山越岭殊为不易，"黄罴岭极高峻，回复半日方度"。如此鸟都飞不到的艰险之地，竟然还有山农为了生存，冒着生命危险在陡崖峭壁上耕种，范成大对他们深表同情，希望能帮助他们走出大山，改善生活，从他所写的《黄罴岭》诗中，我们可以看到范成大的爱民之心。诗后半部分云：

> 春禽断不到，惟有蜀魄啼。谓非人所寰，居然见锄犁。山农如木客，上下翩以飞。宁知有康庄，生死安崄巇。室屋了无处，恐尚橧巢栖。安得拔汝出，王路方清夷。

范成大没有像其他的文人墨客那样，一味地感慨行路难，他的精神境界越来越接近杜甫，能摆脱一己狭小天地，心忧黎民，这种崇高的人格是多年的涵养所致，非一般蝇营狗苟、自私自利者所能企及，对于即将执政一方的官员至关重要又难能可贵。

---

① 范成大：《骖鸾录》，孔凡礼点校：《范成大笔记六种》，中华书局 2002 年版，第 54 页。
② 范成大：《骖鸾录》，孔凡礼点校：《范成大笔记六种》，中华书局 2002 年版，第 56 页。
③ 范成大：《骖鸾录》，孔凡礼点校：《范成大笔记六种》，中华书局 2002 年版，第 56 页。

走出黄罴岭,便到了永州(治今湖南永州市)。二月十九日,范成大一行经祁阳县浯溪。这里有许多摩崖石刻,其中唐代元结撰文的《中兴颂》最为著名。

"临江石崖数壁,才高寻丈,《中兴颂》在最大一壁。碑之上,余石无几,所谓石崖天齐者,说者谓或是天然整齐之义。碑傍岩石,皆唐以来名士题名,无间隙。"①安史之乱爆发后,唐玄宗西逃蜀地,至德元年(756),太子李亨在灵武登基,命郭子仪、李光弼讨伐叛军。上元二年(761),叛乱基本平定,荆南节度判官元结有感于国势好转,挥笔写下《大唐中兴颂》,十年后请颜真卿书丹,镌刻在浯溪之畔的石崖上。元结之文与颜真卿之书以及百丈之高的摩崖碑刻遂成三绝,影响至大,成为当地的文化名胜,文学和书法兼善的范成大到了此地焉有不去观摩之理。其《书浯溪中兴碑后并序》曰:

> 乾道癸巳春三月,余自西掖出守桂林。九日渡湘江,游浯溪,摩挲中兴石刻泊唐元和至今游客所题。②

但细读了元结的颂文以及后来游客的题诗之后,范成大如骨鲠在喉,不吐不快。他认为《大唐中兴颂》中隐含着一点点对唐肃宗的微词,即道出玄宗尚在、肃宗却已继位之事实:

> 始,余读《中兴颂》,又闻诸搢绅先生之论,以为元子之文,有《春秋》法,谓如"天子幸蜀,太子即位于灵武",书法甚严。又如古者盛德大业,必见于歌颂,若今歌颂大业,非老于文学,其谁宜为,则不及盛德。又如"二圣重欢"之语,皆微词见意。夫元子之文,固不为无微意矣。③

但后来在《中兴颂》旁题诗之人如黄庭坚、张孝祥等,又将元结的这点微词继续放大,一味强调作者是在批评甚至诋骂肃宗夺取父位,使《中兴颂》愈发显得不合颂体了:

① 范成大:《骖鸾录》,孔凡礼点校:《范成大笔记六种》,中华书局 2002 年版,第 57 页。
② 范成大:《书浯溪中兴碑后并序》,富寿荪标校:《范石湖集》卷十三,上海古籍出版社 2006 年版,第 171 页。
③ 范成大:《骖鸾录》,孔凡礼点校:《范成大笔记六种》,中华书局 2002 年版,第 57 页。

而后来各人，贪作议论，复从旁发明呈露之，鲁直诗至谓"抚军监国太子事，何乃趣取大物为"，又云"臣结舂陵二三策，臣甫杜鹃再拜诗。安知臣忠痛至骨，后世但赏琼琚词"。鲁直既倡此论，继作者靡然从之，不复问歌颂中兴，但以诋骂肃宗为谈柄。至张安国极矣。曰："楼前下马作奇祟，中兴之功不当罪"，岂有臣子方颂中兴，而傍人遽暴其君之罪，于体安乎？

范成大认为历史的是非曲直自有史册评论，文学也可以表现，但是不能在颂这种文体中掺杂讥刺。即便元结无意间在《中兴颂》里表露了唐玄宗尚健在、唐肃宗便贸然即位之事实，黄庭坚等人也不应该在题诗中推波助澜：

夫颂者，美盛德之形容，以成功告于神明者也，别无他意，非若风雅之有变也，《商》《周》《鲁》三诗可以概见。今元子乃以笔削之法，寓之声诗，婉词含讥，盖之而章。使真有意耶？固已非是，诸公噪其傍又如此，则中兴之碑乃一罪案，何颂之有？观鲁直"二三策"与"痛至骨"之语，则诚谓元子有讥焉。余以为非是善恶，自有史册，歌颂之体，不当含讥。

他打了一个比方，譬如给父母祝寿时，纵使父母有不当之处，也不能在祝寿词中提及，外人更不该从旁诋毁苛责：

譬如上寿父母之前，捧觞善颂而已，若父母有阙遗，非奉觞时可及。《磨崖颂》大业，岂非奉觞时耶？元子既不能无误，而诸人又从傍诋诃之不恕，何异执兵以诟人之父母于其子孙为寿之时者乎，乌得为事体之正。

范成大想通过元结《中兴颂》与后人题诗申明文体正统的问题，本来只是一个纯粹的学术层面的探讨，"如欲正君臣父子之大纲，与夫颂诗形容之本旨，亦不暇为元子及诸词人地也"，[1]他写下《书浯溪中兴碑后》一诗，表明自己的观点，认为颂诗当温柔敦厚，和针砭时弊的策论不

---

① 范成大：《骖鸾录》，孔凡礼点校：《范成大笔记六种》，中华书局2002年版，第58页。

同，"三颂遗音和者希，丰容宁有刺讥辞。绝怜元子《春秋》法，都寓唐家《清庙》诗。歌咏当谐琴搏拊，策书自管璧瑕疵。纷纷健笔刚题破，从此磨崖不是碑。"范成大考虑到自己所作可能会引发一些诗学上的争论，但他自谓无意挑衅前人，只是主张诗体正义而已，可他万万没有想到，此事在当地引起一场轩然大波，一时间气氛非常紧张：

> 诗既出，零陵人大以为妄，谓余不合点破渠乡曲古迹。有闽人施一夔者，通判州事，助之噪，独教授王阮南卿是余言，则并指南卿以为党云。①

其实，范成大无意中触犯了当地的经济和文化利益。自唐代以来，浯溪《大唐中兴颂》的摩崖石刻便是永州一张重要的文化名片，既增大了当地的知名度，又可打碑销售增进经济收益。② 所以范成大的批评之语遭到地方士人与官员如通判施一夔的强烈反对，只有永州教授王阮支持他的观点。王阮是隆兴元年（1163）进士，策论曾主张建都于建邺，以图恢复中原，范成大时为点检试卷官，赞叹曰："是人杰也！"③ 王阮也是一身铮铮铁骨，以天下为己任，尊崇"私罪不可有，公罪不可无"的为官理念，自云"但愿列循吏，宁甘为鄙夫"。他对范成大的支持，既是对当年知遇之恩的回应，也是两人所持儒家正统思想的共鸣。在浯溪，范成大不惮有结党之嫌，批评摩崖石刻，捍卫颂体之正统，这与他出使金国时的坚守气节，反对张说时的刚正不阿是完全一致的，呈现出儒家士大夫的风骨和节操。他坚定地请人将自己所作诗也刻于石旁，"与来者共商略之。此诗之出，必有相诟病者，谓不合题破次山碑。此亦习俗固陋，不能越拘挛之见耳。余义正词直，不暇恤也。"④

离开浯溪，范成大又辗转于湘山、潇水之间，寻觅当年柳宗元贬谪此地时留下的旧踪迹，如新堂、万石堂、钴𬭚潭等。

---

① 范成大：《骖鸾录》，孔凡礼点校：《范成大笔记六种》，中华书局 2002 年版，第 58 页。
② 北宋时期，即有人打碑卖拓片，如张耒《题磨崖碑》云："君不见荒塘浯水弃不收，时有游人打碑卖。"范成大《骖鸾录》曰："打碑卖者，一民家，自言为次山后，擅其利。"孔凡礼点校：《范成大笔记六种》，中华书局 2002 年版，第 57 页。
③ 脱脱等：《宋史》卷三百九十五《王阮传》，上海古籍出版社、上海书店 1986 年版，第 1363 页。
④ 范成大：《书浯溪中兴碑后》，富寿荪标校：《范石湖集》卷十三，上海古籍出版社 2006 年版，第 171 页。

四 革除旧弊

二月二十六日，一行人终于跨入桂林界。静江府地处西南，气象不凡，令众人惊诧不已，"有大华表，跨官道，榜曰广南西路。家人子举头惊诧，以为何为至此也"。① 一路从湖南的丘陵、山道走来，桂林给了范成大豁然开朗的感受，奇特的地貌令人叹为观止，"然自湖南尽处，赤土小山，绵延无已。至湘山虽佳，然村落蹊隧，犹嫌狭，少夷坦。甫入桂林界，平野豁开，两傍各数里，石峰森峭，罗列左右，如排衙引而南，同行皆动心骇目，相与指似夸叹，又谓来游之晚。"② 位于西南边陲的桂林既有着北方古塞一样的大气，"夹道高枫古柳，道途大逵，如安肃故疆及燕山外城，都会所有，自不凡也"；又有着西南的异域特色，范成大生平第一次见到地上的槟榔渍，"道上时见鲜血之点，凝渍可恶。意谓刲羊豕者舁过所滴，然亦怪何其多也。忽悟此必食槟榔者所唾。徐究之，果然。"③

范成大行经静江府数县，乾道九年(1173)二月二十八日到达北城外的别圃八桂堂。他于去年十二月七日从吴郡出发，至此已经将近四个月(癸巳年闰一月)。如此长途跋涉，风雨兼程，实在疲惫不堪，范成大一行在八桂堂足足休息了十日，洗尽征尘，进行了充分的放松和调整。三月十日，入静江府城，交接府事，其《自中书帅广谢表》云："紫微凤阁，曾莫代于尧言；桂海冰天，但欲穷于禹迹。"④ 三年之内，范成大从冰天雪地的金国，到桂花如海的静江府，足迹纵横九州南北。曾经的中书舍人范成大此时正式上任知静江军府事、提举学事、兼管内劝农事，充广南西路兵马都钤辖，兼本路经略安抚使，兼提举买马。⑤ 广南西路

---

① 范成大：《骖鸾录》，孔凡礼点校：《范成大笔记六种》，中华书局 2002 年版，第 59 页。
② 范成大：《骖鸾录》，孔凡礼点校：《范成大笔记六种》，中华书局 2002 年版，第 59 页。
③ 范成大：《骖鸾录》，孔凡礼点校：《范成大笔记六种》，中华书局 2002 年版，第 59 页。
④ 黄震：《黄氏日抄》卷六十七，《全宋笔记》第十编·十，大象出版社 2018 年版，第 420 页。
⑤ 张鸣凤：《桂故》卷五，《景印文渊阁四库全书》，台湾商务印书馆 1986 年版，第 585 册，第 765 页。

辖域包括静江府、容州、象州、邕州、昭州、梧州、藤州、浔州、贵州、柳州、横州、融州、宾州、化州、高州、雷州、钦州、廉州、郁林州、宜州、贺州，还有远在海南的琼州、昌化军、万安军和吉阳军等。范成大共管 25 个州、73 个县，"矧今炎州，号国南屏。指麾部属，多至二十五城；经抚郡蛮，不知几千万落。"①

南国静江府给范成大非常好的印象，"乾道八年（按：当为乾道九年）三月，既至郡，则风气清淑，果如所闻，而岩岫之奇绝，俗习之淳古，府治之雄胜，又有过所闻者"。② 如此绝佳的一方水土，宛如仙境，为何财政窘匮、民生困顿？范成大上任伊始便进行调研，很快就找到了关键所在，广西盐法首当其冲。

广西每岁财政收入仰仗湖南、湖北及封桩钱七十余万缗裨补，此外惟恃盐货。但南宋时期广西盐法经常变动，或实行客钞法，或官般官卖。客钞法即通商制度，商人买钞引于榷货务，至产盐地买盐，再到指定地点售卖。官般官卖则是官方负责食盐买卖，所得盐息主要供给地方岁用。③ 范成大上任时，由于历史原因，广西盐法为客钞法，所盈之利并不能及时归于官府，造成地方财政紧张，入不敷出。"建炎后，中原士族富家避地辐辏，尝一行客贩。其后客皆北归，邻道岁给亦停，稍许折苗招籴，旋以病民而罢。诸郡专藉运盐之利，漕司取十六，以其四充郡计，已复尽取之，于是属州有增价抑配之弊。"④广西运判章潭与范成大计议，⑤向孝宗奏请废除广西现行的客钞法，恢复官般官卖法，夺商人之利以利官，民亦无折米之患。周必大《资政殿大学士赠银青光禄大夫范公成大神道碑》记曰：

诏复行钞盐，漕司拘钞钱，均给所部，而钱不时至，守令束手无

① 王象之：《舆地纪胜》卷一百三《静江府》引范成大谢表，赵一生点校，浙江古籍出版社 2012 年版，第 2479 页。
② 范成大：《桂海虞衡志·序》，孔凡礼点校：《范成大笔记六种》，中华书局 2002 年版，第 81 页。
③ 参见戴裔煊《宋代钞盐制度研究》，中华书局 1981 年版。
④ 周必大：《资政殿大学士赠银青光禄大夫范公成大神道碑》，王蓉贵、（日）白井顺点校：《周必大全集》第 2 册，四川大学出版社 2017 年版，第 580 页。
⑤ 佚名：《宋史全文》卷二十七："（章潭）就移西路运判，客钞不敷，漕计大窘，寝食几废。又得东路二十八万缗，遂以少宽。即同帅臣范成大乞行官卖。"中华书局 2016 年版，第 2276 页。

措。极边如邕州，至经年无吏俸，禁军逃亡不补。公入境曰："利害有大于此乎！"日夜讨论，连奏疏数千言，大略谓："法久或弊，救之在人。诚能裁漕司强取之数，以宽郡县，则科抑可禁，不在改法。"①

范成大自上任后便一直忙碌于盐法的调研和奏请事宜，不知不觉便到了晚春时节，此时的桂林益发宜人。范成大在诗中欣然写道："静极闻檐佩，慵来爱枕帏。隙虹飞永昼，帘影碎斜晖。燕踏花枝语，蜂萦柳絮归。轻飔宜白纻，时节近清微。"②然而好景不长，当潮湿闷热的夏季来临，范成大终于感受到瘴乡的恐怖，他不明原因地病倒了，从六月到中秋之后，足足躺了一个多月方才痊愈，③好友周必大在来信中万分担忧："继有客南来，颇言卧合月余。""吾曹禀受素弱，少时尚作衰态，况年已半百。饮食起居间，倍宜自持也。"④病中，范成大对所谓的瘴气百思不得其解，不久他发现了一些问题，桂林当地人不重视丧葬，野外、寺舍随处可见尸体遗骸，"妄称家力不办，风水不吉，日月未利，兄弟相妨之类，只将棺柩寄留寺舍，或置岩穴，或藁殡于荒园林木之间，少者五年七年，多者二三十年，不与安厝"，自掘祖坟之事亦时有发生，"又信于巫卜，因生事，小不如意，即归罪坟垄"，造成"棺柩破毁，骸骨暴露，或弃草野"，任由野兽啃食。六月二十八日，范成大张榜发布《谕葬文》，从伦理道德的角度进行规劝，"人既无孝心，即是禽兽"，并限期八月十五之前安葬亲人遗骨，从今以后不得以改葬之名发掘先陇，否则依法论处。⑤至于远游客死他乡者，遗骸委骼，狼藉散乱而无人代埋，又不知其数，范成大指示由官方统一安葬，"择城北坑冶故墟为塚瘗之"，不知姓名者尚数十担，合二大冢而葬。⑥ 八月二十五日，范成大率临桂县令陈舜韶、司

① 周必大：《资政殿大学士赠银青光禄大夫范公成大神道碑》，王蓉贵、（日）白井顺点校：《周必大全集》第2册，四川大学出版社2017年版，第549页。

② 范成大：《晚春二首》，富寿荪标校：《范石湖集》卷十四，上海古籍出版社2006年版，第173页。

③ 范成大《桂林中秋赋》："适病余而闭阁兮，屏危柱与哀弦。"（富寿荪标校：《范石湖集》卷三十四，第457页）可知其病中秋尚未痊愈。

④ 参见周必大乾道九年书信《范至能参政》，王蓉贵、（日）白井顺点校：《周必大全集》第3册，四川大学出版社2017年版，第1797页。

⑤ 范成大：《谕葬文》，孔凡礼辑：《范成大佚著辑存》，中华书局1983年版，第131页。

⑥ 周必大：《资政殿大学士赠银青光禄大夫范公成大神道碑》，王蓉贵、（日）白井顺点校：《周必大全集》第2册，四川大学出版社2017年版，第580页。

法参军郑郎同去公墓祭奠,并作祭文以示哀思,让孤魂野鬼入土为安。①范成大的这一举措既化育了民风,从卫生防疫的角度来看也是非常有益的,防止潮热天气里大量尸体腐烂引起细菌、病毒的传播,形成所谓的瘴气,保障当地官民的身体健康。

乾道九年(1173)秋末,安南国欲遣使入贡。绍兴二十六年(1156),安南曾经入贡,参知政事施大任帅桂,遵循旧例,盛情款待,以刺字报谒,且用行厨宴于其馆。② 乾道八年(1172)秋,南宋欲买训象,以备郊祀卤簿,安南不愿卖,愿以备贡。乾道九年(1173)遣中卫大夫尹子思为大使、承议郎李邦正为正使、忠翊郎阮文献为副使入朝贡奉。安南人此行明为贡奉,实则炫耀国力,无论象饰礼物还是使者服饰,极尽奢华之能事,"其象饰礼物,则有金御乘象罗我,罗我如鞍架之状,及金装象牙鞘、金象额、金银裹象钩连同心带、金间银装象额、金银装朱缠象藤条、金镀铜装象脚铃、装象铜铎连铁索、御乘象绣坐簟、装象犛牛花朵、御乘象朱梯、御罗我同心龙头带等""使者幞头、靴、笏、红鞋、金带、犀带,每夸以金箱之。又以香膏沐发如漆,裹细折乌纱巾,足加履袜。使者乘凉轿,钉较髹漆甚饰。"③安南使者态度非常傲慢,"颇以所进盛多自矜",④沿途经过岭南诸多积贫积弱的州县,更让他们不屑,"象纲所过州县,类有宴,犒夫脚、象屋之费。而诸郡兵卫单弱,不足以耸外夷"。⑤ 范成大对此非常重视,他曾经亲历金国祈请更定受书礼,深知礼仪关系国体,并非小事,因此他要煞一煞安南使者的威风,树立大宋国威。当一行使者"比至静江,见迓卒铠甲之盛,进退行伍之肃,使者失声叹曰:'吾至此方见大朝威仪。'参府之次,就戟门外上下马,庭参甚恭。"⑥范成大又一改绍兴年间接待之礼,罢去宴请。"使者私谓衙校曰:'施参政惠顾厚,今奈何悉罢去?'余使人谕之曰:'经略使司与安南都护府埒,经略使与南平王比肩,使者是都护府小官,才与桂林曹掾官比,法当廷参,不然不见

① 范成大:《祭遗骸文》,孔凡礼辑:《范成大佚著辑存》,中华书局 1983 年版,第 182 页。
② 马端临:《文献通考》卷三百三十四引《桂海虞衡志》,中华书局 2011 年版,第 9104 页。
③ 马端临:《文献通考》卷三百三十四引《桂海虞衡志》,中华书局 2011 年版,第 9104 页。
④ 周去非:《岭外代答》卷二《安南国》,上海远东出版社 1996 年版,第 31 页。
⑤ 周去非:《岭外代答》卷二《安南国》,上海远东出版社 1996 年版,第 31—32 页。
⑥ 周去非:《岭外代答》卷二《安南国》,上海远东出版社 1996 年版,第 32 页。

也。'使者屈服,遂廷参。其归也,至欲列拜,余使人掖之曰:'免拜。'余奏其事,且著于籍,以为定制。"①范成大认为广西经略使与安南国王同等级,不可屈尊招待级别低的使者,故遵照北宋政和年间旧制,令其前来参拜。十二月十三日又以广南西路经略安抚司的名义上奏朝廷,请以此为定制,维护南宋国体尊严。奏曰:

> 进奉使、副等到本司,除公参大排茶酒外,其余礼数颇繁,本司并行折算,及说谕在路不宜稽滞。已依禀趁程起发,所有经由以北州军门迎、大排、辞送、管设之类,并乞一并折算,可省搔扰繁缛之费,已备牒照应施行。旧例,帅臣往使人馆舍报谒,仍移庖茶酒七盏。窃谓本司经略诸蛮,安南等道皆系绥抚,其陪臣无敌体之礼,遂检准政和五年"交州进奉经过州军更不复礼"指挥,令尹子思等赴本司参谒。叙寒温罢,即以门状就厅展还,尹子思等降阶揖谢而退。次日亦不移庖,折送还之。自此可为定例。及除参司并特排外,其余大排、谢会、辞府、朔旦等茶酒,悉准物价递送。官司省费,蛮人亦以为利。②

范成大对于安南象纲并不热心,因为贡象仅用于祭祀,还要沿途接待,劳民伤财。但是他对民生和马政格外用心,同年十二月十五日,朝廷从范成大之请,罢广西食盐的客钞法,恢复官般官卖。"漕计优裕,实范公之力也。"③马政事关军备,意义重大,南宋军队中的马匹主要从罗殿、自杞、大理诸国购买。乾道九年(1173)冬,有大理人李观音得等至邕州(治今广西南宁市)横山求市马,希望以马换书籍:

> 乾道九年冬,有大理人李观音得等二十二人,至横山求市马,知邕州姚恪盛陈金帛夸诩之,其人大喜,出一文书,称利贞二年十二月,约来年以马来,换所须《文选》《五经》《国语》《三史》《初学记》及医、释等书。④

---

① 马端临:《文献通考》卷三百三十四引《桂海虞衡志》,中华书局2011年版,第9104页。
② 徐松辑、刘琳等校点:《宋会要辑稿·蕃夷七》,上海古籍出版社2014年版,第16册,第9970页。
③ 周去非:《岭外代答》卷五《广西盐法》,上海远东出版社1996年版,第99页。
④ 李心传:《建炎以来朝野杂记》甲集卷十八,中华书局2000年版,第427页。

但是宜州(治今广西宜州市)溪洞巡检常恭要和南丹州莫延葚做生意,乞就宜州市马,理由是路程更近。当时张说在枢密院,以莫氏表奏上。枢密院检详文字李椿反对,认为莫氏方横,与其交易后患无穷。张说不听,十二月命李彦宗以提点纲马驿程人前往宜州措置战马,宣抚司无权过问。范成大上奏,言其弊病,"公奏南丹越宜州,已非法,今并舍帅司,边防坏矣。疏恭罪恶,密遣人擒以归"。① 次年甲午(1174),改元淳熙,朝中官员发生很大的变动,八月张说被罢,十月范成大便奏请罢宜州买马,并弹劾常恭,将其流放,"帅臣范致能因劾常恭之罪,下吏削籍流窜焉。"②

范成大将为朝廷买马的职权重新争取到宣抚司,并论奏再三,着手革除马政四弊。他了解到在和土著交易马匹时,贪官污吏存有私心,克扣马银、盐畚,从中谋利,"然官吏为奸,博马银多杂以铜(蛮人交易每银一两为握臂钏朴以为率),盐百斤为一畚,朘减至六十。所赢皆官吏共盗之。"③他们感到受骗后,就不卖良马给南宋,"蛮觉知,不肯以良马来。所市率多老病弩下,且不能登数"。④ 范成大明察秋毫,将其列入马政大弊,"蛮人先驱一二百瘦病者为马样,邀以买此,而后大队至。暨至亦杂以半。买马司典吏与招马人岁久为弊,一也。"又指出官吏贪污草料钱,马匹沿途不能及时食草,致使生病受损,"横山寨无草场,支钱悉为官吏乾没,不以时得草,二也。""沿路损马大弊二。所至无桥道,涉水资程,一也。州县不与草料,但计嘱押人而去,二也。"⑤马匹的好坏关涉到将来战场上的胜败,所以范成大坚决革除旧弊,竭尽全力为朝廷选购良马。他从实际出发,将所购战马的体格标准从四尺四寸降到四尺三寸,虽然仅一寸之差,但马匹价格相差甚大,省出的银两即可多购若干,"淳熙元年指挥,战马买四尺四寸以上。石湖乞四尺三寸以上……每低一寸减银十两,如四尺四寸者银四十一两,三寸即三十一两"。又针对边

① 周必大:《资政殿大学士赠银青光禄大夫范公成大神道碑》,王蓉贵、(日)白井顺点校:《周必大全集》第 2 册,四川大学出版社 2017 年版,第 580 页。
② 李心传:《建炎以来朝野杂记》甲集卷十八,中华书局 2000 年版,第 427 页。
③ 李心传:《建炎以来朝野杂记》甲集卷十八,中华书局 2000 年版,第 427 页。
④ 李心传:《建炎以来朝野杂记》甲集卷十八,中华书局 2000 年版,第 427 页。
⑤ 黄震:《黄氏日抄》卷六十七,《全宋笔记》第十编·十,大象出版社 2018 年版,第 410 页。

吏银钱掺杂、盐盒分量不足、不及时付给草料钱等问题进行整顿,与土著进行诚信、公平交易,"措置银不夹带,盐足斤两。又印给支买凭由,每量到马匹即批上尺寸斤两。蛮人感悦,得马最多。"①如此一来,他们乐于同南宋交易好马,之前广西所买之马不过三十纲(五十匹为一纲),范成大整顿马政之后,所购战马数量达至双倍,"至能为之约束,令太守莅镕钊朴,增足盐盒。逮其去官之岁,市马乃六十纲,前此未有也。"②

除买马匹之外,范成大还鼓励边境明开博易之路,禁止私下交易,据黄震《黄氏日抄》所记,范成大曾奏请禁私锦:又奏静江府兴安县客旅私贩水银入建阳、邵武,买异色锦,私涉宜用蛮界,至邕州溪洞,邀蛮人教止易银,而以私锦售易之(官价锦当银三十五两,私锦只十五两),致官锦无用。独一色银易马不足,且诱省地民负荷而缚卖之,或夹带奸细,乞禁约于建阳、邵武出锦之源。③

西南的边防和民族问题非常复杂,是一直令朝廷头疼的痼疾。广西所管辖25州,有4州在海之南,21州在海之北。据黄震《黄氏日抄》卷六十七《范石湖文》所录:"在海北者,外边诸蛮,内杂洞徭,而邕、宜为最要害。"但如此要害之地,官方却兵力虚弱,没有任何战斗力,"邕州管东南第十三将五千一百人,淳熙初仅存七百七十余人。宜州管第十二副将,淳熙初存五百三十余人。又多差押马、催纲、接送、杂役,在营者皆老病,与无兵同",范成大挑选精兵进行训练,增强武装力量,"石湖搜强壮一千人,并驻泊下,拣百八十四人,与攡锋军、本司效用军结队上教"。练兵之外,范成大还格外重视团结徭人,按距离远近实施不同策略,层层设防,使远者不敢来犯。

> 石湖练兵之外,又团结徭人作三节措置。先结边岿省民,授器教阵,次谕稍近徭人,团结立誓,然后许通博易,最后又遣勇敢以近徭为乡导,深入不宾处,如前谕之。他日远徭有犯,须先破近徭,近徭有犯,先及边团,则官兵固已至矣。是年,静江管下溪洞徭人,结

---

① 黄震:《黄氏日抄》卷六十七,《全宋笔记》第十编·十,大象出版社2018年版,第410页。
② 李心传:《建炎以来朝野杂记》甲集卷十八,中华书局2000年版,第428页。
③ 黄震:《黄氏日抄》卷六十七,《全宋笔记》第十编·十,大象出版社2018年版,第410页。

成五十五团,置桑江寨以统属之,其义宁、临桂、古县一带深山团结不尽者二十四聚落,亦缘此不敢犯边。又置博易两场,以防其穷迫。[1]

范成大把边防治理得井井有条,官兵训练有素,各族相安无事。他以团结、劝谕为主,态度诚恳实在,深受边民的信任与爱戴,"予既不鄙其民,而民亦矜予之拙而信其诚,相戒勿欺侮。"[2]诸徭首领纷纷立誓云:"某等已充山职,今当钤束家丁,男行侍捧,女行把麻,任从出入。上有太阳,下有地宿,翻背者生儿成驴,生女成猪,举家绝灭。不得对好翻非,不得偷寒送暖。上山同路,下山同船,男儿带刀,一点一齐,同杀盗贼。不用此款者,并依山例。"[3]虽言辞粗鄙,但态度诚恳,愿意效忠安抚司。"自是帅事二年,诸徭无及省界者。"

对待作乱者,范成大却毫不让步,绝不手软。兴安县界有贼匪伤人,范成大密设方略进行围剿:

> 适中秋,同诸司泛舟赏月,命取大卮酌酒置案间。提刑郑丙问故,公笑曰:"欲饮至尔。"俄岸上欢噪,乃将官沙世坚执贼首来。即以卮酒饮之,诸司骇服。[4]

沙世坚乃金国归正之人,曾为右军统领成忠郎,后因坐赃贬至静江为隶,范成大令其戴罪立功,在广西剿匪,留下一段传奇。

由于身兼管内劝农事,范成大对广西各州县的农业生产也非常关心,亲自到静江府北郊视察农田。当时广西农业不够发达,农民也比较懒惰,不肯起早贪黑地勤作,范成大在《晓出北郊》诗中写道:"山家不早起,闭户如藏逃""遰畛病瘠土,不肯昏作劳"。地里干旱缺水,庄稼长得纤细弱小,"灭裂复灭裂,晚秧如牛毛"。如此生产状况让范成大这个劝农使频频挠头,"官称劝农使,临风首频搔"。他认真履行知府职责,为百姓斋戒祈雨,《桂林中秋赋》小序云:"又祈雨,蔬食清坐。"听说桂林灵

① 黄震:《黄氏日抄》卷六十七,《全宋笔记》第十编·十,大象出版社 2018 年版,第 411 页。
② 范成大:《桂海虞衡志·序》,孔凡礼点校:《范成大笔记六种》,中华书局 2002 年版,第 81 页。
③ 周勋初主编:《宋人轶事汇编》卷三十四引《西园闻见录》,上海古籍出版社 2014 年版,第 2428 页。
④ 周必大:《资政殿大学士赠银青光禄大夫范公成大神道碑》,王蓉贵、(日)白井顺点校:《周必大全集》第 2 册,四川大学出版社 2017 年版,第 580 页。

川县海阳山上有庙非常灵验,"旱潦厉疾,必斋以祷。精诚潜孚,如响斯应",①范成大便请求朝廷赐庙额曰"灵泽",每岁重九祭祀,"宋乾道间桂州经略使范成大请敕,封灵川侯,赐庙额。岁九月九日致祭。"②不久天降甘雨,范成大作《甘雨应祈三绝》云:"黄绅被冷初眠觉,先向芭蕉叶上知""今朝健起巡檐看,恰似庐山看水帘""说与东江津吏道,打量今晚涨痕来"。③但是,稻田之水不能只靠天赐,范成大又修浚城北古渠,以助灌溉,是为朝宗渠。《桂胜》卷四记曰:"宋人于城北当道穿渠,使其流东接漓江,西入西湖,达于阳江,用补形胜之所不及。张仲宇《盛事》记云:'王公祖道,泏子癸之流,以注辛戌。环城有水,如血脉之萦一身。遂闻之朝,故大观二年准敕,著令壅隔新泏者,以盗决黄、汴二河堤防法坐之。其年桂士得举者众,范公成大又复修之。'"即便如此,昭州(治今广西平乐县)、贺州(治今广西贺州市)仍因旱情出现饥荒,范成大前去赈灾,并奏请朝廷减租,"昭、贺二州旱,既赈之,又乞减四等以下户田租之半。"④范成大对农事的重视和关心终有回报,此后风调雨顺,"岁比稔,幕府少文书。居二年,余心安焉"。⑤

范成大在广西建白甚多,黄震曾列举数篇,"以复行官卖盐为第一事。继又条四事:一乞招填诸州将兵;二乞以前提刑滕膴效用军发赴行在,逃亡者招充本路效用,小弱者断给据自便;三以广西人少,一保动隔山川,改户长法,止以三十户为一科;四以簿尉规避上司,别差无籍者摄之,乞禁止。又劾宜州兵官不之任及冒领边赏,又辖铃将副老者与祠。乞改四月十五科举为三月十五,以免冒暑。乞以铨试三场分日"。范成大帅桂如此勤勉用心,故政绩颇为显著,于北山先生曾总结道:"在帅桂二年中,陈奏措置,着意于矫弊政,建事功。如西南购马,缘革除宿弊,取信边民,而得马最多(昔至三十纲,即有推赏;石湖至六十纲,纲五十匹,即岁得三千匹)。如变盐法而漕计充裕,郡县亦减轻负担;如汰捡郡

① 陈邕:《灵泽庙碑记》,谢启昆修、胡虔纂:《广西通志》卷一百四十二,广西人民出版社 1988 年版,第4071 页。
② 谢启昆修、胡虔纂:《广西通志》卷一百四十二,广西人民出版社 1988 年版,第 4070—4071 页。
③ 范成大:《甘雨应祈三绝》,富寿荪标校《范石湖集》卷十四,上海古籍出版社 2006 年版,第 182 页。
④ 黄震:《黄氏日抄》卷六十七,《全宋笔记》第十编·十,大象出版社 2018 年版,第 412 页。
⑤ 范成大:《桂海虞衡志·序》,孔凡礼点校《范成大笔记六种》,中华书局 2002 年版,第 81 页。

卒,期成劲旅;约结傜族,安定殊方;赈旱减租,冀纾民困,皆有明效可睹者。"①

五　诗书帅桂

范成大并不是一个只懂政治、不会生活的人。静江府虽地处偏远,但山水甲天下,实乃一方宝地。韩愈当年曾作《送桂州严大夫》诗曰:"苍苍森八桂,兹地在湘南。江作青罗带,山如碧玉簪。户多输翠羽,家自种黄柑。远胜登仙去,飞鸾不暇骖。"刚进入静江府城的那天,范成大便在日记中感慨道:"郡治前后,万峰环列,与天无际。按,桂林自唐以来,山川以奇秀称。韩文公虽不到,然在潮乃熟闻之,故诗有'参天''带水''翠羽''黄甘'之语,末句乃曰:'远胜登仙去,飞鸾不暇骖。'盖歆艳之如此。"②范成大亲临此地,当然不能辜负如此好山好水。虽然他初到桂林从夏季到中秋有段时间身体抱恙,《桂林中秋赋》小序云:"乾道癸巳中秋,湘南楼月色甚佳。病起不觞客。"待中秋后痊愈,公事之余范成大便和幕客、同僚饱览桂林的自然山水风光。

范成大被时人誉为"诗书帅",③他的幕府中人以及僚属亦不乏饱学之士,或为进士出身,或为当地名士,如陈符、张仲宇、陈席珍、李静翁等。其中不仅有范成大的进士同年,如广西经略司主管机宜郭见义(字季勇);④还有门生(隆兴元年进士),如静江府学教授周去非、静江府司理参军简世杰等多人。⑤ 范成大开府静江后,朝中一些与范成大政见一致者也渐次投奔而来,形成以他为中心的政治、文化群体。如静江府通判许子绍,《广西通志》卷八十六记载:"(子绍)监左藏库时,欲得太常

---

① 于北山:《范成大年谱》,上海古籍出版社 2006 年版,第 197 页。

② 范成大:《骖鸾录》,孔凡礼点校:《范成大笔记六种》,中华书局 2002 年版,第 60 页。

③ 李洪《芸庵类稿》卷三《送许季韶倅桂林》云:"桂林赖有诗书帅,好共骖鸾上玉堂。"

④ 据《广西通志》卷五十一,范成大有《送郭季勇同年归衡山》:"平生杏园友,把酒天南陲。"《乾道癸巳腊后二日,桂林大雪尺余,郡人云前此未省见也。郭季勇机宜赋古风为贺,次其韵》诗。

⑤ 范成大:《逍遥楼席上赠张邦达教授,张癸未省闻门生也。同年进士俱会楼上者七人》,富寿荪标校:《范石湖集》卷十四,上海古籍出版社 2006 年版,第 183 页。

丞,时相抑不用。乃出为静江府通判。"再如广西提刑林光朝,也是范成大的同道中人。林光朝字谦之,兴化军莆田人,范成大舅舅蔡伸的同乡,张说再除签书枢密院事,光朝不往贺,遂出为广西提点刑狱。① 乾道九年(1173)秋,周必大在给范成大的书信中便非常羡慕地说:"谦之(按:林光朝字)联事可喜,桂林乃德星聚也。"②这些人在偏远的桂林与范成大共事,政治上志同道合,齐心协力治理一方;闲暇时便一起登临游览,寄情山水,诗文唱和,题名刻石,不亦乐乎!

桂林号称洞府水天,有诸多造型奇特、千姿百态的溶洞,如同鬼斧神工,水月洞是其中之一。"水月洞,在宜山之麓,其半枕江。天然刓刻作大洞门,透彻山背。顶高数十丈,其形正圆,望之端整如大月轮。江别派流贯洞中,踞石弄水,如坐卷篷大桥下。"③张孝祥知静江府时更名为朝阳洞,范成大和林光朝揆诸事实,将洞名改回水月,"乾道九年九月初吉,吴人范成大、莆田人林光朝,考古揆宜,俾复其旧。成大又为之铭,百世之后尚无改也。"④九月九日,范成大又约上广西运判吴郡同乡章潭一起携家同游,并刻石题名:"乾道癸巳重九,吴人章潭邃道、范成大至能,携家同登七星山,遂游栖霞、水月诸洞。"⑤吴人能在遥远之地桂林同游,领略异乡风光,也是一种深厚的缘分。桂林山水与吴中不同,自有别样奇特,范成大在多处胜景留下了足迹与墨迹,陆耀遹《金石续编》卷十八云:"计成大在桂林二载,栖霞洞、屏风山、七星山、壶天观、中隐山、伏波岩、碧虚亭诸胜,并有题名。"⑥

范成大还善于发掘桂林的历史文化资源,任期内兴建一批亭台楼阁,建造新的人文景观,如骖鸾亭、所思亭、碧虚亭、平易堂、正夏堂、进德堂等,均成为郡中名胜。⑦ 最著名者如癸水亭。静江民间视癸水有神验,能护一方平安,助祐文脉,曾挖沟引水为护城河。但二十多年前,河

① 脱脱等:《宋史》卷四三三《林光朝传》,上海古籍出版社、上海书店1986年版,第1458页。

② 周必大:乾道九年《范至能参政》第一书,王蓉贵、(日)白井顺点校:《周必大全集》第3册,四川大学出版社2017年版,第1797页。

③ 范成大:《桂海虞衡志》,孔凡礼点校:《范成大笔记六种》,中华书局2002年版,第84页。

④ 张鸣凤:《桂胜》卷一,《景印文渊阁四库全书》,台湾商务印书馆1986年版,第585册,第647页。

⑤ 张鸣凤:《桂胜》卷二,《景印文渊阁四库全书》,台湾商务印书馆1986年版,第585册,第670页。

⑥ 陆耀遹:《金石续编》卷十八,《续修四库全书》,上海古籍出版社1996年版,第893册,第827页。

⑦ 参见《临桂县志》卷二十六《胜迹志二》、《广西通志》卷四十四等。

沟已壅塞报废,范成大重新修浚,使其碧波荡漾,涟漪如带,此举既有政治、文化意蕴,又成就一处绝佳美景。范成大遂建亭于其上,以示纪念。周去非《岭外代答》卷一《癸水》云:

> 漓水自癸方来,直抵静江府城东北角,遂并城东而南。古记云:"赖有癸水绕东城,永不见刀兵。"又有石记云:"湘南南粤北,此地居然自牛肋。直饶四面血成池,一骑刀兵入不得。"五代、靖康之乱,大盗满四方,独不至静江。风水之说,固有验矣。昔于城东北角沟漓水绕城而西,复南,东合于漓。厥后居民壅之,沟遂废。范石湖帅桂,乃浚斯沟,涟漪如带。于沟口伏波岩之下、八桂堂之前,创为危亭,名以癸水。①

癸水亭落成后,范成大也赋诗一首,以记其详。《癸水亭落成,示坐客,长老之记曰:癸水绕东城,永不见刀兵。余作亭于水上,其详具记中》诗云:

> 天将福地巩严城,形胜山川表里明。旧说桂林无瘴气,今知漓水辟刀兵。云深铜柱边声乐,月冷珠池海面平。愿挽江流接河汉,为君直北洗欃枪。

上半首称赞癸水护城之功,使桂林免于战乱,成为乐土福地。下半首写西南边境无事,一派太平安乐之象,并希望把漓江的灵验风水带到北方,使中原地带不见战事。和一般的迁客骚人常常抒发一己幽怀不同,作为镇守一方的大帅,范成大时刻怀有爱国忧民之心,他更注重发掘桂林名胜的深刻内涵,化育民风,亦为当地的自然景观增添一些人文气息。

再比如临桂屏风山上的壶天观,此观乃北宋时期兴建,尚未完工便弃置不缮。"宣政喜边功,隆兑筑州县。程公自名岩,刻石记所建。得既不偿费,中兴弃不缮。诞谩磨崖辞,当日妄夸炫。"②范成大重新修建

---

① 周去非:《岭外代答》卷一,上海远东出版社 1996 年版,第 17 页。

② 梁安世:《留守参政大资范公,余同年进士。往岁帅桂林,题刻最多,四方传之。暇日尝与同僚遍观,因即公所名壶天观题数语》,汪森:《粤西诗载》卷三,《景印文渊阁四库全书》,台湾商务印书馆 1986 年版,第 1465 册,第 21 页。

壶天观,淳熙元年(1174)七月十日竣工,他与广西提点刑狱郑丙(继林光朝任)、转运判官赵善政(继章潭任)、提点坑冶铸钱李大正同集于此。范成大发挥其善书的优势,笔走龙蛇,题写观名,令后来者叹为观止。他的进士同年梁安世便描述道:"壁间三大字,庄重如峨弁。诗文鸾鹤音,笔势龙蛇变。登高瞰洞户,漓水澄如练。胜概耸灵台,退观起三叹。玲珑二十四,妙墨镌题遍。"①范成大还自作《壶天观铭》阐发此处之妙:

> 凡洞穴皆幽暗偪仄,秉烛而游。唯屏风岩高广壁立,如康庄大厦,延纳晖景,内外昭彻。石湖居士名之曰"空明之洞"。由磴道数十级,出小石穴,山川城郭,恍然无际。乃作观台,是名"壶天"。游客诧曰:"大哉斯壶,函里如许!"居士曰:"世所有相,如空浮华,心目颠倒。故善巧者,能于宝珠及以芥子,乃至毫端出现尘刹,彼观者不觉不知,况一壶哉!"客悟且笑曰:"然则游戏神通耶?"居士亦笑,而为之铭曰:

> 心尘目华,三昧现前。我提一壶,弥罗大千。无有方所,四维上下。此三昧门,溥施游者。②

范成大善赏造化奇观,体现了高雅脱俗的审美境界和人生境界。

淳熙元年(1174)为解试之年,静江府依例大比,有数人胜出。九月,知府范成大举办鹿鸣宴,勉励、祝福举子们次年入京金榜题名,他欣然赋诗《淳熙甲午桂林鹿鸣燕,辄赋小诗,少见劝驾之意》:"维南吾国最多儒,耸看招招赴陇书。竹实秋风辞穴凤,桃花春浪脱渊鱼。月宫移种新栽桂,江水朝宗旧凿渠。况有状头坊井在,明年应表第三闾。"诗末自注:"郡人曹邺及第诗云:'我到月宫收得种,为君移向故园栽。'今岁用故事植桂正夏、进德二堂之下,又复朝宗古渠,以应文章应举之谶。赵观文、王世则亦郡人,皆魁天下,故诗中悉及之。"③诗成之后,范成大自书,命人刻于伏波岩上,久久激励桂林士子,传承优秀的学脉与文脉。

---

① 梁安世:《留守参政大资范公,余同年进士。往岁帅桂林,题刻最多,四方传之。暇日尝与同僚遍观,因即公所名壶天观题数语》,汪森:《粤西诗载》卷三,《景印文渊阁四库全书》,台湾商务印书馆1986年版,第1465册,第22页。

② 张鸣凤:《桂胜》卷二,《景印文渊阁四库全书》,台湾商务印书馆1986年版,第585册,第691页。

③ 富寿荪标校:《范石湖集》卷十四,上海古籍出版社2006年版,第183页。

次年,蒋汝霖破天荒地进士登科,改变了桂人二十年间科举不利的局面。①

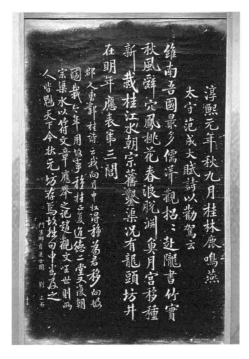

图5　桂林鹿鸣宴诗拓片

　　或许是得山川灵秀之气,在广西任职期间,范成大的艺文创作也进入了新的层次和境界,好友周必大在来信中便称赞道:"舍人绥靖五筦,应酬庶事,犹悉力于翰墨间,愈久愈工。如《亭记》《馆铭》,本原经旨,遣词峻拔,竇竇柳仪曹、刘宾客之上,天之赋予,一何偏也! 乐府措之《花间集》中,谁曰不然? 陈无己云:'妓围窈窕,争唱舍人之词。'今在桂林矣。最后《七夕》篇,尤道尽人间情意,盖必履之而后知耳,奇绝奇绝!"②

　　范成大在广西虽然颇有政绩,艺术创造力也很旺盛,但是他的身体

① 周去非《岭外代答》卷一称:"此沟(护城河)未废,桂人屡有登科,既废二十年间,几类天荒。石湖以淳熙甲午复沟,乙未科果有蒋汝霖,戊戌科有蒋来叟,辛丑科二人登科。"上海远东出版社1996年版,第17页。

② 周必大:淳熙元年《范至能参政》第二书,王蓉贵、(日)白井顺点校:《周必大全集》第3册,四川大学出版社2017年版,第1798页。

却不尽如人意。范成大本就体弱多病，前来赴任时适值寒冬，途中雨雪交加，受到风寒。到静江府后不久感染瘴气，又卧病月余，直到中秋尚未能痊愈，《桂林中秋赋》云："适病余而闭阁兮，屏危柱与哀弦。"到了九月范成大在给五一兄的家书中写道："劣弟年来多病早衰，须发如雪，骨瘦如柴，食少药多，如此度日，可以想见况味。"①那场病之后，他又添了头风和耳鸣的毛病，《食罢书字》诗中写道："扪腹蛮茶快，扶头老酒中。"自注云："蛮茶出修仁，大治头风。"还写有《耳鸣戏题》《复作耳鸣二首》等诗，自嘲"牛蚁谁知床下斗，鸡蝇任向梦中鸣"。提刑林光朝便因水土不服、身体欠佳而离任，他在《与范帅至能》信中写道："某岁中两至南海，觉得筋力殊不堪；若更宿留，恐厉毒之气，乘衰惫而来，却如何禁当得！反复思之，势当乞祠禄，为度岭计。"他对范成大的健康也颇为担忧，"来书苦多病，闻之悬切"。② 范成大也逐渐萌生归意，他在《思归再用枕上韵》诗中写道：

老觉触事懒，病添归计忙。行年心已化，畴昔意空长。五柳栗里宅，百花锦城庄。何时去检校，一棹水云乡。

淳熙改元后，朝中人事变更频繁。早在甲午新年到来的时候，尚在吉州（治今江西吉安市）奉祠的周必大就给范成大来了一封信，起首便写"杓回寅次，历纪新元"，表达了一种改天换地、万象更新的感受。在信中周必大悄悄向范成大透露了许多相关友人的任命讯息：

近事想皆得报：沈得之内批守荆南，姚令则兼枢，杨子靖复奉内祠，韩无咎除郡，二守史为吏工少常伯。又闻李秀叔落权字，王季海夕拜有命而未下，过客云尔，亦未知虚实也。景卢因经从一再见，次对复悠悠，然用实历减年，旦夕当转通议大夫，亦何必待制耶！赣守陈季陵恐自池、饶而来，叔晋可以请祠矣。③

---

① 范成大：《与五一兄》，岳珂：《宝真斋法书赞》卷二十六，见孔凡礼辑：《范成大佚著集存》，中华书局1983年版，第107页。

② 林光朝：《艾轩集》卷六，《景印文渊阁四库全书》，台湾商务印书馆1986年版，第1142册，第613页。

③ 周必大：《范至能参政》淳熙元年第一书，王蓉贵、（日）白井顺点校：《周必大全集》第3册，四川大学出版社2017年版，第1797页。

这年二月,四川宣抚使虞允文卒,三月参知政事郑闻继任;四月姚宪参知政事;六月曾怀罢,叶衡参知政事;七月复以郑闻参知政事,复以曾怀为右丞相兼枢密使;八月,知枢密院事张说罢;九月,以曾觌开府仪同三司;十月参知政事郑闻卒;十一月,龚茂良参知政事,右相曾怀罢,叶衡为左相兼枢密使。

朝中高层这番频繁的调整,反映了孝宗对群臣的不满,没有多少德才兼备之人值得信赖与倚重。他想起远在广西的范成大,淳熙元年(1174)十月遂任命其为敷文阁待制、四川制置使、知成都府。[①] 四川具有重要的战略地位,赵雄曾上疏论恢复大计曰:"莫若由蜀以取陕西,得陕西以临中原,是秦制六国之势也。"[②]虞允文也曾奏议应当"遴选重臣,付以川陕大寄,庶几智虑所及,料敌无遗。事权不分,成功可冀。有以副真主恢复之远图,天下幸甚"[③]。但长期以来四川却治理不善,军政松懈,边防形势严峻,一直是孝宗的心腹大患,"蜀自岷山、沫、若水外,即为夷境。熙宁以来,岁遣禁旅更戍。今留屯成都者,合土兵凡十有七营。边久无事,军政废弛,游手工技皆得编名籍中,而铠仗麾帜至朽败不可用。乾道六年,蛮寇雅之碉门;九年,犯黎之虎掌,杀州从事,掠居民以去,势骎骎若无所惮。上忧之,命敷文阁直学士吴郡范公自广西经略使徒镇全蜀。"[④]提起蜀道,便不由令人想到李白"噫吁嚱,危乎高哉!蜀道之难,难于上青天"的喟叹。范成大真心不想如此远征,而且四川制置使负责军务,责任非常重大,范成大认为自己乃一介书生,不能胜任,他在《自广帅蜀谢表》中称:"去国八千里,恨青天蜀道之难;提封六十州,岂白面书生之事?"[⑤]但朝廷的安排和决定无法推辞,友人林光朝

① 周必大《资政殿大学士赠银青光禄大夫范公成大神道碑》云:"淳熙元年十月,除敷文阁待制、四川制置使、知成都府。"王蓉贵、(日)白井顺点校:《周必大全集》第2册,四川大学出版社2017年版,第580页。

② 脱脱等:《宋史》卷三九六《赵雄传》,上海古籍出版社、上海书店1986年版,第1365页。

③ 杨士奇:《历代名臣奏议》卷二百四十,《景印文渊阁四库全书》,台湾商务印书馆1986年版,第439册,第790页。

④ 范谟:《分弓亭记》,袁说友等编、赵晓兰整理:《成都文类》卷二十七,中华书局2011年版,第535页。

⑤ 黄震:《黄氏日抄》卷六十七,《全宋笔记》第十编·十,大象出版社2018年版,第420页。

就曾帮他分析过"此行甚宠,料不容固辞"。① 十二月壬申(十九日)朝廷任命沈夏为四川宣抚使,改范成大为成都路制置使。② 淳熙二年(1175)正月,范成大正式接受任命,他对广西军政尽到最大责任,连申八通奏札,涉及措置军民、马政等诸多事宜,以便后来接任者继续施行。"承诏徙镇全蜀,亟上疏,固谢不能,留再阅月,辞勿获命,乃与桂民别"。③

范成大在广西守土尽职,整整两年,"愚悃无华敢自欺,寸诚珍重吏民知",④与当地吏民产生了深厚的感情。得知范成大要离开桂林,黎民百姓依依不舍,沿途备酒送行,"民觞客于途,既出郭,又留二日,始得去。"⑤淳熙二年(1175)的正月之末,范成大带着家眷离开了固守两年的广西,踏上奔赴成都的艰难险途。

① 林光朝:《艾轩集》卷六《与范帅至能》,《景印文渊阁四库全书》,台湾商务印书馆 1986 年版,第 1142
册,第 613 页。
② 范成大去四川的任命一波三折,改来换去。周必大《资政殿大学士赠银青光禄大夫范公成大神道
碑》云:"淳熙元年十月,除敷文阁待制、四川制置使、知成都府……会复置宣抚使,以命枢臣,改公成
都路制置使。未几,废宣抚使,公复专四路。"王蓉贵、(日)白井顺点校:《周必大全集》第 2 册,四川
大学出版社 2017 年版,第 580 页。毕沅《续资治通鉴》卷一四四记曰:"以资政殿学士、知荆南府沈
夏加大学士,为四川宣抚使;新四川制置使范成大改管内制置使"。中华书局 1957 年版,第3850 页。
③ 范成大:《桂海虞衡志·序》,孔凡礼点校:《范成大笔记六种》,中华书局 2002 年版,第 81 页。
④ 范成大:《大通界首驿》,富寿荪标校:《范石湖集》卷十五,上海古籍出版社 2006 年版,第 190 页。
⑤ 范成大《桂海虞衡志·序》,孔凡礼点校:《范成大笔记六种》,中华书局 2002 年版,第 81 页。

第八章　绥靖四川

一　蜀道艰难

此时的范成大已经年届半百，头发花白，病躯羸弱，刚一上路，他便感到疲惫不堪。《初发桂林，有出岭之喜，但病余便觉登顿，至灵川疲甚，自叹羸躯乃无一可，偶陆融州有使来，书此寄之》诗云：

> 那知多病身，久静翻怀安。长风荡篮舆，帘箔飘以翾。灵泉路吃蹶，仆夫告颒肩。我亦头岑岑，中若磨蚁旋。走投破驿宿，强饭不下咽。兹事未渠央，万里蜀道难。十年故倦游，况乃成华巅。蚕老当作茧，不茧夫何言。

范成大将自己比成老蚕，本到了该作茧自缚、裹在小天地里不再动弹的时候了，可是现在很无奈，头岑岑，目眩眩，食不下咽，还要长途跋涉，从广西奔赴四川。跨过静江府大通界，范成大挥泪告别了一路跟随送行的几位同僚，[①] 沿着两年前入桂的路线自全州过愚溪，泛潇湘，入营水，经浯溪，泊衡州，又北上湘潭（治今湖南湘潭县）。一路上他触景生情，格外思念家乡，也想退居石湖安享闲适，《清湘县郊外杂花盛开有怀

---

① 范成大《陈仲思、陈席珍、李静翁、周直夫、郑梦授追路过大通，相送至罗江分袂，留诗为别》诗云："嗟我与五君，囊如栖鸟聚。偶投一林宿，飘摇共风雨。明发各飞散，后会渺何处。栖鸟固无情，我辈岂漫与。班荆一炊顷，听此昆弟语。把酒不能觞，有泪若儿女。"富寿荪标校：《范石湖集》卷十五，上海古籍出版社 2006 年版，第 190 页。

石湖》诗云:"故园岂少此,愈此百倍加。我宁不念归,顾作失木鸦。百年北窗凉,安用天一涯。君恩重乔岳,敢计征路赊。乡心与官身,凿枘方鋙牙。"但身为臣子就当为君为国效力,一路上范成大的思乡情和社会责任感便一直处于交锋状态,忽而自云"远游虽好不如归,一声鹈鴂花如洗",①忽而又想起自己的身份,自称"暮雨樯竿县一湾,长官立马水云间"。②

在湖南境内,范成大听闻王炎知潭州(治今湖南长沙市)兼湖广安抚使。③ 王炎,字公明,高宗朝参知政事王绹之子,孝宗朝著名的主战派人士。早年因其父受秦桧迫害而避难四川,后为虞允文力荐于朝。④ 乾道五年(1169)二月除参知政事兼同知枢密院事,三月为四川宣抚使。王炎在四川精心组织幕府,充宣抚司准备统制,为恢复中原积极储备人才,⑤陆游、张缜、范仲芑、阎苍舒等均为幕府中人。乾道八年(1172),王炎被召回都堂(枢密院)治事,虞允文接替其为四川宣抚使。乾道九年(1173)正月,孝宗任命张说同知枢密院事,⑥王炎罢枢密使,奉祠江西豫章,建佚老堂归隐。淳熙元年(1174)十二月复起任知潭州,宣抚湖南。

范成大和王炎父子兄弟有世交之谊。其父范雩为王炎之父王绹的门生,后王绹曾奉祠卜居昆山惠严禅寺;⑦范成大早年在昆山读书时亦寓居此处,且与王炎之兄王陔比邻而居十年,⑧并有姻亲关系。⑨ 乾道

---

① 范成大:《湘口夜泊,南去零陵十里矣。营水来自营道,过零陵,下湘水,自桂林之海阳至此,与营会合为一江。富寿荪标校:《范石湖集》卷十五,上海古籍出版社 2006 年版,第 194 页。

② 范成大:《湘潭》,富寿荪标校:《范石湖集》卷十五,上海古籍出版社 2006 年版,第 195 页。

③ 周必大:《兴国太守赠太保王公绚神道碑》,王蓉贵、(日)白井顺点校:《周必大全集》第 1 册,四川大学出版社 2017 年版,第 287 页。

④ 蔡戡:《故端明殿学士王公行状》,《定斋集》卷十四,《景印文渊阁四库全书》,台湾商务印书馆 1986 年版,第 1157 册,第 712 页。

⑤ 徐松辑、刘琳等校点:《宋会要辑稿·职官三二》,上海古籍出版社 2014 年版,第 6 册,第 3833 页。

⑥ 《宋史》卷三四《孝宗本纪》:"九年春正月辛未……王炎罢为观文殿大学士,提举洞霄宫。乙亥以张说同知枢密院事。"上海古籍出版社、上海书店 1986 年版,第 88 页。

⑦ 周必大:《兴国太守赠太保王公绚神道碑》,王蓉贵、(日)白井顺点校:《周必大全集》第 1 册,四川大学出版社 2017 年版,第 284 页。

⑧ 蔡戡《故端明殿学士王公行状》称王炎:"性尤惇睦。始官泸南,亡兄通判釐妇弱子,义不忍委之而去,挈与之偕。"《定斋集》卷十四,《景印文渊阁四库全书》,台湾商务印书馆 1986 年版,第 1157 册,第 714 页。此亡兄通判即为范成大《王希武通判挽词二首》所云通判王希武(王陔)。

⑨ 范成大《王希武通判挽词二首》:"事契从先世,姻联亦近亲。遽从重壤去,凄断十年邻。"富寿荪标校:《范石湖集》卷三,上海古籍出版社 2006 年版,第 28 页。

六年(1170)范成大出使金国时,金人以时任四川宣抚使的王炎与西夏任德敬的联盟密信发难,幸得范成大冷静应对,方化险为夷。① 此后,王炎一度不被孝宗信任,淳熙元年(1174)张说罢职枢密院后方东山再起。范成大行至湖南途中听闻此事——“客游潇湘逢骑吹,知公已为苍生起”,便赋诗《寄题潭帅王枢使佚老堂》一首期以远大,“胸中种蠡妙经济,鬓须白雪朱颜春。苍生未佚身未老,斯堂未可忘斯民”,并称颂王炎当年的治蜀之功,“四年西略可万世,孤撑独立扛千钧。匹马幡幡恃天日,危言岌岌愁鬼神”。至此,范成大建功立业之心稍起,他隐然要效仿王炎,去西蜀完成其未竟事业。

离开潭州,范成大转入湘阴县、华容县。不知不觉,离开桂林已经一个半月,一路舟行,遇到不少恶劣天气,到了洞庭湖边,连日大风,不可渡,又在钓池口迷失港道,几番辗转,三月十五日,范成大一行到了华容湖畔。此处与洞庭湖相接,适逢三五月圆之夜,风平浪静,一轮满月从湖上升起,霎时,天地间恍若奇境,令人无比震撼,连随行的妻孥都忍不住欢呼起来。范成大用诗歌记录了这一自然奇观,《三月十五日华容湖尾看月出》云:

> 云销澧阳风,月生岳阳水。谁推赤金盘,涌出白银地。徘徊忽腾上,踝踝恐颠坠。稍高轮渐安,飞彩到篷背。晶晶浪皆舞,靥靥星欲避。兜罗世界网,普现无边际。官居束户庭,有眼如幻翳。向非行大荒,宁有此巨丽。乘除较得失,漂泊非左计。妻孥竞欢哗,渠亦知许事。

行路虽难,但总有平常看不到的风景,这或许是大自然对远行人的补偿与馈赠。既来之,则安之,范成大西行之心日笃。离开湖南,又继续下沅江,上澧浦,经公安(治今湖北公安县)至江陵(治今湖北荆州市),至此驶入长江,溯流而上。

范成大在荆州停泊,储备航行所需物资,收到孝宗诏令,询问西南边事。范成大建言曰:“臣不肖,日者待罪桂林,蒙恩徙镇蜀道,次于荆

① 参见李心传:《建炎以来朝野杂记》乙集卷十九“西夏扣关”条,中华书局2000年版,第845—846页。

州,诏问西南边事。臣愚无识知,尝试妄论大要:练兵丁,缮保障,倘事力弗给可若何?"①皇帝的诏令让范成大陡然意识到自己肩负的重任,他怀着日益增强的使命感乘船沿江上溯,奔赴成都,其《发荆州》诗云:"初上篷笼竹篁船,始知身是剑南官。沙头沽酒市楼暖,径步买薪江墅寒。自古秦吴称绝国,于今归峡有名滩。千山万水垂垂老,只欠天西蜀道难。"

　　船行不久,范成大发现江上急湍险滩,险象环生。刚在乱石密布的虎牙滩"惊心度石林",到峡州(今湖北宜昌市)就遇到暴雨,江水急涨,浑浊如沟,有上游来的船人告知,前方江中漩涡像一间屋子那么大,九死一生,无法通行,《峡州至喜亭》诗云:"雨后涨江急,黄浊如潮沟""涡溃大如屋,九死争船头"。江中如此凶险,无法通航,只能舍舟登陆。这下范成大真正体会到入蜀之艰难了,峡山高耸陡峭,几乎无法攀爬,他效仿孟郊愁悲体写道:"峡路如登天,猿鹤不敢梯。仆夫负崛哭,我亦呻吟悲。"到了土门,江滩堆满淤泥,大大小小的石块隐没其间,一步一趔趄,筋疲力尽,"污泥汩峻阪,狠石卧中路。睥睨无敢前,趑趄屡却顾。"小望州的悬崖峭壁高耸入云,"峰头高绝邻,四瞰若窥井。小山万蚁垤,大山拊其顶。"大望州的山峰更是比天还高,"望州山头天四低,东瞰夷陵西秭归。峡江微茫细如带,江外千峰青打围。"战战兢兢行走其上,范成大不由感慨道:"水行陆走俱险艰,安得如鸟有羽翼。"接下来的一百八盘、钻天三里、蛇倒退等地的盘山路益发令人欲哭无泪,"今来峡山路,步步蹑云顶。仍闻蚯蚓瘴,顾与峤南等""山前壁如削,山后崖复断""那知下岭处,栗甚履冰战。牵前带相挽,绌后衣尽绽。健倒辄寻丈,徐行厪分寸。上疑缘竹竿,下剧滚金弹。岂惟蛇退舍,飞鸟望崖反"。大家连滚带爬地到了麻线堆,可供攀援而上的旧路细如麻线,难以爬行,"上有路千折,缝缕如萦丝""偪仄容半足,颠坠宁复稽"。幸亏15年前有一名叫德宝的僧人在山脚下伐木开路,众人不需要再登山。一个僧人以一己之力修路,方便行人,这让范成大颇有感慨,难道官府不应该

①　参见《成都文类》卷十七《赐范成大奖谕》之范成大答词,孔凡礼辑:《范成大佚著辑存》,中华书局1983年版,第23页。

反思并效仿吗？范成大有心倡导修路，但他此时的任命只是成都府管内制置使，无权号令他路和他州，所以便做了一首《麻线堆》诗，借此晓谕峡州、归州（治今湖北秭归县）、夔州（治今重庆市奉节县）长官，请他们重视修凿山路，诗序云："峡口驿前，大山崛起，旧路攀援而上，萦纡如线。十五年前，浮图德宝始沿涧伐木作新路，不复登山。余观峡路，皆未尝经修，感德宝之事，作《麻线堆》诗一首，以风夔路使者及归、峡二州长吏沈、叶、管、熊四君。"

离开麻线堆，接下来还有胡孙愁、判命坡等更危险的地方，时有虎豹出没，"王孙却走断不到，惟有哀猿如鬼哭。仆夫酸嘶诉涂穷，我亦付命无何中。悲风忽来木叶战，落日虎噑枯竹丛""钻天岭上已飞魂，判命坡前更骇闻。侧足三分垂坏磴，举头一握到孤云"。[1] 范成大一行人九死一生，又经过千石岭、九盘坡、荒口、四十八盘等险途，终于进入秭归界。

秭归是一个有着古老文化底蕴的地方，范成大在此凭吊了屈原祠、宋玉宅、昭君台等古迹后，又从归州郭下的人鲊瓮复登舟至巫峡。在经过阳台之下，拜谒神女瑶姬之庙时，范成大想起十年前在秘书省任职时曾与韩元吉的一番议论。当时韩元吉作《巫山图诗》出示给他，范成大就考证宋玉所谈朝云之事本无依据，神女圣洁不容亵渎，所谓巫山云雨乃后世轻薄文人唐突之言，遂作诗《韩无咎检详出示所赋陈季陵户部巫山图诗，仰窥高作，叹息弥襟。余尝考宋玉谈朝云事，漫称先王时本无据依，及襄王梦之，命玉为赋，但云："頩颜怒以自持，曾不可乎犯干。"后世弗察，一切溷以媟语。曹子建赋宓妃，亦感此而作，此嘲谁当解者？辄用此意，次韵和呈，以资抚掌》。[2] 如今亲历其境，范成大特意考察了神女庙中的刻石，发现神女竟然是辅佐大禹治水的功臣，"今庙中石刻引《墉城记》：'瑶姬，西王母之女，称云华夫人，助禹驱鬼神，斩石疏波，有功见纪，今封妙用真人。'庙额曰：'凝真观。'从祀有白马将军，俗传所

① 以上参见范成大《虎牙滩》《峡州至喜亭》《初入峡山效孟东野》《土门》《小望州》《大望州》《一百八盘》《钻天三里》《蛇倒退》《麻线堆》《胡孙愁》《判命坡》等诗，富寿荪标校：《范石湖集》，上海古籍出版社2006年版，第204—210页。
② 富寿荪标校：《范石湖集》卷九，上海古籍出版社2006年版，第116页。

驱之神也。"①这下范成大更坚定了自己的论断,他写下乐府《巫山高》,诗序云:"余旧尝用韩无咎韵题陈季陵《巫山图》,考宋玉赋意,辨高唐之事甚详。今过阳台之下,复赋乐府一首。世传瑶姬为西王母女,尝佐禹治水,庙中石刻在焉。"诗中重塑了巫山神女不畏艰难、勇立奇功的精神品格,开篇气象即不同流俗,"湿云不收烟雨霏,峡船作滩梢庙矶。杜鹃无声猿叫断,惟有饥鸦迎客飞。西真功高佐禹迹,斧凿鳞皴倚天壁";又借助环境描写烘托了神女的崇高圣洁以及人们对她的敬仰与膜拜,"上有瑶簪十二尖,下有黄湍三百尺。蔓花虬木风烟昏,薜佩翠帷香火寒。灵斿飘忽定何许,时有行人开庙门";批判千古风流文人诬蔑之过,"楚客词章元是讽,纷纷余子空嘲弄。玉色颒颜不可干,人间错说高唐梦"。② 这种诗家夫子的立场和他去广西任途中对大唐中兴颂不合文体的批评是一致的,体现了范成大的儒家正统意识,也带有一丝学究之气。

离开巫峡,船继续沿江前行,范成大成都路制置使的身份意识越来越鲜明。江上仍旧危机四伏,突如其来、神秘莫测的巨大漩涡着实令人生畏。范成大《刺濆淖》诗序云:"濆淖,盘涡之大者。峡江水壮则有之,或大如一间屋。相传水行峡底,遇暗石则濆起,已而下旋为涡。然亦未尝有定处,或无故突然而作,叵测也。舟行遇之,小则欹倾,大则与赍俱入,险恶之名闻天下。"面对这样的巨大危险,范成大表现出了乐观的、大无畏的精神,他用调侃讥刺的语气写道:"天子赐之履,江神敢吾玩?但催叠鼓轰,往助双橹健。"在他眼里,江神也无法阻挡当今天子任命的制置使前行的步伐。行驶在峡中,山上的畲田引起了范成大的关注,"畲田,峡中刀耕火种之地也。春初斫山,众木尽蹶,至当种时,伺有雨候,则前一夕火之,藉其灰以粪,明日雨作,乘热土下种,即苗盛倍收,无雨反是。山多硗确,地力薄,则一再斫烧始可蓺。春种麦豆,作饼饵以度夏,秋则粟熟矣。"③他慨叹峡农生计艰难,"峡农生甚艰,斫畲大山巅。赤植无土膏,三刀财一田";佩服他们的生存智慧,"颇具穴居智,占雨先

---

① 范成大:《吴船录》,孔凡礼点校:《范成大笔记六种》,中华书局 2002 年版,第 219 页。

② 范成大:《巫山高》,富寿荪标校:《范石湖集》卷十六,上海古籍出版社 2006 年版,第 215 页。

③ 范成大:《劳畲耕》并序,富寿荪标校:《范石湖集》卷十六,上海古籍出版社 2006 年版,第 217 页。

燎原";作为即将就任的地方官,范成大颇关心此种畲田的赋税问题,经过了解,他发现"官输甚微:巫山民以收粟三百斛为率,财用三四斛了二税,食三物以终年,虽平生不识秔稻,而未尝苦饥。"对比自己家乡吴中沉重的公私之输,峡农的薄赋值得庆幸,范成大在《劳畲耕》诗末又对吴农遭受的剥削深表同情,"不辞春养禾,但畏秋输官。奸吏大雀鼠,盗胥众螟蝝。掠剩增釜区,取盈折缗钱。两钟致一斛,未免催租瘝。重以私债迫,逃屋无炊烟。晶晶云子饭,生世不下咽。食者定游手,种者长流涎。不如峡农饱,豆麦终残年。"范成大将农事诗的题材与悯农诗的精神内核有机地融合在一起,这种交融恰恰根植于官员诗人的良知。

　　旅途中惊险仍然不断,过了燕子坡、鬼门关、瞿塘关,范成大来到了恐怖至极的滟滪堆,那里暗礁遍布,险恶无比。江水上涨,漂浮着淹死的马尸。急流吐着沫卷成漩涡,像煮开的粥一样发出吓人的声响,《滟滪堆》诗云:"滟滪之石谁劚镌,恶骇天下形眇然。客行五月潦始涨,但见匹马浮黄湍。时时吐沫作潰淖,潏潏有声如粥煎。"①闯过了这段绝险之地,范成大终于平安到达夔州。这里的民生、民歌引起了他浓厚的兴趣,遂仿照当地的竹枝歌一口气写下九首作品,将一路所见所闻所悟一并入诗:

　　　　五月五日岚气开,南门竞船争看来。云安酒浓曲米贱,家家扶得醉人回。

　　　　赤甲白盐碧丛丛,半山人家草木风。榴花满山红似火,荔子天凉未肯红。

　　　　新城果园连瀼西,枇杷压枝杏子肥。半青半黄朝出卖,日午买盐沽酒归。

　　　　瘿妇趁墟城里来,十十五五市南街。行人莫笑女粗丑,儿郎自与买银钗。

　　　　白头老媪簪红花,黑头女娘三髻丫。背上儿眠上山去,采桑已闲当采茶。

　　　　百衲畲山青间红,粟茎成穗豆成丛。东屯平田秔米软,不到贫

① 范成大:《滟滪堆》,富寿荪标校:《范石湖集》卷十六,上海古籍出版社 2006 年版,第 219—220 页。

人饭甑中。

白帝庙前无旧城，荒山野草古今情。只余峡口一堆石，恰似人心未肯平。

滟滪如朴瞿唐深，鱼复阵图江水心。大昌盐船出巫峡，十日溯流无信音。

当筵女儿歌竹枝，一声三迭客忘归。万里桥边有船到，绣罗衣服生光辉。①

这种民歌体裁对范成大的创作产生了极其深远的影响，此后他便格外在意民风、民俗书写，并一直延续到晚年创作，《竹枝歌》后来成为他的名作《四时田园杂兴》的重要基石，这不能不说是范成大入蜀的一个意外收获。

自万州（治今重庆市万州区）以后，范成大再次舍舟登陆，距离成都府路越近，朝廷命官的心态越发明显，他在《午夜登蟠山》诗中写道："恭维天心仁，颇议民力稿。我怀汉制诏，来慰蜀父老。"着意塑造了封疆大吏安抚一方的伟岸形象。经过忠州（治今重庆市忠县），发广安军（治今四川广安市），到合州（治今重庆合川区）汉初县，这里已经是成都府路的属地，一路上山势渐趋平缓，间有稻田。范成大已经完全进入成都知府和府内制置使的角色，他迫不及待地上疏请求朝廷拨款，以便实施在荆州时论奏的练丁兵、缮堡障之举，"行及广汉，则昧死上其说。制下尚书：其盼剑南、西川度牒五百，为缗钱三十五万八千有奇，以赡工费。"②五月二十六日，至遂宁（治今四川遂宁市），终于一马平川，万里远征即将画上圆满句号，范成大情不自禁地创作了一首短歌，表达了他的欣喜之情。《遂宁府始见平川喜成短歌》云：

峡之西，遂之东，更无平地二千里，惟有高山三万重。不知谁人凿混沌，独此剜结何其工。我本江吴弄水月，忽来踏遍西南峰。不知尘界在何许，但怪星辰浮半空。直疑飞入蝶梦境，此岂应有人

---

① 范成大：《夔州竹枝歌》，富寿荪标校：《范石湖集》卷十六，上海古籍出版社 2006 年版，第 220 页。

② 《成都文类》卷十七《赐范成大奖谕》之范成大答词，孔凡礼辑：《范成大佚著辑存》，中华书局 1983 年版，第 23 页。

行踪。今朝平远见城郭,云是东川军府雄。原田坦若看掌上,沙路净如行镜中。芋区粟垄润含雨,楮林竹径凉生风。将士欢呼马蹄快,康庄直与锦里通。半年崎岖得夷路,一笑未暇怜飘蓬。

淳熙二年(1175)六月七日,范成大正式进入成都府。自是年正月二十八日从桂林出发,历时四个多月到达目的地,途中经历种种艰难坎坷。范成大在给亲人的书信中自述:"在路恰四个月以上,川陆相半,受万千辛苦艰险,他时归来面说,书中说不尽也。新妇自遭压后,到荆南上下,方得性命可保。又为路中辛苦,到汉川大病,至今未能坐起,扰挠可知。成大止存四茎骨头,乌皮包裹,其不仆于道途者,天也。"①此次西行,范成大可谓冒着性命危险,拖家带口,跋山涉水,不远万里,自广易蜀。在其之后曾继任广西帅府的张栻钦佩不已,他在《次韵范至能峡中见寄》诗中称赞范成大:"只应许国心金石,蜀道如天亦可梯。"②张栻诚乃知音之人,正是这种坚如金石的许国之心构成了范成大西行的内驱力,尽管形销骨立,他忠诚刚毅的人格中却蕴含着至强的力量,这种力量足以克服无尽的艰难困阻,令其百折不挠,一路向前。范成大入蜀的诗歌也因此具有了内在的风骨,在行路难的自然喟叹中,又呈现出的一种阳刚伟岸的境界,与李白等入蜀诗的讽喻意味有本质的区别,这是宋儒特有的精神内涵。

在这四个月的长途跋涉期间,范成大创作了纪行诗 135 首,号《西征小集》。他还充分利用舟车鞍马上的空闲时间,撰写了一部桂林风土志——《桂海虞衡志》。范成大自序云:

> 航潇湘,绝洞庭,溯沅澧,驰驱两川,半年达于成都。道中无事,时念昔游,因追记其登临之处与风物土宜,凡方志所未载者,萃为一书,蛮陬绝徼见闻可纪者,亦附著之,以备土训之图。③

这部著作是范成大继《揽辔录》和《骖鸾录》之后的又一部重要笔

① 范成大:《与五一兄》,岳珂《宝真斋法书赞》卷二十六,见孔凡礼辑:《范成大佚著辑存》,中华书局 1983 年版,第 108 页。
② 张栻:《南轩集》卷六,《景印文渊阁四库全书》,台湾商务印书馆 1986 年版,第 1167 册,第 473 页。
③ 范成大:《桂海虞衡志·序》,孔凡礼点校:《范成大笔记六种》,中华书局 2002 年版,第 81 页。

记,与上两部侧重记录行程有所不同,《桂海虞衡志》是以桂林为中心的广右地区的博物志,包罗植物、动物、矿产、土产、工技、岩洞、风俗、气候、文字等门类,范成大本着实事求是的精神,客观志录,具有极高的科学价值。《四库全书总目提要》详细介绍如下:

> 是编乃由广右入蜀之时道中追忆而作。自序谓凡所登临之处,与风物土宜方志所未载者,萃为一书,蛮陬绝徼见闻可纪者,亦附著之。共十三篇,曰志岩洞、志金石、志香、志酒、志器、志禽、志兽、志虫鱼、志花、志果、志草木、杂志、志蛮,每篇各有小序,皆志其土之所有。惟志岩洞,仅去城七八里内尝所游者。志金石,准本草之例,仅取方药所须者。志蛮,仅录声问相接者,故他不备载。志香,多及海南,以世称二广出香,而不知广东香自舶上来,广右香产海北者皆凡品。志器,兼及外蛮兵甲之制,以为司边镇者所宜知,故不嫌旁涉。诸篇皆叙述简雅,无夸饰土风、附会古事之习。[1]

身为封疆大吏,范成大既有以身许国的高尚情操,又有过人的文韬武略,还潜心于深厚精粹的学术研究,着实令人敬佩!

二 措置边防

淳熙二年(1175)六月,范成大到任成都路安抚制置使,辖区包括成都府和眉、蜀、彭、绵、汉、嘉、邛、简、黎、雅、茂、威、隆13个州以及永康、石泉二军。七月,孝宗下诏撤销四川宣抚司,宣抚使沈夏被召回枢密院,恢复四川制置司,由范成大总摄四川制置使事。[2] 四川制置使,所辖成都府、潼川府、利州、夔州四路。其中,潼川府路包括潼川、遂宁二府和果、资、普、昌、叙、泸、合、荣、渠9个州以及怀安、广安、长宁3个军和富顺监;利州路包括兴元府和利、金、洋、阆、剑、文、蓬、巴、沔、龙、阶、西

---

[1] 永瑢等撰:《四库全书总目》卷七〇《桂海虞衡志提要》,中华书局2003年版,第625页。
[2] 《成都文类》卷十七《赐范成大措置和籴戒谕诏》之答词,孔凡礼辑:《范成大佚著辑存》,中华书局1983年版,第29页。

和、凤 13 个州以及大安、天水 2 个军；夔州路包括重庆和夔、黔、施、忠、万、开、达、涪、思、播、珍 11 个州以及云安、梁山、南平 3 个军和大宁监。4 路共计 5 个府、46 个州、10 个军、2 个监，其地域包括今四川全部，陕西、甘肃、贵州、云南部分。① 制置使本是武职，李心传《建炎以来朝野杂记》甲集卷十一曰：“制置使，自熙、丰后多以武臣为之。建炎元年，郭太尉仲荀制置东南盗贼，请监、帅司并听节制，许之。”刘光世、韩世忠、张俊、岳飞等人均任此职，掌管兵事。四川因特殊的地理位置，制置使位高权重，与他处有所不同，除财赋、茶马交易不在职权范围之内，全权负责军、政、学、农等。“自休兵后，独成都守臣带四川安抚制置使，掌节制御前军马、官员升改、放散、类省试举人、铨量郡守、举辟边州守贰，其权略视宣抚司，惟财计、茶马不与。”② 孝宗对四川极为看重，频繁易帅，“蜀自中兴以来，置帅尤重，于时频易帅。西南夷寇边，前帅坐免。”③ 范成大到任不久就被委以坐镇全蜀的重任，足见孝宗对其信任。

和在广西一样，范成大首先广罗人才，组建幕府。周必大《资政殿大学士赠银青光禄大夫范公成大神道碑》称其：“凡人才可用者，公悉罗致幕下。用其所长，不以小节拘之。其杰然者，则露章以荐，往往光显于朝，或至二府。”范成大的友人陆游就在幕府中。陆游比范成大年长一岁，共同参加过绍兴二十四年(1154)的科举考试，范成大登进士第而陆游落榜。绍兴三十二年(1162)，范成大在临安监惠民和剂局，陆游任枢密院编修，和同住在百官舍的周必大等成为好友，经常聚餐。④ 次年，陆游因反对曾觌、龙大渊被贬谪出朝，范成大等为之送行。乾道六年(1170)陆游从山阴赴四川夔州通判任，途经镇江，与出使金国的范成大相遇。乾道八年(1172)陆游被四川宣抚使王炎辟为幕宾，权宣抚使干办公事兼检法官，不久王炎被召还，幕僚散去，陆游改除成都府安抚司参议官，后权通判蜀州事。范成大帅蜀，遂辟陆游继任成都府路安抚司

① 孔凡礼：《范成大年谱》，齐鲁书社 1985 年版，第 286 页。

② 李心传：《建炎以来朝野杂记》甲集卷十一，中华书局 2000 年版，第 220 页。

③ 杨万里：《临贺太守简公墓志铭》，辛更儒笺校《杨万里集笺校》，中华书局 2007 年版，第 5037 页。

④ 周必大《龙飞录》：“(绍兴三十二年十一月)壬子，旬假。雨中访务观。务观约韶美、少稷、至能共饭。”王蓉贵、(日)白井顺点校：《周必大全集》第 3 册，四川大学出版社 2017 年版，第 1539 页。

参议官兼四川制置使参议官。① 范成大和陆游一对老友在成都重逢,虽然身份地位有悬殊,但二人关系极好,"以文字交,不拘礼法"。②

在军政方面,范成大最倚重的僚属是简世杰,"淳熙初元,范公徙镇全蜀,辟署公(按:即简世杰)为四川制置司准备差遣。""边防机事,范公专以委公。公悉心襄赞,夙夜不懈。所辟客,惟公一人相倚如肺腑。"③ 还有成都通判胡晋臣,范成大后以公辅荐诸朝,除秘书省校书郎,迁著作佐郎,光宗朝除参知政事兼同知枢密院事。④ 此外,杨光、周杰、郭明复、范谟、杨甲、杨辅、虞植等也是范成大幕府中人。在这些幕僚的协助之下,范成大很快便了解到四川地区民族杂居、边事频仍的基本状况,"初及境,言:吐蕃、南诏昔为唐患,今幸瓜分,西南无警二百年。近者雅州碉门蛮入寇,败官军。乾道九年,吐蕃、青羌两犯黎州,而奴儿结蕃列等尤桀黠,轻视中国。"⑤ 他针对四川目前的紧要问题,上疏请求加强黎州屯戍力量,并争取度牒钱措置边防。

黎州(治今四川汉源县)周边各族有 12 种之多,时常扰乱边境。乾道九年(1173),吐蕃、青羌借口黎州买卖马价钱不公而作乱,黎州官军溃败,⑥青羌首领奴儿结大肆掠夺而还。十月,吐蕃复寇边,攻虎掌寨,诏四川宣抚司檄成都府调兵二千人戍黎州以御之。⑦ 淳熙二年(1175),青羌首领奴儿结送还 39 名俘虏,要求通商互市,"淳熙二年,奴儿结还所虏生口三十九人,黎州与之盟,复听其互市,给赏归之"。⑧ 新任制置使范成大态度强硬,回绝青羌,"制置使范成大言所虏未尽归我,岂可复

---

① 陆游:《范待制诗集序》,《渭南文集》卷十四,《陆游集》第五册,中华书局 1976 年版,第 2098 页。
② 脱脱等:《宋史》卷三九五《陆游传》,上海古籍出版社、上海书店 1986 年版,第 1363 页。
③ 杨万里:《临贺太守简公墓志铭》,辛更儒笺校《杨万里集笺校》,中华书局 2007 年版,第 5037 页。
④ 参见《宋史》卷三九一《胡晋臣传》,上海古籍出版社、上海书店 1986 年版,第 6525 页。李心传《建炎以来朝野杂记》乙集卷十"淳熙至嘉定蜀帅荐士总记"云:"范致能所荐如胡子远,亦不过一二人,皆幕中之士。"中华书局 2000 年版,第 662 页。
⑤ 周必大:《资政殿大学士赠银青光禄大夫范公成大神道碑》,王蓉贵、(日)白井顺点校:《周必大全集》第 2 册,四川大学出版社 2017 年版,第 580 页。
⑥ 叶适《故昭庆军承宣使知大宗正事赠开府仪同三司崇国赵公行状》称:"乾道九年,黎州青羌奴儿结反。知州事文绍直遣推官黎商老御之,未战溃,商老等死。制置使急调兵千余人戍。"刘公纯等点校:《叶适集》中册,中华书局 1961 年版,第 515 页。
⑦ 脱脱等:《宋史》卷四九六《蛮夷四》,上海古籍出版社、上海书店 1986 年版,第 1613 页。
⑧ 脱脱等:《宋史》卷四九六《蛮夷四》,上海古籍出版社、上海书店 1986 年版,第 1613 页。

与通好。"①并准备应战。八月五日,孝宗应允范成大奏疏,下诏增强黎州兵力。《宋会要辑稿·蕃夷五》"黎州诸蛮"条记载:"(淳熙二年)八月五日,诏制置使范成大于本路诸州军系将、不系将禁军内,均选强壮作两蕃,每蕃七百人,分上、下半年于黎州屯戍。委制置司置办衣甲、军器等,差有智勇兵官一员统辖训练,与轮戍大军三百人同共防托。"又弹劾软弱无力的前知州宇文绍直,"二十日,诏前知黎州宇文绍直特送千里外州军编管,秦嵩令四川制置司疾速取勘。以范成大言:'黎州申:"五月六日,安静寨押到蕃部首领奴儿结等九名,还纳所虏汉口周往保等三十九名,乞再行打誓,依旧入省地互市。本州已将人口津送归业,其奴儿结等亦支犒设发归部讫。"照得本朝故事,蕃夷作过,若欲复通,须还虏去人口,如何但得三十九名便与打誓通和?'故也。"②

　　措置边防需要财力支持,《宋会要辑稿》详细记载了范成大请求度牒钱的奏疏:"(淳熙二年)八月二十二日,知成都府范成大言:'本路边防,欲行措置:一则欲精阅一路将兵,添置器械,而无犒赏营缮之力;二则欲葺治保障,修明防隘,而无调度夫役之费。则当讲究寨户、土丁之旧,置造军器给散,与之团结教阅,以省戍役,然须有以助边州支用给犒。乞给降度牒五百道,付本司转变,措置上项经画。数月之间,稍有端绪,逐旋图写奏闻。'"③孝宗对范成大揑出的训练官兵、修置堡戍、团结土丁的方案非常认可,"卿远镇坤维,兼总戎律,究心夙夜,朕甚嘉之!所进内教将兵、外修堡寨、团结土丁三说,皆善。"④于是从其所请,"上手札奖励,赐度牒钱四十万缗。"⑤八月,朝廷的钱款到位,范成大立刻开始按步骤行动,"日夜阅士,制器甲,督边郡,次第行之。"⑥

① 脱脱等:《宋史》卷四九六《蛮夷四》,上海古籍出版社、上海书店 1986 年版,第 1613 页。
② 徐松辑、刘琳等校点:《宋会要辑稿·蕃夷五·黎州诸蛮》,上海古籍出版社 2014 年版,第 16 册,第 9869—9870 页。
③ 徐松辑、刘琳等校点:《宋会要辑稿·兵二九·边防》,上海古籍出版社 2014 年版,第 15 册,第 9257 页。
④ 范成大:《答孝宗奖谕疏》,孔凡礼辑:《范成大佚著辑存》,中华书局 1983 年版,第 22 页。
⑤ 周必大:《资政殿大学士赠银青光禄大夫范公成大神道碑》,王蓉贵、(日)白井顺点校:《周必大全集》第 2 册,四川大学出版社 2017 年版,第 580 页。
⑥ 周必大:《资政殿大学士赠银青光禄大夫范公成大神道碑》,王蓉贵、(日)白井顺点校:《周必大全集》第 2 册,四川大学出版社 2017 年版,第 580 页。

随后,范成大积极采取措施,首先在各进攻关口筑堡置戍,增强守卫力量,"以黎为要地,奏置路分都监,增五寨、籍少壮五千为战兵。经理岁余,凡吐蕃扰边径路十有八,悉筑堡置戍。"①又表彰黎州战死者推官黎商老、巡检王胜、监税杜立、指使崔俊、杨涤等五人,鼓舞士气;并乞除放黎州欠负,其上奏曰:"乾道寇入,致欠钱引一万五百四十道。而总领司置狱雅州,抑吏均陪钱引万余,必非出自吏胥之家。掊领居民,渔夺商贾,何所不至。民困诛求,反思有寇之岁,无此追扰。望圣慈计其大者,指此钱引下总司特免催理。"②继而又调成都禁军飞虎军五百人戍守黎州,以防临时调兵增援不及时。③

安顿部署好黎州基本防御措施之后,范成大又着手改革四川的兵制和将制。他在所上《论兵制疏》中提出,各路均需招募新兵填补缺额、葺治弊坏器械、阅兵激犒士气,"诸路帅、漕臣,逐一询究某郡阙额若干,当如何招募? 器械之阙及弊坏者若干,当如何葺治? 一岁之按阅若干,当如何激犒?"④又上《论任将疏》,请求选拔真正有军事才干、有实战经验之人充任诸州将官,"应以材武人充者,皆须事艺可观,胆勇可仗,方为称职。其次,亦须稍知弓马,略识行阵,或人才身手真是武臣者,乃可为之。"⑤以改变将官不谙军事、素餐尸位之况。淳熙二年(1175)九月庚子(二十二日),朝廷诏令从诸司共选辟守官,任北方边界上的阶、成、西和、凤四州职官,取代老病不堪倚仗者。⑥ 对于不称职的官员,范成大则进行弹劾,如曾奏劾兴元军帅郭钧驭众无术。⑦ 至于边关重镇,范成大则派精兵强将戍守,例如临近大散关的凤州(治今陕西凤县),乞兴元都统补充兵力,九月二十六日奏言:"相度,乞下兴州都统司,如凤州不测

① 周必大:《资政殿大学士赠银青光禄大夫范公成大神道碑》,王蓉贵、(日)白井顺点校:《周必大全集》第2册,四川大学出版社2017年版,第580页。
② 黄震:《黄氏日抄》卷六十七,《全宋笔记》第十编·十,大象出版社2018年版,第412—413页。
③ 李心传:《建炎以来朝野杂记》甲集卷十八《成都府义勇军》,中华书局2000年版,第421页。
④ 范成大:《论兵制疏》,孔凡礼辑:《范成大佚著辑存》,中华书局1983年版,第24页。
⑤ 范成大:《论任将疏》,孔凡礼辑:《范成大佚著辑存》,中华书局1983年版,第31页。
⑥《皇宋中兴两朝圣政》卷五十四:"诏阶、成、西和、凤州当职官以下选辟守官,令本路帅、漕司于四路在部官同共选辟,并体量见任,人委实癃老及不堪倚仗者,并申制置司躬亲审量……以成都府权四川制置使范成大所奏也。"又《宋史全文》卷二十六上,中华书局2016年版,第2167页。
⑦ 楼钥:《少师观文殿大学士鲁国公致仕赠太师王公行状》,顾大朋点校:《楼钥集》第五册,浙江古籍出版社2010年版,第1595页。

缓急,所有应援一节,一面应机将附近军马遣发前去,却申制置司照会施行。"①绵州(治今四川绵阳)、潼川(治今四川三台县)两处屯驻西兵内,各选差一百人。②

范成大自到四川上任以来,殚精竭虑,经营擘画。他在《九月十九日衙散回留大将及幕属饮清心堂观晚菊分韵得噪暮字》诗中写道:"开边吾岂敢,自治有余巧。"③表明了加紧内治的战略思想。十月十六日,范成大又奏请绵州、潼川屯驻西兵内各选差一百人轮戍黎州,从之。到了冬至,各方面基本部署妥当,适逢铜壶阁落成,范成大会宾客于阁上,作《冬至日铜壶阁落成》诗自述:"已办鬓霜供岁籥,仍拼髀肉了征鞍。"四川制置使参议官陆游为其作《铜壶阁记》,赞曰:

> 淳熙二年夏六月,今敷文阁直学士范公以制置使治此府。始至,或以阁坏告。公曰:"失今不营,后费益大。"于是躬自经画,趣令而缓期,广储而节用,急吏而宽役。一旦崇成,人徒骇其山立翚飞,竦然摩天,不知此阁已先成于公之胸中矣。夫岂独阁哉?天下之事,非先定素备,欲试为之,事已纷然,始狼狈四顾,经营劳弊,其不为天下笑者鲜矣。

在陆游眼中,范成大凡事未雨绸缪,防患于未然,常常胸有成竹,胜券在握,将来定能协助圣上实现恢复大计,一雪国耻:

> 客或举觞寿公曰:"天子神圣英武,荡清中原,公且以廊庙之重,出抚成师,北举燕赵,西略司并,挽天河之水,以洗五六十年腥膻之污,登高大会,燕劳将士,勒铭奏凯,传示无极。则今日之事,盖未足道。"识者以此知公举大事不难矣。④

---

① 徐松辑、刘琳等校点:《宋会要辑稿·兵二九·边防》,上海古籍出版社2014年版,第15册,第9259页。
② 徐松辑、刘琳等校点:《宋会要辑稿·兵六·屯戍下》,上海古籍出版社2014年版,第11册,第6855页。
③ 富寿荪标校《范石湖集》卷十六,上海古籍出版社2006年版,第230页。
④ 陆游:《铜壶阁记》,《渭南文集》卷十八,《陆游集》第五册,中华书局1976年版,第2139—2140页。

三　与民同乐

淳熙二年(1175)是范成大生命中特别劳碌的一年,从正月开始他就历尽艰险从广右奔赴西蜀,下半年又紧锣密鼓地措置边防,到了岁末终于初具规模,范成大和幕僚都松了口气。参议官陆游总结道:

> 石湖居士范公待制敷文阁来帅成都,兼制置成都、潼川、利、夔四道。成都地大人众,事已十倍他镇;而四道大抵皆带蛮夷,且北控秦陇,所以临制捍防,一失其宜,皆足致变故于呼吸顾盼之间。以是幕府率穷日夜力,理文书,应期会,而故时巨公大人,亦或不得少休。及公之至也,定规模,信命令,弛利惠农,选将治兵。未数月,声震四境,岁复大登,幕府益无事。①

大家一起趁着天气晴好到海云山寺观赏初开的山茶,"追趁新晴管物华,马蹄松快帽檐斜",品一品"霜罗薄袖绿裙单"的绿萼梅,折一枝冰清玉洁的玉茗花,②日子顿时充满了诗意。

新年的脚步越来越近,成都府路的节日氛围也越来越浓,处处张灯结彩,喜气盈盈。与静江府的贫瘠不同,号称天府之国的成都向来富庶,这里的人们爱生活,会生活,节日习俗丰富多彩,令人目不暇接,和临安不相上下。南宋习俗立春日鞭春牛,"立春前一日,以镇鼓锣吹妓乐迎春牛,往府衙前迎春馆内。至日侵晨,郡守率僚佐以彩杖鞭春","街市以花装栏,坐乘小春牛。及春幡、春胜,各相献遗于贵家宅舍,示丰稔之兆。"③这一年的立春来得早,成都府腊月底便开始鞭春牛,范成大置身其中,与官民同乐,《鞭春微雨》诗云:"旛胜丝丝雨,笙歌步步尘。一年新乐事,万里未归人。"④更令人高兴的是,成都府用砖石铺砌的石笋街可以通行了。成都虽然经济富庶,但是路况却极差,远不及江浙。

---

① 陆游:《范待制诗集序》,《渭南文集》卷十四,《陆游集》第五册,中华书局1976年版,第2098页。
② 范成大:《十二月十八日海云赏山茶》《绿萼梅》《玉茗花》,富寿荪标校:《范石湖集》卷十七,上海古籍出版社2006年版,第230、231、231页。
③ 吴自牧:《梦粱录》卷一,《全宋笔记》第8编,大象出版社2017年版,第5册,第94页。
④ 范成大:《鞭春微雨》,富寿荪标校:《范石湖集》卷十七,上海古籍出版社2006年版,第231页。

范谟《砌街记》云：

> 天下郡国，惟江浙甓其道，虽中原无有也。太、少二城，坤维大都会，市区栉比，衢隧棋布，而地苦沮洳。夏秋霖潦，人行泥淖中，如履胶漆；既晴，则蹄道辙迹，隐然纵横，颇为往来之患。①

范成大到任后决心由官方出资，铺砌砖石，整修道路：

> 绍兴十三年，鄱阳张公镇蜀，始命甓之，仅二千余丈。后三十四年，吴郡范公节制四川，为竟其役，鸠工命徒，分职授任，程督有方，尺寸有度。费出于官，而不以及民；日廪以食，而人竞力作。

不久即大功告成，成都府路十四条街巷焕然一新，路况大为改观：

> 未几告成，以丈计者三千三百有六十，用甓二百余万，为钱二千万赢。率一街之首尾立两石以识广狭，凡十有四街。然后所至侧布如江浙间。雨不乘橇，骑不旋泞，徐行疾驱，俱从坦夷。父老相与喟曰："周道如砥，其尚见于斯乎？"

范成大对于成都道路的改造确是一大善政，虽无关军政之紧要，但切切实实造福一方黎民，且泽被后人，功莫大焉。范谟评价道：

> 夫善为政者，缓急有序，大小毕举，未有治其急而忽其缓，志其大而略其细者。而善观人之国，亦必以是。公之于蜀，药疡补败，苗耨发栉，无一不用其力。至道路之政，世所谓缓且细者，亦整治如此。百世之下，四方之人，入其境，仰公之贤，推此以考其政绩，尚可仿佛云。

丙申新年如期而至，成都府路普天同庆。每当元日这天，成都人都会倾城而动，士女大集于安福寺塔下，燃香挂旛，以攘兵火之灾。范成大欣然写下《丙申元日安福寺礼塔》诗：

> 岭梅蜀柳笑人忙，岁岁椒盘各异方。耳畔逢人无鲁语，鬓边随我是吴霜。新年后饮屠苏酒，故事先然窣堵香。石笋新街好行乐，

---

① 范谟：《砌街记》，袁说友等编、赵晓兰整理：《成都文类》卷四十六，中华书局 2011 年版，第 885—886 页。

与民同处且逢场。

他在诗中自注："余新甃石笋街。"可以想见，当这位成都知府权四川制置使行走在干净平整的石街上，与民同乐，喜迎新春，内心是怎样的满足与欣然。成都旧例故事，正月初三出东郊祭东君，宴饮于碑楼院，当地人是日多拜扫，范成大则阅兵东郊，观骁骑表演军艺，诗云："千骑同瞻白羽挥，惊尘一哄响金鞿。不知掣电弯弓过，但觉柳梢随箭飞。"①显然他对自己的将士英姿飒爽、身手不凡的表现非常满意。正月初四，身兼劝农使的范成大又在东郊视察农业生产状况，冬小麦长势不错，年成有望，《初四日东郊观麦苗》诗云："去岁秋霖麦下迟，腊残一雪润无泥。相将饱吃潺沱饭，来听林间快活啼。"在范成大的精心治理下，淳熙三年（1176）的成都府路政通人和，国泰民安，到处是欢乐熙和景象，正月初七人日，范成大又赋词《水调歌头》曰："新年协气，无处人物不熙熙。"②

到了阳春三月，上巳节即将到来，成都习俗"出北门，宴学射山。既罢后射弓，盖张伯子以是日即此地上升。巫觋卖符于道，游者佩之，以宜蚕辟灾。轻裾小盖，照烂山皋。晚宴于万岁池亭，泛舟池中。"③范成大头一天便带领群僚动身去了北门，《三月二日北门马上》写道："新街如拭过鸣驺，芍药酴醾竞满头。十里珠帘都卷上，少城风物似扬州。"次日上巳节，他和提刑程咏之诸人宴于万岁池，与僚属及四方宾客饮酒赋诗。

三月的成都是花的海洋，尤其是海棠，千朵万朵压枝低，让人流连忘返。范成大和僚属们在新修的翠锦亭秉烛夜游，文人雅聚，佳作纷呈，范成大也用他的诗笔再现了繁花似锦的美丽画面：

> 银烛光中万绮霞，醉红堆上缺蟾斜。从今胜绝西园夜，压尽锦官城里花。④

---

① 范成大：《郊外阅骁骑剪柳》，富寿荪标校：《范石湖集》卷十七，上海古籍出版社 2006 年版，第 232 页。
② 范成大：《水调歌·人日》，唐圭璋编：《全宋词》，中华书局 1965 年版，第 1626 页。
③ 费著：《岁华纪丽谱》，《景印文渊阁四库全书》，台湾商务印书馆 1986 年版，第 590 册，第 436 页。
④ 范成大：《锦亭然烛观海棠》，富寿荪标校：《范石湖集》卷十七，上海古籍出版社 2006 年版，第 235 页。

春风驰荡的夜晚,盛开的海棠百媚千娇,烛光花影,锦地绣天,珠星璧月,交相辉映。良辰美景奈何天,赏心悦事谁家院。范成大意犹未尽,又连赋两阕《浣溪沙》,由人传唱:

> 倾坐东风百媚生,万红无语笑逢迎,照妆醒睡蜡烟轻。
>
> 彩虹横斜春不夜,绛霞浓淡月微明,梦中重到锦官城。
>
> 催下珠帘护绮丛,花枝红里烛枝红,烛光花影夜葱茏。
>
> 锦地绣天香雾里,珠星璧月彩云中,人间别有几春风。①

和他一起游赏的幕僚陆游也诗兴大发,忘情地吟咏道:"乐哉今从石湖公,大度不计聱丞聱。夜宴新亭海棠底,红云倒吸玻璃钟。琵琶弦繁腰鼓急,盘凤舞衫香雾湿。春醥凸盏烛光摇,素月中天花影立。游人如云环玉帐,诗未落纸先传唱。此邦句律方一新,凤阁舍人今有样。"②一行人如痴如醉,又去碧鸡坊、燕王宫赏花,一向沉稳持重的范成大今夜只为海棠狂,又写下一阕《醉落魄》:

> 马蹄尘扑,春风得意笙歌逐。款门不问谁家竹,只拣红妆高处烧银烛。
>
> 碧鸡坊里花如屋,燕王宫下花成谷。不须悔唱关山曲,只为海棠,也合来西蜀。

这一晚是花的世界,是酒的世界,也是诗的世界,何其恣意潇洒,酣畅淋漓。之前,范成大曾请陆游为他的入蜀诗集《西征小集》作序,晚间,陆游乘兴挥毫而作:

> 公素以诗名一代,故落纸墨未及燥,士女万人,已更传诵。被之乐府弦歌,或题写素屏团扇,更相赠遗。盖自蜀置师守以来未有也。或曰:"公之自桂林入蜀也,舟车鞍马之间,有诗百余篇,号《西征小集》,尤隽伟,蜀人未有见者,盍请于公以传?"屡请而公不可,弥年,乃仅得之。于是相与刻之,而属某为序。淳熙三年上巳日,

① 范成大:《浣溪沙·烛下海棠二首》,黄畲校注:《石湖词校注》,齐鲁书社 1988 年版,第 8—9 页。
② 陆游:《锦亭》,《剑南诗稿》卷七,《陆游集》第一册,中华书局 1976 年版,第 182 页。

朝奉郎成都府路安抚司参议官、兼四川制置使司参议官山阴陆某序。

节日的狂欢还在延续，成都风俗三月二十一日"出大东门，宴海云山鸿庆寺，登众春阁，观摸石。盖开元二十三年灵智禅师以是日归寂，邦人敬之，入山游礼，因而成俗。山有小池，士女探石其中，以占求子之祥"。[①] 年过半百的知府范成大入乡随俗，继腊月里到海云寺赏山茶花后，也效仿当地人前来摸石求子，《三月二十三日海云摸石》诗云："乱插山茶犹昨梦，重寻池石已残春。"这一年，范成大果然喜得千金，视若掌上明珠。[②] 他的两个儿子范莘、范兹一路跟随着从桂林来到四川，在成都也找到了很好的先生，专心向学，"七哥、九哥远路一遭，却得安乐。九哥气弱多病，全不及七哥也。前日在桂林时，先生不得人，枉坏了光阴。今已得一佳士矣，旦夕事定，敦逼两人为学矣"。[③] 范成大的家庭生活和和美美，其乐融融，令人羡慕。

四 谈笑安邦

然而生活并不总是诗和远方，封疆大吏范成大更不能只是苟纾岁月，安享升平。他始终保持着清醒的头脑：边地暗流涌动，危机四伏；赋税杂冗，川民不堪重负；交通闭塞，人才济济而难以致用。范成大千方百计地擘画筹谋，确保这一方的平安、富庶和持续发展。

淳熙年间，文州（治今甘肃文县）出现不稳定因素。自北宋以来，四川周边蛮夷便时常侵犯边境，政和以前，朝廷态度强硬，夷人有所畏惧，尚不敢轻举妄动。范成大《论文州边事札子》云：

---

① 费著：《岁华纪丽谱》，《景印文渊阁四库全书》，台湾商务印书馆 1986 年版，第 590 册，第 436 页。

② 范成大有幼女逝于绍熙三年（1192），杨万里应范成大之请，为其作哀辞，辞中称"年十有七"。（杨万里：《范女哀辞》，《诚斋集》卷四十五，辛更儒笺校：《杨万里集笺校》，中华书局 2007 年版，第 2313 页据此前推，此幼女恰生于淳熙三年（1176）范成大任职四川时。

③ 范成大：《与五一兄》，岳珂《宝真斋法书赞》卷二十六，见孔凡礼辑：《范成大佚著辑存》，中华书局 1983 年版，第 108 页。

臣伏见四蜀沿边蛮夷,自政和以前,虽时有侵犯边境,当时朝廷鲜曾容贷,旋即举兵问罪。固未必皆有大功,然夷人终是畏惮,不敢无时轻发。

但是由于近年来朝廷一直备战大敌金国,对四川边事采取隐忍政策,蛮夷遂有恃无恐,胡作非为:

　　比年以来,如成都府路嘉、黎、雅三州等处,屡有边事,时议以外备大敌,姑务含忍;又以方市战马,不欲阻绝。夷人狃习,谓中国终不能报复,来则有掳掠之利,退则无追蹑之忧,甚者反得犒赏财物,过于未叛之时,是以泰然无所顾忌。蜀之诸边,盖未尝得数岁无事。

近期文州蕃部尤其猖狂,时来侵犯,杀掠兵民,官府则一味隐忍:

　　迩者,利州西路文州界内,有蕃部侵犯寨堡,杀掠人兵。访闻常年如此,官司每是隐忍蔽覆,终于和断而已。①

范成大上奏孝宗,请求更换畏懦失职的州官,淳熙三年(1176)三月二日诏四川都统制吴挺选习兵官一员,兼知文州。以四川制置使范成大言,文州管下蕃部作过,知州李彦坚畏懦失职,下任王彪老谬不肯之官,彦坚、彪既罢,因有是命。② 范成大经过深入调查后了解到,作乱蕃部实际并无多少实力,不足为惧,必须坚决打击其嚣张气焰,对周边部落也有震慑作用,确保边陲安宁:

　　契勘今来作过蕃部,据边吏张皇关申,其众亦不过三四百人,初无雄杰酋长为之谋,又无坚甲利兵为之用,国家屯戍大军,密迩其处,蕞尔小蕃,乃敢跳踉如此者,政以习见近事故也。若不惜暂劳小费,并力讨荡,期于不贷,则岂独文州蕃戎奢惧,其他种落自此惩创,知中国不可轻犯,此西陲数十年安静之长算也。③

---

① 范成大:《请剿文州夷疏》,孔凡礼辑:《范成大佚著辑存》,中华书局 1983 年版,第 28 页。
② 徐松辑、刘琳等校点:《宋会要辑稿·职官四七》,上海古籍出版社 2014 年版,第 7 册,第 4287 页。
③ 范成大:《请剿文州夷疏》,孔凡礼辑:《范成大佚著辑存》,中华书局 1983 年版,第 28 页。

他立刻采取一系列行动,首先张榜警告文州蕃部:

> 文州蕃部间扰边,公奏乞预为文告,崛强者讨击之,善良者抚摩之,使知畏慕,不可专示弱启侮。上以公深知事体,即日施行。①

但蕃部并未有所收敛,范成大先礼后兵,开始研究敌情,防备敌方擅长的丛林战,焚山清野,捣其巢穴:

> 臣已榜下文州,止告谕非作过蕃部,且许自通贸易,以解散其缔结。又闻蕃寇之来,稍不得利,即依林菁以自固。官军深入,易落奸便。臣亦已行下乘风焚山,严兵清野,徐用乡道,捣其巢穴。②

针对有人所议与蕃部交手是否会影响马匹交易,范成大又做了充分的调查研究,权衡利弊,认为文州不是重要的买马地,所产亦非良马,而且准备攻打的只是其中一族,无妨大局:

> 臣再三询究茶马司所买马数,文州不当十之一二,又其品凡下,非宕昌比。兼今来作过主首,止是一族,虽加攻讨,自不妨余族互市。政使缘此而所买马数少减于常年,权边防利害之重轻,亦恐自有先后缓急之序。③

对于有人所谓的当务之急是防备金国,不值得与小蕃计较的观点,范成大又进行反驳。他认为大敌强劲,暂时相安无事便不要与之作战,而边患要适时根除,将来方可集中精力办大事:

> 或又谓朝廷方以备北虏为急,此等癣疥,合且姑息。臣窃谓不然,大敌未平,尤当先除腹心之患。诸葛亮岂一日忘中原哉?然五月渡泸,深入不毛,以定南中者,盖出此也。不然,方今关外宁肃,而蛮夷敢扰动如此,使岐、雍有警,则此等窥伺侵寇,将何所不至。④

① 周必大:《资政殿大学士赠银青光禄大夫范公成大神道碑》,王蓉贵、(日)白井顺点校:《周必大全集》第 2 册,四川大学出版社 2017 年版,第 581 页。
② 范成大:《请剿文州夷疏》,孔凡礼辑:《范成大佚著辑存》,中华书局 1983 年版,第 28 页。
③ 范成大:《请剿文州夷疏》,孔凡礼辑:《范成大佚著辑存》,中华书局 1983 年版,第 28 页。
④ 范成大:《请剿文州夷疏》,孔凡礼辑:《范成大佚著辑存》,中华书局 1983 年版,第 28—29 页。

范成大请求由兴州(治今宁夏银川市)都统吴挺具体负责围剿,自己亲自督行,并祈请暂时减免文州马匹岁额,宁可不进行交易,也要镇压狂贼,维护边防安全:

> 更赐行下兴州都统制吴挺,广设方略,讨荡施行。其措置催督之类,臣虽庸愚,不敢不任其责。所有文州数百匹之马,或不及岁额,亦乞暂置度外,俟边防安静,不患马额之不复。

范成大深谋远虑,所上奏议有理有利有节。他的强硬态度和采取的围剿行动对文州蕃部起到了有效的震慑作用,之后他们未敢有大的动作。范成大具有强烈的忧患意识,他深知这只是暂时的消停,蛮夷不会善罢甘休,所以还要加紧练兵,积极备战。

四川地势特殊,山区丛林密布,范成大一针见血地指出,要因地制宜,大力培养弓兵:

> 尤致意于射。以为蛮夷所恃,崎嵚大山,掩翳丛木,出没其间若猿猱然。吾御之者,非刀稍所能及。①

于是集中良匠制作弓箭,挑选精锐部队强化训练,“未几,军容一新,悉为精锐。蹶张者至千斤,挽强者过六钧,而命中者十八九。于戏盛哉!”淳熙三年(1176)五月,范成大在成都府舍之北的广场上建成分弓亭,在此检阅弓兵。看到部队训练有素,兵力神勇,范成大回头对随从的僚属说:“谁谓蜀兵孱乎!”②他历数蜀兵的优良传统:自牧野誓师,东西蜀与巴郡之兵即参与其中;诸葛亮、李德裕更是率蜀军建立了赫赫功勋。如今的军事训练既然已经开始,贵在坚持不懈,绝不可半途而废,前功尽弃。此番见解令僚属范谟等人钦佩不已,在他们的眼中,貌似弱不禁风的制置使范成大有一颗无比强大的心脏,智勇双全,堪比诸葛。僚属范谟赞叹道:“公大儒,退然若不胜衣,而经纶方略,小用之已如此,况扩而充之乎!”

---

① 范谟:《分弓亭记》,袁说友等编、赵晓兰整理:《成都文类》卷二十七,中华书局 2011 年版,第 535 页。
② 范谟:《分弓亭记》,袁说友等编、赵晓兰整理:《成都文类》卷二十七,中华书局 2011 年版,第 536 页。

四川边防逐步稳定,范成大"于是专意恤民矣"。① 他秉承传统的民本思想,《尚书》云:"民惟邦本,本固邦宁。"范成大坚信"得民有道,仁之而已。省徭役,薄赋敛,蠲其疾苦而便安之,使民力有余而其心油然知后德之抚我",②因此,他在四川力行恤民之政,最主要的有两方面。

其一,奏请朝廷减放酒税、折估钱。自高宗绍兴初以来,宋金之间时有交战,为供给军需,四川酒课以及临时增收的杂税折估钱激增数倍,"自屯大兵,始竭民力,公私俱困。公(按:范成大)略计成都在城,建炎三年酒税,岁才四万缗有奇,后增十倍;县镇酒税、场店民户买扑课利,总十五万有奇,后累至四十万,他郡可知。"③范成大认为既已休兵,四川便无需上缴如此沉重的赋税,故连连上奏孝宗,请求自淳熙三年为始减放四川酒税、折估虚额钱47万余缗:

> 公契勘成都一郡,元额四万八千四百八十贯,见收四十万八千六百四十贯;县镇十五万六千四百四十贯,见收三十九万二百七十贯,遂并核实,四路共六十二州,内十三州元无折估,五州不申败缺,余四十四州各有重额,共奏减四十七万二千五百四十三道钱引,计十分内减八厘三毫有奇,以总领司经费外,事故僧道度牒截拨对减。奏凡三四上,其要有曰:去四川数十年之害,培其本根,徐用其力,国家长计也。又曰:远方州县吏为入朝廷根本忧者几人? 折估不辨,上司怪怒,百方贴补,上伤陛下赤子,而不恤后日意外之患。其间贪墨,又或并缘此,所以实闻于朝廷者寡也。又曰:出纳之司徒见枝叶粗存,不知本根将拨。又曰:望陛下断自宸衷,与帷幄大臣决之,不须更付有司。彼有司者,但知出纳之吝,安知根本之忧。④

淳熙三年(1176)六月乙酉(十二日),诏令准奏,以湖广总领所上供钱内拨还。此令一下,四川"五十余郡欢呼祝圣者,沸天隐地,旬日皆

---

① 周必大:《资政殿大学士赠银青光禄大夫范公成大神道碑》,王蓉贵、(日)白井顺点校:《周必大全集》第2册,四川大学出版社2017年版,第580页。

② 范成大:《论邦本疏》,杨士奇:《历代名臣奏议》卷一百八,《景印文渊阁四库全书》,台湾商务印书馆1986年版,第436册,第124页。

③ 周必大:《资政殿大学士赠银青光禄大夫范公成大神道碑》,王蓉贵、(日)白井顺点校:《周必大全集》第2册,四川大学出版社2017年版,第581页。

④ 黄震:《黄氏日抄》卷六十七,《全宋笔记》第十编·十,大象出版社2018年版,第413页。

遍。士大夫舞手相庆,以谓吾蜀当有数十百年之安"。①

其二,奏请免关外阶、成、西和、凤四州和籴一年。四川有十万重兵把守,军粮短缺,官府便用现钱从民众手中买粮,是为和籴。但过程中出现很多弊病,胥吏逐户强行摊派,或克扣斤两,或白拿不给现钱,百姓怨声载道,称"名和籴,实强取"。② 其中,兴元府(治今陕西汉中市)的情况最为严重,"汉中久饥,剑外和籴在州者独多,(知兴元府李)蘩尝匹马行阡陌间,访求民瘼。有老妪进曰:'民所以饥者,和籴病之也。'泣数行下。蘩感其言,奏免之。"李蘩随即出任总领四川财赋军马钱粮,宋孝宗对这种情况半信半疑,诏令制置使范成大同蘩相度以闻。③ 范成大经过审慎的调查核实,了解到关外阶、成、西和、凤四州的确岁苦和籴,凤州在鱼关前百九十里,系嘉陵江源,滩石水涩,阶、成、西和去江愈远,无由漕运,遂力排众议,认可李蘩做法,"公契勘川、秦军粮减到利、阆、兴州、大兴军等处,官籴买泸、叙客米,多支钱,并利州酒息共百万,以增添四州及金洋州、兴元府籴本。使官自籴买,通利路诸州并不科籴。"④遂和李蘩联名上奏,免关外数州和籴一年。⑤ "九州数十万户,踊跃呼舞,始知有生之乐,家祠人祝之。"⑥范成大亦有奏疏汇报免除和籴的效果:"异时岁虽大熟,不足输官。淳熙三年,免籴令下,秋旱薄收,而四川粒米狼戾,充箱溢筥,排门求售,较之穰岁,物价反平。漕臣行部过之,边氓遮道诵说,东向感恩,或至涕下。"⑦

除这两件大事之外,范成大还有诸多仁政举措,如奏请赦宥囚徒,乞缓黎州一年马额、修路砌街等,幕僚杨甲称赞:"盖公之政,以惠利斯

---

① 范成大:《论邦本疏》,孔凡礼辑:《范成大佚著辑存》,中华书局1983年版,第34页。
② 洪咨夔:《平斋集》卷九《知心堂记》,侯体健点校:《洪咨夔集》,浙江古籍出版社2015年版,第239页。
③ 参见张邦炜、陈盈洁:《范成大治蜀述论》,《四川师范大学学报》2004年第5期。
④ 黄震:《黄氏日抄》卷六十七,《全宋笔记》第十编·十,大象出版社2018年版,第414页。
⑤ 周必大:《资政殿大学士赠银青光禄大夫范公成大神道碑》"公后言和籴之害……上曰:善。令每岁降指挥,而科籴遂止。"王蓉贵、(日)白井顺点校:《周必大全集》第2册,四川大学出版社2017年版,第581页。
⑥ 洪咨夔:《平斋集》卷九《知心堂记》,侯体健点校:《洪咨夔集》,浙江古籍出版社2015年版,第239—240页。
⑦ 范成大:《论邦本疏》,孔凡礼辑:《范成大佚著辑存》,中华书局1983年版,第34页。

民为急。"①杨甲《成都修学记》还指出他"以儒长者治蜀,有大惠利及民。然其政发源,实始兴学"。范成大格外重视对人才的培养与举荐,由于蜀地事务繁杂,之前的宣抚使或制置使常忽略生员教育,学宫破败不堪,范成大下车伊始便着手修建:

> 淳熙二年六月,敷文阁待制范公自桂林移镇全蜀。始至,谒先圣,率诸生列拜庭下。览古叹息,顾见屋室陊剥,木老石腐,则慨然欲兴废。于是诹画讲度,核经费虚实,选吏程督,刮绝蠹蠧。自礼殿石室,古今学官讲诵之舍、师儒之室,黝暗缺落,风雨入而鸟鼠宅者,皆彻新之,盖逾年而役休。沉沉翼翼,严靓宏固,为西南冠。②

一年后崭新的学宫建成,范成大亲自劝学、督学:

> 公来新学,延见多士,与耆儒宿师考难疑义,训诲熟复,自左右序生与四方之观游,若弟若子,望公辞气容色,扬厉奋发,愿识嘉绩,显刻以毋忘公德。

范成大还请求变更四川解试的时间。周必大《神道碑》记载:"解试取士,以四月五日锁院,后十日引试。公请避盛暑,递先一月。皆著为令。"四川气候特殊,四月已经非常闷热,范成大体贴入微,充分为举子考虑,将考期提前一个月,让考生身体舒适,能有更好的发挥,如此人性化的举措的确令人击节称叹。

四川人杰地灵,可惜地处偏远,交通闭塞,济济英才往往埋没草莱,不为人知,更难为朝廷所用。宋高宗就曾感慨道:"惟蜀人道远,其间文学行义有可用者,不由论荐,无由得知。前此数年,蜀中任官者,例多隔绝,不得一至朝廷,其可惜也。"③范成大在蜀地便大力举荐贤士。首先

---

① 王懋昭等纂:《遂宁县志》卷三《乡宦》录杨甲《成都廉枣堰亭记》,《中国地方志集成》,巴蜀书社1992年版,第137页。

② 王懋昭等纂:《遂宁县志》卷三《乡宦》录杨甲《成都修学记》,《中国地方志集成》,巴蜀书社1992年版,第136页。

③ 李心传:《建炎以来系年要录》卷一百七十六绍兴二十七年三月庚戌,中华书局2013年版,第7册,第3379页。

是自己中意的僚属,"其杰然者,则露章以荐,往往光显于朝,或至二府。"①如成都通判胡晋臣,"以公辅荐诸朝,孝宗召赴行在。入对,疏当今士俗、民力、边备、军政四弊。"②后曾官至参知政事。黎州知州禄柬之也因范成大推荐除秘阁。③对于蜀地名士,范成大也尽心举荐,如沉沦下僚、刚方廉洁、平淡自守、不求人知的樊汉广、孙松寿等人,"高宗庆寿赦,举引年致仕而才力不衰者。公奏名士樊汉广年五十九、孙松寿六十六,先已纳禄,尤宜旌异。诏令赴阙,二人俱不至。遂除职赐服,蜀士归心焉。"④范成大注重礼贤下士,每逢新正等节日,便亲自向一些名士致以问候,连一向孤傲的蜀中名士如李石等都乐于相接。⑤种种举措增强了蜀中人才的向心力,也为他们在地方甚至朝中施展才干提供了重要途径。

范成大仁行如春,威行如秋,休养生息,人用以宁。⑥但或许因为殚精竭虑,操劳过度,当瑟瑟秋风再起之时,他感觉自己的身体慢慢透支了,失眠、神经衰弱等老病症又卷土重来。他的诗里开始频繁出现病、老等字眼,"不眠秋漏近,多病晓屏寒"(《晓起》),"简编灯火平生事,雪白眵昏奈此翁"(《新凉夜坐》),"岁晚羁怀有所思,秋来病骨最先知"(《秋老,四境雨已沛然,晚坐筹边楼,方议祈晴,楼下忽有东界农民数十人,诉山田却要雨,须长吏致祷,感之作诗》),"病倦百骸非复我,但思禅板与蒲团"(《西楼夜坐》)。和他同病相怜的还有老友兼幕僚陆游,陆游作了多首和诗,如"老病已全惟欠死,贪嗔虽断尚余痴"(《和范待制秋日书怀二首。游自七月病,起蔬食止酒,故诗中及之》),"身如病骥惟思卧,谁许能空万马群"(《和范待制秋兴二首》)等。⑦这一对好友心心相

---

① 周必大:《资政殿大学士赠银青光禄大夫范公成大神道碑》,王蓉贵、(日)白井顺点校:《周必大全集》第2册,四川大学出版社2017年版,第581页。

② 脱脱等:《宋史》卷三九一《胡晋臣传》,上海古籍出版社、上海书店1986年版,第6525页。

③ 徐松辑、刘琳等校点:《宋会要辑稿·职官六二》,上海古籍出版社2014年版,第8册,第4731页。

④ 周必大:《资政殿大学士赠银青光禄大夫范公成大神道碑》,王蓉贵、(日)白井顺点校:《周必大全集》第2册,四川大学出版社2017年版,第581页。

⑤ 李石《方舟集》卷十二《答范制置贺正启》为答复范成大贺启而作。《景印文渊阁四库全书》,台湾商务印书馆1986年版,第1149册,第661页。

⑥ 王懋昭等纂:《遂宁县志》卷三《乡宦》录杨甲《成都糜枣堰亭记》,《中国地方志集成》,巴蜀书社1992年版,第136页。

⑦ 均见于《剑南诗稿》卷七,《陆游集》,中华书局1976年版。

印,西风起,鲈鱼堪脍,生长于吴越之地的陆、范二人此时都情不自禁地生发了思乡之情。范成大《有怀石湖旧隐》诗云:

> 浩荡沙鸥久倦飞,摧颓枥马不胜鞿。官中风月常虚度,梦里关山或暂归。橘社十年霜欲饱,鲈江一雨水应肥。冷云着地塘蒲晚,谁为披蓑暖钓矶。①

陆游《和范待制月夜有感》诗云:

> 榆枋正复异鹏飞,等是垂头受絷鞿。坐客笑谈嘲远志,故人书札寄当归。醉思莼菜黏篱滑,馋忆鲈鱼坠钓肥。谁遣贵人同此感,夜来风月梦苔矶。②

范成大和陆游在四川的诗歌唱和在外人看来热闹非凡,俨然是最杰出的两大诗人的交响合奏,"刘漫塘云:范至能、陆务观,以东南文墨之彦,至能为蜀帅,务观在幕府,主宾唱酬,短章大篇,人争传诵之。"③但是这一对中兴诗坛的双子星座在淳熙三年(1176)秋天的叹老嗟病却有着不为人知的缘由。这一年,范成大51岁,陆游52岁,虽然都年过半百,即使身体有点小恙,但尚未如他们自己标榜的那样衰颓。回想春季醉赏海棠时的纵意恣肆,半年后他们所呈现的精神状态反差过大,其实二人诗中并不是一般文人墨客常有的悲秋之叹,而是蕴藏着更为幽深隐秘的政治挫败感,这或许与下半年朝廷对金和战政策的悄然转变有关。

孝宗自即位以来便一直主张恢复中原,乾道年间逐渐转向内治,但其内心深处的恢复情结始终未泯,淳熙改元后又有所抬头,淳熙二年(1175)秋八月再议遣泛使求陵寝地、更改受书礼,左司谏兼侍讲汤邦彦为其中意人选。邦彦乃汤鹏举之孙,④他和范成大当年一样,慨然请行,至金国后却因为胆怯而有辱使命,"(淳熙三年)夏四月,邦彦使金至燕,

① 范成大:《有怀石湖旧隐》,富寿荪标校:《范石湖集》卷十七,上海古籍出版社 2006 年版,第 238 页。

② 陆游:《剑南诗稿》卷七,《陆游集》第一册,中华书局 1976 年版,第 205 页。

③ 黄升:《中兴以来绝妙词选》卷二,杨万里点校、集评:《花庵词选》,上海古籍出版社 2019 年版,第 283 页。

④ 黄之隽等:《乾隆江南通志》卷一百四十三,《中国地方志集成·省志辑·江南》,凤凰出版社 2011 年版,第 686 页。

金人拒不纳。旬余,乃命引见,夹道皆控弦露刃之士,邦彦怖,不能措一词而出。上大怒,诏流新州。自是河南之议遂息,不复泛遣使矣。"① 汤邦彦遭贬、孝宗不复派遣泛使,意味着和战的天平又向反战一方倾斜,朝臣少有提倡恢复大业,"三年,申议使汤邦彦使回,上怒虏酋无礼。公(按:王淮)奏天下为度,惟当讲自治之策以待之。"②"汤邦彦坐使事贬,天下益服其(梁克家)谋国之忠"。③ 这种风向的突变令四川制置使范成大和一心主张恢复中原的陆游受到了影响。尤其是陆游,因被谤为燕饮颓放招致免官,六月得领祠禄,主管台州桐柏山崇道观,遂心灰意冷,自号放翁。④ 他在《和范待制秋兴》诗中透露了自己的沮丧之情:"策策桐飘已半空,啼螀渐觉近房栊。一生不作牛衣泣,万事从渠马耳风。名姓已甘黄纸外,光阴全付绿尊中。门前剥啄谁相觅,贺我今年号放翁。"他的《双头莲》(呈范至能待制)词也向老友诉说了重重心事:

> 华鬓星星,惊壮志成虚,此身如寄。萧条病骥,向暗里,消尽当年豪气。梦断故国山川,隔重重烟水。身万里,旧社凋零,青门俊游谁记?

> 尽道锦里繁华,叹官闲昼永,柴荆添睡,清愁自醉。念此际,付与何人心事。纵有楚柁吴樯,知何时东逝。空怅望,鲙美菰香,秋风又起。

淳熙三年(1176)八月,范成大修建的筹边楼落成。筹边楼乃唐李德裕初建,《蜀中名胜记》卷四记载:"李德裕建筹边楼于成都府治之西,四壁图蛮夷险要,日与习边事者,筹划其上。"范成大初到四川时意气风发,考唐代筹边楼旧址修建而成,意欲效仿李德裕登楼瞭望边防,筹划军事。待今年楼成,朝野内外却缄口不提战事,范成大心中多少有些落寞。八月既望,他率众僚属登楼,自作《水调歌头》一词,首云"万里筹边

① 刘时举:《续宋编年资治通鉴》卷九,《景印文渊阁四库全书》,台湾商务印书馆1986年版,第328册,第970页。《御批历代通鉴辑览》卷八十八:"(夏六月)汤邦彦有罪流新州。"《景印文渊阁四库全书》,台湾商务印书馆1986年版,第338册,第564页。
② 楼钥:《少师观文殿大学士鲁国公致仕赠太师王公行状》,顾大朋点校:《楼钥集》第5册,浙江古籍出版社2010年版,第1596页。
③ 李清馥:《闽中理学渊源考》卷十二,徐公喜、管正平、周明华点校,凤凰出版社2011年版,第205页。
④ 于北山:《陆游年谱》,上海古籍出版社2006年版,第204页。

处,形胜压坤维",写筹边楼气势,末云"老矣汉都护,却望玉关归",①寄寓空怀报国之心而不得施展之意。范成大又令陆游作《筹边楼记》,陆游详载了寻址建楼的原委,以及筹边楼瞭望边境的优越地势,并称赞范成大对西南边防之事了然于胸,堪比李德裕。陆游记下了范成大之言,"公慨然曰:君之言过矣!予何敢望卫公,然窃有幸焉。卫公守蜀,牛奇章方居中,每排沮之,维州之功,既成而败",②从所谈前朝牛李党争中,隐约可知范成大内心对朝中党争苗头的忌惮。在国策突变之际,一向敏感谨慎的范成大尽量避免卷入政治纷争,收复中原的雄心壮志由此渐渐冷却。他益发倦怠仕途,感到身心疲惫,"官事拘挛似力田,作劳归晚意茫然"(《早衰不寐》),但一直硬撑着主持日常军政事务,"自笑支离聊复尔,丹心元未十分灰"(《明日分弓亭按阅再用西楼韵》),因为边境的险情尚未解除,还需时刻防备蕃部来袭。

果不其然,淳熙三年(1176)冬十一月,青羌、吐蕃再扣黎州边境,形势非常危险,部将冀世威、西兵将官雷宝战死,李心传《建炎以来朝野杂记》乙集卷十九《丙申青羌之变》有详细记载:

> (淳熙三年)冬十一月,青羌奴儿结、梦舒、畜列等一千五百余人,结连再扣安静寨,州遣西兵部将李鹤世、永康部将毛翊、本州部将冀世威部西兵及本州禁兵三百五十人,前往堤备。十四日己丑,吐蕃入寇,乘高据险,建立炮坐,攻打寨舍,昼夜不息。部将冀世威、西兵将官雷宝迎敌接战,贼众我寡,二人死之。继而西兵合戍卒与贼鏖战,杀伤亦相当。翌日庚寅,弥羌首领失落托过大渡河,扬言曰:"汉家与吐蕃,互有胜负,不若打誓休和。"蕃贼犹豫未决。适州遣援兵乐祁等五十人至,鸣鼓发炮,蕃贼望见满山旗帜皆赤,遁归巢穴。人皆以为神助,或谓正州将有祷于武威庙时也。武威者,马将军庙,土人极敬之。后二日壬辰,高晃至,则事已定矣。③

---

① 曹学佺:《蜀中名胜记》卷四,《广州大典》第三辑《粤雅堂丛书》第 20 册,广州出版社 2008 年版,第 53 页。
② 陆游:《筹边楼记》,《渭南文集》卷十八,《陆游集》第五册,中华书局 1976 年版,第 2139 页。
③ 李心传:《建炎以来朝野杂记》乙集卷十九,中华书局 2000 年版,第 853 页。

在双方互有胜负的情况下,州军人数突然大增,吐蕃以为是武威庙马将军显灵天降神兵来助,故而逃之夭夭。事实上,这正是范成大的精心部署,周必大《资政殿大学士赠银青光禄大夫范公成大神道碑》记曰:"公发飞山军千人赴之,料其三日必遁。戒勿与争,已而果然。"①原来,他秘密派出训练有素的精锐之师前去增援,并令其换上黎州军装循环往来,造成兵多势众、神出鬼没的假象,让敌军间谍摸不清底细,最终不敢轻易进攻,落荒而逃:

> 郡前期请援,诸司偶调五百兵,至州,令更其事装,循环往来,以示兵众,窥伺者皆沮缩而归。②

在对付扣边的青羌、吐蕃的战斗中,范成大的军事策略发挥了关键作用,调兵遣将,出其不意,一举制胜。整个过程中,他运筹于帷幄之中,料事如神,镇定自若,谈笑间樯橹灰飞烟灭,颇有儒帅的风度,这种气定神闲的形象也出现在他自己的诗中。吐蕃入寇之前,范成大正在海云寺赏山茶花,《十一月十日海云赏山茶》诗云:"门巷欢呼十里村,腊前风物已知春。两年池上经行处,万里天边未去人。客鬓花身俱岁晚,妆光酒色且时新。海云桥下溪如镜,休把冠巾照路尘。"从海云归来得知吐蕃出没大渡河的消息,范成大立刻在城北点兵,驰援黎州。《海云回,按骁骑于城北原,时有吐蕃出没大渡河上》云:"古道风沙卷夕霏,小江烟浪皱春漪。天于麦垄犹悭雪,人向梅梢大欠诗。顿辔青骊飞脱兔,离弦白羽啸寒鸥。牙门列校俱剽锐,檄与河边秃发知。"方回《瀛奎律髓》卷十三选入此诗,评曰:"淳熙四年丁酉(按:当是三年丙申,四年冬范成大已离蜀),至能帅蜀,十一月十日海云赏山茶回作此诗。'人向梅梢大欠诗',佳句也。予选诗不甚喜富贵功名人诗,亦不甚喜诗之富艳华腴者,其人富贵而其诗高古雅淡,如选此篇,以有此联佳句耳。"其实,范成大不仅是人富贵而诗高古雅淡,这首诗的创作还有特殊背景,如果方回了解此时的范成大正在出奇兵、平边乱,应该更有谢安、诸葛武侯

① 周必大:《资政殿大学士赠银青光禄大夫范公成大神道碑》,王蓉贵、(日)白井顺点校:《周必大全集》第 2 册,四川大学出版社 2017 年版,第 580 页。
② 李心传:《建炎以来朝野杂记》乙集卷十九,中华书局 2000 年版,第 853 页。

之誉了。友人林光朝便在来信中称赞范成大:"舍人节制全蜀,事权不分,为上之所倚重者如是。忠武侯当倥偬之日,应接不少停,而天下视之,常若庐中坚卧,无意于事功者。"①可谓知言。

平定叛乱之后,范成大继续深究原因,发现边将王文才与吐蕃内外勾结,为其作向导内应,遂使用离间之计,斩草除根:

> 有白水寨将王文才私娶蛮女,常导之寇边。公重赏檄群蛮,使相疑贰,俄蕃将擒文才以献,公命即黎州教场斩之,兵威大振。②

至此,四川边境地区暂时稳定了下来。

五 离蜀返吴

在范成大的精心治理之下,淳熙三年(1176)的川蜀日渐呈现出国泰民安的气象:官军雄风大振,边防稳定,文州、黎州的蕃部销声匿迹,不敢作乱;酒税、折估钱等苛捐杂税得以减免,压得百姓无法喘息的和籴之害也被解除,蜀地民生如释重负,安居乐业;更有兴学、举贤荐士等一系列举措,使蜀中士子如百川归海,为国尽忠效力。一切初见成效,"急缓有序,大小毕举",③但是范成大的身体却每况愈下。到了淳熙四年(1177)的正月初,刚刚去过东郊祭祀东君的他终于病体不支,孝宗亲赐的腊药也没有丝毫作用。一场大病几乎要了他的性命,其自称:"今春病少城,几殆,仅得更生。"④范成大感觉到是该离开四川的时候了,决定上疏请求归乡。⑤ 在病床上,他足足躺了一个多月,⑥像从鬼门关走

---

① 林光朝:《艾轩集》卷六,《景印文渊阁四库全书》,台湾商务印书馆1986年版,第1142册,第614页。
② 周必大:《资政殿大学士赠银青光禄大夫范公成大神道碑》,王蓉贵、(日)白井顺点校:《周必大全集》第2册,四川大学出版社2017年版,第580页。
③ 范谠:《砌街记》,袁说友等编、赵晓兰整理:《成都文类》卷四十六,中华书局2011年版,第886页。
④ 范成大:《吴船录》,孔凡礼点校:《范成大笔记六种》,中华书局2002年版,第190页。
⑤ 周必大《资政殿大学士赠银青光禄大夫范公成大神道碑》:"三年(按:当为淳熙四年)春,公大病,求归。"王蓉贵、(日)白井顺点校:《周必大全集》第2册,四川大学出版社2017年版,第581页。
⑥ 范成大《病中闻西园新花已茂,及竹径皆成,而海棠亦未过》诗云:"梅坞桃蹊斫竹初,三旬高卧信音疏。"富寿荪标校:《范石湖集》卷十七,上海古籍出版社2006年版,第243页。

了一遭,《二月二十七日病后始能扶头》诗记曰:"更蒙厉鬼相提唱,此趣山林属当家。"他眼睁睁地看着大好的春光渐渐流逝,"一枕经春似宿醒,三衾投晓尚凄清"(《枕上》),不禁思索生命与功名事业的关系,"摧颓岂是功名具,烧药炉边过此生"(《枕上》)。他的身体实在太孱弱了,如病鹤,似枯藤,只能偶尔下地走一走,或者在房间坐一坐,《初履地》诗云:"长胫阁躯如瘐鹤,冲风夺气似枯柟。客来慵拉懒残涕,老去定同弥勒龛。"《密室煑坐》诗云:"如许头颅莫振矜,但寻曲几与枯藤。"

范成大一边调养身体,一边急切地盼望孝宗的诏令。《病起初见宾僚,时上疏丐祠未报》诗曰:"迨此良辰公事少,天恩倘许赋归欤。"得知范成大大病初愈,赋有新诗,陆游频频与其唱酬。在和诗中怀念往昔岁月,冷眼看朝中小人得志,慨叹生不逢时,如《和范舍人书怀》诗云:"岁月如奔不可遮,即今杨柳已藏鸦。客中常欠尊中酒,马上时看檐上花。末路凄凉老巴蜀,少年豪举动京华。天魔久矣先成佛,多病维摩尚在家。"[1]又劝勉范成大珍惜身体,还要继续为国为民效力,《和范舍人病后二诗末章兼呈张正字》诗云:"关陇宿兵胡未灭,祝公垂意在尊生。""士生不及庆历初,下方元祐当勿疏。请看蛟龙得云雨,岂比鸟雀驯阶除"。陆游这些诗作是有感而发。范成大病重期间,曾觌党人户部员外郎谢廓然忽赐进士出身并被任命为殿中侍御史,[2]这是一个非常危险的信号。乾道年间曾觌、龙大渊弄权,对朝中异己者的排挤、迫害不亚于秦桧,陆游、周必大等人都被迫离职去国。后经过朝臣不断斗争,龙、曾二人外任,乾道四年(1168)龙大渊死后,孝宗怜悯曾觌,辗转召用,淳熙元年(1174)除开府仪同三司。[3] 曾觌开始重新安排他的鹰犬爪牙,谢廓然的任命意味着曾党将重新兴风作浪。果然,淳熙四年(1177)六月,谢廓然论参知政事龚茂良四罪,只因此年曾觌欲以文资官其子孙,龚茂良极力反对,后被罢职,英州安置。[4] 此后,曾觌一党便更加肆无忌惮,"觌前

① 陆游:《剑南诗稿》卷八,《陆游集》第一册,中华书局1976年版,第216页。
② 脱脱等:《宋史》卷四七〇《曾觌传》,上海古籍出版社、上海书店1986年版,第1549页。
③ 脱脱等:《宋史》卷四七〇《曾觌传》,上海古籍出版社、上海书店1986年版,第1549页。
④ 脱脱等:《宋史》卷三八五《龚茂良传》,上海古籍出版社、上海书店1986年版,第1339页。

虽预事，未敢肆。至是责逐大臣，士始侧目重足矣。"①

这真是一个糟糕的春天，成都阴雨绵绵不断，往年繁花似锦的海棠开得稀稀疏疏，又被雨打风吹去，零落成泥碾作尘，让等着赏花的人们望之兴叹。陆游《海棠》诗"十里迢迢望碧鸡，一城晴雨不曾齐。今朝未得平安报，便恐飞红已作泥"，便写出了心中的不安与遗憾。当年龙、曾党人对其迫害、逐出京城的情景仍历历在目，令其心有余悸。刚经历过生死大限的范成大反倒比较旷达，他在《陆务观云：春初多雨，近方晴，碧鸡坊海棠全未及去年》一诗中劝慰友人，既然天已经晴了，花还会开的，"迟日温风护海棠，十分颜色醉春妆。天公已许晴教好，说与鸣鸠一任忙"。他还用调侃的口吻同陆游逗趣道：

> 报事碧鸡坊里来，今年花少似前回。笙簧冷落遨头病，不着梁州打不开。②

费著所撰《岁华纪丽谱》云："成都游赏之盛，甲于西蜀。盖地大物繁，而俗好娱乐。凡太守岁时宴集，骑从杂沓，车服鲜华，倡优鼓吹，出入拥导。四方奇技，幻怪百变，序进于前，以从民乐，岁率有期，谓之故事。及期，则士女栉比，轻裘袄服，扶老携幼，阗道嬉游，或以坐具列于广庭，以待观者，谓之遨床，而谓太守为遨头。"③今年遨头太守范成大生病，无法率众游赏，想必海棠是因为笙簧冷落、没有听到梁州新词才不开吧。

美好的春光不能辜负，因病错过了一季海棠，不能再错过牡丹。陆游《天彭牡丹谱》"风俗记第三"条记载成都牡丹花会："花时，自太守而下，往往即花盛处张饮。帟幕车马，歌吹相属。最盛于清明、寒食时。"这年三月五日清明节来临，尚未痊愈的范成大便在州府举办了牡丹会，他要进行最后的狂欢。范成大特意用高价从花户手中买了上百苞绝佳品种，一早便派车马驰骑取之，"至成都，露犹未晞，其大径尺。夜宴西

① 脱脱等：《宋史》卷四七〇《曾觌传》，上海古籍出版社、上海书店1986年版，第1549页。
② 范成大：《陆务观云：春初多雨，近方晴，碧鸡坊海棠全未及去年》，富寿荪标校：《范石湖集》卷十七，上海古籍出版社2006年版，第245页。
③ 费著：《岁华纪丽谱》，《景印文渊阁四库全书》，台湾商务印书馆1986年版，第590册，第434页。

楼下,烛焰与花相映发,影摇酒中,繁丽动人。"①范成大《清明日试新火作牡丹会》诗云:

> 再钻巴火尚浮家,去国年多客路赊。那得青烟穿御柳,且将银烛照京花。香鬟半醉斜枝重,病眼全昏瘴雾遮。锦地绣天春不散,任教檐雨卷泥沙。

纵然病眼昏昏如雾里看花,范成大对生活和美的热爱却不减,他将买来的牡丹安置于室内秉烛夜赏,焰光花影,春意盎然,一任檐外风狂雨骤。相较于陆游,范成大的人生态度更为乐观,此花只应天上有,人间能得几回见,且珍惜和享受天公的馈赠吧,不用在意这个春天的风云突变。

所以,每当情绪低落的陆游生发出无尽的春愁时,如"春愁茫茫塞天地,我行未到愁先至。满眼如云忽复生,寻人似疟何由避。客来劝我飞觥筹,我笑谓客君罢休。醉自醉倒愁自愁,愁与酒如风马牛。"②范成大反劝导之,《陆务观作春愁曲悲甚作诗反之》:"东风本是繁华主,天地元无着愁处。诗人多事惹闲情,闭门自造愁如许。病翁老矣痴复顽,风前一笑春无边。糟床夜鸣如落泉,一杯正与人相关。"陆游的悲愁源于他狂傲愤激的个性,尤其当年曾深受龙、曾之害,今春曾党在朝中再度弄权令其不寒而栗。范成大未与曾党有直接冲突,而且他向来淡泊,厌倦朝中的纷争,一场大病过后,更是将得失、名利看得极轻。四月十九日是成都的浣花节,按习俗,这一天"邀头宴于杜子美草堂、沧浪亭,倾城皆出,锦绣夹道"。③ 范成大在观看舟船竞渡争标时,心中有无限感慨,遂作《浣花戏题争标者》诗云:

> 凌波一剧便捐生,得失何曾较重轻。蜗角虚名人尚爱,锦标安得笑渠争。④

---

① 陆游:《天彭牡丹谱》"风俗记第三"条,《渭南文集》卷四十二,《陆游集》第五册,中华书局1976年版,第2402页。
② 陆游:《春愁》,《剑南诗稿》卷八,《陆游集》第一册,中华书局1976年版,第209页。
③ 陆游:《老学庵笔记》卷八,中华书局1979年版,第108页。
④ 范成大:《浣花戏题争标者》,富寿苏标校:《范石湖集》卷十七,上海古籍出版社2006年版,第245页。

第八章 绥靖四川

199

人世间的争名夺利实质上和这水上的夺标竞技无甚两样，只是一场游戏而已，得之失之又如何。此时，范成大已勘破世事，他放下了名利之心，只等待奉旨东归。

四月，一纸诏令从天而降，召范成大赴行在。① 他加紧了在四川军政方面的扫尾工作，奏请朝廷下令催促西兵营寨早日毕工，各地石街修砌基本完毕，麋枣堰、江渎庙陆续建成。文化教育方面的工作也紧锣密鼓地进行，范成大先后主持撰成《石经始末记》《成都古寺名笔记》《成都古今丙记》等，志录蜀地乡邦文献；又刻洪适的《隶释》，规范书法文字。离任之前，范成大奉诏列上兵民十五事，涉及仁民固本、物资运输、蜀兵贫乏、按时发放官吏俸给、发展壮大民兵义士队伍等等，可谓面面俱到，孝宗感慨道："范某已病，尚为国远虑，可趣其来。"②淳熙四年(1177)五月二十九日，范成大待疾病痊愈，遂登船沿岷江、入长江，返回万里之外的故乡东吴。

自淳熙二年(1175)六月范成大到任成都，两年间他在四川制置使和成都知府任上做出了很多轰轰烈烈的事情，既经历过惊心动魄的战事，也感受到红红火火的生活，离开这片热土，范成大的心中有着深深的不舍，西行秦岭山道中逢田父话别，他还牵挂着今年的旱雨丰歉，"路逢田翁有好语，竟说宿来三尺雨。行人虽去亦伸眉，翁皆好住莫相思"。③ 入崇宁界时，范成大忍不住频频回头，"桑间三宿尚回头，何况三年濯锦游"。④ 而陆游等人更是情深义重，一路送行，陪着范成大同游青城山，沿途在江原(治今四川崇州市)、新津(治今四川新津县)等地寻访老友何正仲、吴广仲、张缜等人，途中大家共同赋诗唱和，为远行人排解伤感。半个月之后，六月壬午(十四日)，行至眉州(治今四川眉山市)、嘉州(治今四川乐山市)之间的中岩，这里是当年苏轼和妻子王弗携手同游之地。范成大以前曾劝说陆游为苏诗作注，二人还探讨过难解之

① 杨甲：《麋枣堰记》，刘琳、王晓波点校：《全蜀艺文志》卷三十七，线装书局 2003 年版，第 1078 页。
② 周必大：《资政殿大学士赠银青光禄大夫范公成大神道碑》，王蓉贵、(日)白井顺点校：《周必大全集》第 2 册，四川大学出版社 2017 年版，第 581 页。
③ 范成大：《初发太城留别田父》，富寿荪标校：《范石湖集》卷十八，上海古籍出版社 2006 年版，第 247 页。
④ 范成大：《入崇宁界》，富寿荪标校：《范石湖集》卷十八，上海古籍出版社 2006 年版，第 247 页。

句,多年后陆游在《施司谏注东坡诗序》中深情回忆道:

> 某顷与范公至能会于蜀,因相与论东坡诗,慨然谓予:"足下当
> 作一书,发明东坡之意,以遗学者。"某谢不能。他日又言之,因举
> 二三事以质之,曰:"'五亩渐成终老计,九重新扫旧巢痕''遥知叔
> 孙子,已致鲁诸生'当若为解?"至能曰:"东坡窜黄州,自度不复收
> 用,故曰'新扫旧巢痕'。建中初,复召元祐诸人,故曰'已致鲁诸
> 生'。恐不过如此耳!"某曰:"此某之所以不敢承命也。昔祖宗以
> 三馆养士,储将相材。及官制行,罢三馆,而东坡盖尝直史馆,然自
> 谪为散官,削去史馆之职久矣,至是史馆亦废,故云'新扫旧巢痕',
> 其用字之严如此! 而'凤巢西隔九重门',则又李义山诗也。建中
> 初,韩、曾二相得政,尽收用元祐诸人,其不召者亦补大藩,惟东坡
> 兄弟犹领宫祠,此句盖寓所谓不能致者二人,意深语缓,尤未易窥
> 测。至如'车中有布乎',指当时用事者,则犹近而易见。'白首沉
> 下吏,绿衣有公言',乃以侍妾朝云尝叹:'黄师是仕不进。'故此句
> 之意,戏言其上僭,则非得之故老殆不可知,必皆能知此,然后无
> 憾。"至能亦太息曰:"如此,诚难矣!"①

如今,范成大和陆游却要在东坡曾经之地分别,以后可能难得再相
见,更无由切磋诗艺、探讨诗论。范成大何其不舍,失声痛哭,写下《余
与陆务观自圣政所分袂,每别辄五年,离合又常以六月,似有数者。中
岩送别,至挥泪失声,留此为赠》:"宦途流转几沉浮,鸡黍何年共一丘。
动辄五年迟远信,常于三伏话羁愁。月生后夜天应老,泪落中岩水不
流。一语相开仍自解,除书闻已趣刀头。"②陆游则一如既往地鼓励范成
大,此去同朝中诸公共商恢复大计,《送范舍人还朝》诗云:"平生嗜酒不
为味,聊欲醉中遗万事。酒醒客散独凄然,枕上屡挥忧国泪。君如高光
那可负,东都儿童作胡语。常时念此气生瘿,况送公归觐明主。皇天震

---

① 陆游:《施司谏注东坡诗序》,《渭南文集》卷十五,《陆游集》第五册,中华书局 1976 年版,第 2106—
2107 页。

② 富寿荪标校:《范石湖集》卷十八,上海古籍出版社 2006 年版,第 254 页。该诗末句是指陆游将被任
知嘉州,但是尚未赴任,淳熙四年(1177)九月,遭臣僚论罢。参见于北山:《陆游年谱》,上海古籍出
版社 2006 年版,第 204 页。

怒贼得长，三年胡星失光芒。旄头下扫在旦暮，嗟此大议知谁当。公归上前勉画策，先取关中次河北。尧舜尚不有百蛮，此贼何能穴中国。黄扉甘泉多故人，定知不作白头新。因公并寄千万意，早为神州清虏尘。"①

和陆游挥别后，范成大从眉州继续出发，在嘉州停泊十九日，饱览凌云寺、万景楼、方响洞以及峨眉山等名胜。峨眉山秀甲天下，峰顶更号为天下绝观，"非好奇喜事、忘劳苦而不惮疾病者，不能至焉"。② 范成大克服种种困难登临绝顶，目睹了极为罕见的佛光，了却夙愿，"我本三生同行愿，随缘一念犹相应。此行且复印心地，衣有宝珠奚外营。"③离开嘉州，范成大经叙州（治今四川宜宾市）、泸州（治今四川泸州市）至合江（治今四川合江县），又与一直送行千里之外的杨光父子、谭季壬等人话别一宿，从忠州（治今四川忠县）、万州（治今重庆万州区）到夔州（治今重庆奉节县）。这里有水势极为凶险的瞿塘、滟滪，范成大记下了当天的感受：

> 独滟滪之顶，犹涡纹瀺灂，舟拂其上以过，摇橹者汗手死心，皆面无人色。盖天下至险之地，行路极危之时，旁观皆神惊。余已在舟中，一切付自然，不暇问，据胡床坐招头处，任其荡兀。每一舟入峡数里，后舟方敢续发。水势怒急，恐猝相遇，不可解拆也。④

渡过大大小小的险滩，船抵达归州（治今湖北秭归县），又停泊数日晤见了继任四川制置使的胡元质，《吴船录》记曰："甲子，泊归州。长文（按：胡元质字）自峡山陆行，暮夜至归乡沱渡江，往渡头迓之。"当年范成大入蜀也是从此地路过，历尽艰险，作诗以示当地官府，在他的倡导下，峡州、归州、夔州等地开始凿修山路，方便了入蜀的交通。范成大在《吴船录》中回忆道：

---

① 陆游：《送范舍人还朝》，《剑南诗稿》卷八，《陆游集》第一册，中华书局 1976 年版，第 220 页。
② 范成大：《吴船录》，孔凡礼点校：《范成大笔记六种》，中华书局 2002 年版，第 207 页。
③ 范成大：《淳熙四年六月二十七日，登大峨之巅，一名胜峰山，佛以为普贤大士所居。连日光相大现，赋诗纪实，属印老刻之，以为山中一重公案》，富寿荪标校：《范石湖集》卷十八，上海古籍出版社 2006 年版，第 261 页。
④ 范成大：《吴船录》，孔凡礼点校：《范成大笔记六种》，中华书局 2002 年版，第 217—218 页。

余前入蜀时,亦以江涨不可泝,自此路来,极天下之艰险。乃告峡州守管鉴、归州守叶默、倅熊浩及夔漕沈作砺,请略修治。先是过麻线堆下,人告余不须登山,有浮屠法宝于山脚刊木开路,尽避麻线之厄,县尉孙某作小记龛道旁石壁上。余感之,谓一道人独能办此,况以官司力耶?乃作《麻线堆》诗以遗四君,是时,余改成都路制置使,号令不及峡中,故以诗道之。继而四君皆相听许,以盐米募村夫凿石治梯级,其不可施力者,则改从他途。除治十六七,商旅遂以通行。新制使之来正赖此,然犹叹咤行路之难,特不见未修治以前耳。[1]

周必大《资政殿大学士赠银青光禄大夫范公成大神道碑》亦称赞他的开山之功,曰:"稍凿夔峡山路,以避湍险,人以为便。"

八月壬申、癸酉(初五、初六日),范成大行至江陵(治今湖北荆州市),府帅兼湖北安抚使辛弃疾招游渚宫、章华台等。范成大感慨此地景观平淡无奇,"败荷剩水,虽有野意,而故时楼观,无一存者。"[2]八月辛巳(十四日)发船至鄂州(治今湖北江夏区),甲午(二十七日)泊江州(治今江西九江市),九月从池州(治今安徽池州市)至建康(治今江苏南京市),乙卯(十九日)跟从留守刘珙行视新修外城,范成大又看到了熟悉的金陵风景,二十多年前,他曾赴此地参加漕试。离开建康后,己未(二十三日)船行到镇江时,运河浅淤,不可停泊、通行,只能买小舟出发,回想之前蜀地三峡的渊深湍急,真不可同日而语,范成大不由感慨道:"久去江浙,奔走川广,乍入舴艋,萧然有渔钓旧想,不知其身之自天末归也。"[3]甲子(二十八日),范成大到达常州,进士同年杨万里恰为知州,老友相见甚欢,把酒论文,不亦快哉!杨万里之子长孺多年后记曰:"淳熙戊戌(按:当为丁酉),先生归自浣花,是时家尊守荆溪,置酒卜夜,触次从容。先生极谈锦城风景之盛、宦情之乐。"又提及锦城最得意之词作,因举似数阕,如《赋海棠》云:"马蹄尘扑,春风得意笙箫逐……。"如《忆

---

① 范成大:《吴船录》,孔凡礼点校:《范成大笔记六种》,中华书局 2002 年版,第 221—222 页。
② 范成大:《吴船录》,孔凡礼点校:《范成大笔记六种》,中华书局 2002 年版,第 224 页。
③ 范成大:《吴船录》,孔凡礼点校:《范成大笔记六种》,中华书局 2002 年版,第 234 页。

西楼》云："怅望梅花驿，凝情杜若洲……。"令杨长孺艳羡不已，"长孺耳剽，恨未饱九鼎之珍。"①丙寅（三十日），范成大从常州出发，"平江亲戚故旧来相迓者，陆续于道，恍然如隔世焉。"淳熙四年十月己巳（初三日），他终于到达姑苏盘门。从蜀至吴，行程近万里，历时四月有余。

此次出蜀，范成大心态格外轻松，沿途各州守、监司盛情款待，诸多故人旧友前来相晤，最重要的是，从蜀至吴的万里远途，天然形胜、人文古迹不可历数，只因路程遥远，古今多少人空有艳羡之情，却无缘得见。明代陈宏绪《吴船录题词》曰："王逸少为王述所困，自誓去官，超然事物之外，然欲一游岷岭，竟至死不果。苏子瞻云山水游放之乐，自是人生难必之事，诚哉斯言！"②范成大借此机会周游遍访蜀吴之间诸多风景名胜，如离堆、崇德庙、青城山丈人观、玉华楼、上清宫、万景楼、凌云九顶、峨眉诸胜、泸州南定楼、丰都观、夔门、瞿塘、宋玉宅、巫山、鄂州黄楼、黄州临皋亭、庐山东林寺、大孤、彭浪矶、马当、池州齐山、长芦寺等，皆有诗词题咏。并随日记下阅历，写成笔记《吴船录》两卷，"自成都至平江数千里，饱历饫探，具有夙愿。其纪大峨八十四盘之奇，与银色世界，兜罗绵云，摄身清光，现诸异幻，笔端雷轰电掣，如观战于昆阳，呼声动地，屋瓦振飞也。蜀中名胜不遇石湖，鬼斧神工，亦但施其技巧耳。岂徒石湖之缘，抑亦山水之遭逢焉。"③出蜀一途，范成大的确大饱眼福，并用生花妙笔将所见所闻一一志录于《吴船录》，这些罕为人知的人间奇景、鲜有人至的人间奇境也因范成大得以发明，正所谓诗人与山川两相成就，了却一段夙愿。

① 杨长孺：《石湖词跋》，施蛰存主编：《词籍序跋萃编》，中国社会科学出版社 1994 年版，第 181 页。
② 陈宏绪：《吴船录题词》，孔凡礼点校：《范成大笔记六种》，中华书局 2002 年版，第 243 页。
③ 陈宏绪：《吴船录题词》，孔凡礼点校：《范成大笔记六种》，中华书局 2002 年版，第 243—244 页。

第九章　位隆二府

一　权任礼部

从四川归来之后,范成大先在故里进行了短暂的休整,淳熙四年(1177)十一月,便赴临安府入对。孝宗首先就非常关心的四川和籴问题向范成大咨询,"及范公召还,上首问:'可保其久行否?'"[1]粮食关系到军储、民生以及社会稳定,因此格外重要。淳熙三年六月,孝宗曾批准四川制置使范成大和总领财赋军马钱粮李蘩的奏请,在关外四个州进行试点,减免和籴;范成大离蜀之前曾向孝宗上奏成效,"四年五月丙午,宰执进呈范成大奏,关外麦熟倍于常年,盖由去岁罢籴一年,民力稍纾,得以从事耕作。上曰:'免和籴一年,民间便已如此,乃知民力不可以重困也。'王淮等奏云:'去岁止免关外,今从李蘩之请,尽免蜀中和籴,为惠尤广。'"五月,遂广泛推行,罢四川和籴。但至此时,孝宗仍权衡利弊,颇有疑虑,范成大从蜀地归来,依据自己的调查研究进行分析判断,用身家性命担保可以久行和籴,给孝宗吃下一颗定心丸。"范曰:'蘩以身任此事,臣以身保蘩。'上大悦。"[2]

范成大深受孝宗信赖,此次返朝除权礼部尚书。他以身体为由推

① 魏了翁:《鹤山先生大全文集》卷七十八《朝奉大夫府卿四川总领财赋累赠通奉大夫李公蘩墓志铭》,《景印文渊阁四库全书》,台湾商务印书馆1986年版,第1173册,第208页。
② 魏了翁:《鹤山先生大全文集》卷七十八《朝奉大夫府卿四川总领财赋累赠通奉大夫李公蘩墓志铭》,《景印文渊阁四库全书》,台湾商务印书馆1986年版,第1173册,第208页。

辞,孝宗不允,亲赐上方珍剂。① 十一月二日,令翰林学士周必大拟诏书《赐敷文阁直学士朝请郎范成大辞免除权礼部尚书恩命不允诏》:

> 厥今往镇,莫重坤维。嘉我宝臣,介圭来觐。畴庸录德,当置诸朝。卿人物之英,搢绅所重。代言分闱,左右具宜。使蜀再期,政尤可纪。兹从严召,入告嘉猷。峻陟礼卿,丕昭眷奖。有周吉甫,文武宪邦。其自镐归,实多受祉。尔几于是,何以逊为!②

时隔六年,范成大再次任职临安。他已不是当年正四品的中书舍人,而成为从二品的权礼部尚书。上任之初,范成大首先上疏,规范行都临安的朝市礼仪。他认为中国素称礼仪之邦,无论何时都不能失礼,如今皇室虽暂驻东南临安,亦当仿照当年汴京京邑朝市之制,方有上都之仪。其《论朝市仪注札子》云:

> 臣闻礼之有仪,礼之细也。然仪犹不立,则何礼之足云。今者黄旗紫盖,暂驻东南,朝市之制,当仿京邑。所以隆上都而观万国者,安得而不肃哉!③

范成大在奏札中列举文武百官朝会、朝贺时的种种失礼行为:

> 臣伏见文武百僚正衙朝会及德寿宫朝贺之类,退至宫殿等门,奔趋不暇,纷蹂阗咽,缘内之仗卫,外之从人,自相交哄,至无路可行。贵臣近列,冠笏敧倾,有不能自持者。

他认为有必要申严朝廷之仪:

> 入公门,鞠躬如也。过位,色勃如也,足躩如也。谓君虽不御坐,过君之位者,犹当恭肃。今于驾兴班退,失容如此,则朝廷之仪,有当申严者。伏乞睿旨行下所属,每遇朝集将退,纵有他处期会,但少纾顷刻,令编拦人宽出班路,使搢绅各依次序安行趋出,以申"鞠躬""足躩"义。

---

① 周必大:《资政殿大学士赠银青光禄大夫范公成大神道碑》,王蓉贵、(日)白井顺点校:《周必大全集》第2册,四川大学出版社2017年版,第581页。

② 周必大:《玉堂类稿》卷七,王蓉贵、(日)白井顺点校:《周必大全集》第2册,四川大学出版社2017年版,第982页。

③ 范成大:《论朝市仪注札子》,孔凡礼辑:《范成大佚著辑存》,中华书局1983年版,第37页。以下引文均同。

范成大又目睹孝宗出行扈从之仪不周,驾后禁卫人数过少,以致路人民庶混杂其中,有失皇家礼仪,需要申严:

> 臣又伏见车驾行幸,前后禁卫各有重数。今乘舆才过,驾后围子每重只四五人,不能呵卫禁严法物及供奉班联,乃与行路人混为一区,虽袒裼负戴者,亦得并行禁围之中。汉文帝号称宽恕,县人来,闻跸,犹匿桥下,必不敢阑入伏内,如今之纵弛。则扈从之仪有当申严者。伏乞睿旨行下所属,乘舆行幸,增修钩陈壁垒之制,量添驾后卫卒,必俟属车禁卫尽绝,方许民庶通行。

范成大还指出临安城中,各色人等争道而行,互不避让,缺乏应有的街道之仪,亦应当申严:

> 臣又伏见在京街道车马相遇,皆有先后定制。今行都九衢之中,不问尊卑贵贱,务相排轧,两不逊避。甚或给使技胥及白身之舆马,下至担夫荷卒,皆与朝臣争道,莫之谁何。古者齿路马及蹵路马之刍者皆有诛,非贵马也,贵君马,所以尊君也,而况君之朝臣乎!则街道之仪有当申严者。伏乞睿旨行下所属,检照条法,凡车马相遇,有当避道,有当分道,有当敛马侧立之类,一如仪制。否则,许被犯官司解送惩治。

身为权礼部尚书,范成大严格地遵循儒家传统礼教,从细节小事入手,申严朝廷之仪、扈从之仪、街道之仪,旨在以小见大,强化君臣、尊卑、贵贱之纲常,成就大国体统:

> 以上三者,虽礼之细,而实关事体,所以观国之光在是,诚不可忽。臣缪掌邦礼,未敢及其重大,谨按众目之所不安者,姑举一二,伏望圣慈,责之攸司,以严礼禁。

在他上任两个月之后,淳熙五年(1178)正月,三年一次的科举省试(礼部试)在临安举行,这是朝廷的一件大事。孝宗命范成大以权礼部尚书知贡举,同知者为刑部侍郎兼侍讲兼给事中程大昌、右谏议大夫萧燧。太常少卿兼崇政殿说书齐庆胄、司农少卿戴几先、太府少卿傅淇、吏部员外郎阎苍舒等为参详官;宗正丞沈撰、秘书丞袁说友、诸王宫大小学教授鹿何、秘书省校书郎胡晋臣、提辖文思院万钟等点检试卷。①
为国选士，责任重大，范成大不敢有丝毫疏怠。他与同僚咬文嚼字，制
定详细的评判标准，严格保密卷宗，以确保公平录取。例如二月二十一
日，范成大即与同僚等奏论"恍""怳"二字可以通用，乞详定修入《礼部
韵》，允许举子引用。是日上疏云：

> 照对举人程文赋内，押"惚""怳"字，或书作"怳"，或书作"恍"。
> 除"怳"字《礼部韵》已收入外，其"恍"字，按《老子》云："无物之象，
> 是谓惚恍。"系从心从光。《礼部韵》却不曾收载。近年虽曾增广，
> 亦失附入。案《集韵》"怳""恍"并虎晃切，皆以昏为义，即"恍""怳"
> 二字并通。恐碍后来举人引用，乞下国子监详定修入。②

二月二十五日又上疏，乞贡院添卷首长条背印，防止有人拆换卷子
作弊：

> 比年试院多有计嘱拆换卷子之弊，谓如甲知乙之程文优长，即
> 拆离乙文，换缀甲家状之后。其卷首虽有礼部压缝墨印，缘其印狭
> 长，往往可以裁去重粘。臣等今措置，于卷首背缝添造长条朱印，
> 以"淳熙五年省试卷头背缝印"为文，仍斜印之，使其印角横亘家
> 状、程文两纸，易于觉察。乞自后应干试院，依此施行。③

范成大恪尽职守，兢兢业业，一心要为国家选取贤才。但事情并没
有那么顺利，此期，曾觌党人如同当年的秦党，势力膨胀，开始干预朝政
和科举。正月里，陈亮上书痛论时政，便为曾觌同党朝臣所抑，遂归。
曾觌又指使谢廓然介入科场，告诫知贡举范成大不能录取持程颐、王安
石观点的举子，"五年春正月辛丑，侍御史谢廓然乞戒有司，毋以程颐、
王安石之说取士。从之。"④谢廓然还向范成大施加压力，他向孝宗进
言："近来掌文衡者，主王氏之说，则专尚穿凿；主程氏之说，则务为虚
诞。夫虚诞之说行，则日入于险怪；穿凿之说兴，则日趋于破碎。今省

---

① 徐松辑、刘琳等校点：《宋会要辑稿·选举一》，上海古籍出版社 2014 年版，第 9 册，第 5257 页。
② 徐松辑、刘琳等校点：《宋会要辑稿·选举五》，上海古籍出版社 2014 年版，第 9 册，第 5342 页。
③ 徐松辑、刘琳等校点：《宋会要辑稿·选举五》，上海古籍出版社 2014 年版，第 9 册，第 5342 页。
④ 脱脱等：《宋史》卷三五《孝宗本纪》，上海古籍出版社、上海书店 1986 年版，第 90 页。

闱引试,乞诏有司公心考校,毋得狥私,专尚程、王之末习。从之。"①曾党此举颠倒标准,混淆是非,明为抨击程、王之学,实则假公济私,录取与同党有关联之人。"启衅之端,已彰彰明甚。"②范成大不为所动,仍按正常标准进行省试选拔。开院之时,本应由侍御史谢廓然启封,但司事之吏在文书上只写官名而未及其人,谢廓然心存芥蒂,怀疑范成大轻视自己,"开院,侍御史奉诏启封。吏承例牒拆号官,而不云何官,御史疑薄已。"③从此将其视为眼中钉。

范成大不仅在知贡举时坚持原则,同时还奏请二广州郡不许以尚未任职的进士摄官,防止因俸禄微薄而受贿,未入官场便养成恶劣习气。《宋会要辑稿》记载:"(淳熙)五年二月六日,权礼部尚书范成大言:深广州郡,多以进士摄官权录参、司理者。摄官月俸微,既无以养廉,悉以贿成。乞下二广转运司,除依法不许权摄外,不得狥私逐急,以进士摄官兼权狱官。或遇缺员,只以本州县见任官兼摄。从之。"④范成大此进言旨在为国家保护人才,培养清正廉洁官风,一片公心,但是却会触及一些人的私利,所以他无意中又树了一些敌人。

这年的礼部试结束后,三月三日上巳节到来,范成大一身轻松,与司马伋、李椿、沈揆、刘邦翰、刘孝韪、赵磻老、齐庆胄、韩元吉等友人一起游览西湖,并题名留念。⑤ 不久,范成大以权礼部尚书兼直学士院。一天夜晚,轮到他在学士院值班,孝宗传宣,范成大便急匆匆入觐,事后他写下了《菩萨蛮·寓直晚对内殿》一词,详述赴殿时情景:

> 彤楼鼓密催金钥,沉沉青琐重重幕。宣唤晚朝天,五云笼暝烟。
>
> 风急东华路,暖扇遮微雨。香雾扑人衣,上林乌满枝。⑥

① 佚名:《宋史全文》卷二十六下,中华书局 2016 年版,第 2214 页。
② 于北山:《范成大年谱》,上海古籍出版社 2006 年版,第 284 页。
③ 周必大:《资政殿大学士赠银青光禄大夫范公成大神道碑》,王蓉贵、(日)白井顺点校:《周必大全集》第 2 册,四川大学出版社 2017 年版,第 581 页。
④ 徐松辑、刘琳等校点:《宋会要辑稿·职官六二》,上海古籍出版社 2014 年版,第 8 册,第 4750 页。
⑤ 倪涛:《六艺之一录》卷一百一十,《景印文渊阁四库全书》,台湾商务印书馆 1986 年版,第 832 册,第 278 页。
⑥ 潜说友:《咸淳临安志》卷十五,《宋元方志丛刊》,中华书局 1990 年版,第 4 册,第 3504 页。

在声声密鼓催促之下，一道道宫门关闭，一重重帘幕垂下，夜色苍茫时，范成大被传唤觐见皇帝。他疾驰在东华路上，用宫扇遮挡着飘落在头上的微雨。一团团的香雾扑面而来，上林苑的乌鸦都已经在枝头栖息，周遭一片宁静。这个夜晚，君臣二人相谈的内容已无从知晓，但一定是极为重要的恩遇之事。果然，这一年四月丙寅（初二日），范成大自权礼部尚书兼直学士院迁中大夫除参知政事。①

二 晋升参政

参知政事为正二品官员，范成大得以与右丞相兼枢密使史浩、知枢密院事王淮、参知政事赵雄共同宰执政务。这是文臣事业的高峰，能任此职者如凤毛麟角。范成大的进士同年知常州杨万里由衷地敬佩，呈上贺信曰：

> 自初元以至于今日，知政几二十人；求天下之所谓正臣，如公才一二辈。②

杨万里称赞范成大为人正派，兼具经世致用之大才，又适逢圣主，遂成江山社稷之中流砥柱，可谓实至名归，道位相称：

> 屹立四垣之大节，闻者胆寒；尽护全蜀之中权，凛如虎卧。君侧之所以顿肃，戎心之所以弗生。倬彼厥功，谁钦之力。……今以君子之有韫，乃惟圣主之与遭。

除参知政事的当晚，范成大在玉堂直宿，往事在脑海中历历浮现，令其感慨万千，他提笔写下《淳熙五年四月二日直宿玉堂怀旧二绝句》：

---

① 徐自明：《宋宰辅编年录》卷之十八，王瑞来校补：《宋宰辅编年录校补》，中华书局 1986 年版，第1235 页。

② 杨万里：《贺范至能参政启》，辛更儒笺校：《杨万里集笺校》，中华书局 2007 年版，第 2473 页。

桂海冰天老岁华，直庐重上玉皇家。当年曾识青青鬓，惟有东墙一架花。

雪山刁斗不停挝，夜把军书敢顾家。珍重玉堂今夜梦，静闻宫漏隔宫花。

乾道五年(1169)范成大任礼部员外郎兼崇政殿说书，就曾在玉堂夜值，时隔九年，足迹遍及天涯海角，从出使金国到安抚广西，又去四川防护边陲，如今再回到玉堂夜值，东墙边年年岁岁花相似，而自己头上的青丝早已变成白发。岁月流逝，让范成大禁不住有一丝感伤；但是这么多年一心为国，鞠躬尽瘁，没有虚度年华，他的内心又是安稳的，隔着一架宫花，听着宫漏滴答，渐渐地进入梦乡。这一天范成大被任命为参知政事，在这样特殊的日子里，他竟然如此平静淡泊，没有丝毫志得意满、沾沾自喜的感觉，更没有歌吹鼓舞、花天酒地的庆祝，只有北宋宰相晏殊诗中"梨花院落溶溶月，柳絮池塘淡淡风"一样的太平气象，其清雅高贵、宠辱不惊诚非俗流可比。

四月辛未(初七日)科考发榜，赐礼部进士姚颖以下 417 人及第、出身、同出身。这一榜进士均是一时才俊，日后逐渐成为国之栋梁，如叶适、章良能等。他们的思想与知贡举范成大相近，主张恢复中原，注重事功。如状元姚颖，"参知政事范文穆公成大以宗伯知贡举，得公文奇之。及发策集英，推明《中庸》《大学》之旨，几数千言，末论敌国事宜尤备。孝宗皇帝以其议论正大剀切，亲擢首选。"[1]后通判平江府时，周必大在书信中赞其"勤劳王事，孜孜民隐"。[2] 再如榜眼叶适后曾任兵部侍郎等职，力主抗金，反对和议，其所代表的永嘉学派影响甚为深远。在为国家发现和储备人才方面，知贡举范成大功不可没。

范成大提携奖掖后进颇力，前来请求举荐的人络绎不绝，有时令人不堪其扰。有一次罗克开跟随叶适登门请求改官，范成大比较疲劳，便有些不耐烦，叶适记云：

异时，余袖达父投卷于参政范公。达父执后进礼卑甚，范公苦

① 楼钥：《通判姚君墓志铭》，顾大朋点校：《楼钥集》第六册，浙江古籍出版社 2010 年版，第 1969 页。
② 王蓉贵、(日)白井顺点校：《周必大全集》第 3 册，四川大学出版社 2017 年版，第 1854 页。

其烦,遽踏坐胡床。达父不自觉,犹前却未已。久之,旁观多咎范公,余独怜其老而惫不堪也。范公因裂十指谓余:"前执政举员当罢,盖无以满四方之求。"余笑曰:"罢是,则门户冷落,患复不亟尔。"达父颇愧恨,虽赖范公力得改官,后讳其作,不浪出。①

范成大虽然最终帮助了罗克开改官,但是态度不够热情,和他向右丞相史浩大力举荐崔敦礼等人反差明显。② 除身体老惫等原因之外,应当也有不想多事之念头,因为此时朝中错综复杂的矛盾斗争已现端倪。淳熙五年(1178)五月,朋党之论甚嚣尘上,矛头对准宰执。五月七日右丞相兼枢密使史浩上奏表白曰:

> 臣去国十六年,跧伏山林,绝不与士夫往来。今蒙圣慈,俾再辅政,人材能否,不能周知,虽加访问,未必能尽。今在堂求差遣者数百人,只取已经堂除无过犯、或有荐举人,先次授之。或有过犯已复官改正、及已曾经任未曾堂除人次之。臣无阿私,唯尽公道,庶无朋党之弊,惟陛下加察。③

史浩此奏或许是因有人告其用人不当、有结党营私之嫌而作,故极言自己荐举人才秉公办事,绝无私心,没有朋党之弊,望孝宗明察。孝宗表示信赖史浩,不在意谗言,唯用其贤,不以朋党待臣下。"上曰:'宰相岂当有朋党,人主亦不当以朋党名臣下。既已名其为党,彼安得不结为朋党。朕但取贤者用之,否则去之。'"史浩谢主隆恩,列举汉代党锢之祸、唐代牛李党争之弊,"皆人君不明,为群邪所惑,遂致于此。"④称颂孝宗为一代明君。

但是风波并未就此平息,五月十一日,史浩等人进呈圣语,孝宗又言:"唐文宗有言:'去河北贼易,去此朋党难。'朕尝嗤其言,何至于此!朋党本不难去,若人主灼知贤否所在,唯贤是进,惟不肖是退,弗问其他,则党论自消。"孝宗再度提及朋党,说明朝中此论并未消除,他的疑

---

① 叶适:《罗袁州文集序》,刘公纯等点校:《叶适集》上册,中华书局1961年版,第226页。
② 楼钥:《跋史太师答范参政荐崔宫教帖》,顾大朋点校:《楼钥集》第四册,浙江古籍出版社2010年版,第1321页。
③ 史浩:《论朋党记所得圣语》,俞信芳点校:《史浩集》,浙江古籍出版社2016年版,第197页。
④ 史浩:《论朋党记所得圣语》,俞信芳点校:《史浩集》,浙江古籍出版社2016年版,第197页。

虑也并未销尽。史浩附和孝宗之语，称："用人惟论贤否，则自无朋党。"[1]范成大此时也称颂孝宗不偏听偏信，诚为圣明之君：

> 臣成大奏："前代人主不惟不能去朋党，往往偏听生暗，反助成党论，以阶乱亡。未有如陛下学力高妙，鉴自圣心，逆折其萌，甚盛德也。汉唐史册所载，无此气象，当于前日圣语中增入，以诏万世。"

五月十八日，史浩等再进呈七日、十一日圣语，孝宗对朋党之论仍念念不忘，又曰："朕观汉唐之末，时君心术不明，又偏听是非，故奸臣得投其隙，以立党羽，遂成祸乱，甚可怜也。"并论："君子群而不党，和而不同，贤者自然以类聚，虽曰群、曰和，然自有不党不同之处，岂可指以为朋党邪！"孝宗此语有所暗指，既希望他的宰臣们勠力同心，又忌惮他们结为朋党，尾大不掉。而他之所以三番五次地论及此，正所谓无风不起浪。史浩、王淮和范成大的亲密关系以及对彼此荐举之士的相互提携引起了他的猜忌，新科状元姚颖即是典型一例。姚颖乃史浩表侄，省试时受知贡举范成大格外赏识，进士及第后被知枢密院事王淮选为女婿，[2]朝中或有人议论，孝宗当有所戒备，即便他非常信任史浩等人，也要防止其势力扩张，君权与相权的博弈无时无刻不在进行。

当孝宗半个月之内第三次和他的宰臣谈及朋党问题时，史浩、王淮与两位参知政事赵雄、范成大也纷纷表态，史浩曰："臣等不肖，方相与同心辅政。"赵雄称颂孝宗不听信谗言："陛下谓朋党尽由偏听，可谓深切著明。"范成大也建议："陛下圣谟正大，可以颁示臣庶，使皆知天子不以朋党待天下之士。"王淮则奏曰："连日获闻史浩等修记圣语，极论近世朋党之弊，高明闳大，当与典谟并传。"并提及自己当年在翰林院夜直宣召时便听过孝宗高论，孝宗强调说之前所论粗略，如今再次细论，"向者与卿尝及其略，故今乐与宰臣等论之。"孝宗再三向史浩、王淮等几位宰臣论及朋党，用意非常明显，有暗示与弹压之效。而朋党之论的兴起

---

① 史浩：《论朋党记所得圣语》，俞信芳点校：《史浩集》，浙江古籍出版社2016年版，第198页。以下引文出处均同。

② 楼钥：《通判姚君墓志铭》，顾大朋点校：《楼钥集》第五册，浙江古籍出版社2010年版，第1969页。

足以说明此时朝中有小人兴风作浪，"自古小人谗害忠贤，其说不远。欲广陷良善，不过指为朋党；欲动摇大臣，必须诬以颛权。"①所以，尽管孝宗与他的宰臣在朋党问题上貌似达成共识，但其内心的戒备并未根除，他有意识地强化君权，削弱相权。

六月四日适逢范成大生朝，这一年他53岁。孝宗赐羊酒，以示恩遇，也有笼络之意。范成大《谢赐生日生饩表》曰："以臣生日，特降中使，赐臣羊酒米面者。"这让"少孤多难"的范成大倍感温暖，发誓效忠，"臣敢不戒属厌之心，勉谋逭之虑。予以驭其幸，虽弗洎于亲荣；忠可移于君，尚永肩于国事。"②但令人意想不到的是，仅仅5天后，范成大便上奏请求引疾退养。③ 六月乙亥（十二日），范成大罢参知政事，以本官奉祠，在任仅七十天。为何会有此巨变，周必大透露了一些端倪，称："前御史亟论公，公即出门。明日宣押奏事，引咎而已。"④周必大提及的前御史乃谢廓然，他深受曾觌一党的宠信，去年便弹劾参知政事龚茂良，致使其被罢政贬谪。范成大早年即和曾觌、张说等不睦，知贡举时因小吏开院启封时未写其名引起谢廓然不满，此时身为执政，曾党必不能使之久立于朝，遇事阻梗。范成大见孝宗反复重申朋党之论，知朝政日非，本有退志，还朝论奏，锋锐以消。此时，谢廓然再次针锋相对，范成大审时度势，知非口舌所能争，亦非独力所能抗，故"引咎"逊避而去。⑤

范成大是非常明智的。淳熙五年（1178）的政治生态急剧恶化，曾觌一党排陷众臣，朝中官员如范成大的友人韩元吉、李椿等纷纷离任，周必大亦请奉祠，未获允，"淳熙五年五月，请对丐外，上恩不允。闰六月，继请，又不允。会谏议大夫谢廓然乞令朝士久次者听更迭补，于是

---

① 脱脱等：《宋史》卷三一九《欧阳修传》，上海古籍出版社、上海书店1986年版，第1170页。

② 范成大：《谢赐生日生饩表》，《永乐大典》卷一万三千九百九十二引《范石湖大全集》，孔凡礼辑：《范成大佚著辑存》，中华书局1983年版，第98页。

③ 周必大：《赐中大夫参知政事范成大乞罢机政不允诏》（六月九日），王蓉贵、（日）白井顺点校：《周必大全集》第2册，四川大学出版社2017年版，第991页。

④ 周必大：《资政殿大学士赠银青光禄大夫范公成大神道碑》，王蓉贵、（日）白井顺点校：《周必大全集》第2册，四川大学出版社2017年版，第581页。

⑤ 可参见于北山：《范成大年谱》，上海古籍出版社2006年版，第283页。

吏部尚书韩元吉、侍郎李椿相继得请。"①更有甚者,一些与曾党有过节的官员此年纷纷暴卒,令人不寒而栗。五月,曾缴还谢廓然词头的林光朝卒,年65岁;②六月,龚茂良父子卒于英州贬所,为曾觌所害;③七月,曾力阻曾觌还朝的刘珙薨于建康府舍,终年57岁。④ 王炎此年因尽忤诸要人,奉祠而归,卒于途中,终年67岁;⑤刚从总领四川财赋迁太府少卿的李蘩亦卒于是年闰六月,终年61岁。⑥ 敏感的范成大兔死狐悲,及早抽身,远离了政治漩涡,远离了风暴中心,回到家乡石湖,韬光养晦,明哲保身。

① 周必大:《御批丐祠不允奏并诏书跋》,王蓉贵、(日)白井顺点校:《周必大全集》第1册,四川大学出版社2017年版,第117页。

② 周必大:《朝散郎充集英殿修撰林公光朝神道碑》,《文忠集》卷六十三,王蓉贵、(日)白井顺点校:《周必大全集》第2册,四川大学出版社2017年版,第591页。

③ 脱脱等:《宋史》卷三八五《龚茂良传》,上海古籍出版社、上海书店1986年版,第1339页。陆游有《祭龚参政文》:"岁戊戌春,某辱号召归,未及都,公殁荒徼。"《渭南文集》卷四十一,《陆游集》第五册,中华书局1976年版,第2390页。

④ 朱熹:《观文殿学士刘公神道碑》,《晦庵集》卷八十八,朱杰人、严佐之、刘永翔主编:《朱子全书(修订本)》第24册,上海古籍出版社、安徽教育出版社2010年版,第4116页。

⑤ 蔡戡:《故端明殿学士王公行状》,《定斋集》卷十四,《景印文渊阁四库全书》,台湾商务印书馆1986年版,第1157册,第713页。

⑥ 魏了翁:《鹤山先生大全文集》卷七十八《朝奉大夫府卿四川总领财赋累赠通奉大夫李公(蘩)墓志铭》,《景印文渊阁四库全书》,台湾商务印书馆1986年版,第1173册,第213页。

第十章　起表东藩

一　韬光石湖

世上没有一个地方能比得上故乡,那里有人生最初始、最美好的记忆,有熟悉的风景和味道,有亲情的抚慰和乡情的温暖。那里是根,是净土,是漂泊游子永远的家园。行遍天南海北,那里是最安全的停歇之地;历经血雨腥风,那里是最舒适的身心疗养院。参知政事范成大像一头玄豹,全身而退,雾隐于故园。他写下《初归石湖》一诗表达了此时此际的心情:

> 晓雾朝暾绀碧烘,横塘西岸越城东。行人半出稻花上,宿鹭孤明菱叶中。信脚自能知旧路,惊心时复认邻翁。当时手种斜桥柳,无限鸣蜩翠扫空。①

如此美好的江南,风景如画,人情似饴,夫复何求。范成大日日畅游于湖山胜迹之间,从夏到秋,游踪所至如太湖、灵祐观、林屋洞、包山寺、毛公坛福地、上方寺、消夏湾、橘园、华山寺、缥缈峰、东山、翠峰寺等等。他徜徉其中,与友人赋诗唱和,"打头风急鼻雷鼾,醉梦闲心铁石顽。惟有爱山贪未厌,西山才了又东山。""老禅竿木各逢场,诗客端来共苇航。一任颠风駊高浪,满船欢笑和诗忙。"(《镇下放船过东山二

---

① 范成大:《初归石湖》,富寿荪标校:《范石湖集》卷二十,上海古籍出版社 2006 年版,第 280 页。

首》)偶尔也会抒发一下世事险恶的感慨,"湖心行路平如镜,陆地风波却险艰"(《社山放船》);以及放浪江湖的洒脱,"九衢车马恍昨梦,付与一笑随飞鸿"(《东山渡湖》)。他的《念奴娇》词也展示了同样的物境与心境,词云:

> 吴波浮动,看中流翻月,半江金碧。醉舞空明三万顷,不管姮娥愁寂。指点琼楼,凭虚有路,鲸背横东极。水云飘荡,阑干千丈无力。
>
> 家世回首沧洲,烟波渔艇,有鸱夷仙迹。一笑闲身游物外,来访扁舟消息。天上今宵,人间此地,我是风前客。涛生残夜,鱼龙惊听横笛。①

全词意境空明澄澈,足见作词之人心性洒落,襟怀坦荡,有如光风霁月,诚为佳作。

孝宗对于奉祠家居的参知政事还是比较惦念的。多年以来范成大在朝为官,从起居郎到中书舍人,一直随侍其左右;为支持恢复大计,冒死出使金国,不辱使命;又不畏艰难困苦,辗转镇守广右、西蜀边地。孝宗深知其忠心可嘉,能力超群,政绩卓著,实乃可倚重之栋梁。但身为一国之君,孝宗自有一套帝王之术,他需要平衡朝中各种势力,有时甚至利用彼此斗争,令相互之间有所牵制,来维护和巩固皇权。在近幸曾觌与众权臣激烈交锋的情况下,孝宗同意范成大奉祠,暂时退出是非之地,并不意味着从此弃用,所以在他辞行之时,孝宗便说:"朕不忘卿,数月,讯至卿家矣。"到了九月,"果有使来,传诏抚问,密赐累珠、金鼎、金合,实香其中。"②至此,范成大也进一步明确了孝宗心意,更加安心地在石湖奉祠,享受难得的闲适。

当寒冷的冬天来临,范成大不用再辛苦早起,骑马上朝。周密《浩然斋雅谈》记曰:"余家向有小廨,在杭之曲阜桥。每夕五鼓间,早

---

① 黄畬:《石湖词校注》,齐鲁书社 1988 年版,第 39 页。
② 周必大:《资政殿大学士赠银青光禄大夫范公成大神道碑》,王蓉贵、(日)白井顺点校:《周必大全集》第 2 册,四川大学出版社 2017 年版,第 581 页。

朝传呼之声,虽大雨风雪中亦然,于是慨叹虚名之役人也如此。"①冬至那天早上,晚起的范成大舒舒服服地躺在床上,看着穿上新衣的儿女们在花灯前嬉闹。多少年没有如此清闲了,他要把这美好的感觉与人分享,于是范成大提笔给在常州任知州的杨万里写下《冬至晚起枕上有怀晋陵杨使君》二诗:"新衣儿女闹灯前,梦里庄周正栩然。骑马十年听晓鼓,人生元有日高眠。""多稼亭边有所思,冬来捻却几行髭。也应坐拥黄绸被,断角孤鸿总要诗。"杨万里是范成大的进士同年,出身贫寒,进士登科后仕途发展较慢,范成大使金之前二人并没有太多交集。乾道六年(1170)范成大为中书舍人时,杨万里擢太常博士,任命制词即为范成大所草。去年(1177)九月,范成大从四川归吴县途经常州,杨万里正为知州,设宴为其接风,席间谈文论诗,甚是相契。范成大冬至赋诗,立刻就想到同样喜爱吟哦的杨万里此时定当也在创作,便寄去相互切磋。杨万里深受感动,称:"万里与公同年进士也。公先进,至为朝廷大臣,与天子论道发政,坐庙堂,进退百官。而万里环堵荒寒之士也,何敢与公友。公不我薄陋,而辱友之。"②他立刻和诗呈上,其《和范至能参政寄二绝句》云:"生憎雁鹜只盈前,忽览新诗意豁然。锦字展来看未足,玉虫挑尽不成眠。""梦中相见慰相思,玉立长身漆点髭。不遣紫宸朝补衮,却教雪屋夜哦诗。"③对范成大的敬重、赞赏溢于言表,对其奉祠退居深感不平。

春回大地,万象更新,在城中蛰居一冬的人们终于可以出游踏青,舒展筋骨,放飞心情。住在平江府宅第中的范成大也自阊门骑马入越城去他的石湖别业,沿途有看不尽的桃花,赏不够的乡村美景,惹得人诗兴大发,两首绝句不期然流淌笔端:

> 日影穿云亦未浓,夜来疏雨洗清空。村前村后东风满,略数桃花一万重。

> 断桥隑岸数家村,雨少晴多减涨痕。雪白鹅儿绿杨柳,日高犹

---

① 周密:《浩然斋雅谈》卷中,孔凡礼点校,中华书局 2010 年版,第 31 页。

② 杨万里:《石湖先生大资参政范公文集序》,辛更儒笺校:《杨万里集笺校》,中华书局 2007 年版,第 3296 页。

③ 辛更儒笺校:《杨万里集笺校》,中华书局 2007 年版,第 594 页。

自掩柴门。①

石湖别业营造于乾道三年(1167),是范成大任吏部员外郎罢职返乡时始建,最初有一些花园果圃、亭台楼阁和一座农圃堂。乾道七年(1171),他待阙静江知府兼广西安抚使时,又在石湖别业修建了梦渔轩、盟鸥亭等。时隔数年,范成大再次进行大规模扩建。淳熙六年(1179)的春天,北山草堂、千岩观落成,友人江东转运副使徐本中等有诗为贺,范成大作诗答谢,即《北山草堂、千岩观新成,徐叔智运使吟古风相贺,次韵谢之》。② 范成大还在千岩观前手植丹桂二亩,③菊苗满坡;④又在玉雪坡植梅树数百棵。⑤ 阳春三月,杨万里移官广东提举常平,从常州过姑苏,来晤范成大,⑥二人在石湖游赏甚乐。且看看杨万里笔下的石湖美景吧:

> 孤塔鸥边迥,千岩镜里看。折花倩人插,摘叶护窗寒。不是无相识,相从却是难。归舟望精舍,已在白云端。

> 震泽分波入,垂虹隔水看。何须小风起,生怕牡丹寒。政坐诸峰好,端令落笔难。催人理归棹,落日许无端。⑦

石湖的美几乎令杨万里一时词穷,生活在其间的范成大日日潇洒快活似神仙。春天与已经奉祠的从兄范成象行遍诸园看牡丹,"拚杖无边处处过,粉围红绕奈春何"⑧;初夏在村庄随兴而行,"指点炊烟隔莽

① 范成大:《自阊门骑马入越城》,富寿荪标校:《范石湖集》卷二十,上海古籍出版社 2006 年版,第286 页。

② 范成大:《北山草堂、千岩观新成,徐叔智运使吟古风相贺,次韵谢之》,富寿荪标校:《范石湖集》卷二十,上海古籍出版社 2006 年版,第 286 页。

③ 范成大:《真瑞堂前丹桂》诗末注云:"石湖千岩观前手植丹桂二亩。"富寿荪标校:《范石湖集》卷二十一,上海古籍出版社 2006 年版,第 304 页。

④ 范成大:《九日忆菊坡》,富寿荪标校:《范石湖集》卷二十一,上海古籍出版社 2006 年版,第 304 页。

⑤ 范成大《梅谱》云:"余于石湖玉雪坡,既有梅数百本。"孔凡礼点校:《范成大笔记六种》,中华书局2002 年版,第 253 页。

⑥ 杨万里《诚斋西归诗集序》:"予假守毗陵,更未尽三月,移官广东常平使者。既上二千石印绶,西归。过姑苏,谒石湖先生范公。"辛更儒笺校:《杨万里集笺校》,中华书局 2007 年版,第 3262 页。

⑦ 杨万里:《从范至能参政游石湖精舍坐间走笔》,辛更儒笺校:《杨万里集笺校》,中华书局 2007 年版,第 653 页。

⑧ 范成大:《与至先兄游诸园看牡丹,三日行遍》,富寿荪标校:《范石湖集》卷二十,上海古籍出版社2006 年版,第 288 页。

苍,午餐应可寄前庄。鸡声人语小家乐,木叶草花深巷香"①;重九携邻曲二三子饮菊花酒登高,"舣棹石湖,扳紫荆,坐千岩观下菊丛中。大金钱一种,已烂漫秾香,正午熏入酒中,不待轰饮,已有醉意。其傍丹桂二亩,皆盛开,多栾枝,芳气尤不可耐。携壶度石梁,登姑苏后台,跻攀勇往,谢去巾舆筇杖,石棱草滑,皆若飞步。山顶正平,有坳堂藓石,可列坐,相传为吴故宫闲台别馆所在。"②冬季在北山堂围炉夜坐,"困眠醒坐一麁多,竹洞无关断客过。"③在石湖,不仅景色宜人,花香沁人,美酒醉人,更有乡情暖人。范成大与父老乡亲们同乐,"何须驷马炫乡关,只作归农老圃看。"④蟹舍邻翁、罾户钓徒相与过从,优哉游哉,同享生活的闲逸和丰收的喜悦,所谓"儿童笑里丰年面","村南村北打稻声",范成大每每感慨,"一岁无非吾乐事,千金不博此闲行"。⑤

范成大还花费了四万钱在阊门内、北城下买了一块新园圃,名为桃花坞。⑥ 其《次韵章秀才北城新圃》诗云:"方流桃花坞,窈窕入壶天。碧城当岩岫,清湾如涧泉。风月欲无价,聊费四万钱。雪后春事起,红云蜂蝶边。"⑦但是,作为一位奉祠的参知政事,范成大并不总是一味地游乐,他始终保持着强烈的现实关怀意识和清醒的政治头脑。初夏时节,范成大便早早提出各村当务之急是兴修水塘,以备盛夏农田灌溉之需,"只今农事村村急,第一先陂贮水塘"。⑧ 秋季他看到采菱人的辛苦劳作,便不禁哀叹民生之多艰,"采菱辛苦似天刑,刺手朱殷鬼质青。休问扬荷涉江曲,只堪聊诵楚词听。"⑨江南水乡易滋生蚊虫,"每暑夕浴罢,

① 范成大:《光福塘上》,富寿荪标校:《范石湖集》卷二十,上海古籍出版社 2006 年版,第 287 页。
② 范成大:《水调歌头序》,唐圭璋编纂:《全宋词》,中华书局 1999 年版,第 2103 页。
③ 范成大:《北山堂开炉夜坐》,富寿荪标校:《范石湖集》卷二十,上海古籍出版社 2006 年版,第 295 页。
④ 范成大:《晚归石湖》,富寿荪标校:《范石湖集》卷二十,上海古籍出版社 2006 年版,第 294 页。
⑤ 范成大:《九月二十八日湖上检校篱落》,富寿荪标校:《范石湖集》卷二十,上海古籍出版社 2006 年版,第 293 页。
⑥ 王鏊:《正德姑苏志》卷三十一,《中国地方志集成·善本方志辑·第一编》,凤凰出版社 2014 年版,第 474 页。
⑦ 范成大:《次韵章秀才北城新圃》,富寿荪标校:《范石湖集》卷二十,上海古籍出版社 2006 年版,第 296 页。
⑧ 范成大:《光福塘上》,富寿荪标校:《范石湖集》卷二十,上海古籍出版社 2006 年版,第 287 页。
⑨ 范成大:《采菱户》,富寿荪标校:《范石湖集》卷二十,上海古籍出版社 2006 年版,第 290 页。

解衣盘礴,则营营群聚,嘈喁不容少安,心每苦之。"①范成大写下长长的四十韵,表面上是嘲蚊,实则刺朝中奸佞之辈窃权,诗云:

> 暑魃方肆行,羽孽亦厉习。肖翘极么魔,块圠累辟翕。湿生同粪蝎,腐化类宵熠。初来闹郭郭,少进亘原隰。嘤如蝇声薨,聚若蚉羽揖。俄为殷雷哄,遂作密霡集。口衔钢针锋,力洞衲衣袭。啾声先计议,着肉便嘘吸。立豹犹未定,卓锥已深入。血随姑嘬升,势甚辘轳汲。沉酣尻益高,饱满腹渐急。晶晶紫蟹眼,滴滴红饭粒。拂掠倦体烦,爬搔瘁肌涩。救东不虞西,擒一已窜十。新瘢蓓蕾涨,宿晕斑斓泣。竟夜眠转展,连床叹于邑。云何人戚欣,乃系汝张歙。驱以葵扇风,熏以艾烟湿。蘖长镇藏遮,帐隙亟补葺。火攻惮秽臭,手拍嫌腥汁。伏翼佐埽除,网蛛助收拾。薄暮泑交攻,大明讧未戢。牛革厚逾毡,鼋介铦胜钑。遭汝若欲困,嗟人何以给。夏虫虽众多,罪状相百什。蜂虿岂房栊,蚊虱但褌褶。羊膻蚁登俎,骥逸虻附辔。蠓惟舞酰瓮,蟫止崇书裛。蚤为鹯所摄,蝇亦虎能执。彼愆可贳死,汝罪当献级。凉飙倏然至,丑类殆哉岌。一吹嘴吻破,再鼓翅翎蛰。三千蹀颉利,百万走寻邑。快哉六合内,蔑有一尘立。虚空既清凉,家巷得宁辑。鸡窗夜可诵,蚕机晓犹织。雨帘绣浪卷,风烛泪珠泣。客来添羽觞,人静拂尘笈。恍还神明观,似启坏户蛰。消长谁使然,智力讵能及!②

在范成大看来,夏季诸多害虫中,最可恶可恨的便是蚊子,它们嚣张猖獗,狡猾贪婪,吸食人血,令人痛痒难忍,无法安寝。虽然用尽各种方法灭蚊,始终收效甚微。但秋风乍起,凉飙倏至,害人匪浅的蚊子被自然伟力一扫而光,从此销声匿迹,六合之内重新恢复了清凉宁静。这首诗显然是用蚊子影射曾觌党人,隐含了对这些丑类的不满以及对其下场的预判。与范成大淳熙六年(1179)其他作品相比,这首诗风格迥异,隐曲艰深,内含张力,宛如一篇战斗的檄文,尽显其政治家的本色。

---

① 周密:《齐东野语》卷十,中华书局1983年版,第178页。
② 范成大:《嘲蚊四十韵》,富寿苏标校:《范石湖集》卷二十,上海古籍出版社2006年版,第291—292页。

既然现在朝中还有蚊虫肆虐,那么就在石湖韬光养晦,养精蓄锐,等待天公扫除妖氛吧。

二 镇守明州

淳熙七年(1180)的第一缕阳光洒到人间,新的光景缓缓呈现。这一年朝中的格局发生了许多重要的变化,范成大的挚友礼部尚书周必大任参知政事,而刑部尚书谢廓然签书枢密院事。① 一贯主张内治的张栻和主张抗金的胡铨先后离世,而外戚张说、近习曾觌也卒于年末。

与范成大直接相关的是,这年二月,孝宗次子魏王赵恺薨于明州(治今浙江宁波市),终年 35 岁。② 明州位于东海之滨,是海上贸易要津和军事防守重地。"南通闽广,东接倭人,北距高丽,商舶往来,物货丰溢。出定海,有蛟门虎蹲,天设之险,实一要会也。"③宋室南渡后,高宗定都临安,明州便从边远小郡变成甸畿之地;孝宗极为重视此地,多派宗室为州守,如赵伯圭、赵善誉以及魏王赵恺等,礼俗日盛,家诗户书,科第取数既多,且间占首选。衣冠文物,甲于东南。赵恺守此七年突然故去,孝宗仓促中选贤代之,最终起任范成大差知明州,兼沿海制置使。诏曰:

> 朕选贤建侯,绥靖方夏。间者重镇缺守,必先用旧政之臣,岂非以其陟降左右,知予德意之所在欤?卿清明夷粹之资,综练该通之学,出入中外,勤劳国家。今四明大郡,方失吾贤子之爱,思得慈惠之帅,往抚摩之。历选重臣,无越贤望。卿其趣装经阙,受命之藩。若其惠利孚洽,使民有余财;声威靖严,使海无传箭。④

---

① 脱脱等:《宋史》卷三五《孝宗本纪》,上海古籍出版社、上海书店 1986 年版,第 90 页。

② 脱脱等:《宋史》卷二四六《魏王恺传》,上海古籍出版社、上海书店 1986 年版,第 980 页。

③ 方万里、罗濬:《宝庆四明志》卷一,《宋元方志丛刊》,中华书局 1990 年版,第 4998—4999 页。

④ 崔敦诗:《赐中大夫提举临安府洞霄宫范成大辞免差知明州不允诏》,《崔舍人玉堂类稿》卷九,《广州大典》第三辑《粤雅堂丛书》第 18 册,广州出版社 2008 年版,第 455 页。

范成大在石湖奉祠家居一年有余,起表东藩。三月四日过临安,上殿见孝宗,仍依参政之礼遇,"公未复职,过阙,依前执政例。中使郊劳,赐银合茶药,仍许服毬文带,特御后殿引见,赐茶。"①孝宗申明重用之意,"上曰:蜀人思归如慈亲,故付卿以海道。"范成大是有心之人,他在入觐前数日即了解到明州弊政,面见皇帝时便请求罢免岁贡海物,并免除魏王赵恺积欠诸司钱十五万缗,以宽民力,均得到孝宗的应允。②"公奏:'张津、伯圭、魏王,皆国懿亲,时节奉海物于两宫,臣外朝臣也,不敢效尤。'上命停贡,而罢进奉局。又乞权阁魏王移用诸司钱数万缗,宽民力。诏除之。"③

离开临安后,范成大经会稽赴明州任。其《初赴明州》诗云:

> 四征惟是欠东征,行李如今忽四明。海接三韩诸岛近,江分七堰两潮平。拟将宽大来宣诏,先趁清和去劝耕。顶踵国恩元未报,驱驰何敢叹劳生。

从乾道六年(1170)出使金国起,到出任静江知府兼广西安抚使、成都知府权四川制置使,范成大的行迹遍及北、南、西三方,如今再到东海之滨的明州,为君效劳。一路上他还在认真研究海道舆图,"昌国县图障于海中,题字云:'自此与高丽国接界。'盖宇内极东处也"。④淳熙七年(1180)三月二十一日,范成大到任。⑤台州通判楼钥乃明州人,隆兴元年(1163)参加礼部试时,范成大适为点检试卷官,因此有多年旧谊。楼钥喜闻范成大为家乡郡守,奉上贺启,曰:

> 恭审诏起柄臣,权分制阃。九重前席,方深共政之图;千里襄

① 周必大:《资政殿大学士赠银青光禄大夫范公成大神道碑》,王蓉贵、(日)白井顺点校:《周必大全集》第 2 册,四川大学出版社 2017 年版,第 581 页。

② 《宋史》卷三五《孝宗本纪》:"七年……(三月)戊子,除明州积欠诸司钱十五万缗。"上海古籍出版社、上海书店 1986 年版,第 90 页。

③ 周必大:《资政殿大学士赠银青光禄大夫范公成大神道碑》,王蓉贵、(日)白井顺点校:《周必大全集》第 2 册,四川大学出版社 2017 年版,第 581 页。

④ 范成大:《初赴明州》诗末注,富寿荪标校:《范石湖集》卷二十一,上海古籍出版社 2006 年版,第 300 页。

⑤ 方万里等纂:《宝庆四明志》卷一《郡守》,《宋元方志丛刊》第五册,中华书局 1990 年版,第 5004 页。

帷，暂屈于蕃之寄。山川顿改，号令鼎新。凡属按临，举增抃舞。①

楼钥首先表达了自己的欣喜之情，接下来称颂范成大生平卓著政绩：

> 恭维某官儒林师表，圣代宗工。英主有为，出际五百年之运；嘉谟允合，遂超九万里之程。羽仪天朝，金玉王度。演纶秘掖，追还盘诰之风；抗节殊邻，平詟戎夷之气。威名日著，宸眷寀隆。谋元帅于西南，憺皇灵于徼塞。令行八桂，世称伏波铜柱之规；泽浸两川，人服武侯羽扇之略。进参馣馤，光辅太平。

继而写到范成大奉祠退居石湖后，为君为民又再度出山：

> 遽辞丹陛之风云，高蹈石湖之林壑。奉身而退，与世相忘。属名藩弄印之初，喜元老赐环之速。首颁帝綍，并护瀛壖。姑为试冯翊之行，了无薄淮阳之志。仰体皇上忧顾之重，俯矜民生凋瘵之余。叱驭径行，不待东方之千骑；望尘雅拜，欣逢刺史之二天。传填抚之先声，极抚摩之至意。吏民相贺，知有所依。

并感佩范成大举重若轻，在明州谈笑间安邦福民：

> 旬月之间，坐以无事。轻裘谈笑，澄瀚海之惊澜；健笔流传，播鸡林之佳句。尽消愁叹，倏变讴吟。谅课最之易闻，恐公归之难缓。台星两两，重观齐色之祥；泰山严严，式副具瞻之望。

最后表达了自己作为门生愿追随膜拜之心意：

> 某夙叨炉冶，久去门墙。赘员于兹，阻奉维桑之敬；赐履之下，实云击柝之闲。尚为假事之谋，少遂趋风之愿。敢凭庆牍，敷叙勤诚。画戟靖深，薰弦和畅。祈为冕旒之眷，益精茵比之调。

范成大对明州和沿海浙东四郡海事的治理并非如楼钥所说那样轻松，到任后，他便挑选老成资高者为幕属参议，共同措置事务。周必大的姨父周枢便为沿海制置司参议官，"参政范公成大守四明，雅器公，军

---

① 楼钥：《贺明州范参政启》，顾大朋点校：《楼钥集》第三册，浙江古籍出版社 2010 年版，第 1049 页。

事多咨焉"。① 不久，范成大便连续上了六起札子，涉及舶政、通商理财、军政、治盗、军粮、配军役等方面。譬如"减免舶船抽解""将舶船客货抄数估直若干，候回舶，亦将博买中国货物估直，与来货价同，方令登舟，使别无余力可换铜钱，以绝旧来轻舠载钱潜行数程，以俟大舟泄钱莫道之弊""拣汰水军，立每年条制""配军分送屯驻军""乞截上供钱万贯籴米定海县仓，以给出海兵船口食""乞配军役满十年不逃亡，移本州"。② 其中，防止金属货币外流是范成大最为关注的。自使金之后，范成大就意识到在战乱时期钱币的流散不仅事关经济，也有军事意义，硬通货才是重要的物资保障。由于明州是南宋主要的通商口岸之一，随着对外贸易的进行，铜钱极易从此地外流，所以范成大未雨绸缪，特别上奏进言，《历代名臣奏议》卷二七二《理财》完整保留了他的《论透漏铜钱札子》：

> 臣闻东南蕃夷舶船，岁至中国，旧止以物货博易，近年颇以见钱为贵。广、泉、四明及并海州郡，钱之去者，不可胜计。绍兴三十年，尝大立法禁，五贯之罪死，随行钱物，全给告人。罪赏之重，至此极矣，而终弗败获，盖溟渤荒渺，客程飘忽，诚有法禁所不能及者。访闻一舶所迁，或以万计，泉司岁课，积聚艰窘，而散落异国，终古不还，诚可为痛惜而深恨也。今法禁既不可制，盍亦循其本而抹之乎？臣愚欲望明诏，试令有司条具：每岁市舶所得，除官吏糜费外，实裨国用者几何？所谓蕃货，中国不可一日无者何物？若资国用者无几，又多非吾之急须，则何必广开招接之路！且以四明论之，蕃舶所赍，止于青瓷、铜器、螺头、松实及板木之类而已，皆非中国不可无之物，而诱吾泉宝以去，利害重轻，不辨而判。臣尝试妄议，以为明州一处蕃舶，岂不可以权住、姑塞漏钱之一穴，其它可以类举。此拔本塞源、不争而善胜之道。今无法以必禁，又以为蕃货不可无，则当坐视泉宝四散而去，勿惜恨可也。惟陛下与大臣熟计而图之。③

① 周必大：《中散大夫赐紫金鱼袋周公枢神道碑》，王蓉贵、（日）白井顺点校：《周必大全集》第2册，四川大学出版社2017年版，第584页。
② 黄震：《黄氏日抄》卷六十七，《全宋笔记》第十编·十，大象出版社2018年版，第417页。
③ 杨士奇：《历代名臣奏议》卷二七二，《景印文渊阁四库全书》，台湾商务印书馆1986年版，第440册，第674页。

为防止铜钱从明州海路走私出去,范成大令在夜飞山等地新建永平诸寨,日夜巡逻,加强海防,"制帅、参政范公成大尝于其地置逻舍十所,籍丁壮四百、舟六十。舍以三人直夜逻。"①

范成大每天早早就起来办公,不敢有半点偷懒,且看《晓起》诗云:

> 窗明惊起倒裳衣,铃索频摇定怪迟。即入簿书丛里去,少留敧枕听黄鹂。

好一位勤政为民的郡守!他日夜操劳,繁杂的琐事、堆积如山的案牍常常令其精疲力尽,"尘事潮来不可推,身如病鹤强翱翔"(《进思堂夜坐怀故山》),"腊浅犹赊十日春,官忙长愧百年身"(《春前十日作》)。他先天下之忧而忧,后天下之乐而乐。当天降喜雨,缓解旱情,范成大欣然写下"老身穷苦不须忧,未有毫分慰此州。但得田间无叹息,何须地上见钱流"。② 当海上飓风席卷而来,他忧愁不已,"飓母从来海若家,青天白地忽飞沙。烦将残暑驱除尽,只莫颠狂损稻花。"③

在明州忙忙碌碌了半年,收获的季节到了。知州范成大到东津门外观刈稻,淡青的山色映衬着金灿灿的稻子,格外美丽;没有横暴的胥吏到农家催租,民间交租的米船相继入门,井然有序。看到如此五谷丰登、政通人和的景象,他欣然赋诗二首:

> 菊莎杞棘爨无烟,日日文书横索钱。今日甬东官况好,东津门外看租船。

> 潮到灵桥绿绕船,海边力穑屡丰年。淡青山色深黄稻,恰似胥门九月天。④

淳熙七年(1180)的明州河清海晏,国泰民安,这一切看似平常自然,却离不开知州兼沿海制置使范成大的精心治理。他曾写有一首《大黄花》诗:"大芋高荷半亩阴,玉英危缀碧瑶簪。谁知一叶莲花面,中有

---

① 梅应发、刘锡同:《开庆四明续志》卷五,《宋元方志丛刊》第六册,中华书局1990年版,第5981页。
② 范成大:《次韵汪仲嘉尚书喜雨》,富寿荪标校:《范石湖集》卷二十一,上海古籍出版社2006年版,第301页。
③ 范成大:《大风》,富寿荪标校:《范石湖集》卷二十一,上海古籍出版社2006年版,第301页。
④ 范成大:《东门外观刈熟,民间租米船相衔入城,喜作二绝》,富寿荪标校:《范石湖集》卷二十一,上海古籍出版社2006年版,第303页。

将军剑戟心。"①既是写花，又是外表儒雅、内心英武的诗人自我人格的写照。

三　广交三教

范成大不仅对明州的军事、经济以及民生格外用心，对思想文化建设也颇重视。他因地制宜，广泛结交儒、道、释三教人物，进一步维护以儒治世、以道养生、以佛修心的思想文化格局。

范成大首先大力崇儒兴学。魏王赵恺离世时留下丰富藏书，包括经史子集以及杂书4092册、御书临帖5册、宸翰诏书1轴，孝宗均恩赐于明州官府。范成大深知儒家典籍的重要性，明州的文教昌盛即与淳化元年(990)宋太宗颁《九经》、明州守陈充作堂以藏有关，"郡人知尊经术，谈王道，实始于兹，而为政者又有以鼓舞感发之。未几，风移俗易，雍雍然诗书礼乐之邦。"②建炎兵火中，九经堂与书籍俱焚，虽绍兴十八年(1148)州守徐琛重新修复，但规模与藏书量大不如前。如今魏王赵恺的私人藏书被赐明州，对待这笔巨大的精神财富，范成大格外重视，重新修葺九经堂，奉藏于西偏堂。但是如果仅将典籍束之高阁，摆摆样子，并不能发挥它们的重要作用，范成大非常担心文化程度不高的典司不了解这些藏书的巨大价值，浪费了宝贵资源，他考虑再三，将其移于明州府学之御书阁，以供诸生瞻仰和借阅。学子们果然如鱼得水，孜孜以求。淳熙七年(1180)适逢乡举考试，一批贤才高中举人。两年前范成大知贡举时，明州人姚颖一举夺魁，成为状元。在淳熙七年的鹿鸣宴上，州守范成大高兴地写下赠诗，鼓励新选人踵武前辈，平步青云，诗云：

> 登陆由来说四明，台星光处更魁星。海滨二老尊周室，馆下诸生右汉廷。秋赋重增人物志，春闱俱上佛名经。一飞好趁扶摇便，

① 范成大：《大黄花》，富寿苏标校：《范石湖集》卷二十一，上海古籍出版社2006年版，第301页。
② 袁桷纂：《延祐四明志》卷八"堂宇"《重建九经堂纪》，《宋元方志丛刊》第六册，中华书局1990年版，第6271页。

咫尺西兴是北溟。①

次年,明州人袁燮、赵汝胜、赵师晨等考中进士,日后为乡邦政治、文化的发展做出了重要贡献。

南宋时期的明州,政治和文化地位日益显著,出现了诸多诗书簪缨家族,在朝中和地方上都有巨大影响,"甬上文献,至宋始盛。凡中进士者六百九人,位至执政者十八人",②南宋后期甚至一度出现"满朝朱紫贵,尽是四明人"的状况。范成大和当地很多名流都曾有交游,譬如史浩、楼璩、朱翌、陈居仁等。如今任职明州,繁忙公务之余自然少不了和在乡的老友再叙旧谊,艺文是这些风雅之士的同好,成为交游的重要媒介和主题。此期正在明州家居的汪大猷和魏杞便常与他一起赋诗唱和,增进感情,涵养精神,愉悦心智。如果从地方治理的角度考虑,范成大和汪大猷、魏杞等人的交游未尝没有树立精神高标的意图,穷则独善其身,达则兼济天下,这些昔日政要对于乡邦思想文化发挥了不容忽视的引领和示范作用。

汪大猷是楼钥的舅父,与范成大为多年同僚,自绍兴三十二年(1162),便一起在临安任职,汪大猷干办行在诸司粮料院,范成大监太平惠民和剂局。隆兴二年(1164)二人同在秘书省,汪大猷为秘书少监,范成大为秘书正字。乾道五年(1169)六月,范成大与汪大猷同为崇政殿说书,汪大猷出使金国贺正旦,范成大作《送汪仲嘉侍郎使金分韵得待字》为其送行。乾道七年(1171)正月,汪大猷授敷文阁待制、提举江州太平兴国宫,奉祠归明州,范成大作有《送汪仲嘉待制奉祠归四明分韵得论字》。淳熙七年(1180),范成大出任明州知州,江西安抚使汪大猷因讨伐茶商失利罢职,此期正在明州家居,③两位老友频繁交游,时有唱和。春旱适逢天降喜雨,汪大猷赋诗抒情,关心民瘼的知州范成大有

---

① 范成大:《鹿鸣席上赠贡士》,富寿荪标校:《范石湖集》卷二十一,上海古籍出版社 2006 年版,第305 页。

② 李邺嗣:《甬上耆旧诗》卷二《序》,《景印文渊阁四库全书》,台湾商务印书馆 1986 年版,第 1747 册,第 8 页。

③ 据罗鹏、黄懿等《浙江余姚大隐南宋汪大猷墓发掘报告》(《南方文物》2011 年第 4 期),淳熙二年(1175)汪大猷担任隆兴府知府、江南西路安抚使时,因下属讨伐茶商赖文政之乱失利,被免去职务,送康军居住,至淳熙四年(1177)年才得以自便,遂回明州故里,淳熙十二年(1185)提举太平兴国宫。故淳熙七年(1180),汪大猷在明州和范成大有交游。

和诗《次韵汪仲嘉尚书喜雨》："雨云浑似雪云同,天意人心本自通。吏役驱驱骑马滑,何如欹枕闭门中。"①前两句表达了喜悦心情,后两句则以玩笑的口吻戏称自己为官一方,身为形役,下雨还要出门忙碌,哪像老朋友那么闲适,可以在家中关起门来睡大觉,其实也有对罢职闲居的汪大猷的体贴安慰之意。

魏杞是范成大在明州艺文交游的又一位政要耆老。魏杞,寿春人。绍兴十二年(1142)进士,是年范成大之父范雩恰为点检试卷官。隆兴元年(1163)礼部试,魏杞为参详官,范成大为点检试卷官。魏杞于乾道二年(1166)拜同知枢密参知政事,明年拜右仆射,②十一月罢相。③ 乾道六年(1170)知平江府,为谏官论罢,后以端明殿学士奉祠告老。④ 魏杞能诗,隐居小溪,遍游诸名山,习方外学,绝不言时政。⑤ 范成大在明州和魏杞有诸多交集,秋天明州城丹桂飘香,府宅中所种桂花树开得格外繁茂,范成大便常常邀请魏杞前来赏花饮酒,"四明丹桂特奇,州宅所种尤蔚茂。常与魏丞相夜饮其下。"⑥立春,范成大又陪同魏杞登临三江亭,"佳节登临始此回,聊从晻霭望蓬莱。"⑦

明州当地的隐逸文化也非常深厚。"考察南宋时期地域居民群体在特定历史阶段的心理活动的综合特征,不难发现他们普遍认同和实践的隐逸心态。这是因为源远流长的隐逸文化在本地积淀深厚,而又以文化世家为主要承传载体,使得作家群体的隐逸心态和人格能够稳定地发展。即使是那些为人羡慕的朝臣显贵在追名逐利中,也时常对超然世外的隐逸生活深怀向往和钦慕之情。""大量的作家均以带有隐逸气息的文字命名自己的书稿,如史定之之《月渔集》、史弥坚之《沧州

① 范成大:《次韵汪仲嘉尚书喜雨》,富寿荪标校:《范石湖集》,上海古籍出版社 2006 年版,第 301 页。
② 袁桷纂:《延祐四明志》卷五,《宋元方志丛刊》第六册,中华书局 1990 年版,第 6202 页。
③ 周必大:《泛舟游山录》,王蓉贵、(日)白井顺点校:《周必大全集》第 3 册,四川大学出版社 2017 年版,第 1593 页。
④ 脱脱等:《宋史》卷三八五《魏杞传》,上海古籍出版社、上海书店 1986 年版,第 1337 页。
⑤ 袁桷纂:《延祐四明志》卷五,《宋元方志丛刊》第六册,中华书局 1990 年版,第 6202 页。
⑥ 范成大:《岩桂三首》,富寿荪标校:《范石湖集》卷二十四,上海古籍出版社 2006 年版,第 338 页。
⑦ 范成大:《立春日陪魏丞相登三江亭》,富寿荪标校:《范石湖集》卷二十一,上海古籍出版社 2006 年版,第 308 页。

诗稿》、史嵩之之《野乐篇》、薛师传之《雪蓑集》等。"①范成大在明州也乐于同一些清雅脱俗的隐士交游，如刘应时。《嘉靖宁波府志》记载：刘应时，字良佐，慈溪人。性敏而勤，于书无所不读，遁居林下，刻意于诗，兴寄潇散。② 范成大颇能领略其诗的独特韵味，陆游曾称："四明刘良佐先生尽力于诗，惟石湖范至能独深赏之。每为客言，客未必领也。"③从陆游所摘其"卓然自得者"诗句如"颇识造物意，长容吾辈闲""日晏犹便睡，犬鸣知有人""世事不复问，旧书时一看""一夜催花雨，数家临水村""青山空解供望眼，浊酒不能浇别愁""觅句忍饥贫亦乐，抄书得味老何伤"等，可以看出刘应时潇洒出尘的风神。这样一位隐士竟然也视知州为知己，称其不同流俗——"自是清都紫府人，偶来应见宰官身"，又云"士伸知己近来无，得此吾惭上大夫。酷爱新诗成异遇，每于广坐语诸儒"。④ 踏雪寻梅是雅士生活中必不可少之事，范成大与刘应时作诗唱和，范诗已佚，刘应时《次韵范至能寻梅》诗云："藜杖扶人趁雪干，玉虹倒影落前滩。竹篱短短溪头路，雪木荒荒日暮寒。每愧清香留我住，苦无佳句与人看。孤吟不忍空归去，霜月侵衣兴未阑。"⑤可以想见二人交游的高风雅韵，也可管窥知州范成大有意倡导清流的良苦用心。

在明州时期，范成大还常和一些禅僧交游，大力弘扬禅宗文化。范成大自幼深受佛家思想影响，经常与僧人往来，如佛日山净慧寺的慧举、天平山的方丈师寿等。明州是南宋禅宗兴盛之地，兰若相望，雪窦寺、天童寺、阿育王寺等，俱号名刹。这些寺庙中高僧云集，他们不仅精通佛学，且多富有深厚的诗歌、绘画等艺文功底。譬如雪窦寺，北宋时期云门宗的重显就因文字禅名扬天下。淳熙七年(1180)，范成大请曹洞宗高僧石窗法恭为住持，法恭峭直骨鲠，曾回绝净慈寺以及魏王赵恺

---

① 张如安：《汉宋宁波文学史》，中国文联出版社 2001 年版，第 89—90 页。

② 张时彻等：《嘉靖宁波府志》卷三十八，成文出版社 1983 年版，第 2794 页。

③ 陆游：《颐庵居士集原序》，《陆游集》第五册，中华书局 1976 年版，第 2527 页。

④ 刘应时：《闻范至能丐祠二首》，《颐庵居士集》卷下，《景印文渊阁四库全书》，台湾商务印书馆 1986 年版，第 1164 册，第 26 页。

⑤ 刘应时：《次韵范至能寻梅》，《颐庵居士集》卷下，《景印文渊阁四库全书》，台湾商务印书馆 1986 年版，第 1164 册，第 25 页。

的邀请，"临安净慈，人所愿得，尝驰书请。师乃航海以避命，郡为申免。皇子魏王作牧，每加敬礼，欲访师于山间，辞曰：'路远而险，徒劳民耳。'其严冷类此。"①此时法恭却接受范成大邀请，"大参范公请师于雪窦"，或许便有禅心艺文相契之缘。此后雪窦寺益加汇集了一批名僧，成为公卿名士的心之所向，譬如画僧智融，楼钥称"淳熙七八年间，始闻雪窦山有僧智融者善画，而绝不以与人。一日见其画，心甚敬之，曰：'此非画者，其殆有道之士乎？'往山中访之"②。范成大邀请"了悟圆通，如观音大士；随机化俗，如善导和尚"的足庵禅师智鉴主报恩寺，③"七年，参政范公移主报恩"。智鉴妙语贯珠，"具大辩才，浩博无碍。为人说法，或自晓至暮，或自昏达旦，至连日亦无倦色。音吐洪畅，晚亦不衰闻。闻者耸服，学徒每出衣资请师演说，此尤禅林所未有也。"智鉴主持报恩寺，对弘扬佛法大有帮助。范成大还为慈溪普济寺的龙虎轩题记或诗，多年后定海令陈造偶然发现碑刻，仍感念范成大之德，其《游慈溪龙虎轩》诗题下小注云："轩有石湖碑字如新刻。"诗云："尚喜诗翁碑，不受苍藓蚀。可但神所护，人未忘翁德。非使老眼明，斯游竟无得。"④

范成大在明州时期既重儒教，又乐于同隐士、禅林交往，这与淳熙年间孝宗提倡儒释道三教融合的思想是颇为一致的。淳熙八年（1181）正月，孝宗亲自作《原道辨》，谓三教本不相远，特所施不同，当融会释、老，使之归于儒宗，旨在以佛修心，以道养生，以儒治世。⑤范成大非常拥护，上奏札谓"《原道论》一出，则儒术益明，二氏不废"，认为孝宗此论高明，不偏不倚，有利于合理运用儒释道三家的思想精华。或许是受明州地域文化的影响，范成大的隐逸思想日渐浓厚，尽管他初到明州时尽忠职守，但随着时间的推移却时常萌生退居石湖之意。重阳佳节，独在异乡为异客，范成大不禁怀念去年在石湖别业的菊坡花丛中痛饮的情形，"菊坡长恨隔横塘，城郭山林自不双。放棹松江花已远，涛江之外更

① 楼钥：《瑞岩石窗禅师塔铭》，顾大朋点校：《楼钥集》第六册，浙江古籍出版社 2010 年版，第 2016 页。
② 楼钥：《书老牛智融事》，顾大朋点校：《楼钥集》第四册，浙江古籍出版社 2010 年版，第 1173 页。
③ 楼钥：《雪窦足庵禅师塔铭》，顾大朋点校：《楼钥集》第六册，浙江古籍出版社 2010 年版，第 2020 页。
④ 陈造：《游慈溪龙虎轩》，《江湖长翁集》卷三，第 1166 册，《景印文渊阁四库全书》，台湾商务印书馆 1986 年版，第 30—31 页。
⑤ 参见李心传：《原道辨易名三教论》，《建炎以来朝野杂记》乙集卷三，中华书局 2000 年版，第 544 页。

鄞江。"①如今身在四明，便无缘得见，独守在九经堂的知州范成大格外思念故园，《重阳九经堂作》诗云：

> 俗间佳节自匆匆，老去悲秋又客中。青嶂卷帘三面月，黄花吹鬓几丝风。十年故国新栽柳，万里他乡旧转蓬。谁与安排今夜梦，片帆飞到小篱东。

他屡屡写下怀乡之作，如《进思堂夜坐怀故山》《羔羊斋小池两涘木芙蓉盛开有怀故园》《怀归寄题小艇》等，立春日陪同魏杞登三江亭看到海船开航，范成大还忍不住抒写归乡之意，"一尊往酹发船鼓，我亦归帆相次开"。②

这是孝宗不愿意看到的，他需要自己的臣子竭尽全力，为国效忠。二月二十三日，孝宗先以"治郡有劳"，诏除范成大端明殿学士。③ 尽管范成大恳辞，孝宗仍不允，诏曰："朕惟崇名显职，皆国家砥砺群下之具也。前者深诏执事，非功不除。守此之令，坚如金石。今吾廊庙大臣，犹必循此而后予者，岂非信乎！卿谟猷川行，智略辐辏，镇服藩翰，辑和军民，具闻忠劳，爰锡褒赏。风示显绩，耸荣列侯。"并勉励他继续报效国家，"尚思眷怀，益展报效。谦逊之过，所不必闻"。④ 范成大再次辞免，又不允，诏曰："卿达识通才，清规亮节。贤声显重，凤表朝端。王事勤劳，殆环天下。曩烦旧德，俾殿东藩。仁心日宣，政绩时义。追前疑之宿遇，答近辅之新庸。集于眷怀，厚此褒宠。所当祇服，岂必谦陈。"⑤ 三月二日，陈俊卿罢知建康府，三月四日，便擢范成大差知建康府，⑥这大大出乎他的意料，遂上《辞免知建康府札子》《再辞免知建康府札子》，

① 范成大：《九日忆菊坡》，富寿荪标校：《范石湖集》卷二十一，上海古籍出版社 2006 年版，第 304 页。

② 范成大：《立春日陪魏丞相登三江亭》，富寿荪标校：《范石湖集》卷二十一，上海古籍出版社 2006 年版，第 308 页。

③ 徐松辑、刘琳等校点：《宋会要辑稿·职官六二》，上海古籍出版社 2014 年版，第 8 册，第 4734 页。

④ 崔敦诗：《赐中大夫知明州军州事兼沿海制置使范成大辞免除端明殿学士不允诏》，《崔舍人玉堂类稿》卷十，《广州大典》第三辑《粤雅堂丛书》第 18 册，广州出版社 2008 年版，第 461 页。

⑤ 崔敦诗：《赐中大夫知明州军州事兼沿海制置使范成大再辞免除端明殿学士不允，不得再有陈请诏》，《崔舍人玉堂类稿》卷十，《广州大典》第三辑《粤雅堂丛书》第 18 册，广州出版社 2008 年版，第 462 页。

⑥ 范成大《御书石湖二大字跋》："淳熙八年三月庚戌，制书擢臣居守金陵。闰六月（按：当为三月）丁亥，朝行在所。"孔凡礼辑：《范成大佚著辑存》，中华书局 1983 年版，第 136 页。

云："臣闻命震惊，罔知所措。臣闻覆载二仪之至公，不独私于一物，爵禄众贤之所共，难并萃于非才。臣去春蒙恩，阃制海郡，治行亡状，考幽当黜。乃二月庚子诏书，忽被误渥，职臣秘殿。臣皇惧不敢当，即已陈情控免，俞音未下，又付留钥，中外观听，杂然其惊……""臣仰恃君父隆宽之恩，用敢尽布腹心，干冒天威，无任昧死。所有恩命，臣未敢祗受。"①以无才无能、德不配位、身体不佳、亲族在郡当避嫌等种种理由两度推辞，孝宗仍不允，三月二十一日范成大除端明殿学士知建康府，②距离其来知明州整整一年。孝宗命其"疾速赴行在奏事讫之任"，③三月间，范成大动身去临安府。

在明州，一年到头在官府内处理大量的牒诉文案，此时登船出城，忽有豁然开朗之感，《将赴建康出城》诗云：

> 牒诉缤纷塞瓮天，经年痴坐两三椽。出门纳纳乾坤大，依旧青山绕画船。

明州还有很多佛教圣地，自鄞县东行三十里便是阿育王山，淳熙七年（1180）孝宗敕差高僧德光主持阿育王寺，范成大此番特意登临，作《育王方丈》《育王望海亭》等诗，并手书赠与德光，德光欣然将手迹刻石留存。从育王山行三十里松林，便至天童山，范成大又拜谒名刹天童寺，有诗题千佛、罗汉、善财三阁，"松蓼纛天堕空翠，迎面风香三千里。曾宫亭亭隔瑶水，碧瓦琼榱五云里。千佛当门无半偈，声闻未解祖师意。遍参踏破青鞋底，前楼后阁玲珑起。闲客那知如许事，东斋听雨烂熳睡。觉来一转聊布施，普请云堂来拟议。"④至此，范成大的明州之治画上了一个圆满的句号。

① 范成大：《再辞免知建康府札子》，《永乐大典》卷一〇九九八引《范石湖大全集》，孔凡礼辑：《范成大佚著辑存》，中华书局 1983 年版，第 38—39 页。
② 方万里等纂：《宝庆四明志》卷一《郡守》，《宋元方志丛刊》第五册，中华书局 1990 年版，第 5004 页。
③ 范成大：《辞免知建康府札子》，《永乐大典》卷一〇九九八引《范石湖大全集》，孔凡礼辑：《范成大佚著辑存》，中华书局 1983 年版，第 38 页。
④ 范成大：《天童三阁》，富寿荪标校：《范石湖集》卷二十一，上海古籍出版社 2006 年版，第 310 页。

四　召对蒙恩

淳熙八年(1181)闰三月丁亥(十一日),范成大抵达临安。宋孝宗赐银合茶药,以示恩遇。① 两日后,范成大当廷上奏明州防治海盗之法。《宋会要辑稿》记载:"(淳熙)八年闰三月十三日,新知建康府范成大言:'海道荒杳,界分不明,时有寇攘,并无任则。臣昨将明州管下诸寨,各考古来海界,绘成图本;及根括沿海船户,以五家为甲,如一船有犯,同保并科,亦已攒写成册,并藏在制司。如遇获到海贼,则检照犯人船甲,根株究治。乞行下制置司,令于所隶州县一体施行。'从之。"②

明州人黄震在抄录范成大此期的奏折时多有评论,作为本地人士,他根据实际情况与历史经验,指出范成大奏折中不乏迂阔之论。譬如防止贸易中铜钱外流之奏,黄震称"愚恐徒扰而无补,如不科其抽解,竟禁其贸易足矣";③祈请定海县仓籴米供出海兵船口食之奏,黄震称"此恐官司未必可行";关于鼓励长期服兵役之奏,黄震称"此恐人情不能遵守,殆纸上语也"。对于范成大此次归朝后所奏连坐保甲之法,"暨归朝,进海界图本,诸盗发,各责地分官及将海船五千八百八十七只结甲,遇盗贼根治同甲。"黄震也不十分认可,认为只不过纸上谈兵,没有多少实际效果。"愚恐巡尉非弭海盗之官,海船不能止他船为盗,沧溟浩渺,责人以所难能,或未可耳。"客观地看,范成大在明州也并未有很多建树,因为任期较短,仅一年时间,他对沿海军政诸事尚未能有真切的了解,所以虽有一腔热情和干劲,但未必能切中肯綮。但是范成大每每得从所请,可以看出孝宗对他的充分信任与倚重。上奏之后,孝宗诏令范成大于次日在后殿选德殿辞行。"奏事毕,陛辞,诏明日辞选德殿。"④

---

① 崔敦诗:《崔舍人玉堂类稿》卷十五《抚问新知建康府范成大到阙并赐银合茶药口宣》,《广州大典》第三辑《粤雅堂丛书》第18册,广州出版社2008年版,第493页。

② 徐松辑、刘琳等校点:《宋会要辑稿·兵一三》,上海古籍出版社2014年版,第14册,第8868—8869页。

③ 黄震:《黄氏日抄》卷六十七,《全宋笔记》第十编·十,大象出版社2018年版,第416页。

④ 周必大:《资政殿大学士赠银青光禄大夫范公成大神道碑》,王蓉贵、(日)白井顺点校:《周必大全集》第2册,四川大学出版社2017年版,第582页。

庚寅(十四日),范成大辞于后殿,孝宗破例于十六日赐宴清燕苑。酒过三巡,又令范成大陪同去后苑中日常清坐的西轩。周必大记曰:"近例赐宰执,酒止传觞。至是,特设几开宴,酒三行,命侍行过西小轩。"①闰三月的临安,天气晴暖宜人,此际麦子正拔节生长,皇宫后花园中绿荫浓密,幽草繁茂,比花开时节犹觉生意葱茏。孝宗心情格外愉悦,不禁吟诵王安石《初夏》绝句后二句"晴日暖风生麦气,绿阴幽草胜花时",对范成大连称此乃好诗。②

来到西小轩,孝宗又命坐并赐酒一杯,稍过片刻,亲书"石湖"二字赐给范成大。周必大记载了这一无上之殊荣:

> (孝宗)曰:"此朕清坐处也。"再坐,上曰:"劝卿一杯,且有以为侑。"公饮讫,二内侍捧缣素来,上有"石湖"二大字,御墨尚湿。公拜赐,奉觞进酒谢,上为满饮。

意外得到孝宗为自己别业的题字,范成大受宠若惊:

> (闰三月)庚寅,辞后殿。翼日既望,诏锡清燕苑中,皇帝亲御翰墨,大书"石湖"二字以赐。天纵圣能,游艺超绝。典则高古如伏羲画,体势奇逸如神禹碑。日光云章,垂耀缣素,环列改观,禁籞动色。臣惊定喜极,不知忭蹈,昧死奉觞,上千万岁寿,奉宝书以出。③

更令人惊喜的是,孝宗还将之前手书的苏轼诗赐予范成大,"复袖御书苏轼诗一轴以赐",④并与他探讨书法之妙。范成大曰:

> 古人书法,字中有笔,笔中无锋,乃为极致。所谓锥画沙、屋漏雨之法,盖自钟王之后未有得其全者。惟我高考独传此妙,而陛下亲授家学,曲尽圣能,意象自然,笔迹俱泯,而万钧之笔潜寓其间。

① 周必大:《资政殿大学士赠银青光禄大夫范公成大神道碑》,王蓉贵、(日)白井顺点校:《周必大全集》第 2 册,四川大学出版社 2017 年版,第 582 页。
② 赵与虤《娱书堂诗话》卷上:"王荆公《初夏绝句》云:'石梁茅屋有弯崎,流水溅溅度两陂。晴日暖风生麦气,绿阴幽草胜花时。'石湖范公云:'尝蒙恩,独引赐宴。寿皇于行苑中,亲诵后二句,以为佳。'"丁福保:《历代诗话续编》,中华书局 1983 年版,第 494 页。
③ 范成大:《御书石湖二大字跋》,孔凡礼辑:《范成大佚著辑存》,中华书局 1983 年版,第 136 页。
④ 周必大:《资政殿大学士赠银青光禄大夫范公成大神道碑》,王蓉贵、(日)白井顺点校:《周必大全集》第 2 册,四川大学出版社 2017 年版,第 582 页。

图6 孝宗石湖题字

譬犹宇宙阖辟,不见斧凿之痕;云霞卷舒,殊非绘画之力。此非圣性天高,学力海富,道腴德辉,被于心画,则何以深造自得,集其大成,全美如此!臣又尝论李唐名家,犹得楷法;本朝作者,但工行书。如米芾所作,飘逸超妙,可喜可愕。责以楷法,殆无一字,此事寂寥久矣。①

整整一个下午,君臣二人饮酒、说诗、论书,相谈甚欢,"自未至酉乃罢"。② 孝宗是个深谙统治艺术的皇帝,他常用赏赐御书的方式对文武近臣、皇亲国戚示恩,拉近彼此感情,"淳熙中御书旅獒篇赐进士姚颖等,书唐元稹牡丹诗扇赐吴琚,书刘禹锡诗赐张子仁,书杨杰二轩记赐子仁,书白居易七德舞赐翰林学士周必大,御书梅诗赐步帅岳建寿,御书扇赐殿帅郭棣,书杜牧战论赐皇太子,御书诗赐濮王士��、永阳王居

---

① 黄震:《黄氏日抄》卷六十七,《全宋笔记》第十编·十,大象出版社2018年版,第418—419页。
② 周必大:《资政殿大学士赠银青光禄大夫范公成大神道碑》,王蓉贵、(日)白井顺点校:《周必大全集》第2册,四川大学出版社2017年版,第582页。

广，书琅邪山诗赐吴琚，书苏轼四诗、石湖二字赐范成大。"①而孝宗吟诵王安石的诗、书写苏轼的诗也是有政治深意的，表明他不在意新旧党争，既为苏轼翻案，也首肯王安石，进一步打消范成大对党禁的顾虑，同时也对他推行的类似王安石新法的处州义役、海上保甲等做法表态支持。范成大完全领会孝宗的心意，他自然感激涕零，打消回乡退隐的念头，立志继续报效君恩，不惜肝脑涂地。

　　五天之后，闰三月二十一日，范成大途经故里，郑重其事地将孝宗所书"石湖"二大字刻碑。在谢表中，范成大称皇帝的题字令石湖蓬荜生辉，"污莱露蔓，千七百余年，莫有过而问者。今猥以臣故，彻闻高清，天光博临，燕及荒野，繇开辟来，未睹斯盛。""何物么麿，独冒宠赫，百身万殒，莫能负载。"又自愧无才无德，有辱君赐，"臣蒲柳早秋，仕无补益县官。倘睆晚不休，奸止足之戒，则将上累隆知，俯愧初服，臣用是惧。"②但他的内心是很激动与自豪的，后来还把碑刻的拓本分别赠给友人鉴赏，引来不少艳羡。杨万里就曾赋《圣笔石湖大字歌》，小序详细记载了此事，"淳熙圣主锡宴，临遣端明殿学士参政臣范成大居守金陵，觞次，肆笔作'石湖'二大字赐之，以宠其行。臣成大刻石，以碑本分似，小臣杨万里，敢拜手稽首，敬赋长句。"诗云"石湖二字天上归，奎星璧宿落山扉。昭回下饰吴花草，姑苏台前近太微"，又称"教人妒煞石湖仙，手揽星辰怀袖底"。③ 得到孝宗特殊恩遇的范成大未敢在石湖多作停留，不久便怀着一颗感恩的心，离开他朝思暮想、念念不忘的故里，前去建康赴任。

---

① 王原祁：《佩文斋书画谱》卷二十，文物出版社 2013 年版，第 756—757 页。
② 范成大：《御书石湖二大字跋》，孔凡礼辑：《范成大佚著辑存》，中华书局 1983 年版，第 137 页。
③ 杨万里：《圣笔石湖大字歌》，辛更儒笺校：《杨万里集笺校》，中华书局 2007 年版，第 939 页。

第十一章　开府建康

一　赈灾救荒

淳熙八年(1181)四月十三日,范成大到达建康(治今江苏南京市)。以端明殿学士中大夫知建康军府事、兼管内劝农使、提辖本府界分诸铺递、差充江南东路安抚使、马步军都总管兼营田使、兼行宫留守、吴县开国伯、食邑七百户、赐紫金鱼袋。[①] 建康府总领上元、江宁、句容、溧水、溧阳五县,为南宋行都。[②] 绍兴十七年(1147),范成大曾赴此地参加漕试,每每震撼于这座六朝古都的磅礴气象,赋诗《赏心亭再题》云:"天险东南重,兵雄百二尊。拂云千雉绕,截水万崖奔。赤日吴波动,苍烟楚树昏。向无形胜地,何以控乾坤。"[③]时隔34年,范成大再度来到建康,等待这位新知府的却是一场巨大的考验。

是年暮春,建康旱情严重,原野田地龟裂,禾苗枯焦。初到任上,范成大在府廨钟山阁上远眺,只见细雨如烟似雾,淅淅沥沥,时断时续,《钟山阁上望雨》诗云:"天阔山长雨似烟,忽然飞去暗平川。秔禾未实籼禾瘦,不用廉纤便霈然。"这样的毛毛雨远远不能满足禾苗生长的需要,范成大真希望能变成一场沛然甘霖,可惜天公并未如人所愿,淳熙

---

① 范成大:《谢表》,缪荃孙:《江苏金石记》(上),张廷银、朱玉麒主编:《缪荃孙全集·金石》,凤凰出版社2014年版,第407页。

② 周应合:《景定建康志》卷十四,《宋元方志丛刊》第二册,中华书局1990年版,第1504页。

③ 范成大:《赏心亭再题》,富寿荪标校:《范石湖集》卷二,上海古籍出版社2006年版,第14页。

八年(1181)成了一个大灾之年,粮食严重歉收,民不聊生,刚到任的范成大立刻投身于紧张忙碌的赈济工作中。他首先发动商贾捐钱,以应对朝廷的夏税,"适岁旱,公招徕商贾,捐阁夏税。"①又上奏孝宗,如实汇报灾情,请求蠲免其余租税,"奏住催江东军器,免催残税",②得从所请,"苗额二十万斛,是年蠲三之二"。③

相对于租税,百姓的口粮是更重要的问题。民以食为天,为了活命,饥民就会外流乞讨,或爆发抢米风潮,造成饿殍遍野、社会动荡的局面。范成大意识到问题的严重,请求朝廷借米赈济饥民。但此年其他各地也灾情多发,《宋史》卷三五《孝宗本纪》记载:"是岁,江、浙、两淮、京西、湖北、潼川、夔州等路水旱相继。发廪蠲租,遣使按视。"④朝廷顾此失彼,没有充足的粮食可以调拨。在此情形下,范成大灵活应对,上奏请求暂借军备储粮以活民口,"请于上,得军储二十万石赈饥民。"⑤又请借广济仓等处的陈米,"又谓广济仓等陈米,储之不过为尘土,散之可以易民命。"并保证沿江上游民间米船顺利运输贸易,"奏:沿江全藉上游江西、湖北客米。两得旨,税场不得邀拦。乞申严行下"。⑥ 对于一些趁机作乱的江洋盗贼,范成大则设计捕获,"盗发柴沟,去城二十里,又劫江贼徐五,称静江大将军,公皆设策捕获",⑦确保运粮之道畅通。建康府最终筹到赈灾粮食共计"米三十万石,谷二十万石"。⑧

范成大的赈灾工作做得非常及时、细致。救济粮一到,不等核准细数,立刻组织发放,防止百姓等待不及,流离失所。"不候检到损数,通

① 周必大:《资政殿大学士赠银青光禄大夫范公成大神道碑》,王蓉贵、(日)白井顺点校:《周必大全集》第2册,四川大学出版社2017年版,第582页。
② 黄震:《黄氏日抄》卷六十七,《全宋笔记》第十编·十,大象出版社2018年版,第417页。
③ 周必大:《资政殿大学士赠银青光禄大夫范公成大神道碑》,王蓉贵、(日)白井顺点校:《周必大全集》第2册,四川大学出版社2017年版,第581页。
④ 脱脱等:《宋史》卷三五《孝宗本纪》,上海古籍出版社、上海书店1986年版,第91页。
⑤ 周必大:《资政殿大学士赠银青光禄大夫范公成大神道碑》,王蓉贵、(日)白井顺点校:《周必大全集》第2册,四川大学出版社2017年版,第582页。
⑥ 黄震:《黄氏日抄》卷六十七,《全宋笔记》第十编·十,大象出版社2018年版,第417页。
⑦ 周必大:《资政殿大学士赠银青光禄大夫范公成大神道碑》,王蓉贵、(日)白井顺点校:《周必大全集》第2册,四川大学出版社2017年版,第582页。
⑧ 黄震:《黄氏日抄》卷六十七,《全宋笔记》第十编·十,大象出版社2018年版,第417页。

融兑便,恐冬深民流,救之无及也"。^① 具体的发粮工作也格外细致,力求落实到每家每户,参知政事周必大在致朱熹的书信中曾对此称赞道:"范金陵又画旨赈济之,赏米到即行,不候毕事,尤可示劝。更望印榜晓谕,恐村落不能遍知耳。"^②这一年,由于赈灾粮及时发放到位,建康府没有灾民背井离乡,逃荒要饭。"五邑受粟总计四万五千四百余户,无流徙者。"^③

靠朝廷赈济并非长久之策,若要从根本上解决饥荒问题,关键还得抓紧粮食生产。淳熙八年(1181)九月,孝宗诏令借贷麦种给百姓耕种,"九月庚辰,命诸路提举司贷民麦种"。^④ 麦子是北方地区的主要粮食作物,较之水稻更具抗旱性。宋室南渡之后,随着大量中原人口南迁,江南地区也逐渐种植麦作,多以冬小麦为主,秋季播种,夏初收获。但在长城以北的地区还种植春小麦,开春播种,夏季收获。春小麦生长周期更短,生长速度快,且抗旱性极强,不需要过多灌溉,在大旱之年也能保证收成,但是由于产量不高,且影响更为适宜的稻作生产,宋代江南地区很少种植。范成大与建康府驻扎御前诸军都统制郭刚进行调查研究,认为应该适当种植春小麦,防止来年旱情重现。淳熙八年(1181),建康府上元县便种了冬、春两季麦子,一年收获两次,一定程度上弥补了稻作减产的损失,缓解了部分灾情,这是一个很好的实验。范成大派人将上元县所种两种麦子送到临安,并修书给时任右丞相兼枢密使的王淮等,推介都统制郭刚的春小麦种植经验。^⑤ 王淮等人奏请孝宗,劝种二麦,"十二月甲子,进呈范成大具到上元县所种二麦。王淮等奏得成大书,谓春麦惟郭刚能言之,盖北人谓之劫麦。上曰:'此间人亦不知,已

---

① 黄震:《黄氏日抄》卷六十七,《全宋笔记》第十编·十,大象出版社 2018 年版,第 417 页。
② 周必大:《朱元晦待制》《文忠集》卷一百九十三,王蓉贵、(日)白井顺点校:《周必大全集》第 3 册,四川大学出版社 2017 年版,第 1821 页。
③ 周必大:《资政殿大学士赠银青光禄大夫范公成大神道碑》,王蓉贵、(日)白井顺点校:《周必大全集》第 2 册,四川大学出版社 2017 年版,第 582 页。
④ 脱脱等:《宋史》卷三五《孝宗本纪》,上海古籍出版社、上海书店 1986 年版,第 91 页。
⑤ 郭刚因备战所需,常年关注宋金粮食生产,《宋史全文》卷二十五:"(乾道九年)郭刚、元居实报,敌境旱久,大无麦禾。泗州、东平府、雄州蝗生,河以北饥馑流徙尤甚。"中华书局 2016 年版,第 2139 页。又据周必大奏议(《历代名臣奏议》卷二百三十九),淳熙二年(1175)郭刚又在和州历阳措置屯田,有较为丰富的农业生产经验。

令宫中种看。'"①淳熙九年(1182)初,孝宗下诏江浙等地广泛种植二麦,"内出正月所种春麦,并秀实坚好,与八九月所种无异。诏降付两浙、淮南、江东、西漕臣,劝民布种。"②此诏令的下发与范成大的建议有很大关系,周必大曾致函舒州知州李异,信中说:"劝种二麦,已成故事,势不容废。但守令得人,则奉行自可无扰。不然,虽有良法美意,必转而为害。万事皆然,奚止此哉。春麦明知后时,方圣主孜孜农事,未免闻斯行之。范金陵道郭都统之语,云北地一名劫麦,庶得三二分可食,如禾孙之类耳。"③

范成大在忙忙碌碌的赈灾工作中送走了辛丑年,迎来了壬寅年。回顾这大半年,他很少有时间写诗,偶尔在公退的时候记下令人难以喘息的紧张节奏:

> 昨日腾章奏发仓,今兹飞檄议驱蝗。四无告者仅一饱,七不堪中仍百忙。暾日自能临俯仰,浮云宁解制行藏?求田问舍亦何有,岁晚倦游思故乡。④

就连重阳节到来时,事务缠身的范成大也没有雅兴登高,那时的他眉头紧锁,独坐在府衙玉麟堂,自述道:"人生笑口真稀阔,况值官忙闵雨时。"⑤一直到了除夜,范成大方抽出点空提笔作诗,在诗中他深感自己为政力不从心:"劳生佚老寻常事,从政那堪力不任。"⑥元日又大发感慨:"莫道神仙无可学,学仙犹胜簿书痴。"⑦可严峻的灾情并未消除,容不得范成大流连光景惜朱颜,新年未过,他又继续投身公务,和同僚商议赈济对策直至深夜,连素来喜爱的梅花都无暇观赏。《坐啸斋书怀》(时方治赈济)诗云:

① 佚名:《宋史全文》卷二十七,中华书局 2016 年版,第 2268 页。
② 佚名:《宋史全文》卷二十七上,中华书局 2016 年版,第 2269 页。
③ 周必大:《李舒州异》,王蓉贵、(日)白井顺点校:《周必大全集》第 3 册,四川大学出版社 2017 年版,第 1823 页。
④ 范成大:《公退书怀》,富寿荪标校:《范石湖集》卷二十二,上海古籍出版社 2006 年版,第 321 页。
⑤ 范成大:《重九独坐玉麟堂》,富寿荪标校:《范石湖集》卷二十二,上海古籍出版社 2006 年版,第 319 页。
⑥ 范成大:《除夜》,富寿荪标校:《范石湖集》卷二十二,上海古籍出版社 2006 年版,第 311 页。
⑦ 范成大:《元日》,富寿荪标校:《范石湖集》卷二十二,上海古籍出版社 2006 年版,第 312 页。

老来穷苦事相违,兀坐铃斋竟日痴。眼目昏缘多押字,胸襟俗为少吟诗。月侵灯影吏方去,春遍梅梢官未知。直待食新方绶带,明朝骑马过陵陂。

由于赈济有方,建康府未出现饥馑流徙现象,江浙其他地方的受灾流民却不断涌入。去年八月,朝中臣僚便建言江东帅、漕司妥善安置外来流民。"八月二日,臣僚言:'今岁江、浙州县水旱相继,细民往往流徙江北诸郡。乞令监司、守臣多封赈济,许于诸寺院及空闲廨宇安存。如愿种本处官田,即令借给口食,拨田耕种。'诏江东帅、漕司疾速措置施行。"①灾民流移不仅是社会民生问题,在特定的历史时期更是重大的政治问题。在宋金两国长期对峙的情况下,如果南宋流民为了活命,越过长江、淮河,逃向北方敌国,会引起两国政治争端;更严重的是金国通过流民现象探知南宋发生严重饥荒,会乘虚而入,发动军事进攻,这种内忧外患的状况显然对南宋极为不利。孝宗对此严加防范,诏令"民有流入江北者,命所在振业之"。② 范成大高度重视流民问题,《宋会要辑稿》保留了这样一段历史记载,"九年正月六日,知建康府范成大言:'近降指挥,流移之人如愿归业耕种,即量支钱米,给据津遣。今欲移文两淮安抚、漕司,行下所属约束沿江渡口,遇有江、淛流移归业之人,其人口、行李、牛畜等,并与免收渡钱,无致邀阻。其江、淛津渡,亦乞一例免收。'从之。"③江南东路的地理位置尤其重要,比较接近宋金东部边界淮河,且濒临长江,时有上游诸路流民顺流而下,所以身兼江东安抚使的范成大在各渡口进行部署,妥善遣返、安置外来流民。"沿江渡口,流民过淮处,如建康之靖安、东阳、下蜀、大城冈、马家等渡,太平州采石、大信、获港、三山、上湾等处,池州铜陵、东流、池口等渡,皆差官给粮,津发其回。不愿回者,存养之。近渡路口,如建康界湖熟、金陵镇、路口、桐井四处,复为之邀接津遣。"④对于两浙过来的流民也同样处置,"其自两浙来者,多自饶州石门取路,亦置场给论。"对待劝返的流

---

① 徐松辑、刘琳等校点:《宋会要辑稿·食货六九》,上海古籍出版社 2014 年版,第 13 册,第 8081 页。
② 脱脱等:《宋史》卷三五《孝宗本纪》,上海古籍出版社、上海书店 1986 年版,第 91 页。
③ 徐松辑、刘琳等校点:《宋会要辑稿·食货六九》,上海古籍出版社 2014 年版,第 13 册,第 8082 页。
④ 黄震:《黄氏日抄》卷六十七,《全宋笔记》第十编·十,大象出版社 2018 年版,第 417 页。

民,则实行减免各种租税、费用的方式,鼓励生产自救,"论其还,劝分赏格,减半细数。被荒残税,申乞蠲阁。流移归业,收赎不候生满。行李牛畜,并与收免渡钱。"黄震对范成大的赈济工作大为叹服,认为诸种举措堪称科教书级别,后世可以效法,"凡荒政之大略具是,一一皆可法者。"①

转眼之间又到了暮春,建康府渡过了一大难关,流移之人也安排妥当,未能归乡复业者被收为佃户,借给田地种粮,秋成之时,量收其息。令居者安业,贫富相资,不违农时。② 但是令范成大无比担心的旱情再现苗头,他又一次来到蒋山祈雨。老天或许真的被这位忧国忧民的知府感动了,不久甘霖普降,干涸的秧田得到滋润,生发了油油绿意,范成大非常高兴,前去宝公祠谢雨,步前任建康知府陈俊卿诗韵写了一首《宝公祈雨感应,用陈申公韵,赋诗为谢》:

> 膴原龟坼暮春时,夹路炉薰共祷祠。唤起云头千嶂涌,飞来雨脚万丝垂。无情梅坞犹红绽,有意秧田尽绿滋。大施门开须满愿,愿均此施匝天涯。

这场及时雨大大缓解了旱情,范成大悬着的心终于放下了。麦子长势很好,新秧也插好了,"今朝麦粒黄堪剺,几日秧田绿似针。除却一犁春雨足,眼前无物可关心"。③ 此时,转运副使曾逢(按:曾几长子)任满要归会稽,范成大为其赋诗送行,不禁回忆去年夜以继日并肩奋战的情形,"秧田水满麦栖亩,劝农使者翩然去。去年愁苦救荒时,岂敢梦为今日归。天津桥西官柳陌,文书灯火长相觅"。④ 盛夏来临,范成大坐在官舍,炎热难耐,但想到去年那场惊心动魄的大旱,仍心有余悸,如今田水充足,自己再苦再热也不觉得什么了。《北窗偶书,呈王仲显、南卿二友》诗云:"垄头暴背耘,永昼妇子偕。不辞梦山裂,田水如泼醅。去年岂堪说,稻根已浮埃。使君坐侯宅,窗间即凉台。何敢诉苦热,洒然助

① 黄震:《黄氏日抄》卷六十七,《全宋笔记》第十编·十,大象出版社2018年版,第417页。
② 徐松辑、刘琳等校点:《宋会要辑稿·食货六九》上海古籍出版社2014年版,第13册,第8082页。
③ 范成大:《致一斋述事》,富寿荪标校:《范石湖集》卷二十二,上海古籍出版社2006年版,第313页。
④ 范成大:《送曾原伯运使归会稽,用送徐叔智韵》,富寿荪标校:《范石湖集》卷二十二,上海古籍出版社2006年版,第314页。

心斋。"

在去年抗旱救灾过程中,建康知府范成大发现了很多弊端,比较突出的是设在当地的粮仓如转般仓、大军仓均由淮西总领所管制,朝廷分拨的赈灾粮入库后州府无权调配,有诸多不便。范成大上奏朝廷论及此事,因这种现象在其他州、军也普遍存在,引起朝廷重视,遂将粮米调配之权直接交给地方政府。淳熙九年(1182)七月九日,范成大奉领圣旨,上曰:"诸路州军,应有朝廷米斛去处,专委守臣认数桩管,总司不许干预。"并有帖黄特别说明:"大军、转般仓桩管米,依前项指挥。"①范成大依旨桩管建康府粮仓,开始盘点存粮。但新的问题再度出现,粮米虽由守臣调度,但粮仓监官合干人等却隶属淮西总领所,无法指挥与监察。范成大便上《奏拨隶转般仓札子》请求将粮仓人员亦隶属州府:"今朝廷措置,既将此米拨付守臣,其合干人等却仍隶总司,事体相违,难以检察。欲望圣慈详酌,特降指挥,将转般仓拨正所隶,则守臣方可任责,实系经久利害。"②在盘点完大军仓存储量之后,范成大比勘账目,发现亏欠八万六千余斛。淮西总领所将有关人员押送建康府衙司,等候断罪备偿。范成大宅心仁厚,再上《乞蠲免大军仓欠负札子》,认为大军仓已经创建几十年,有自然损耗,且之前一直未能彻底清点,所欠粮数并非都是现职人员造成,故请皇帝开恩,一笔勾销欠负,不再追究刑责,札子云:"臣窃考之:大军一仓,创于绍兴五年,至今已得四十六年,前后支过军粮,无虑二千余万斛。从前即不曾除豁,冒头蠹耗,亦不曾如此。盘量到底,即上件欠数,犹不为多。纵有情弊,恐非尽出于目即。合干人等,若绳以三尺,则根株断罪徒配,犹为轻典,案后备偿估籍,不足充数。缘情有可矜,理有可察,臣辄冒昧奏闻,伏望天恩详酌,特将指挥,施行取进止。"③灾荒之年,社会稳定尤其重要,范成大建议孝宗宽大为怀,安抚民众,以示皇恩浩荡,遂天下归心,此之谓上策。孝宗一一诏从。

范成大一系列出色的荒政措施得到朝廷的充分肯定,淳熙九年

---

① 范成大:《奏拨隶转般仓札子》,孔凡礼辑:《范成大佚著辑存》,中华书局 1983 年版,第 40 页。
② 范成大:《奏拨隶转般仓札子》,孔凡礼辑:《范成大佚著辑存》,中华书局 1983 年版,第 40 页。
③ 范成大:《乞蠲免大军仓欠负札子》,孔凡礼辑:《范成大佚著辑存》,中华书局 1983 年版,第 39 页。

(1182)八月十九日孝宗下诏，"知建康府范成大……转一官，减二年磨勘……以去岁旱伤，赈济有劳故也。"①疾风知劲草，板荡识忠臣，淳熙八年的那场大旱灾终于使孝宗认清了哪些是可以倚仗的重臣，同时也痛下决心清除那帮无德无才的佞幸之辈。淳熙九年正月，与曾觌相互勾结、恃恩专恣的枢密都承旨王抃被吏部侍郎赵汝愚所攻，逐出临安奉外祠，从此不复召用。六月，与王淮同知枢密院且兼参知政事的谢廓然薨，改由周必大知枢密院事。九月，王淮为左相，梁克家为右相，②朝中诸多德才兼备之臣终于守得云开见月明。

二　南都遗韵

自去年到任建康府以来，范成大一直忙于抗旱赈灾，除到蒋山宝公祠祈雨、谢雨外，几乎就没有闲暇时刻。淳熙九年（1182）的丰收已成定局，范成大终于可以松口气了，重阳节他来到赏心亭登高望远。赏心亭为北宋丁谓所建，在下水门之城上，下临秦淮，尽观览之胜。③ 无独有偶，三十多年前年轻的范成大独自离乡来建康参加漕试，试后也曾经在重阳节登临赏心亭，并写下一首诗《重九独登赏心亭》，抒发了等待漕试结果时志忐不安的心理以及浓厚的思乡之情，诗云：

> 谁教佳节滞天涯，强展愁眉管物华。每岁有诗题白雁，今年无酒对黄花。悠悠造化占斜日，草草登临记落霞。宇宙此身元是客，不须弹铗更思家。④

如今同样的日子再度重游，过往的一切不禁浮上范成大心头，建康知府范成大又写下一首诗《重九赏心亭登高》：

> 忆随书剑此徘徊，投老双旌重把杯。绿鬓风前无几在，黄花雨

---

① 徐松辑、刘琳等校点：《宋会要辑稿·瑞异二》，上海古籍出版社 2014 年版，第 5 册，第 2635 页。
② 脱脱等：《宋史》卷三五《孝宗本纪》，上海古籍出版社、上海书店 1986 年版，第 91 页。
③ 周应合：《景定建康志》卷二十二《城阙志三》"亭轩"，《宋元方志丛刊》第二册，中华书局 1990 年版，第 1660 页。
④ 范成大：《重九独登赏心亭》，富寿荪标校：《范石湖集》卷二，上海古籍出版社 2006 年版，第 14 页。

后不多开。丰年江陇青黄遍,落日淮山紫翠来。饮罢此身犹是客,乡心却付晚潮回。①

当年因漕试徘徊于此的举子,如今年近花甲再次登楼,黄花依旧,满头乌发早已斑白,每逢佳节倍思亲,几十年后又客居此地,徒有思乡

图7　建康赏心亭

之心。尽管范成大的诗中有着人生短暂、故土难离的感慨,但是此时看到青黄满陇,一派丰年景象,远处的落日映照着山峦,紫金叠翠,流光溢彩,作为建康知府的范成大心情还是非常愉悦的,这是当年匆匆应举时无法体会到的,和落寞失意的北方归正人辛弃疾登临所写"落日楼头,断鸿声里,江南游子,把吴钩看了,栏杆拍遍,无人会、登临意"也意趣迥然。这幅绚丽图景是大自然给经历了一年忙碌辛苦之后、终于可以安心的知府特殊的回馈和奖赏。

建康府濒临大江,龙盘虎踞,北望中原,不仅战略位置重要,还曾是六朝古都,有着悠久灿烂的历史文化。石头城、雨花台、乌衣巷、长干里等地,处处蕴藏着前代的风流遗韵。范成大早年参加漕试时就曾游览赏心亭、义林院、白鹭亭、胭脂井等名胜古迹。凤凰台是又一个富有文化底蕴的地标,据《景定建康志》卷二十二《城阙志三》"台观"条记载:

　　凤凰台,在保宁寺后。刘宋元嘉十六年,秣陵王颛见三异鸟数集于山,状如孔雀,文彩五色,音声谐和。众鸟附翼而群集,时谓之凤。乃置凤凰里,起台于山,因以为名。

① 范成大:《重九赏心亭登高》,富寿荪标校:《范石湖集》卷二十二,上海古籍出版社2006年版,第315页。

古往今来，无数文人墨客登临题咏，著名者如唐代李白《登金陵凤凰台》一诗："凤凰台上凤凰游，凤去台空江自流。吴宫花草埋幽径，晋代衣冠成古丘。三山半落青天外，二水中分白鹭洲。总为浮云能蔽日，长安不见使人愁。"在历史的长河中，风流总被雨打风吹去，凤凰台也逐渐荒芜。北宋大中祥符年间，重新在台上修建楼亭，郭祥正、王安石、周邦彦等人都先后登台游览、题诗。[①] 南宋建炎年间，金人占领建康，凤凰台又毁于兵火。"晋升平已有台，元嘉时王颛复南台缔楼。我朝祥符间又尝筑亭于斯，斯楼斯亭咸以凤字。星移境换，凤去台空，于是芜没于屯烟戍火之场矣。"[②]范成大开府建康，有感于此，遂再次修建，并亲自题榜，"淳熙中，留守范公成大重建，更榜曰凤凰台"。[③]

范成大重建凤凰台，可能是受到范仲淹兴利赈荒的启发。北宋皇祐二年（1050），吴中大饥，范仲淹曾召集诸佛寺主首，谕之曰："饥岁工价至贱，可以大兴土木之役。"此举既可以给灾民提供机会挣钱活命，也使一些年久失修的建筑得到修缮。而选择凤凰台进行重建，还有更深的政治意味和战略意义。淳熙年间，宋金双方虽无战事，但斗争无处不在。身处军事重镇建康，范成大也时刻保持警惕，随时备战，张镃送郑锷入其幕府时所作诗句"绅绎蓬峦曾正字，参陪莲幕试论兵"[④]就透露出一些端倪。宋金两国的交锋不仅体现在军事上，文化也是一块重要阵地。建炎年间，金人在攻城略地的同时，也试图进行文化征服。当时占领建康后，金国守城者张太师（张浩）便登凤凰台赋诗，其作一度广为流传。《景定建康志》记曰："建炎中，金人犯建康，以伪张太师为守。一日登凤凰台，赋诗云：'六代兴亡地，千年一瞬间。无情是江水，终日对钟山。烽火连吴越，旌旗耀海蛮。凤兮今不至，百尺古台闲。'后

---

① 参见赵与虤：《娱书堂诗话》，丁福保：《历代诗话续编》，中华书局 1983 年版，第 489—490 页。周应合：《景定建康志》卷二十二《城阙志三》"台观"，《宋元方志丛刊》第二册，中华书局 1990 年版，第 1675 页。

② 马光祖：《重建凤凰台记》，周应合：《景定建康志》卷二十二《城阙志三》"台观"，《宋元方志丛刊》第二册，中华书局 1990 年版，第 1676 页。

③ 周应合：《景定建康志》卷二十二《城阙志三》"台观"，《宋元方志丛刊》第二册，中华书局 1990 年版，第 1676 页。

④ 张镃：《送郑刚中赴江东参议》，《南湖集》卷六，《景印文渊阁四库全书》，台湾商务印书馆 1986 年版，第 1164 册，第 597 页。

虏退，人多传之。"①当金兵撤退之后，金国张太师的诗歌仍在流传，可见文化的影响力何其巨大、深远而又隐蔽，这是值得警惕的。思想文化战线的高地不能拱手让给敌国，令其长期霸占，具有文化战略意识的范成大要把凤凰台这张历史名片夺回来。赈灾过后，范成大便着手重修凤凰台，亲自题榜，立李白以及南唐宰相宋齐丘的诗碑，②试图彻底洗刷掉敌国占领的痕迹，恢复华夏文化的原有气象。所以，凤凰台俨然成了一个没有硝烟的战场，范成大的重修不仅仅旨在提供一个游览观光的场地，更是有意夺回文化话语权，此后，这处名胜成为南宋人继续题写诗文、深度交流精神的公共空间，杨万里、戴复古、刘过等人均有题诗，千古文心、人心在此凝聚，金陵文脉延绵不断。重建凤凰台是知府范成大在建康的一个大手笔，在当时以及后世都有重要的政治和文化意义。

范成大还有心发扬王谢家族的流风遗韵。建康城南十里石马山之阴，有一座崇因寺，为新亭旧址，有王谢遗迹。刘宋时名为旷野寺，唐开元中改禅居院，宋改为崇因寺。③ 此处西临大江，既是饯送、迎宾、宴集之所，亦是长江上游进入建康的要道。东晋初年，南渡之士聚饮于此，新亭对泣，遭到丞相王导斥责，"过江诸人，每至美日，辄相邀新亭，藉卉饮宴。周侯中坐而叹曰：'风景不殊，正自有山河之异。'皆相视流泪。唯王丞相愀然变色曰：'当共勠力王室，克复神州，何至作楚囚相对。'"④后征西大将军桓温在新亭摆下鸿门宴，欲除谢安与王坦之，进入建康摄政，被谢安镇定化解。⑤ 范成大在这个有着历史文化内涵的地方立下崇因寺碑，并亲自题写碑文，⑥虽然碑文今已不传，但应当与王导、谢安遗风有关，这位生于靖康元年、曾经出使过金国、做过封疆大吏和参知政事的知府，一定能读懂并欣赏立志克复神州、安定天下苍生的王、谢精

---

① 周应合：《景定建康志》卷二十二《城阙志三》"台观"，《宋元方志丛刊》第二册，中华书局 1990 年版，第 1676 页。

② 周应合：《景定建康志》卷三十三《文籍志一》"石刻"，《宋元方志丛刊》第二册，中华书局 1990 年版，第 1890 页。

③ 李贤：《明一统志》卷六，《景印文渊阁四库全书》，台湾商务印书馆 1986 年版，第 472 册，第 167 页。

④ 刘义庆：《世说新语》卷上，余嘉锡笺疏：《世说新语笺疏》，中华书局 2007 年版，第 109 页。

⑤ 房玄龄等：《晋书》卷七十九《谢安传》，中华书局 1974 年版，第 2073 页。

⑥ 周应合：《景定建康志》卷三十三《文籍志一》"石刻"，《宋元方志丛刊》第二册，中华书局 1990 年版，第 1893 页。

神,希望通过立碑激励南宋臣民同仇敌忾,早日恢复中原。

之前范成大在地方任职时,颇热衷于新修或重建人文景观,或书榜题字,或召集幕僚吟诗写赋,或作铭留记。譬如在处州(治今浙江丽水市)兴建莲城堂、莺花亭,为烟雨楼、好溪堂等书榜;在静江府(治今广西桂林市)修建葵水亭、壶天观等近十处建筑;在成都府(治今四川成都市)建成铜壶阁、筹边楼等,陆游、范谟、杨甲等幕僚频繁作记;在明州(治今浙江宁波市)则大力发展禅宗文化,邀请高僧主持雪窦等名寺,为阿育王寺、天童寺等题诗多首。相比那些地方,古都建康的文化内涵更为丰厚,佛教底蕴也更浓重,所谓"南朝四百八十寺,多少楼台烟雨中"。文章太守范成大正可在此大做文章,但事实却并不尽如人意。他在建康越来越感到难以有所作为,尤其是文化建设方面,常有孤掌难鸣之憾。在宋金对峙的局面下,建康外控淮甸,内屏浙右,其军事、交通作用更为突出和重要,南宋在此设立六司,包括安抚司、转运司、总领所、制置司、都统制司、行宫留守司等,各司其职,各自为政。作为建康知府,范成大权力有限,去年赈灾时无法越过总领所调度朝廷所拨米粮即是一个例子。六司之间互相往来,表面和气,实则暗里较劲,争权夺利。李心传曾记载过建康各司有经常吃请互送的不良风气,行宫大内主管对按例前来巡视的留守范成大多有不敬:

> 建康所谓六司者,帅、漕、总赋、武骑二司帅,而主管行宫大内钥匙官者与焉。每岁遇留守按行,殿中官者辄置酒,自居主席,而坐留守于宾位。①

范成大不喜欢这些官场应酬,更乐意同文人雅士来往。年轻的游子赵蕃登门造访,且看他眼中的范成大,"公盖廊庙贵,我乃短褐贫。既以宾客见,复叨尊俎陈。谈间必文字,愧我非比论"。②但建康六司中的权贵多俗人,不通文墨,不屑风雅,范成大纵有心接续金陵文脉,却处处被掣肘。这令其倍感失落,虽然他一直缄口不言,但是从所作诗里隐约

---

① 李心传:《建炎以来朝野杂记》乙集卷十二,中华书局 2000 年版,第 695—696 页。
② 赵蕃:《寄范建康》,《淳熙稿》卷一,《景印文渊阁四库全书》,台湾商务印书馆 1986 年版,第 1155 册,第 28 页。

能露出一些端倪。淳熙十年(1183)元日,他到钟山拜谒梁高僧宝志之塔,途经半山,有相传为谢安、王羲之登临之墩,遂有感而发,写下《元日谒钟山宝公塔》诗:

> 雪后江皋未放春,老来犹驾两朱轮。归心历历来时路,官事驱驱病里身。未暇鸡窠寻古佛,且防鹤帐怨山人。君看王谢墩边地,今古功名一窖尘。

诗中隐含着看破红尘、淡泊功名的思想。这一年,范成大58岁,每每叹老嗟病,屡生归乡之意。另外两首《元日马上二绝》诗云:

> 泥絮心情雪样髯,诗囊羞涩酒杯嫌。年来万事都消减,惟有床头历日添。

> 筋骸全比去年非,骑吹声中忆钓矶。待得江风欺老病,何如闲健一蓑归。

范成大自称身体每况愈下,无法与去年相比,不如及早归去,其消极心态与去年积极赈灾时已大不一样。

春暖花开时节,牡丹、酴醿正艳,范成大想起当年在成都府作牡丹会,便雅兴大发,邀请诸司到府署玉麟堂共赏,《玉麟堂会司观牡丹酴醿三绝》诗云:"东风微峭护余春,红紫香中酒自温。不用忙催银烛上,酴醿如雪照黄昏。""洛园姚魏碧云愁,风物江东亦上游。忆起遨头八年梦,彭州花槛满西楼。"①花还是那般娇艳名贵,可惜赏花诸人却没有在四川时陆游那批同僚风流倜傥。自从到建康府之后,范成大陆续送别了和他志趣相投的转运使徐本中(叔智)、转运使曾逢(原伯)、安抚参议官郑锷(刚中)、寺丞郭明复(中行)等人,眼前诸司之人文采全无,索然寡味,范成大也意兴阑珊,勉强自劝:"莫向花前惜酒杯,一年一度有花开。浮生满百今强半,岁岁看花得几回?"在四川的时候,范成大就在西园种满了竹子,东坡诗云"可使食无肉,不可居无竹",竹子已经成为宋代风雅文人的身份标识,如今在建康,他又命人在府衙池边种上竹子,

---

① 范成大:《玉麟堂会诸司观牡丹酴醿三绝》,富寿荪标校:《范石湖集》卷二十二,上海古籍出版社2006年版,第318页。

享受那份清雅意趣。可或许是之前赈灾时超负荷的劳累严重损害了健康，淳熙十年（1183），范成大的痼疾风眩又发作了，头晕目眩，无法行走。其《种竹叹》诗序云："向在成都，种竹满西园，偶苦寒疾。揭来金陵，复种绕池，未几以眩卧阁。家人子遂谓不当种竹，其说甚可怪叹，口占此诗。"①

不仅身体状况欠佳，淳熙十年（1183），范成大还在政治上遇到了较大挫折，由他倡行的义役法和广西盐法受到严重质疑。范成大在处州时曾兴起义役法，令民间出钱助役，由应役户出田或买田作助役田，所收田租充应役费用；后来任中书舍人时又将此法上奏孝宗，获得首肯，令诸路效法。这本是一项义举，但由于执行不力，过程中产生不少弊端，引起一些人的反对。淳熙三年（1176），处州知州陈孺即上奏状言其不便；淳熙八年（1181），处州布衣上书支持范成大，乞行义役，诏令季翔看详，季翔认为义役并无不妥；但淳熙十年（1183）六月，处州进士经御史台投状，诉义役不便，户部行下本州照会。② 而是年七月，广西的食盐官般官卖法被更除。范成大当年在任广西经略安抚使时，为避免商人中饱私囊，曾废除食盐客钞法，改由官府统一买卖。这些改革显然触动了一些人的私利，朝中不断有人提出异议。《续宋编年资治通鉴》卷十记载："（淳熙十年）秋七月，广西盐复钞法。先是，官利其赢而自鬻，久为民病。至是，诏罢官给官卖，通行客钞。"③风起于青蘋之末，这是一个非常危险的政治信号，范成大出离愤怒了，他疾笔写下《有感今昔二首》，其一云：

> 阳春白雪雅音希，俚耳冬烘辄笑嗤。麋见丽姬翻决骤，鸟闻韶乐却忧悲。烂奚轻薄人何敢，伏猎荒唐自不知。蚯窍蝇鸣莫嘲诮，彭亨菌蠢正当时。

政界雅音失坠，范成大曲高和寡，知音难求。正如麋鹿不识丽姬之

---

① 范成大：《种竹叹》，富寿荪标校：《范石湖集》卷二十二，上海古籍出版社 2006 年版，第 320 页。

② 徐松辑、刘琳等校点：《宋会辑稿·食货六六》，上海古籍出版社 2014 年版，第 13 册，第 7871 页。

③ 刘时举：《续宋编年资治通鉴》，《景印文渊阁四库全书》，台湾商务印书馆 1986 年版，第 328 册，第 967 页。

美,禽鸟不解韶乐妙音,一帮不学无术的俗官吏无法理解范成大的思想与境界。诗歌颈联用了两个典故讥刺这些人,"烂羊"用后唐太师康福之事,据《旧五代史》卷九十一记载:"(康福)在天水日,尝有疾,幕客谒问。福拥衾而坐,客有退者,谓同列曰:'锦衾烂兮。'福闻之,遽召言者,怒视曰:'吾虽生于塞下,乃唐人也,何得以为烂羊?'因叱出之,由是诸客不敢措辞。"①"伏猎"则讽刺唐代户部侍郎萧炅目不识丁,萧炅为李林甫所引荐,据《旧唐书·严挺之传》所记:"尝与挺之同行庆吊。客次有《礼记》,萧炅读之曰:'蒸尝伏猎。'炅早从官,无学术,不识'伏腊'之意,误读之。"②如今身边尽是蚯蚓上下钻营、苍蝇嗡嘤乱响,到处是骄满而又短小的菌菇肆意丛生,他们对仁人志士极尽嘲弄与打击之能事,范成大在《有感今昔二首》其二中写道:"飘风骤雨谩惊春,扫荡何烦臂屈伸。天识不衷宜不恕,神歆非类即非仁。休雠地下枯鱼骨,且斗尊前健犊身。静看可怜还可笑,香山宁是幸灾人。"

范成大本来就有归乡之意,现在他更下定决心,执意离开官场,"自夏徂秋,五上章求闲"。③ 八月三十日,孝宗终于同意其卸任官职,奉祠退居。《景定建康志》卷十四记载:"(淳熙)八年辛丑四月十三日,端明殿学士、中大夫范成大知府事。九年壬寅十一月初二日,成大特授太中大夫。十年癸卯八月三十日,成大除资政殿学士、提举临安府洞霄宫。"④范成大结束了在建康不到三年的任期,返回故里。

---

① 薛居正撰:《旧五代史》卷九一,中华书局 1976 年版,第 1201 页。
② 刘昫等撰:《旧唐书》卷九十九,中华书局 1975 年版,第 3105 页。
③ 周必大:《资政殿大学士赠银青光禄大夫范公成大神道碑》,王蓉贵、(日)白井顺子点校:《周必大全集》第 2 册,四川大学出版社 2017 年版,第 582 页。
④ 周应合:《景定建康志》卷十四,《宋元方志丛刊》第二册,中华书局 1990 年版,第 1504 页。

第十二章　奉祠归里

一　缠绵病榻

淳熙十年(1183)的秋冬两季,范成大一直在位于平江府西河上的宅第养病,[1]整日卧于病榻之上,药炉、药鼎不离左右。他把喜爱的香花都从房间里搬走了,以免影响病情,《四花》诗云:"素馨间茉莉,木樨和玉簪。医来都屏去,头眩怕香侵。"[2]老朋友来信问候,范成大自述病情道:

> 三椽一席度秋冬,造化儿嬉困此翁。帖有王书难治眩,文如陈橄不驱风。骨枯似栌肤如腊,发织成毡鬓作蓬。点检病身还一笑,本来四大满虚空。[3]

然而,更令他深受打击的恐怕还是朝廷最终对推行了 16 年的义役法进行变更。《资治通鉴后编》卷一百二十六记曰:"(淳熙十年)冬十月乙未,诏两浙义役从民便。以右正言蒋继周极言其害故也。"[4]蒋继周为处州人,与范成大为同年进士,他痛斥义役新法扰民,"臣窃谓国家役法

① 王鏊:《正德姑苏志》卷三十一"第宅"记曰:"范参政府,在西河上。文穆公成大所居,有寿栎堂。"《中国地方志集成·善本方志辑·第一编》,凤凰出版社 2014 年版,第 472 页。
② 范成大:《四花》,富寿荪标校《范石湖集》卷二十三,上海古籍出版社 2006 年版,第 322 页。
③ 范成大:《谢范老问病》卷二十三,富寿荪标校《范石湖集》,上海古籍出版社 2006 年版,第 322 页。
④ 徐乾学:《资治通鉴后编》卷一百十五,《景印文渊阁四库全书》,台湾商务印书馆 1986 年版,第 344 册,第 288 页。

自祖宗以来,前后讲论详矣。自范成大倡为义役之说,而处州六邑之民扰扰于义役者十有六年。朝廷令守臣季翔看详,盖欲其详酌可否。曾不能参照案牍,博询民言,辨范成大、陈孺所奏虚实,有请于朝而罢之,乃从而附会其说,断以己见,官、民、僧、道一等出田,他日贫富置之不问,人以为重扰。""乞将处州、两浙有见行助役去处,听从民便,令官司不得干预。州县遵依见行条法,照应物力资次依公差募。仍乞将季翔罢黜。"孝宗从之。① 义役法是范成大平生力推的一项改革,曾受到孝宗的大力肯定,也得到不少官员和地方上的拥护,如今在两浙路率先被废置,这是对范成大极大的否定,令他内心非常不安。

眼看到了年关。癸卯除夜,万家灯火,爆竹声声,范成大却"陈人仍惫卧,身世两悠哉"②。甲辰新年(淳熙十一年),他的病情仍未减轻,耳鸣不止,头晕眼花,怕光怕风,人日那天范成大做了6首六言诗自嘲,诗云:"攒眉辄作山字,啾耳惟闻水声。人应见怜久病,我亦自厌余生。""目慌慌蚁旋磨,头岑岑鳌负山。笔床久已均伏,药鼎何时丐闲。"可是即便病魔缠身,整日关着窗子,垂着帘子,卧在床上,动弹不得,范成大的报国之心却丝毫未减,梦中仍抵掌而谈,谋划策略,组诗第五首云:"有日犹嫌开牖,无风不敢上帘。报国丹心何似,梦中抵掌掀髯。"③这让人不由想到他的老友陆游,青壮年时曾经热血沸腾、亲临南郑边关,晚年也曾自赋:"僵卧孤村不自哀,尚思为国戍轮台。夜阑卧听风吹雨,铁马冰河入梦来。"这些靖康之难前后出生的南宋士人,精忠报国的思想自幼便根深蒂固,只要一息尚存,一片丹心便跳动不歇。即便深谙佛、老要义,仍以儒家忠君报国的理念为思想主导,哪怕在生命微弱之际仍熠熠生辉。在家养病的范成大直接在诗中申明自己的爱国之心,确是真情实感的自然流露,不过,如果考虑到朝中此时围绕义役法进行的政治斗争,也许还有一点自我表白的特殊用意在。

---

① 徐松辑、刘琳等校点:《宋会要辑稿·食货六六》,上海古籍出版社2014年版,第13册,第7871页。
② 范成大:《癸卯除夜聊复尔斋偶题》,富寿荪标校:《范石湖集》卷二十三,上海古籍出版社2006年版,第323页。
③ 范成大:《甲辰人日病中吟六言六首以自嘲》,富寿荪标校:《范石湖集》卷二十三,上海古籍出版社2006年版,第324页。

好在孝宗没有对范成大的"报国丹心"持有疑义,朝中也还有人出面维护义役法,正月十六日,监察御史谢谔奏请义役、差役听从民便,不可偏废,"近访闻江东、西诸路,累年民间有便于义役之处,官司乘此颇有摇动,盖民间旧因差役吏缘为奸,当差之时,枚举数名,广行追扰,望其脱免,邀求货赂,使之争讼,至有累月而不定者。民户因此多有困竭,缘行义役,遂颇便之。自此法之行,胥吏缩手无措,日夕伺隙,思败其谋",指出义役法动摇了胥吏的私利,故他们极力反对,"乞下诸路监司州县,应有义役,当从民便外,其不愿义役及自有争讼,乃行差役。两项并合遵守,违者许提举司按奏。"疏上,孝宗说:"前日蒋继周言处州守臣专行义役之弊,今谔欲义役、差役各从民便。法意补得始圆。"于是令各地义役、差役并行。①

至此,范成大的心方稍稍安顿下来,开始用诗文书画等方式与友人交流。比如长乐人郑舜卿(虞任)新作乐府诗《昭君曲》,其中有"羊车春草空芊芊""重瞳光射搔头偏"等语,隐含未得君王眷顾之憾;"但愿夕烽常不惊甘泉,妾身胜在君王前。寄语幕南诸将军,虎头燕颔食肉休筹边",又有渴望边事息宁之意。郑舜卿曾携带诗卷到鉴湖拜访正在家居的陆游,②陆游心有戚戚,三月三十日为其诗卷作跋,称"能道昭君意中事者"。③病中的范成大也为此诗卷题记,④由此可以窥知这些仁人志士的心曲。简寿玉等人也带来书信和《梦蟾图》等名画,一同鉴赏,范成大《赠临江简寿玉二首。简携王仲显使君书来谒,并示孔毅甫梦蟾图,今庙堂五府皆有题字》称:"萧滩远客扣田庐,贻我读书楼上书""卷中图画袖中珍,上有三阶五朵云"。⑤

和范成大志同道合的还有龚颐正、严焕等人,他们居于姑苏,更能密切地来往。龚颐正为和州(治今安徽和县)人,元祐党人兵部侍郎龚原曾孙,父龚相为华亭知县,遂家吴中。他为人刚正,学问赅博,闭户著

① 佚名:《宋史全文》卷二十七上,中华书局 2016 年版,第 2289 页。
② 《诗家鼎脔》卷上,《景印文渊阁四库全书》,台湾商务印书馆 1986 年版,第 1362 册,第 9 页。
③ 陆游:《跋郑虞任昭君曲》,《渭南文集》卷二十七,《陆游集》第五册,中华书局 1976 年版,第 2238 页。
④ 刘宰《昭君曲》诗题下小注云:"读郑虞任所赋及石湖诸贤题卷昭君事,反复略尽。"(《漫塘集》卷一,《景印文渊阁四库全书》,台湾商务印书馆 1986 年版,第 1170 册,第 277 页)可知范成大也有题跋。
⑤ 富寿荪标校:《范石湖集》卷二十四,上海古籍出版社 2006 年版,第 340 页。

书，曾为元祐诸臣以及建中靖国上书等 305 人立传，遂成《列传谱述》100 卷，另有《中兴忠义集》等 3 卷，甚为范成大欣赏。① 生病期间，龚颐正时来探望，送来竹杖、蟾砚、水仙花，②陪他谈天说地，排遣寂寞，"好在楚龚子，秋来情话稀"③。已乡居的太常丞严焕（子文）端午节也送来新酿的煮酒，"腊脚清若空，吾闻其语矣。今晨品义尊，公酒正如此。"④

能给病中的范成大带来慰藉的不仅有友情，还有民俗乡情和骨肉亲情，为他的病躯不断注入生机与活力。范成大有着浓重的乡梓情结，他热爱自己的家乡，自诩"不是齐人夸管晏，吴中风物竟难双"，⑤可这些年北使南征，西走东奔，回乡的时间很少。在他心里，姑苏美丽富饶，风物举世无双，人们勤劳聪明，对生活充满了热情，红红火火的上元节就是证明。吴中的这个节日尤其隆重，赏花灯、办社火，品各种美味甜食，玩花样繁多的游戏，城里乡村热热闹闹，范成大即使不能外出，也能感受到这种浓浓的节日气氛，他的精神和心灵也如同得了一剂良药，为之一振。他要用笔把印象中的上元节物习俗一一记录下来，于是不顾病情写下长诗《上元纪吴中节物俳谐体三十二韵》：

> 斗野丰年屡，吴台乐事并。酒垆先叠鼓（岁后即旗亭，先击鼓不已，以迎节意），灯市蚤投琼（腊月即有灯市，珍奇者，数人酿买之，相与呼卢，采胜者得灯）。价喜膏油贱，祥占雨雪晴。箕筹仙子洞（坊巷灯以连枝竹缚成洞门，多处数十重），菡萏化人城（莲花灯最多）。樯炬疑龙见（舟人接竹桅樯之表，置一灯，望之如星），桥星讶鹊成（桥灯）。小家庞独踞（犬灯），高闬鹿双撑（鹿灯）。屏展辉云母（琉璃屏风），帘垂晃水精（琉璃帘）。万窗花眼密（万眼灯以碎罗红白相间砌成，工夫妙天下，多至万眼），千隙玉虹明（琉璃球灯

---

① 参见周必大《文忠集》卷十八《书龚史传后》、李心传《建炎以来朝野杂记》乙集卷十二《龚颐正续稽古录》条、《正德姑苏志》卷五十四《龚颐正传》等。

② 范成大：《谢龚养正送蕲竹杖》《复以蟾砚归龚养正》《次韵龚养正送水仙花》，富寿荪标校：《范石湖集》卷二十三、二十四、二十五，上海古籍出版社 2006 年版，第 332、343、349 页。

③ 范成大：《有怀龚养正》，富寿荪标校：《范石湖集》卷二十四，上海古籍出版社 2006 年版，第 342 页。

④ 范成大：《子文大丞重午日走贶煮酒，清甚，殆与远水一色，何其妙哉！数语奉谢》，富寿荪标校：《范石湖集》卷二十三，上海古籍出版社 2006 年版，第 333 页。

⑤ 范成大：《吴灯两品最高》，富寿荪标校：《范石湖集》卷二十三，上海古籍出版社 2006 年版，第 325 页。

每一隙映成一花,亦妙天下)。蓍卜丹房挂(栀子灯),葡萄绿蔓萦
(葡萄灯)。方缣翻史册(生绢糊大方灯,图画史册故事,村人喜
看),圆魄缀门衡(月灯)。掷烛腾空稳(小球灯时掷空中),推球滚
地轻(大滚球灯)。映光鱼隐见(琉璃壶瓶贮水养鱼,以灯映之),转
影骑纵横(马骑灯)。轻薄行歌过,颠狂社舞呈(民间鼓乐谓之社
火,不可悉记,大抵以滑稽取笑)。村田蓑笠野(村田乐),街市管弦
清(街市细乐)。里巷分题句(每里门作长灯,题好句其上),官曹别
扁名(官府名额,多以绢或琉璃照映)。旱船遥似泛(夹道陆行为竞
渡之乐,谓之划旱船),水傀近如生(水戏照以灯)。钳赭装牢户(狱
灯),嘲嗤绘乐棚(山栅多画一时可嘲诮之人)。堵观瑶席隘,喝道
绮丛争。禁钥通三鼓,归鞭任五更。桑蚕春茧劝(春茧自腊月即入
食次,所以为蚕事之兆),花蝶夜蛾迎(大白蛾花,无贵贱悉戴之,亦
以迎春物也)。凫子描丹笔(红画鸭子相馈遗),鹅毛剪雪英(剪鹅
毛为雪花,与夜蛾并戴)。宝糖珍粔籹(餤拍,吴中谓之宝糖餤,特
为脆美),乌腻美饧饧(乌腻糖即白饧,俗言能去乌腻)。捻粉团栾
意(团子),熬稃膈膊声(炒糯谷以卜,俗名孛娄,北人号糯米花)。
筵簟巫志怪,香火婢输诚(俗谓正月百草灵,故帚苇针箕之属皆卜
焉,多婢子之辈为之)。篲卜拖裾验(弊帚系裙以卜,名扫帚姑),箕
诗落笔惊(即古紫姑,今谓之大仙,俗名筲箕姑)。微如针属尾(以
针姑卜,伺其尾相属为兆,名针姑),贱及苇分茎(苇茎分合为卜,名
苇姑)。末俗难诃止,佳辰且放行。此时纷仆马,有客静柴荆。幸
甚归长铗,居然照短檠。生涯惟病骨,节物尚乡情。猗摭成俳体,
咨询逮里眈。谁修吴地志,聊以助讥评。

放下诗笔,范成大很满意自己的志录,他感觉能给将来撰修方志的
人提供资料。淳熙十一年(甲辰)与淳熙十二年(乙巳)这两年间,虽然
他一直都在病中,但书写节俗的兴趣很浓,譬如《夏至》:"李核垂腰祝
馇,粽丝系臂扶羸。节物竞随乡俗,老翁闲伴儿嬉。"《重午》:"已孤菖绿
十分劝,却要艾黄千壮医。蜜粽冰团为谁好,丹符彩索聊自欺。"《乙巳
十月朔开炉三首》:"石湖今日开炉,纸窗银白新糊。童子烧红榾柮,老
翁睡暖氍毹。"在奉祠归里养病期间,范成大开始自觉留心并积累吴郡

风土、人物的资料。

　　家人的团聚也让病中的范成大露出了笑颜,远嫁的妹妹前来探望老兄长,《喜周妹自四明到》诗云:"团栾话里老庞衰,一妹仍从海浦来。孤苦尚余兄弟乐,如今虽病也眉开。"家中子侄辈范藻等也开始学着写诗,范成大很高兴家学后继有人,虽无精力亲自一一指点,但仍把自己病中吟咏的 12 首作品精心挑出来做示范。①

　　淳熙十一年(1184),范成大的身体状况还不是很好,行动受到很大限制,他自嘲像个坐月子的产妇,又像一个干了重活疲惫不堪的老农,《久病或劝勉强游适吟四绝答之》诗云:"羸如蓐妇多忌,倦似田翁作劳。"②经常只能卧在床上,足不出户。他在《甲辰除夜吟》诗中自道:"一年三百六十日,日日三椽卧衰疾。旁人揶揄还叹咨,问我如何度四时?"③范成大如何打发这漫长的病榻岁月? 他发明了一些怡情养性的好方法,把大自然之美搬进房中、院中。范成大一生足迹遍及天下名山大川,如今体力不支,难再重游,他效仿刘宋宗炳,在室内四壁画上山水,每日卧游其中。据《宋书·宗炳传》所载:"(宗炳)好山水,爱远游,西陟荆巫,南登衡岳,因而结宇衡山,欲怀尚平之志。有疾,还江陵,叹曰:'老疾俱至,名山恐难遍睹,唯当澄怀观道,卧以游之。'凡所游履,皆图之于室。"④范成大如法炮制,他在送刘唐卿回四川诗中自称:"我识岷峨最上头,当年脚力与云浮。两山父老如相问,一席三椽正卧游。"⑤《小峨眉》诗称:"我昔西游踏禹迹,暑宿光相披重貂。十年境落卧游梦,摩挲壁画双鬟涧。"⑥乙巳年冬日开启暖炉、闭户不出时,范成大又称:"石湖今日开炉,两壁仍安画图。"⑦

---

① 范成大:《藻侄比课五言诗,已有意趣,老怀甚喜,因吟病中十二首示之,可率昆季赓和,胜终日饱闲也》,富寿荪标校:《范石湖集》卷二十四,上海古籍出版社 2006 年版,第 338 页。

② 范成大:《久病或劝勉强游适,吟四绝答之》,富寿荪标校:《范石湖集》卷二十四,上海古籍出版社 2006 年版,第 335 页。

③ 范成大:《甲辰除夜吟》,富寿荪标校:《范石湖集》卷二十五,上海古籍出版社 2006 年版,第 349 页。

④ 沈约:《宋书》卷九三《宗炳传》,上海古籍出版社、上海书店 1986 年版,第 258 页。

⑤ 范成大:《送刘唐卿户曹擢第西归六首》,富寿荪标校:《范石湖集》卷二十四,上海古籍出版社 2006 年版,第 336 页。

⑥ 范成大:《小峨眉》,富寿荪标校:《范石湖集》卷二十五,上海古籍出版社 2006 年版,第 347 页。

⑦ 范成大:《乙巳十月朔开炉三首》,富寿荪标校:《范石湖集》卷二十五,上海古籍出版社 2006 年版,第 357 页。

山水能图于四壁，鲜花也能在室内插瓶观赏。范成大酷爱赏花，他的石湖别业种满了各种奇花异草，四季飘香，可如今他在城里的宅中养病，无法和家人前去欣赏，看着他们兴致勃勃地归来，老病人心中痒痒，却又很无奈，《家人子辈往石湖检校暮归》诗云："衰翁牢守舍，肠断钓鱼矶。"①他想了些办法，让园丁把各种鲜花折下来插到瓶里送到府上，于是四季便绽放在范成大的房间，尽管不如在园中盛开的那样绚烂夺目，但聊胜于无。如《案上梅花二首》："南坡玉雪万花团，旧约东风载酒看。冷落铜瓶一枝亚，今年天女亦酸寒。"《园丁折花七品各赋一绝》，这七品牡丹包括有"单叶御衣黄"——"舟前鹅羽映酒，塞上驼酥截肪。春工若与多叶，应入姚家雁行"；"水精球"（轻盈妩媚，不耐风日。又名醉西施，又名风娇，又名玉胜琼）——"缥缈醉魂梦物，娇饶轻素轻红。若非风细日薄，直恐云消雪融"；"寿安红"（深色粉红，多叶易种，且耐久）——"丰肌弱骨自喜，醉晕妆光总宜。独立风前雨里，嫣然不要人持"；"叠罗红"（开迟，旬日始放尽）——"襞积剪裁千叠，深藏爱惜孤芳。若要韶华展尽，东风细细商量"；"崇宁红"——"匀染十分艳绝，当年欲占春风。晓起妆光沁粉，晚来醉面潮红"；"鞓红"——"猩唇鹤顶太赤，榴萼梅腮弄黄。带眼一般官样，只愁瘦损东阳"；"紫中贵"——"沉沉色与露滴，泥泥香随日烘。满眼艳妆红袖，紫绡终是仙风"，②供范成大细细品赏。秋天的花瓶中自然少不了岩桂，"病着幽窗知几日，瓶花两见木犀开。"③冬季凌波微步的花仙子悄然而至，《次韵龚养正送水仙花》云："花前犹有诗情在，还作凌波步月看。"四季便在花瓶之中流转，正如《甲辰除夜吟》中所写："瓶花开落纪春冬。"

　　花无百日红，何况折花，无花的日子，范成大便赏花鸟画。如徐熙的两幅风中牡丹，《紫花》："蕊珠仙驭晓骖鸾，道服朝元露未干。天半刚风如激箭，绿绡飘荡紫绡寒。"《白花》："寒入仙裙粟玉肌，舞余全不耐风

① 范成大：《家人子辈往石湖检校暮归》，富寿荪标校：《范石湖集》卷二十五，上海古籍出版社 2006 年版，第 354 页。

② 范成大：《园丁折花七品各赋一绝》，富寿荪标校：《范石湖集》卷二十三，上海古籍出版社 2006 年版，第 329—330 页。

③ 范成大：《岩桂三首》，富寿荪标校：《范石湖集》卷二十四，上海古籍出版社 2006 年版，第 338 页。

吹。从教旅拒春无力,细看腰支袅袅时。"黄居寀的《雀竹图》,"蔓花露下凝碧,丛竹秋来老苍。噪雀群争何事,么禽自啭清篁。"①张晞颜的两花图,如《繁杏》:"红粉团枝一万重,当年独自费东风。若为报答春无赖,付与笙歌鼎沸中。"《玉梨》:"雪薄冰轻不耐春,雨中愁绪月中真。莫教梦作云飞去,留伴昭阳第一人。"此外还有《题徐熙杏花》《题赵昌木瓜花》《题张希贤纸本花四首》(牡丹、常春、红梅、鸡冠)《题赵昌四季花图》(海棠梨花、葵花萱草、拒霜旱莲、梅花山茶)。艺术家们用画笔定格的瞬间之美,给范成大病榻上的日子带来了几分光彩和姿色。

回乡养病一年左右,范成大稍稍能在庭院中活动了,他便起身去看园池中的花花草草。② 壶中天地虽然不大,但是秋色应有尽有,茂葵、苍卜、竹子、萱草、牵牛、鸡冠、菱花、红蓼、旱莲、栀子、紫薇、岩桂、金盏、玉簪、茉莉、素馨、孩儿莲、罗汉木、马齿苋、鸡头米,范成大在诗中一一道来,为它们存照。诸种草木皆可入园,天下山水为何不可? 范成大心有所动,开始在庭院中营造微型景观,他令人在寿栎堂前建了一座假山,将近日种种机缘巧合得到的奇石安顿其中。灵璧古石,绝似大峨正峰,名之曰小峨眉;鳞次重复、巧出天然的太湖石犹如烟江叠嶂;又有英石,一峰峭竖特起,有昂霄之意,名为天柱峰。③ 然后从三百里外的马塍移栽了丹桂,寿栎堂前俨然呈现一方大观佳境,范成大作诗自嘲:"堂前趣就小嶙峋,未许蹒跚杖屦亲。更遣移花三百里,世间真有大痴人。"④但他并不是一味地耽迷于花石,或者将这些天下罕见之物视为身份地位与财富的象征,向人炫耀,这每一处花石都浓缩了他独特的人生记忆。小峨眉让他想起在四川的峥嵘岁月,"览观此石三叹息,仿佛蜀镇俱岩峣""恍然坐我宝岩上,疑有太古雪未消"⑤;太湖石天然的烟江叠嶂形态让他仿佛置身于当年奔赴南桂、西蜀的水途,富春江、湘江、清江、洞庭湖、长江、岷江,不一而足;一柱擎天的英石勾起他两次登衡山以及早年在徽州任户曹结缘潜山的回忆,"衡山紫盖连延处,一峰巉绝擎玉宇""我今卧游长掩关,却寓此石充潜山"。① 丹桂则让他联想到在成都、建康和明州的日子,"少城圃中惟有一株,建康东御园有亦不多。四明丹桂特奇,州宅所种尤蔚茂,常与魏丞相夜饮其下。"② 虽然足不出户,但是范成大的精神在不同的时空逍遥游,有了美好的回忆,生命便丰盈起来。缠绵病榻的日子里,范成大体味着友情、乡情、亲情之珍贵,"亲戚自有情话,来往都无杂言。酒熟径须相报,文成聊与细论。""园丁以时白事,山客终日相陪。竹比平安报到,花依次第折来。"③ 卧游山水,插花赏画,闲步假山园池,从生活中发现、欣赏并创造美成为他的日课。范成大似乎习惯了这种退居生活,淳熙十一年(1184)仲冬时节,龚颐正又带来一幅《睢阳五老图》供他鉴赏,范成大题曰:

> 退休就闲,士君子皆能之;惟耆耋康宁所谓五福,则天之所畀也。后生当勉己之所能,以待天之所畀,庶乎希踪寿域云。淳熙甲辰仲冬朔,历阳龚敦颐携此卷相示,敬识其末。吴郡范成大书。④

他的身心在疗养中慢慢得以恢复。岁末,好友枢密使周必大来信以示祝贺,"某比闻微恙,悉已痊平。"并有期待其东山再起之意,"庶几功逾房杜,寿永乔松"。⑤ 但是范成大此时尚无心事功,他信笔写道:"归田赢得都无事,输与诸公汗简青。"⑥ 在他倡导的广西盐法被废除、处州义役法听从民便之后,淳熙十一年(1184)五月和七月,右正言蒋继周又进言,请求严格限制监司守倅接送等物、核实温州与处州丁籍以便催

---

① 范成大:《天柱峰》,富寿荪标校:《范石湖集》卷二十五,上海古籍出版社 2006 年版,第 348 页。

② 范成大:《岩桂三首》,富寿荪标校:《范石湖集》卷二十四,上海古籍出版社 2006 年版,第 338 页。

③ 范成大:《题请息斋六言十首》,富寿荪标校:《范石湖集》卷二十四,上海古籍出版社 2006 年版,第 335 页。

④ 朱存理:《赵氏铁网珊瑚》卷十三《睢阳五老图》,《景印文渊阁四库全书》,台湾商务印书馆 1986 年版,第 815 册,第 688 页。

⑤ 周必大:《范至能参政》,《文忠集》卷一百九十一《书稿》卷六,王蓉贵、(日)白井顺点校:《周必大全集》第 3 册,四川大学出版社 2017 年版,第 1799 页。

⑥ 范成大:《信笔》,富寿荪标校:《范石湖集》卷二十五,上海古籍出版社 2006 年版,第 353 页。

科、乞诏诸军将佐屯驻去处，①几乎把范成大之前在成都、建康、处州、明州等地的做法完全推翻，孝宗一一从之，这意味着对范成大多年政绩的全盘否定。淳熙十二年（1185）正月，范成大连作三首《请息斋书事》，寄寓收敛退藏、息交远祸之意，并对世态炎凉、人情冷暖屡致慨叹。诗云：

> 覆雨翻云转手成，纷纷轻薄可怜生。天无寒暑无时令，人不炎凉不世情。栩栩算来俱蝶梦，喈喈能有几鸡鸣。冰山侧畔红尘涨，不隔瑶台月露清。

> 刻木牵丝罢戏场，祭余雨后两相忘。门虽有雀尚廷尉，食已无鱼休孟尝。虱里趋时真是贼，虎中宣力任为伥。篱东舍北谁情话，鸡语鸥盟意却长。

> 聚蚋酣边闹似雷，乞儿争背向寒灰。长平失势见何晚，栗里息交归去来。休问江湖鱼有沫，但期云水鹤无媒。岩扉岫幌牢扃锁，不是渔樵不与开。②

既然外部环境如此险恶，还是做一只曳尾于涂中之龟，远祸全身，安心养病，"亲友莫嗔情话少，向来屏息似龟蟾。"③

但是，对仕途的失望并未减少范成大对现实的关注，尤其是恢复大计，这是淳熙士大夫共议的国事，尽管他们的政见有所分歧。淳熙十二年（1185）三月甲申朔，朝廷听从右正言蒋继周之请，申令禁止胡服蕃乐。④ 相比较军事上的攻城略地，文化的同化不易察觉，但又是更为根本和深远的。在出使金国的时候，范成大就关注到中原故土胡化的问题，曾在行旅笔记《揽辔录》中写道："民亦久习胡俗，态度嗜好与之俱化。""最甚者，衣装之类，其制尽为胡矣。自过淮已北皆然，而京师尤甚。"⑤文化征服会使宋人的抗金意识逐渐淡化，这是一些有志之士格外

---

① 佚名：《宋史全文》卷二十七上，中华书局 2016 年版，第 2295 页。

② 范成大：《请息斋书事三首》，富寿荪标校《范石湖集》卷二十五，上海古籍出版社 2006 年版，第 353 页。方回《瀛奎律髓》卷三十九称此三首与《信笔》曰："今详石湖此四诗，乃淳熙十二年乙巳正月作。时年六十岁也。"李庆甲：《瀛奎律髓汇评》，上海古籍出版社 2005 年版，第 1470 页。

③ 范成大：《惊蛰家人子辈为易疏帘》，富寿荪标校《范石湖集》卷二十五，上海古籍出版社 2006 年版，第 353 页。

④《宋史全文》卷二十七下，中华书局 2016 年版，第 2313 页。

⑤ 范成大：《揽辔录》，孔凡礼点校《范成大笔记六种》，中华书局 2002 年版，第 12 页。

警惕的。这年五月南宋多地发生地震,杨万里应诏上书,极言备敌之策。[1] 此期,宋金关系略显紧张,金国太子允恭有意南侵,朝廷派礼部侍郎阎苍舒镇守兴元府(治今陕西汉中市),文季高为守倅。阎苍舒为范成大四川旧部,在建康时仍有往来;文季高乃文彦博后人,与范成大有表亲关系。范成大连赋三首诗为文季高送行,《书怀二绝再送文季高兼呈新帅阎才元侍郎》云:"剑关云栈守非难,函谷泥封久未刊。今日汉中谁国士,莫教春草上斋坛。"范成大虽然有病在身,但情绪慷慨激昂,岳飞之孙岳珂日后目睹此诗行书真迹时不由慨叹道:"当平世而慨想斋坛之国士,因送客而遂及阳关之旧知。盖拊髀之思,在上弗替,故淳熙之士夫,亦不敢一日而忘可将之奇。"[2]此年六月,金太子允恭卒;九月,金世宗还抵中都,宋金形势出现新的格局。范成大借《题张戡蕃马射猎图》一诗,道出立志消灭狂胡、恢复中原的心声:"阴山碛中射生虏,马逐箭飞如脱兔。割鲜大嚼饱何求,荐食中原天震怒。太乙灵旗方北指,掣缰逃归莫南顾。猖狂若到杀胡林,郎主犹豝何况汝。"谁能想到如此激越的诗是出自长年累月卧病的六旬老翁之手。[3] 爱国之心就像生命的原点,即便平时隐藏退缩于某个角落,但只要一碰触,立刻就会恢复正常甚至最大化,呈现于心幕之上。这是范成大、陆游等南宋士大夫的共性,他们虽然乡居却并未真正超然世外,依旧关注政治与时事,这也是他们与晋唐陶渊明、王维等田园诗人的本质区别。

所以,虽然范成大每日闭门居家,写诗、练字、赏画、读道书,但是他对外界还是非常留意的,正所谓风声雨声读书声声声入耳,家事国事天下事事事关心。他坐在家中,却时刻倾听墙外的声音,尤其是民间各种疾苦之声。譬如河市上有人忍饥挨饿还在卖唱,范成大感同身受,《咏河市歌者》云:"岂是从容唱渭城,个中当有不平鸣。可怜日晏忍饥面,强作春深求友声。"再如大雪天冒着严寒出摊的卖鱼人苦苦求售,《雪中

① 脱脱等:《宋史》卷四三三《杨万里传》,上海古籍出版社、上海书店 1986 年版,第 1459 页。
② 岳珂:《宝真斋法书赞》卷二十六,卢圣辅主编:《中国书画全书》第 2 册,上海书画出版社 2009 年版,第 614 页。
③ 范成大《次韵龚养正中秋无月三首》云:"词客幕天清露下,老翁卧病破窗中。"富寿荪标校:《范石湖集》卷二十五,上海古籍出版社 2006 年版,第 355 页。

闻墙外鬻鱼菜者求售之声甚苦，有感三绝》云：“饭箩驱出敢偷闲，雪胫冰须惯忍寒。岂是不能扃户坐，忍寒犹可忍饥难。”“忧渴焦山业海深，贪渠刀蜜坐成禽。一身冒雪浑家暖，汝不能诗替汝吟。”“啼号升斗抵千金，冻雀饥鸦共一音。劳汝以生令至此，悠悠大块亦何心。”范成大深深地同情那些穷苦大众，愿意用诗歌为民代言，颇有白居易“惟歌生民病，愿得天子知”的艺术精神，这也从侧面反映出一个奉祠官员的社会责任感。

二 田园杂兴

不知不觉，范成大在城中宅第养病已经三年了（淳熙十年、十一年和十二年）。由于体力不佳，只能在家中或附近区域稍微活动一下，他的石湖别业远在平江府西南十里之外，这三年他都没能前去赏花游湖，辜负了一季又一季的美景，有诗云：“老懒居家似出家，园林春色雨沾沙。”①“霜鬓数茎羞堕帻，黄花三度笑空杯。”②于是，范成大便考虑在宅第附近再买一片地，营造园池，以满足内心的云泉花草之好。恰巧家门对过，西河南面有一片王氏的出租房，有七十楹之多，范成大遂将其买下，把房屋全部拆除，治为园池，“先以石湖稍远，不能日涉，即城居之南别营一圃。”③取名范村。

在这片园圃中，范成大留出三分之一的面积种上酷爱的梅花，“梅，天下尤物，无问智贤、愚不肖，莫敢有异议。学圃之士必先种梅，且不厌多，他花有无多少，皆不系重轻。余于石湖玉雪坡，既有梅数百本，比年

---

① 范成大：《寄题石湖海棠二首》，富寿荪标校：《范石湖集》卷二十五，上海古籍出版社2006年版，第354页。
② 范成大：《殊不恶斋秋晚闲吟五绝》，富寿荪标校：《范石湖集》卷二十五，上海古籍出版社2006年版，第355页。
③ 周必大：《资政殿大学士赠银青光禄大夫范公成大神道碑》，王蓉贵、（日）白井顺点校：《周必大全集》第2册，四川大学出版社2017年版，第582页。范成大《丙午新正书怀十首》其一“春风若借筋骸便，先渡南村学灌畦”，有小注曰：“新圃在河南，名范村。”丙午为淳熙十三年（1186），则范成大新圃当为淳熙十二年（1185）所营建。

又于舍南，买王氏偬舍七十楹，尽拆除之，治为范村，以其地三分之一与梅。"①他将吴郡盛产的各色梅花品种全都买来栽种，有江梅、早梅、官城梅、消梅、古梅、重叶梅、绿萼梅、百叶缃梅、红梅、鸳鸯梅、杏梅、蜡梅等，闲来无事，便开始撰写《梅谱》，"吴下栽梅特盛，其品不一，今始尽得之。随所得为之谱，以遗好事者。"②谱中逐一记录所种梅花的品种、颜色、生长习性以及果实等，如"江梅，遗核野生，不经栽接者，又名直脚梅，或谓之野梅。凡山间水滨荒寒清绝之趣，皆此本也。花稍小而疏，瘦有韵，香最清。实小而硬。""官城梅，吴下圃人以直脚梅择他本花肥实美者接之。花遂敷腴，实亦佳，可入煎造。"除梅花之外，范成大又在范村广种菊花、海棠、酴醿以及其他各种花卉，并新建一堂，名曰云奎。淳熙十二年（1185），云奎堂奠基，恰逢老友僧人师寿来访。当年范成大营建石湖别业农圃堂时，此人便远来帮助选址。范成大深感其缘分不浅，便留他同观上梁，寿老作了篇《上梁文》随喜祝贺。范成大《赠寿老》诗末记曰："十八年前始作农圃堂，寿老自眉庵远来，相与度地；今云奎始基，又值其入城，留观上梁，似非偶然。"诗云："农圃规模昔共论，云奎卜筑又逢君。眉庵寿老长随喜，好个抛梁伏愿文。"③范成大又在云奎堂四傍置几座小茅亭，以便入坐赏花，"梅曰凌寒，海棠曰花仙，茶醿洞中曰方壶，众芳杂植曰云露，其后庵庐曰山长。"④

很显然，范成大的身体和心情都在逐渐好转。淳熙十三年（1186），他迎来了自己生命中的第二个丙午年。范成大和左丞相王淮、枢密使周必大以及前参政钱良臣皆生于靖康元年（丙午年），他们曾经同朝为官，关系极好。楼钥曾谈及孝宗朝丙午生人多为辅相之事曰："孝宗生于丁未，一时辅相多在丙午、丁未间。公（按：周必大）及丞相王公淮、参政钱公良臣同为参枢，人谓三府为丙午坊。"⑤如今四人同为花甲之年，

① 范成大：《梅谱》，孔凡礼点校《范成大笔记六种》，中华书局2002年版，第253页。
② 范成大：《梅谱》，孔凡礼点校《范成大笔记六种》，中华书局2002年版，第253页。
③ 范成大：《赠寿老》，富寿荪标校《范石湖集》卷二十六，上海古籍出版社2006年版，第360页。
④ 范成大：《范村记》，《永乐大典》卷三千五百七十九引《宋石湖大全集》，孔凡礼辑：《范成大佚著辑存》，中华书局1983年版，第164页。
⑤ 楼钥：《少傅观文殿大学士致仕益国公赠太师谥文忠周公神道碑》，顾大朋点校：《楼钥集》第五册，浙江古籍出版社2010年版，第1742页。

范成大想起他的曾外祖文彦博当年和司马旦等耆老同为丙午年生人，曾在洛阳作同甲会之事，沈括《梦溪笔谈》曾记："文潞公归洛日，年七十八。同时有中散大夫程珦、朝议大夫司马旦、司封郎中致仕席汝言，皆年七十八，尝为'同甲会'，各赋诗一首。潞公诗曰：'四人三百十二岁，况是同生丙午年。招得梁园为赋客，合成商岭采芝仙。清谭亹亹风盈席，素发飘飘雪满肩。此会从来诚未有，洛中应作画图传。'"①范成大不由心生效仿之意，遂作《丙午新年六十一岁，俗谓之元命，作诗自贶》，诗末注曰："文潞公诗云：'四人三百七十（按：当为十二）岁，况是同生丙午年。'仆与今丞相王公、枢使周公、参政钱公皆丙午人，顷皆同朝，故用此事稍的也。"②范成大在诗中首先提到四人同临本命年，"岁复当生次，星临本命辰。四人同丙午，初度再庚寅。"继而回忆自己往昔峥嵘岁月，"长狄名犹记，沙随会若新。"如今一个甲子的新轮回，虽然仿佛葆有一颗童心，可是身体却不可避免地衰老了，"童心仍竹马，暮境忽蒲轮。镜里全成老，尊前略似春。"如今卧病在家整整千日，投闲置散，"三年归汶上，千日卧漳滨。刚长交新泰，阴消脱旧屯。网蛛萦药裹，窦犬吠医人。窗下乌皮几，田间紫领巾。"他感叹自己就像一尾小鱼待在一汪波澜不惊的水中，而同龄的王淮、周必大、钱良臣等人正鲲鹏万里，"鲵渊方止水，鲲海任扬尘。"范成大幽默地自嘲：原来我就是传说中的病摩诘，"波匿观河见，维摩示病身。颦端还一笑，默识幻中真。"那就安心地在世俗的居家生活中除执破相，照见真谛吧。

丙午年的正月，范成大一口气写了十首书怀之作，抒发了花甲之年的人生感悟。如《丙午新正书怀十首》其二：

> 瘦骨难胜遇节衣，日高催起趁晨炊。病怜榔栗随身惯，老觉屠苏到手迟。一饱但蕲庚癸诺，百年甘守甲辰雌。莫言此外都无事，柳眼梅梢正索诗。

其三：

---

① 沈括：《梦溪笔谈》卷十五，中华书局2015年版，第152页。
② 范成大：《丙午新年六十一岁，俗谓之元命，作诗自贶》，富寿荪标校：《范石湖集》卷二十六，上海古籍出版社2006年版，第364页。

煮茗烧香了岁时，静中光景笑中嬉。身闲一日似两日，春浅南枝如北枝。朝镜略无功业到，午窗惟有睡魔知。年来并束床头易，一任平章济叔痴。

其四：

穷巷闲门本闃然，强将爆竹聒阶前。人情旧雨非今雨，老境增年是减年。口不两匙休足谷，生能几屐莫言钱。扫除一室空诸有，庞老家人总解禅。

范成大俨然如同摩诘居士，甘于雌伏，无意事功，在日常的家居生活中参禅悟道，饥来吃饭困来眠，一切顺其自然，精神超然于世外。但是元人方回却一语道破玄机："石湖靖康元年丙午生，是年淳熙十三年丙午，年六十一。其为参政也，在淳熙五年戊戌，四月入，六月罢，仅两月耳。是年正月，王淮为左丞相，周必大为枢密使，而前参政钱良臣皆丙午生，故石湖有'甲辰雌'之句。岂亦不能忘情乎？"[1]范成大虽然口口声声称自己"甘守甲辰雌"，"鲲海任扬尘"，但骨子里的确无法忘怀世情与政事。当年他和王淮、周必大等人一样位极人臣，而今他们仍居于高位，在政治舞台上施展才干与抱负，而自己苦心擘画多年的政治举措如义役法、盐法等多被取消，让他颇感挫败，他需要向孝宗也向天下人证明自己，可偏偏身体又不争气，只能退养故里。范成大的内心其实是不甘的，他何尝不想东山再起，所以想方设法，另辟蹊径，甚至想借助太子之力以便将来再有所作为，所以从返乡养病的次年开始，每逢太子赵惇生辰，范成大都要写诗贺寿，[2]足见他真正的用世之心。

冬去春来，万物复苏，范成大的身体也宛如枯木逢春，在丙午之年悄然焕发了新机。沉疴少纾，他终于能到朝思暮想的石湖走走看看了。卧病千日，局限在家中狭小的空间，几乎与世隔绝，石湖扑面而来的人间烟火气息和浓郁的乡土气息，深深地感染、打动了他。这既熟悉又陌

---

① 方回选评、李庆甲集评校点：《瀛奎律髓汇评》卷十六，上海古籍出版社 2005 年版，第 611 页。
② 范成大连续四年写有《东宫寿诗》《东宫寿诗》《丙午东宫寿诗》《东宫寿诗》（丁未年）等，分别见于富寿荪标校《范石湖集》卷二十四、二十六、二十七、二十八，上海古籍出版社 2006 年版，第 341、370、379、391 页。

生的乡间,处处呈现着鲜活的生命力,鲜活的花草鸟兽、鲜活的芸芸众生、鲜活的劳动生活,绽放着自然生命原初的模样和光彩,散发着红尘的热闹与温度,和范成大这几年苍白、单调而又孤独的病榻生活有着天壤之别,令他沉醉和惊叹。他头一次那么强烈地感受到乡村的活力与淳美,心灵受到极大触动和兴发,他不像之前回石湖那样,仅徜徉于自己精心营建的别业,或醉心于游山玩水,如今,他仿佛突然发现了一个更广阔、更丰富多彩的田园新世界,那里有禾黍豆麦、鸡犬桑麻,男耕女织各司其职,黄发垂髫并怡然自乐,虽然偶尔也有一些催租之类的不和谐音调,但是一切都是那么活生生、真切切。于是,他迫不及待地走进这广阔天地,野外即事,辄书一绝,一个春季就写了 24 首田园诗:

柳花深巷午鸡声,桑叶尖新绿未成。坐睡觉来无一事,满窗晴日看蚕生。

土膏欲动雨频催,万草千花一饷开。舍后荒畦犹绿秀,邻家鞭笋过墙来。

高田二麦接山青,傍水低田绿未耕。桃杏满村春似锦,踏歌椎鼓过清明。

老盆初熟杜茅柴,携向田头祭社来。巫媪莫嫌滋味薄,旗亭官酒更多灰。

社下烧钱鼓似雷,日斜扶得醉翁回。青枝满地花狼藉,知是儿孙斗草来。

骑吹东来里巷喧,行春车马闹如烟。系牛莫碍门前路,移系门西碌碡边。

寒食花枝插满头,蒨裙青袂几扁舟。一年一度游山寺,不上灵岩即虎丘。

郭里人家拜扫回,新开醪酒荐青梅。日长路好城门近,借我茅亭暖一杯。

步屧寻春有好怀,雨余蹄道水如杯。随人黄犬搀前去,走到溪边忽自回。

种园得果仅偿劳,不奈儿童鸟雀搔。已插棘针樊笋径,更铺渔网盖樱桃。

吉日初开种稻包，南山雷动雨连宵。今年不欠秧田水，新涨看看拍小桥。

桑下春蔬绿满畦，菘心青嫩芥苔肥。溪头洗择店头卖，日暮裹盐沽酒归。

——《春日田园杂兴十二绝》①

紫青莼菜卷荷香，玉雪芹芽拔薤长。自摘溪毛充晚供，短篷风雨宿横塘。

湖莲旧荡藕新翻，小小荷钱没涨痕。斟酌梅天风浪紧，更从外水种芦根。

蝴蝶双双入菜花，日长无客到田家。鸡飞过篱犬吠窦，知有行商来买茶。

渭裙水满绿蘋洲，上巳微寒懒出游。薄暮蛙声连晓闹，今年田稻十分秋。

新绿园林晓气凉，晨炊蚤出看移秧。百花飘尽桑麻小，夹路风来阿魏香。

三旬蚕忌闭门中，邻曲都无步往踪。犹是晓晴风露下，采桑时节暂相逢。

污莱一棱水周围，岁岁蜗庐没半扉。不看菱青难护岸，小舟撑取荙田归。

茅针香软渐包茸，蓬蘽甘酸半染红。采采归来儿女笑，杖头高挂小筠笼。

谷雨如丝复似尘，煮瓶浮蜡正尝新。牡丹破萼樱桃熟，未许飞花减却春。

雨后山家起较迟，天窗晓色半熹微。老翁欹枕听莺啭，童子开门放燕飞。

海雨江风浪作堆，时新鱼菜逐春回。荻芽抽笋河鲀上，楝子开花石首来。

① 范成大：《四时田园杂兴六十首》，富寿荪标校：《范石湖集》卷二十七，上海古籍出版社 2006 年版，第 372 页。

乌鸟投林过客稀,前山烟暝到柴扉。小童一棹舟如叶,独自编
阑鸭阵归。

——《晚春田园杂兴十二绝》

这些诗就像民歌一样自然清新,又像风俗画一般淳朴鲜明,散发着
泥土的芳香。之前,范成大从未如此集中地创作过田园题材诗歌,在丙
午这个本命之年,他开启了全新的心灵模式重新审视万象,发现了田园
这个真正的红尘俗世,他频频到石湖的乡间采风,并用诗歌记录新发
现、新感受。春天悄悄地溜走,炎热的夏日来临,移秧割麦、缫丝织绢、
灌溉耘田、绩麻采菱,乡村里一派热火朝天的景象,诗人兴趣盎然地继
续着他《夏日田园杂兴十二绝》的创作:

梅子金黄杏子肥,麦花雪白菜花稀。日长篱落无人过,惟有蜻
蜓蛱蝶飞。

五月江吴麦秀寒,移秧披絮尚衣单。稻根科斗行如块,田水今
年一尺宽。

二麦俱秋斗百钱,田家唤作小丰年。饼炉饭甑无饥色,接到西
风熟稻天。

百沸缲汤雪涌波,缲车嘈囐雨鸣簑。桑姑盆手交相贺,绵茧无
多丝茧多。

小妇连宵上绢机,大耆催税急于飞。今年幸甚蚕桑熟,留得黄
丝织夏衣。

下田戽水出江流,高垄翻江逆上沟。地势不齐人力尽,丁男长
在踏车头。

昼出耘田夜绩麻,村庄儿女各当家。童孙未解供耕织,也傍桑
阴学种瓜。

槐叶初匀日气凉,葱葱鼠耳翠成双。三公只得三株看,闲客清
阴满北窗。

黄尘行客汗如浆,少住侬家漱井香。借与门前盘石坐,柳阴亭
午正风凉。

千顷芙蕖放棹嬉,花深迷路晚忘归。家人暗识船行处,时有惊

忙小鸭飞。

采菱辛苦废犁锄,血指流丹鬼质枯。无力买田聊种水,近来湖面亦收租。

蜩螗千顷沸斜阳,蛙黾无边聒夜长。不把痴聋相对治,梦魂争得到藜床。

当秋风再起,七夕、中秋、重阳,一个个佳节接踵而至;稻子熟了,收割、晾晒、脱粒、入仓,农家品尝着丰收的喜悦;鲈鱼肥美,橙黄枫红,最是一年好景。范成大又挥笔写下《秋日田园杂兴十二首》:

杞菊垂珠滴露红,两蛩相应语莎丛。虫丝罥尽黄葵叶,寂历高花侧晚风。

朱门巧夕沸欢声,田舍黄昏静掩扃。男解牵牛女能织,不须徼福渡河星。

橘蠹如蚕入化机,枝间垂茧似蓑衣。忽然蜕作多花蝶,翅粉才干便学飞。

静看檐蛛结网低,无端妨碍小虫飞。蜻蜓倒挂蜂儿窘,催唤山童为解围。

垂成穛事苦艰难,忌雨嫌风更怯寒。笺诉天公休掠剩,半偿私债半输官。

秋来只怕雨垂垂,甲子无云万事宜。获稻毕工随晒谷,直须晴到入仓时。

中秋全景属潜夫,棹入空明看太湖。身外水天银一色,城中有此月明无。

新筑场泥镜面平,家家打稻趁霜晴。笑歌声里轻雷动,一夜连枷响到明。

租船满载候开仓,粒粒如珠白似霜。不惜两钟输一斛,尚赢糠核饱儿郎。

菽粟瓶罂贮满家,天教将醉作生涯。不知新滴堪篘未,今岁重阳有菊花。

细捣枨虀买鲙鱼,西风吹上四腮鲈。雪松酥腻千丝缕,除却松江到处无。

　　新霜彻晓报秋深,染尽青林作缬林。惟有橘园风景异,碧丛丛里万黄金。

　瓶罂里酿的酒就要熟了,今年可以好好地到石湖菊坡赏花饮酒,范成大满心盼望着重阳佳节的到来,可令人扫兴的是,他在重阳节时又病倒了,失望的诗人再次龟缩于城里的家中,非常遗憾地写下《病中不复问节序,四遇重阳,既不能登高,又不觞客,聊书老怀》,他回忆少年、壮年时的佳兴狂情,感慨"如今衰飒悟空华,现在去来飞电走。登临旧迹如梦断,觞咏故人多骨朽。百年长短随隙驹,万化陈新直刍狗。不堪把玩堪一笑,安用岁时歌抙缶。家人亦复探新篘,插花洗盏为翁寿。蒲团困坐眼慵开,莫把故情看老丑。"①范成大想起去年在城居对面新修一大片园圃——范村,其中栽种了不少菊花,如今应该也能观赏了。病体稍稍恢复、可以扶头起身后,他便抱着一丝侥幸心理前去看看,没有想到,满园菊花开得依旧灿烂,范成大颇有感慨,原来重阳节赏菊只是世俗之人应景凑热闹罢了。他把自己的感受写进《重阳后菊花二首》,其一云:"寂寞东篱湿露华,依前金靥照泥沙。世情儿女无高韵,只看重阳一日花。"菊花依然盛开,可是已经过了重阳节日,便无人问津,就像病退之人的门庭冷落,眼前这些黄花正如同诗人自身一般,于是范成大又写下其二:"过了登高菊尚新,酒徒诗客断知闻。恰如退士垂车后,势利交亲不到门。"感慨人情冷暖,世态炎凉。

　　范成大观赏着范村的菊花,与它们惺惺相惜。他用目光逐一爱抚着这些花朋友,黄色的有胜金黄、迭金黄、棣棠菊、迭罗黄、麝香黄、太真黄、垂丝菊、千叶小金黄、鸳鸯菊、金铃菊、球子菊、单叶小金、钱夏小金铃、十样菊、甘菊、野菊等,白色的有五月菊、金杯玉盘、喜容千叶、御衣黄千叶、万铃菊、莲花菊、芙蓉菊、茉莉菊、木香菊、酴醿菊、艾叶菊、白麝香、白荔支、银杏菊、波斯菊等,杂色的还有佛顶菊、桃花菊、胭脂菊、紫菊等,一共36种。像作《梅谱》一样,范成大又兴致勃勃地作起了《菊

①　范成大:《病中不复问节序,四遇重阳,既不能登高,又不觞客,聊书老怀》,富寿荪标校:《范石湖集》卷二十七,上海古籍出版社2006年版,第378页。

谱》，"淳熙丙午，范村所植，止得三十六种，悉为谱之。"①如"胜金黄，一名大金黄。菊以黄为正，此品最为丰缛而加轻盈。花叶微尖，但条梗纤弱，难得团簇。作大本，须留意扶植乃成。""喜容千叶，花初开微黄，花心极小，花中色深，外微晕淡，欣然丰艳有喜色，甚称其名。久则变白。尤耐封殖，可以引长七八尺至一丈，亦可揽结。白花中高品也。""桃花菊，多至四五重，粉红色，浓淡在桃杏红梅之间。未霜即开，最为妍丽，中秋后便可赏。"……

除了范村之外，范成大在阊门内北城还有一处别业桃花坞，"当时郡人春游看花于此，后皆为蔬圃，间有业种花者"，②那是他罢参知政事后回乡时所置。由于陆路出行稍远不便，范成大很久没有去那里了。这一年，家中新造了一只小船，可以水路出行，重九过后十天，家人便劝说他前去检校。《阊门初泛二十四韵》小序云："淳熙丙午，重九后十日，家人辈以余久病，适新修小舫，劝扶头一出，以禳被屯滞，遂至北城检校桃花坞。出关，傍漕河，望枫桥、横塘，中路而还。故有即事咏景唐律之作。"③范成大欣赏着城郭的野趣，"红皱分霜果，黄蔫撚夕英。缬林疏露屋，朱阁静临城"，"晒网枫边桁，牵罾柳际棚。岫云萦石住，田水穴堤鸣。过渡牛归速，穿篱犬吠狞。鱼寒犹作阵，雁远更闻声"，邻居们听说范成大来了，高兴地过米问候、叙旧，大家聚在一起拉家常，吃便饭，随意又温馨，"邻翁欣问讯，逋客愧寒盟。一昨成归卧，于今负耦耕。生涯都塌飒，心曲漫峥嵘。猿鹤休多怨，菰莼尚可羹。药囊吾厌苦，扶惫且班荆。"

这些淳朴的邻里让范成大倍感亲切，可是桃花坞毕竟是城郊，还不是真正的乡村田园，范成大益发想念石湖了。病还没好利索，他就乘着自家的小船来到石湖别业。冬日的田园别有一番景象，范成大将所见所闻一一加以书写，又得《冬日田园杂兴十二绝》：

---

① 范成大：《菊谱》，孔凡礼点校：《范成大笔记六种》，中华书局 2002 年版，第 269 页。
② 王鏊：《正德姑苏志》卷三十一，《中国地方志集成·善本方志辑·第一编》，凤凰出版社 2014 年版，第 474 页。
③ 范成大：《阊门初泛二十四韵》，富寿荪标校：《范石湖集》卷二十七，上海古籍出版社 2006 年版，第 378 页。

斜日低山片月高，睡余行药绕江郊。霜风扫尽千林叶，闲倚筇枝数鹳巢。

炙背檐前日似烘，暖醺醺后困蒙蒙。过门走马何官职，侧帽笼鞭战北风。

屋上添高一把茅，密泥房壁似僧寮。从教屋外阴风吼，卧听篱头响玉箫。

松节然膏当烛笼，凝烟如墨暗房栊。晚来拭净南窗纸，便觉斜阳一倍红。

乾高寅缺筑牛宫，厄酒豚蹄醑土公。牯牸无瘟犊儿长，明年添种越城东。

放船闲看雪山晴，风定奇寒晚更凝。坐听一篙珠玉碎，不知湖面已成冰。

拨雪挑来踏地菘，味如蜜藕更肥醲。朱门肉食无风味，只作寻常菜把供。

榾柮无烟雪夜长，地炉煨酒暖如汤。莫嗔老妇无盘饤，笑指灰中芋栗香。

煮酒春前腊后蒸，一年长飨瓮头清。廛居何似山居乐，秫米新来禁入城。

黄纸蠲租白纸催，皂衣旁午下乡来。长官头脑冬烘甚，乞汝青钱买酒回。

探梅公子款柴门，枝北枝南总未春。忽见小桃红似锦，却疑侬是武陵人。

村巷冬年见俗情，邻翁讲礼拜柴荆。长衫布缕如霜雪，云是家机自织成。

这组《四时田园杂兴》继承了从《豳风·七月》到晋唐陶渊明、王维田园诗以及中晚唐田家词的艺术传统，全方位展现了江南农村一年四季的劳动、生活以及诗人的观感，集古代田园诗之大成，成为范成大诗歌的巅峰之作。于北山先生称："集中诗作上选也。……举凡四时朝暮景物之变化，阴晴雨雪对农业生产之关系，男女老幼对蚕桑劳动之熟稔与喜爱，对岁收丰歉欢笑愁苦之心情，剥削阶级迫害剥削之残酷，乃至地方风土，节日习俗，无不尽收眼底，统摄毫端，历历在目，栩栩如生。既是江南农村之风景画，亦是劳动人民之耕织图，盖非久居农村、留心观察、深入体会者不能着笔也。而此种种，必须以对劳动者具有一定之关切同情为基础。以诗而论，淳朴自然，清新秾丽，兼而有之。数百年来，脍炙人口，亦其高度之艺术魅力使然也。石湖本工书，此一组诗，又其晚年得意之作，故自书之，勒诸贞珉，冀垂久远。"①

范成大自己对这组诗非常满意，他挑选《夏日田园杂兴》部分内容写下来寄给进士同年、抚州知州赵廱，赵廱兴致大发作了和诗，并将范诗刻于临川学宫供士子学习，之后仍意犹未尽，向范成大索要全组诗。得遇知音，范成大也很高兴，亲自把六十首抄录一遍寄给赵廱。在手书诗卷后，范成大自跋曰："比尝(以)《夏日》拙句，寄抚州使君和仲同年兄。使君辱和，甚妙，且欲尽得《四时杂兴》，今悉写寄。"②

范成大不仅写田园风土诗，还亲自编撰地方志——《吴郡志》，诗与志的内容相辅相成。如《春日田园杂兴》中有："寒食花枝插满头，蒨裙青袂几扁舟。一年一度游山寺，不上灵岩即虎丘。"《吴郡志》卷二"风俗"中记载："春时用六柱船，红幕青盖，载箫鼓以游。虎丘、灵岩为最盛处。"③可相互参看。《晚春田园杂兴》中有："海雨江风浪作堆，时新鱼菜逐春回。荻芽抽笋河鲀上，楝子开花石首来。"《吴郡志》卷二十九"土物"中记载："(石首)夏初则至，吴人甚珍之，以楝花时为候。谚曰：'楝子花开石首来，笥中被絮舞三台。'……吴人春初会客，有此鱼(按：河豚)则为盛会。"④《秋日田园杂兴》中有："细捣枨虀买鲙鱼，西风吹上四腮鲈。雪松酥腻千丝缕，除却松江到处无。"《吴郡志》卷二十九"土物"中记载："鲈鱼，生松江，尤宜鲙。洁白松软，又不腥，在诸鱼之上……俗传江鱼四鳃，湖鱼止三鳃，味辄不及。秋初鱼出，吴中好事

① 于北山：《范成大年谱》，上海古籍出版社 2006 年版，第 350 页。
② 《诗词杂俎》本《石湖诗集》，见孔凡礼：《范成大著作辑存》，中华书局 1983 年版，第 137 页。
③ 范成大：《吴郡志》卷二，江苏古籍出版社 1999 年版，第 14 页。
④ 范成大：《吴郡志》卷二十九，江苏古籍出版社 1999 年版，第 437 页。

图 8　范成大手书田园诗碑

者竞买之。"①《冬日田园杂兴》中有："乾高寅缺筑牛宫，厄酒豚蹄酹土公。牯牸无瘟犊儿长，明年添种越城东。"《吴郡志》卷二"风俗"中记载："牛栏，亦名牛宫。吴地下湿，冬寒，即牛入栏，唐人谓之牛宫。……建之前日，老农请乞灵于土官，以从乡教。予勉之而为辞：四牸三牯，中一去乳。天霜降寒，纳此室处……"②诗与志彼此呼应，相映成趣，范成大陶醉于故乡的田园风土之中。

三 槐府在望

完成了《四时田园杂兴六十首》之后，范成大兴趣未减，他曾告诉进士同年赵麟，以后有机会还要继续创作，"仆既归田，若幸且老健，则游目骋怀之作，将不止此。"③但是他此后并没有大规模的田园组诗续作。一是因为天灾。淳熙十三年(1186)的冬天，吴郡遭受了灾害性的奇寒天气，不到十月份竟然突降大雪，范成大有诗云："狂飙吹小春，刮面剧剑铓。云气泼浓墨，午窗变曛黄。六花大如掌，浩荡来无乡。青女正熟睡，不记行新霜。寒暑故密移，滕巽乃尔狂。"④这场突如其来的大雪令乡人措手不及，御冬之计尚多未办，《重阳后半月，大气温丽，忽变奇寒。晦日大雪，乡人御冬之计多未办》诗云："南邻炭未买，北邻绵未装。敢论酒价涌，束薪逾桂芳。岂不解蓄计，善舞须袖长。频年田薄收，十家九空囊。被冻知不免，但恨太匆忙。"这场灾害性天气一直持续到淳熙十四年(1187)的春季，"雪花来无时，入春遂三作。冰柱冻不解，去地才一握。东风畏奇寒，未敢破梅萼。已僵员峤蚕，那问纥干雀。"⑤严寒天气影响了当地人的生计，一些贫士都缺衣少食，饥寒交迫，纷纷外出谋职，譬如范成大的朋友闻人阜民此时出任铜陵令，"折腰直为瓶无粟，便

---

① 范成大：《吴郡志》卷二十九，江苏古籍出版社 1999 年版，第 435 页。
② 范成大：《吴郡志》卷二，江苏古籍出版社 1999 年版，第 11 页。
③ 《诗词杂俎》本《石湖诗集》，见孔凡礼：《范成大著作辑存》，中华书局 1983 年版，第 137 页。
④ 范成大：《重阳后半月，天气温丽，忽变奇寒。晦日大雪，乡人御冬之计多未办》，富寿荪标校：《范石湖集》卷二十七，上海古籍出版社 2006 年版，第 380 页。
⑤ 范成大：《重送伯卿》，富寿荪标校：《范石湖集》卷二十八，上海古籍出版社 2006 年版，第 382 页。

腹犹怜笥有经。牒诉尘埃头更白,简编灯火眼终青""自云饥所驱,岂不念丘壑"。① 立春前五日,范成大还接济寒士龚颐正,给他雪中送炭,有诗云:"谁与幽人暖直身,筠笼冲雪送乌薪。"②而普通百姓的日子更是苦不堪言,严寒还造成了更为恶劣的后果,淳熙十四年(1187)春,平江府发生了严重的疫情,这真是雪上加霜,范成大《民病春疫作诗悯之》云:"乖气肆行伤好春,十家九室寒蛰呻。阴阳何者强作孽,天地岂其真不仁?去腊奇寒衾似铁,连年薄熟甑生尘。疲氓惫矣可更病,我作此诗当感神。"吴地笼罩在阴霾之中,忧国忧民的范成大写诗哀民生多艰,为民祈愿。

而此时,他自己的身体也出现了问题,《丁未春日瓶中梅殊未开二首》自云:"人怜疏蕊瘦,花笑病翁臞。"《翻袜庵夜坐闻雨》云:"日晚课程丹灶火,夜深光景佛灯花。人生宁有病连岁,身世略如僧在家。"好不容易熬到春末,病情稍好了一些,疫情也结束了,家里人商量着一起下乡去石湖转一转,"画船破浪亦一快,闻道湖光如泼醅"。③ 于是,他们坐上自家的小船,沿着水路出发。一路上,范成大按捺不住兴奋、激动的心情,尚未到达便写了一首《将至石湖道中书事》:"柳堤随草远,麦陇带桑平","稍闻鸡犬闹,僮仆想来迎"。到了石湖,范成大又连写了三首诗——《三月十六日石湖书事三首》:

> 春事日以阑,暑阴正清美。拖筇入林下,秀绿照衣袂。卢橘梅子黄,樱桃桑椹紫。荷依浪花颤,笋破苔色起。风日收宿阴,物色有新意。邻曲知我归,争来问何似:"病恼今有无,加饭日能几?"掀髯谢父老,衰暮已如此。

> 种木二十年,手开南野荒。苒苒新岁月,依依旧林塘。污莱擅下湿,岑蔚骄众芳。菱母尚能瘦,竹孙如许长。忆初学圃时,刀笠

---

① 范成大:《送闻人伯卿赴铜陵》《重送伯卿》,富寿荪标校:《范石湖集》卷二十八,上海古籍出版社2006年版,第382页。

② 范成大:《雪中送炭与龚养正》,富寿荪标校:《范石湖集》卷二十七,上海古籍出版社2006年版,第381页。

③ 范成大:《午窗潜兴,家人谋过石湖》,富寿荪标校:《范石湖集》卷二十八,上海古籍出版社2006年版,第387页。

冒风霜。今兹百不堪,裹帽人扶将。龙钟数能来,犹胜两相忘。

湖光明可鉴,山色净如沐。闲心惬旧观,愁眼快奇瞩。依然北窗下,凝尘满书簏。访我乌皮几,拂我青毡褥。荒哉赋远游,幸甚遂初服。老红饯余春,众绿自幽馥。好风吹晚晴,斜照入疏竹。兀坐胎息匀,不觉清梦熟。

故园的风物依旧宜人,乡情仍然醇美,但范成大身体不行,还是不能到田野乡间采风,只能由人搀扶着,在自己的别业中静坐休息。即便是这样,从石湖回来后,范成大病情加重,医生禁止其写诗,"或寝疾,医以劳心见止。"①家人也劝其静养身心,不许多写,《或劝病中不宜数亲文墨,医亦归咎。题四绝以自戒,末篇又以解嘲》云:"作字腕中百斛,吟诗天外片心。习气吹剑一唤,病躯垂堂千金。"虽然积习难禁,偶尔还是忍不住稍写一点,但是范成大的确没有精力再写田园组诗了。

而此时朝野间已有传闻——范成大即将被重新启用,委以重任。说破这个消息的是一位前来拜谒的青年才俊姜夔。姜夔是一个文艺天才,风流倜傥,才华横溢,深受千岩老人萧德藻欣赏,将侄女许配于他。淳熙十四年(1187),萧德藻让姜夔去临安向左司郎中杨万里学诗。杨万里被姜夔惊人的才华所震撼,称其"钓璜英气横白蜺,欻唾珠玉皆新诗。江山愁诉莺为泣,鬼神露索天泄机。"②难怪萧德藻逢人便夸,"吾友夷陵萧太守,逢人说项不离口"。杨万里感到自己的诗才不足以指导姜夔,怕误人子弟,遂推荐他向范成大请教,"翻然却买松江艇,径去苏州参石湖"。初夏时节,姜夔登门造访范成大。范成大果然对姜夔赞赏有加,"参政范公以为翰墨、人品皆似晋宋之雅士",③与他谈诗论道。④ 而姜夔也被范成大深深折服,在他的眼中,范公宛如仙人,"萧爽思出尘"

① 富寿荪标校:《范石湖集》附录范成大之子范莘、范兹跋,上海古籍出版社 2006 年版,第 507 页。
② 杨万里:《送姜尧章谒石湖先生》,《诚斋集》卷二十二,辛更儒笺校:《杨万里集笺校》,中华书局 2007年版,第 1119 页。
③ 周密:《齐东野语》卷十二,中华书局 1983 年版,第 211 页。
④ 姜夔《白石道人诗集自序》论写诗当自出机杼,不必学他人,得到萧德藻、杨万里、范成大等人的认同,称:"余识千岩于潇湘之上,东来识诚斋、石湖,尝试论兹事,而诸公咸谓其与我合也。"《景印文渊阁四库全书》,台湾商务印书馆 1986 年版,第 1175 册,第 64 页。

"句法妙万夫",①所居之地也洁净无尘,"桥西一曲水通村,岸阁浮萍绿有痕。家住石湖人不到,藕花多处别开门。"②六月四日是范成大生辰,姜夔采用越调,自度新曲《石湖仙》为其祝寿,词云:

> 松江烟浦,是千古三高,游衍佳处。须信石湖仙,似鸱夷、翩然引去。浮云安在,我自爱、绿香红舞。容与,看世间、几度今古。
> 卢沟旧曾驻马,为黄花、闲吟秀句。见说胡儿,亦学纶巾欹羽。玉友金蕉,玉人金缕,缓移筝柱。闻好语,明年定在槐府。③

姜夔词末所云范成大明年定在槐府,孔凡礼先生推测道:"言成大行将起用,其语即来自临安。夔在临安时,当闻万里言及此也。"④时任平江教授的陈造在生日宴会的致语中也极力称颂范成大:"才挺王佐,德优帝师。圣神倚注于谋谟,夷夏想闻于风采。挈提道统,退之得孟氏之传;秉执国钧,晋公乃汾阳之比。"⑤养病多年,如今"宿疴雪静",是时候出山了。

范成大的心态非常复杂,他既有准备复出的想法,又有身体的顾虑。去年八月吏部尚书王希吕以龙图阁学士、中大夫知平江府,淳熙十四年(1187)四月召还。⑥ 这半年多他与范成大过从甚密。王希吕为宿州(治今安徽宿州市)归正人,乾道五年(1169)登进士第,六年召试授秘书省正字,除右正言。张说以戚属擢用,再除签书枢密院事,王希吕与侍御史李衡交章劾之。范成大当年为中书舍人,不草拟词头,后因此事去国,外任知静江府。淳熙年间王希吕任兵部尚书,改吏部尚书。到任平江府后,他与范成大交往频繁。⑦ 范成大曾在《仲行再示新句复次韵述怀》中称:"病衰谨谢吴中客,技拙甘同楚国优。斥鷃蓬蒿元自足,世

---

① 姜夔:《次韵诚斋送仆往见石湖长句》,《白石道人诗集》卷上,台湾商务印书馆1986年版,第1175册,第74页。

② 姜夔:《次石湖书扇韵》,《白石道人诗集》卷下,台湾商务印书馆1986年版,第1175册,第79页。

③ 姜夔:《石湖仙》,夏承焘:《姜白石词编年笺校》,上海古籍出版社1998年版,第23页。

④ 孔凡礼:《范成大年谱》,齐鲁书社1985年版,第453页。

⑤ 陈造:《石湖生日致语》,《江湖长翁文集》卷四十,《景印文渊阁四库全书》,台湾商务印书馆1986年版,第1166册,第510页。

⑥ 范成大:《吴郡志》卷十一,江苏古籍出版社1999年版,第152页。

⑦ 可参《范石湖集》卷二十八有《次韵知府王仲行尚书鹿鸣燕古风》《王仲行尚书录示近诗,闻今日劝农灵岩,次韵纪事》《仲行再示新句,复次韵述怀》等诗。

间何必卧高楼。"虽一再自谦病衰、技拙,但用世之心隐然可见。这一年,范成大又一位进士同年、龙图阁学士朱时敏出守潼川,他赋《送同年朱师古龙图赴潼川》诗送行,回忆当年共同谋议请求朝廷蠲除蜀地苛捐杂税之事,"蜀人减估天恩厚,高议清阴犹记否?"并称道朱时敏能继续有所作为,"迩来闻道更蠲除,此段始终君一手"。[①] 当年共事之人仍在仕途,各有任命,曾经的参知政事未尝不想复出。在养病期间,他便一直密切关注社会现实,了解政弊时病,当地豪强之家垄断围田的现象引起他的担忧。

江南水乡水多地少,为了增收粮食,有些豪家便在河荡湖泊边修葺堤坝,挡住水流,利用滩涂地带耕种。围湖造田之人固然增收获利,但是严重影响当地正常的排灌。洪水来临,无处宣泄,只能任其淹没围田周边小家小户的农田;遇到干旱夏季,河、湖水源被临近的围田垄断,远处农田无法车水灌溉。淳熙十年(1183)四月癸卯,大理寺丞张抑就曾上奏,乞依法处置豪宗大姓围田行为。[②] 淳熙十一年(1184),朝廷命凡官民围裹者尽开之。又令知县并以点检围田事入衔,每岁三四月同尉点检有无奸民围裹,状上于州,州闻于朝,三年遣官审视,及委台谏察之。[③] 但权势之家围田之事并未得到有效遏制,范成大在家乡目睹他们不顾百姓死活,只为私人牟利,便作《围田叹四绝》,揭露和申诉豪强侵夺贫家之害。诗云:

> 万夫埋水水干源,障断江湖极目天。秋潦灌河无泄处,眼看漂尽小家田。
>
> 山边百亩古民田,田外新围截半川。六七月间天不雨,若为车水到山边?
>
> 壑邻罔利一家优,水旱无妨众户愁。浪说新收若干税,不知逋失万新收。
>
> 台家水利有科条,膏润千年废一朝。安得能言两黄鹄,为君重

① 范成大:《送同年朱师古龙图赴潼川》,富寿荪标校:《范石湖集》卷二十八,上海古籍出版社 2006 年版,第 392 页。
② 佚名:《宋史全文》卷二十七上,中华书局 2016 年版,第 2275 页。
③ 脱脱等:《宋史》卷一七三《食货志》,上海古籍出版社、上海书店 1986 年版,第 542 页。

唱复陂谣。①

如此看来,范成大绝非优游世外的石湖仙人,他确实有心复出,但是又对自己的身体状况实在没有把握。从淳熙十年(1183)退居养病,迄今已经有四年了,试遍了各种药方,都未见明显奏效,病情总是时好时坏。范成大甚至向江湖游医求助,《送遂宁何道士自潭湘归蜀》云:"尘埃波浪几东西,归去丹瓢挂杖藜。戊己炉中真造化,功成分我一刀圭。"②而他的朋友天平山方丈师寿近期在天平山半山腰的石壁中发现一处泉水,欲亲自为他炼丹,"寿老近于半山石壁之中,得泉眼如箸,清泉如一线,涓涓而出,大旱不增减。欲为余作小庵于泉傍,以炼丹云。"③范成大兴奋地作诗称"时人不用怜衰病,天与丹房一线泉"。但是生死有命,富贵在天,有很多东西是不能强求的,范成大心里也非常清楚。淳熙十四年(1187)的重九,年过六旬的范成大在吴县至德乡上沙之赤山先陇旁为自己寻求墓圹之地,《重九日行营寿藏之地》云:"家山随处可行楸,荷锸携壶似醉刘。纵有千年铁门限,终须一个土馒头。三轮世界犹灰劫,四大形骸强首丘。蝼蚁乌鸢何厚薄,临风拊掌菊花秋。"④祖茔松楸茂密,范成大寻得一隅,俯酬素愿,感慨交怀。人生自古谁无死,那就委运任化,顺其自然吧。

这个秋天,太上皇高宗也龙体欠安。开始时只是偶感风痰,医者用大黄、巴豆之类太多,泄动真气,已一月尚未向安,忧虑不可名状。此种情形下,孝宗无暇讨论官员去留变更事宜,右丞相周必大在给四川制置使赵汝愚的书信中即称:"某前书尝及决去之意,今则乃未敢启口。之死靡他,亦臣子之常分,非敢有所避就,只恐众论不容。"⑤范成大与周必

① 范成大:《围田叹四绝》,富寿荪标校:《范石湖集》卷二十八,上海古籍出版社2006年版,第393页。
② 范成大:《送遂宁何道士自潭湘归蜀》,富寿荪标校:《范石湖集》卷二十八,上海古籍出版社2006年版,第388页。
③ 范成大:《题天平寿老方丈》诗末注,富寿荪标校:《范石湖集》卷二十八,上海古籍出版社2006年版,第390页。
④ 范成大:《重九日行营寿藏之地》,富寿荪标校:《范石湖集》卷二十八,上海古籍出版社2006年版,第390页。
⑤ 周必大:《赵子直丞相》(淳熙十四年秋书),王蓉贵、(日)白井顺点校:《周必大全集》第3册,四川大学出版社2017年版,第1806页。

大也有书信往来,或谈及出处任命之事。^① 十月间,范成大得周必大回信,得知乙亥(初八日)高宗驾崩。周必大在信中也说国丧期间不便向孝宗面诉任职之事,"参政策名先朝,以遗嗣圣,位隆二府,同国休戚。谅初奉讳,痛苦难任,无从面诉,第均悲怆。"范成大对高宗颇有感情,他少年时期便因献赋得遇高宗赏识,隆兴元年(1163)曾参加编类高宗圣政,任中书舍人时还有幸到德寿宫为其奉觞贺寿,于是他一口气为太上皇写了12首挽歌,追念其功绩,寄托无限哀思。^② 国丧期间,孝宗悲痛万分,"执丧过礼,度越前代。日侍轩陛,哽塞无措。""只今圣上哀伤过礼,言逐涕下,每入侍辄哽塞。"^③淳熙十五年(1188)正月,62岁的孝宗欲内禅,开议事堂,命皇太子隔日与宰执相见议事,从此无心国政。四月,陈亮上书激励孝宗恢复中原,孝宗大怒,以为狂怪。朝廷内外万马齐喑,范成大也兀坐家中,静观其变。《寿栎东斋午坐》诗云:

> 屋角静突兀,云气低鸿蒙。残叶飐疏雨,孤花侧凄风。北窗午睡起,一笑万事空。无人共此意,莎阶咽微蛩。

寂静无人的屋角,弥漫低沉的云气,在疏雨中颤动的残叶,在凄风中侧立的孤花,无不令人感到黯然惆怅。莎草阶下传来的微弱蛩声仿佛呜咽一般,诉说着屋内那位久久等待者内心深处一丝丝的落寞与不安。

---

① 周必大淳熙十四年有两封写给范成大的书信,从"某比蒙缄启盛礼,正缘国哀,未敢视仪以报。谨因尺牍,先谢不敏,续别修染,伏乞钧照""某披诉之后,忽忽遂见长至"等语,可知当为回复范成大所作。见周必大:《范至能参政》(淳熙十四年第一书),王蓉贵、(日)白井顺点校:《周必大全集》第3册,四川大学出版社2017年版,第1800页。

② 范成大:《太上皇帝灵驾发引挽歌词六首》《别拟太上皇帝挽歌词六首》,富寿荪标校:《范石湖集》卷二十八,上海古籍出版社2006年版,第395—396页。

③ 周必大:《范至能参政》(淳熙十四年第一书),王蓉贵、(日)白井顺点校:《周必大全集》第3册,四川大学出版社2017年版,第1799、1800页。

第十三章　人生迟暮

一　起知福州

淳熙十五年(1188)十一月,范成大奉祠在家养病整整五年,终于等来了朝廷诏令,起知福州。① 这或许并不是他想要的结果,范成大对自己的期许很高,朝野传言也认为他定在槐府,位列三公。可等待了这么久,却只被安排到边远之地福州做知州,范成大年事已高,身体又差,一想到漫漫旅途,真的有些发怵,所以他引疾固辞。诏令入对奏事,又辞。孝宗便特派医官张广卿前去平江府传旨,并为其灼艾治疗。范成大不得已,来到临安,入后殿——延和殿奏事,②孝宗亲赐丹砂以示关怀。深知此节的周必大日后在《神道碑》中写道:"上先遣医官张广卿传旨灼艾,既对,劳公曰:'卿南至桂广,北使幽燕,西入巴蜀,东薄鄞海,可谓贤劳,宜其多疾。'袖丹砂以赐。"③

这些年,范成大一直身在江湖,心存魏阙,上殿之前他做了充足的准备,所以在延和殿奏对时胸有成竹。他首先批评承平已久,社会逐渐形成偷安之习,淡忘恢复大计。《延和奏事》云:"大欲未济,风俗偷安。

---

① 周必大:《资政殿大学士赠银青光禄大夫范公成大神道碑》,王蓉贵、(日)白井顺点校:《周必大全集》第 2 册,四川大学出版社 2017 年版,第 582 页。

② 周密《武林旧事》卷四《故都宫殿·后殿》有延和殿之称,原注"宿斋,避殿"。浙江古籍出版社 2011 年版,第 64 页。

③ 周必大:《资政殿大学士赠银青光禄大夫范公成大神道碑》,王蓉贵、(日)白井顺点校:《周必大全集》第 2 册,四川大学出版社 2017 年版,第 582 页。

甚者遂称行在为都下,浙右为畿甸,中原为北地,归正遗民为虏人。"①此奏折与林升《题临安邸》诗"山外青山楼外楼,西湖歌舞几时休。暖风熏得游人醉,直把杭州作汴州"旨意略同。南宋朝廷偏安一隅,隆兴和议签订也已有二十多年,君臣纵逸,耽乐湖山,甚至无复新亭之泪。范成大有着强烈的忧患意识,他提醒孝宗恢复之志不可忘,即便目前不采取军事行动,也要积蓄力量,将来一举收复中原。

在延和殿上,范成大又为孝宗分析天下大势。知彼知己,百战不殆,所以首先谈及金国政局,他认为金国近年会有皇位之争。三年之前金国太子允恭卒,金世宗立允恭之子完颜璟为皇太孙。② 此举引起其他皇子的不平,尤其是皇长子允升位高权重,太子在世时便有觊觎皇位之心,如今皇太孙嗣位,伯侄之间必有一争:

> 臣窃闻房中字立璟为太孙,诸子不平,形于谣言。臣顷过保州,是时其嗣允恭尚在,已见承应人密说:国中惟畏服大王,将来恐有李唐秦王之事,谓其长子允升也。今又立璟,则其伯、叔之心,皆可想见。③

范成大据此分析,如果金世宗不日去世,皇太孙完颜璟直接继位,其伯、叔必将不服,引起内乱,这是南宋恢复中原的绝佳时机:

> 他日若璟得国,伯叔不服,必有内乱,此其机可乘。

万一幼主完颜璟能制服皇伯、皇叔,则说明有心腹老臣为其谋事,事成之后这些老臣功高震主,又会图谋不轨,所以金国政局仍旧不免动荡。总而言之,南宋都应当做好储备,随势而动:

> 万一璟能制伯叔之命,则必有腹心之臣为之谋主,事成势定,又必有窥伺之图。国家当不辍储备,以待事势。

范成大高瞻远瞩,思虑周密,将近年来金国政局可能出现的种种情

---

① 黄震:《黄氏日抄》卷六十七,《全宋笔记》第十编·十,大象出版社 2018 年版,第 418 页。
② 据脱脱《金史·世宗本纪》记载,大定二十六年十一月(即淳熙十三年),立完颜璟为皇太孙。脱脱:《金史·世宗本纪》,中华书局 1975 年版,第 195 页。
③ 范成大:《延和殿又奏二事札子》,孔凡礼辑:《范成大佚著辑存》,中华书局 1983 年版,第 40—41 页。以下引文出处均同。

形分析得精辟透彻。在阐述过敌国的情况之后，范成大又转而剖析宋朝的状况。在他看来，南宋目前国力尚不强大，入不敷出，当务之急是发展经济，足国裕民，做好兵马粮草储备，一旦开战方能从容应对：

> 臣窃见方今国计未足，民力未裕，求所以足国裕民，则无其说。止缘规模未坚定所，经费不可减。欲储蓄赢羡以足国，而所入不支所出；欲缓科除耗剩以裕民，而上煎下迫，实惠难行。若只如此，趣了目前，无复余力。万一敌人真有机会，亦恐无以应之。天下事莫有大于此者。

对于如何做到足国裕民，范成大又提出了一些具体的措施与方案，譬如"专募屯田兵"，[1]即招募士兵亦耕亦战，自给自足。还要迅速在边防地带建城，以增强防守，"曹操作沙城，孙权作疑城，唐杨朝晟筑木波三城，三旬而毕。裴行俭筑碎叶城，亦五旬而毕，务神速也。"[2]

范成大垂老亦未忘中原，深望重归统一。他对天下大事的分析和判断确有一定道理，历史证明金国在完颜璟继位后朝政颇为动荡，"雍死璟立，璟死允济立，允济被弑，珣立。"[3]不到五十年金便亡国了，只是灭掉金国的并非南宋，而是更为强大的蒙古。此时的南宋也呈现出衰败之象，孝宗年过花甲，已不复当年锐气，有心禅位，无意恢复，他只对范成大提出的请记高宗退处后言行有所认同。本年五月，诏修《高宗实录》。范成大有着丰富的史官经验，隆兴元年（1163）曾参加编类高宗圣政，乾道初以馆职兼国史院编修官，厥后屡兼史职，数有论奏。他建议此次修实录不仅要记录高宗在位时的休功盛德，还要把其退位之后居于德寿宫25年间的言行尽可能保存下来，"恐有可以记忆者，又参之以东朝、东宫之所闻见，与夫宫禁老成之所流传，特命亲王悉加记录，以付史氏"，[4]考虑的确周到全面，为孝宗采纳。

这次入殿奏事后，范成大见到东宫太子赵惇。坐论治道之余，范成

---

① 黄震：《黄氏日抄》卷六十七，《全宋笔记》第十编·十，大象出版社2018年版，第418页。
② 黄震：《黄氏日抄》卷六十七，《全宋笔记》第十编·十，大象出版社2018年版，第418页。
③ 马端临：《文献通考》卷三百二十七，中华书局2011年版，第9010页。
④ 范成大：《延和殿又论二事札子》，孔凡礼辑：《范成大佚著辑存》，中华书局1983年版，第41~42页。

大得知太子勤奋,每日坚持读书作字,便请他为自己宅邸的寿栎堂题字,太子欣然应允:

> 时皇太子参决庶务,公得见东宫,坐论治道移时。太子谕公:"不敢暇逸,日惟读书作字。"公曰:"石湖已拜宸翰,有寿栎堂,愿得宝书。"太子欣然曰:"是《庄子》栎社事耶?"①

范成大的诗作与书法当时已名满天下,平江府学教授陈造曾借阅两帖,爱不释手,作诗云:"石湖老子家蓬丘,一笑俯作人间游。风度人品第一流,结字亦复无朋俦。"②在当时人的眼里,范成大是神仙一样的人物,风度人品与诗书均为第一流,"人间至宝人贪求,无间珣琪雍琳璆"。他在宫中与太子谈论诗书时,阁门舍人充太子宫左右春坊姜特立便奉上自己所作诗请他指教。姜特立小有才气,但人品低劣,太子即位后(光宗)他与谯熙载"皆以春坊旧人用事,恃恩无所忌惮。时人谓曾、龙再出。"③范成大当时对其不甚了解,故比较客气,并示其作诗正途。姜特立遂作《范大参入觐,颇爱鄙作,以诗谢之》自我标榜,大肆宣扬,诗云:"问句石湖老,如将月指标。枯中说滋润,高处戒虚骄。颇许唐音近,宁论汉道遥。正声今在耳,万乐听箫韶。"④

范成大这次应诏入对奏事,受到皇家极厚的礼遇。除刚上殿见到孝宗即被赏赐丹砂外,"十二月,公既出关,上复赐甚厚。""至家,又遣使赐御书苏轼诗二首;太子亦送'寿栎堂'三大字。"⑤范成大立即将太子赐字刻石,又将之前孝宗所赐"石湖"二字再次刻石,把两块书碑一并立于范村。⑥ 范村内的云奎堂被更名为重奎堂,以示得到孝宗和太子双重恩典,光耀门楣。

① 周必大:《资政殿大学士赠银青光禄大夫范公成大神道碑》,王蓉贵、(日)白井顺点校:《周必大全集》第2册,四川大学出版社2017年版,第582页。
② 陈造:《石湖两帖还李推官》,《江湖长翁文集》卷十,《景印文渊阁四库全书》,台湾商务印书馆1986年版,第1166册,第121页。
③ 脱脱等:《宋史》卷四七〇《佞幸传》,上海古籍出版社、上海书店1986年版,第1550页。
④ 姜特立:《范大参入觐,颇爱鄙作,以诗谢之》《梅山续稿》卷二,《景印文渊阁四库全书》,台湾商务印书馆1986年版,第1170册,第24页。
⑤ 周必大:《资政殿大学士赠银青光禄大夫范公成大神道碑》,王蓉贵、(日)白井顺点校:《周必大全集》第2册,四川大学出版社2017年版,第582页。
⑥ 莫震:《石湖志》卷五,《续修四库全书》,上海古籍出版社1996年版,第729册,第98页。

范成大起知福州的消息传到他当年寓居的昆山禅寺,一批批在此地发愤苦读的举子正以他为楷模,试图踏进学而优则仕的人生正途。有一个福清(治今福建福清市)人敖陶孙得知范成大即将到自己故乡就任,非常激动,连写 5 首诗敬贺其帅闽,如其三云:"丁年征伐真奇事,一代诗鸣不救贫。大手欲推浯水颂,远夷曾折石湖巾。乃今谢傅还初志,其奈王阳是故人。独有吾闽欠公句,诏书果起钓磻滨。"①殊不知范成大此时顾虑重重,因为他的身体状况并不乐观。二十年来,他历尽千辛万苦,跨越万水千山,奔赴金国、广西、四川、明州等地,每次远途都艰难竭蹶。这一次以 64 岁高龄再度远行,能否禁得住长途跋涉,范成大自己都很担心。

淳熙十六年(1189)的正月,他经过激烈的思想斗争,勉强去赴福州之任。行到余杭县时,范成大便写了一首诗自嘲老态龙钟,《余杭初出陆》云:"村媪群观笑老翁:宦途何处苦龙钟?霜毛瘦骨犹千骑,少见行人似个侬。"船行桐庐江中,他不由回想起二十年前沿此水路出任处州知州,当时尚且年轻,而今满头白发还要在江湖上奔波,《桐庐江中初打桨》云:"二十年前鬓未斑,下滩归路落潮干。如今衰雪三千丈,却趁潮平再上滩。"行到严陵钓台,16 年前也是在正月,范成大去广西静江府赴任经过此地,曾带家中子侄登台凭吊,如今身体不适已不便前去,不由赋诗感慨:"久矣心空客路埃,兹行端为主恩来。杜陵诗是吾诗句,卧病岂登江上台。"②转陆路行衢州,此地有王质烂柯遗迹,范成大颇受触动,又在驿站写下:"晚境惟于闭户宜,出门惟有病相随。四方虽是男儿志,莫忘柯山在莒时。"③再次表明自己晚年看惯世事变幻,早已志气消沉。就这样一路拖着病体,行至婺州(治今浙江金华市),范成大腹疾发作。当年他在出使金国的途中由于劳累奔波,水土不服,就曾染上严重腹疾,几乎送命,如今再次出现腹疾问题,范成大非常担心这回没那么

① 敖陶孙:《上闽帅范石湖五首》,《臞翁诗集》,《两宋名贤小集》卷三百二十二,《景印文渊阁四库全书》,台湾商务印书馆 1986 年版,第 1364 册,第 545 页。又有《六月内喜雨诗,时寓昆山县东禅寺西斋》,《臞翁诗集》,《两宋名贤小集》卷三百二十一,《景印文渊阁四库全书》,台湾商务印书馆 1986 年版,第 1364 册,第 542 页。可知敖陶孙像范成大当年一样在此读书。

② 范成大:《钓台》,富寿荪标校:《范石湖集》卷二十九,上海古籍出版社 2006 年版,第 400 页。

③ 范成大:《和丰驿》,富寿荪标校:《范石湖集》卷二十九,上海古籍出版社 2006 年版,第 400 页。

幸运再度死里逃生。

而令他踟蹰的还有更重要的政治因素。淳熙十六年(1189),宋金两国朝中都发生了翻天覆地的变化。正月,金世宗完颜雍卒(金大定二十九年),其孙完颜璟即位,是为章宗。二月壬戌(初二),孝宗也禅位于儿子赵惇,是为光宗(明年改元绍熙),孝宗被尊称为寿皇圣帝。宋孝宗是南宋最有作为的皇帝,诚如范成大上贺表中所称:"保国家如金瓯,治定中兴之后;轻天下如敝屣,神凝太极之先。抚二十七年之太平。"①这二十多年来,范成大尽心尽力辅佐孝宗,成为颇受倚重的臣子,如今孝宗退位,一朝天子一朝臣,这意味着他的政治生涯也即将接近终点。在得知光宗即位之后,本来就不热衷去福州的范成大以腹疾为由,中途竭力向新皇帝请求奉祠,折返故里,光宗应允,"俄寿皇内禅,公行至婺州,以腹疾力请奉祠,从之。"②

二 雅俗共赏

范成大又回到了吴郡故里。二月壬申(十二日),光宗照例诏内外臣僚,言时政缺失。③ 并特别诏请范成大陈奏天下之事,以示对老臣的尊重,"光宗即位,下求言之诏。诏曰:'卿以文章德行,师表缙绅,受知圣父,致位丞弼。均佚方面,乃心王室,于天下事讲之熟矣,其悉意以陈,以副朕倾想之意。'"④范成大深受感动,遂将平生所学、所知、所思、所虑倾囊相授,皆言当世要务,面面俱到,周必大记曰:"寿康皇帝初政,特诏求言。公疏乞述重华以广孝治,执仁术以守家法,坚国本以定规模,节经费以苏民力,精觇谍以应事机,审选任以求将材,修堡障以固西

① 黄震:《黄氏日抄》卷六十七,《全宋笔记》第十编·十,大象出版社 2018 年版,第 420 页。
② 周必大:《资政殿大学士赠银青光禄大夫范公成大神道碑》,王蓉贵、(日)白井顺点校:《周必大全集》第 2 册,四川大学出版社 2017 年版,第 582 页。
③ 脱脱等:《宋史》卷三六《光宗本纪》,上海古籍出版社、上海书店 1986 年版,第 93 页。
④ 王瑞来校补:《宋宰辅编年录校补》,中华书局 1986 年版,第 1235 页。

南,议盐策以安二广,严钱禁以榷官会,广屯田以实边储,皆当世要务。"①我们从黄震手抄两段断章节文,就可以窥见范成大上光宗书的全豹之体大虑周。《黄氏日抄》卷六十七《范石湖文》"应诏"条下有《应诏上皇帝书》(光宗即位),书云:

> 户部督州郡,不问额之虚实,州郡督县道,不问力之有无。县道无所分责,凡可凿空掠剩,贼民而害农,无所不用。偶有所增,永不可减。其他巧作名色,核其支用,皆非入已,亦不得而尽禁。此非超览九天之上,作新一王之法,旷然大变其制,未见裕民之术。

> 西南保障,自岭南左右二江,沿边西北,转而西行,略牂牁、夜郎、黔中而极于西南越巂之塞。又西北至剑外、河西之境,无虑万里,祖宗筑城寨置兵,今名存而实废,乞行下蜀、广巡修。又:黎州专控青羌、吐蕃等蛮,雅州专控碉门等蛮,嘉州专控夜郎等蛮,各于对垒,今闻番部结亲相通。②

此节文涉及户部赋税和西南边防问题,颇中肯綮。这一年,他被覃恩转一官,"劳赐而加一级,覃大赉于江湖",封吴郡开国侯。③

但是,伴随着新皇帝的登基,朝中又一轮权力之争悄然开启。光宗近习的权势迅速扩张,党祸之端倪已现,孝宗朝的老臣渐被逐出历史舞台。三月,史浩以太师致仕;而最让范成大寒心的是,他的挚友左相周必大因与右相留正不合,被右谏议大夫何澹上疏弹劾,于五月罢相,不久奉祠归庐陵,凡所引之士斥逐殆尽,班列为之一空。④ 譬如尤袤、叶适、詹体仁、郑漫、徐谊、刘崇之、项安世、颜师鲁等尽皆去国,《道命录》卷六称:"益公之门多佳士,相继去国者众。"⑤

范成大冷眼旁观,当年孝宗即位时种种党派争权夺利的情景仿佛又重新拉开序幕,而这幕后的操手无疑正是皇帝。宋光宗性格古怪,精

① 周必大:《资政殿大学士赠银青光禄大夫范公成大神道碑》,王蓉贵、(日)白井顺点校:《周必大全集》第2册,四川大学出版社2017年版,第582页。
② 黄震:《黄氏日抄》卷六十七,《全宋笔记》第十编·十,大象出版社2018年版,第421—422页。
③ 卢熊撰:《洪武苏州府志》卷十七:"范成大,资政殿学识知福州。淳熙十六年封吴郡开国侯。"成文出版社1983年版,第662页。
④ 佚名:《宋史全文》卷二十八,中华书局2016年版,第2381页。
⑤ 李心传:《道命录》卷六,朱军点校,上海古籍出版社2016年版,第59页。

神状况不稳定,令人难以捉摸,与孝宗父子不睦。继位之后,对前朝老臣颇猜忌与防备,尤其是功高望重之人。① 他是太祖赵匡胤的嫡系子孙,深谙杯酒释兵权之道。司马光《涑水记闻》曾记:"太祖时,尝有群臣立功当迁官,上素嫌其人,不与。赵普坚以为请,上怒曰:'朕固不为迁官,将若何。'"其原因正在忌惮"君弱臣强"。晚朝与故人石守信、王审琦等饮酒,"上曰:'人生如白驹之过隙,所以好富贵者,不过多积金银,厚自娱乐,使子孙无贫乏耳。汝曹何不释去兵权,择便好田宅市之,为子孙立永久之业。多置歌儿舞女,日饮酒相欢,以终其天年。君臣之间,两无猜嫌,上下相安,不亦善乎?'皆再拜谢,曰:'陛下念臣及此,所谓生死而肉骨也。'明日皆称疾,请解军权。上许之,皆以散官就第,所以慰抚赐赉之者甚厚。"②范成大看到史浩、周必大等众多老臣解甲归田,更加意识到光宗并非真想重用自己,遂壮志渐消,宦情益淡。几十年来为朝廷出生入死,鞠躬尽瘁,如今也该像宋太祖所说的那样,置美宅良田,蓄歌儿舞女,颐养天年。

这次退居故里,范成大的心态发生了明显的变化,他不再像以前那样关心朝政,只是在家调养身体,题画写诗,和亲朋好友聚一聚。日子是真正的闲逸了,《书事三绝》云:

> 爨婢请淘酒米,园丁催算花钱。如许日生公事,谁云穷巷萧然。

> 日日处方候脉,时时推筮禳灾。门外虽无车辙,医生卜叟犹来。

> 简子约同湖棹,周郎许过田庐。碧云日暮空合,多病故人遂疏。③

范成大把名利之心全都放下,任朝中权柄花落谁家,自己心如止水,只想终老田园。《郑少融尚书初除端殿,以书见及,赋诗为贺》诗云:

① 参见虞云国:《宋光宗 宋宁宗》,吉林文史出版社 1997 年版;刘洪涛:《从赵宋宗室的家族病释"烛影斧声"之谜》,《南开学报》1989 年第 6 期。
② 司马光:《涑水记闻》卷一,上海古籍出版社 2012 年版,第 21 页。
③ 范成大:《书事三绝》,富寿荪标校:《范石湖集》卷二十九,上海古籍出版社 2006 年版,第 403 页。

"后日沙堤新宰相,当年革履旧尚书。锋车若向吴中路,应记南山有荷锄。"①亲友故旧李处全、胡元质、李圣俞等人相继离世,"交游稀似晓来星,岁月飘如水上萍",②"故人寥落似晨星,珍重书来问死生",③他感慨人生短暂之余,庆幸自己尚在人世,"荣华势利输人惯,赢得尊前现在身"。④虽然又老又病,一天到晚服药医治,但此身尚在,范成大开始认真思考自己的余生,他既不愿意终日浑浑噩噩,虚度光阴,也不会像世俗之人那样沉迷于声色犬马,寻欢作乐。《左传》有三不朽之说,太上立德,其次立功,再次立言,范成大固然放下了立德、立功之心,但并非无所追求,立言自然是文人的本分,也是他实现精神不朽的重要途径。所以,年老体弱的范成大一直不辍笔耕,尤其致力于地方文化的书写和乡邦文献的记录。

淳熙十六年(1189)四月,石湖行春桥重新修成。吴县令赵彦真请范成大为之作记,记中先叙行春桥多年失修之憾,"凡游吴中而不至石湖,不登行春,则与未始游无异。岁久桥坏,人且病涉,湖之万景,亦偃塞若无所弹压,过者为之叹息。"⑤继而又记吴县令赵彦真修桥始末,"淳熙丁未冬,诸王孙赵侯至县,甫六旬,问民所疾苦,则曰政孰先于舆梁徒杠者。乃下令治桥。"极力褒扬其重修之功。在所修《吴郡志》里,范成大也同时记载道:"行春桥,《续图经》云:'在横山下、越来溪中。湖山满目,亦为胜处。桥甚长,跨溪湖之口,好事者或名小长桥。岁久废阙。淳熙十六年,县令赵彦真始复修之。胜概为吴中第一。'"⑥

范成大更加频繁地往来田家采风,志录吴地风俗,比如岁末年初的节日习俗。《腊月村田乐府十首》序曰:

余归石湖,往来田家,得岁暮十事,采其语各赋一诗,以识土

① 范成大:《郑少融尚书初除端殿,以书见及,赋诗为贺》,富寿荪标校:《范石湖集》卷二十九,上海古籍出版社 2006 年版,第 403 页。

② 范成大:《次韵谢郑少融尚书为寿之作》,富寿荪标校:《范石湖集》卷二十九,上海古籍出版社 2006 年版,第 402 页。

③ 范成大:《喜收知旧书,复畏答,书二绝》,富寿荪标校:《范石湖集》卷三十一,上海古籍出版社 2006 年版,第 428 页。

④ 范成大:《亲戚小集》,富寿荪标校:《范石湖集》卷二十九,上海古籍出版社 2006 年版,第 407 页。

⑤ 范成大:《重修行春桥记》,孔凡礼辑:《范成大佚著辑存》,中华书局 1983 年版,第 20 页。

⑥ 范成大:《吴郡志》卷十七,江苏古籍出版社 1999 年版,第 245 页。

风,号村田乐府。其一《冬舂行》:腊日舂米,为一岁计,多聚杵白,尽腊中毕事,藏之土瓦仓中,经年不坏,谓之冬舂米。其二《灯市行》:风俗尤竞上元,一月前已买灯,谓之灯市,价贵者数人聚博,胜则得之,喧盛不减灯市。其三《祭灶词》:腊月二十四夜祀灶,其说谓灶神翌日朝天,白一岁事,故前期祷之。其四《口数粥行》:二十五日煮赤豆作糜,暮夜合家同飱,云能辟瘟气,虽远出未归者,亦留贮口分,至襁褓小儿及僮仆皆预,故名口数粥。豆粥本正月望日祭门故事,流传为此。其五《爆竹行》:此他郡所同,而吴中特盛。恶鬼盖畏此声,古以岁朝,而吴以二十五夜。其六《烧火盆行》:爆竹之夕,人家各又于门首燃薪满盆,无贫富皆尔,谓之相暖热。其七《照田蚕词》:与烧火盆同日,村落则以秃帚若麻藟竹枝辈燃火炬,缚长竿之杪以照田,烂然遍野,以祈丝谷。其八《分岁词》:除夜祭其先竣事,长幼聚饮,祝颂而散,谓之分岁。其九《卖痴呆词》:分岁罢,小儿绕街呼叫云:"卖汝痴!卖汝呆!"世传吴人多呆,故儿辈讳之,欲贾其余,益可笑。其十《打灰堆词》:除夜将晓,鸡且鸣,婢获持杖击粪壤致词,以祈利市,谓之打灰堆。此本彭蠡清洪君庙中如愿故事,惟吴下至今不废云。[1]

这十首村田乐府通俗易懂,具有极高的民俗学价值,如《祭灶词》:

> 古传腊月二十四,灶君朝天欲言事。云车风马小留连,家有杯盘丰典祀。猪头烂热双鱼鲜,豆沙甘松粉饵圆。男儿酌献女儿避,酹酒烧钱灶君喜。婢子斗争君莫闻,猫犬触秽君莫嗔。送君醉饱登天门,杓长杓短勿复云,乞取利市归来分。

再如《口数粥行》:

> 家家腊月二十五,淅米如珠和豆煮。大杓镵铛分口数,疫鬼闻香走无处。镂姜屑桂浇蔗糖,滑甘无比胜黄粱。全家团栾罢晚饭,在远行人亦留分。襁中孩子强教尝,余波遍沾获与臧。新元叶气

---

① 范成大:《腊月村田乐府十首》,富寿荪标校:《范石湖集》卷三十,上海古籍出版社 2006 年版,第409 页。

调玉烛,天行已过来万福。物无疵疠年谷熟,长向腊残分豆粥。

这些村田乐府和他所撰写的地方志《吴郡志》卷二"风俗"所记略同,志云:"腊日并力舂一岁粮,藏之土瓦甆中,经岁不蛀坏,谓之冬舂米。十六日,妇女祭厕姑,男子不得至。二十四日祭灶,女子不得预。二十五日食赤豆粥,云辟瘟。举家大小无不及,下至婢仆猫犬皆有之;家人有出外者,亦贮其分,名曰口数粥。是夕爆竹及傩田间燃高炬,名照田蚕。岁节祭馈用,除夜祭毕,则复爆竹,焚苍术及辟瘟丹。家人酌酒,名分岁。食物有胶牙饧、守岁盘。夜分祭瘟神,易门神、桃符之属。夜向明,则持杖击灰积,有祝词,谓之打灰堆。"①这些乐府诗和风俗志保留了原汁原味的村野民俗文化,是民众生活最亲切的写照,至今读来仍鲜活生动。

这个时期,范成大致力于民间文化的志录,一方面固然是因为对家乡的热爱,另一方面也似乎在向朝廷表态自己无意于政治。庚戌新年,光宗正式改元绍熙,二月望日,归田的范成大作了一篇意味深长的《范村记》。范村是他四年前在平江城中宅邸附近置办的一处新圃,此时范成大刻意为之作记。他首先谈到范村典故出自其先祖越相范蠡:

> 范村者,杜光庭《神仙感遇传》云:唐乾符中,吴民胡六子与其徒泛海,迷失道,漂流数日,至一山下,即登岸谋食,居人皆以礼相接,甚有情义。问此何许?则曰范村也。当见山长,引行至山顶,可十里所,花木夹道,风景清穆,宫室宏丽,侍者森列。一叟坐堂上,命客升阶,与语曰:"吾越相也,得道长生,居此岁久。山下皆吾子孙,相承已数十世。念汝远来,当以回飙相送。"比下,居人馈一粮糗。解维,风便,俄顷达西岸。时高骈镇淮南,闻之,招六子补六合镇将,始以所见为人言之。光庭之《传》云耳。②

春秋吴越争霸,范蠡帮助勾践兴越灭吴后,急流勇退,辞去相位,泛舟五湖。范成大用很长的篇幅引述唐人杜光庭《神仙传》,旨在说明海

---

① 范成大:《吴郡志》卷二,江苏古籍出版社 1999 年版,第 14 页。
② 范成大:《范村记》,《永乐大典》卷三五七九引《宋石湖大全集》,孔凡礼辑:《范成大佚著辑存》,中华书局 1983 年版,第 164 页。

上仙居范村乃范蠡退隐后所居之地；又举《列仙传》所云，凸显其市隐精神：

> 惟吾家陶朱公，用人之国，勋业盖世，越之君臣，方将社而稷之；乃不俟终日，棹扁舟而去。迹其行事，天壤一人而已。世无神仙可也，有之，非公谁宜仙者？《列仙传》又谓：公常卖药兰陵，彼人累代见之。范村岂其所定居耶？

范蠡被视为顺阳范氏之先祖，故范成大自称踵武祖风，崇尚隐逸，也给新买的小圃取名范村，并将孝宗、光宗所赐墨宝刻石其中：

> 某奉祠还乡，家西河之上，距海才百里，追怀祖武，想象仙山，月生潮来，悠然东望，烟云晻蔼，去人不远。会舍南小圃适成，辄以范村名之。圃中作重奎之堂，敬奉至尊圣寿皇帝、皇帝所赐神翰，勒之琬琰藏焉。四傍各以数椽为便坐，梅曰凌寒，海棠曰花仙，酴醾洞中曰方壶，众芳杂植曰云露，其后庵庐曰山长。盖瓦不足，参以蓬茅，虽不能如昔村之华，于云来家事，不啻侈矣。

范成大自愧没有范蠡的盖世功勋，但幸运的是能得到两朝圣上的隆恩，所以感激涕零：

> 噫！陶朱公渡兵江淮，震耀中国，分地以赐诸侯，功大名显，贵隆富盛，备福之极，度世而仙。昔村所有如此，今无一焉，独不愧斯名乎？虽然，公所成就固烈矣，而心危虑深，未及饮至，舍爵，半途腾逝，变姓扫迹，以二十年之成谋而莫之一朝居焉。某不肖，生值圣世，饕窃名禄，无以报塞万分，上恩天载，扶持全安之，老而归休，犹得宿卫两朝，赐书于家林之下，婆娑日涉，常在云汉昭回中。荣光所被，燕及猿鹤。此则昔村所无而今之所有。

范成大着意塑造出自己超然隐逸的形象，虽然当年造圃之时就已取范村之名，此时却坚称"实皇宋绍熙初元，岁在庚戌，某遂以范村名其圃"，无非是想借范蠡之事重申自己功成身退之意，也顺势向二圣竭力显示忠诚，可谓用心良苦。之所以如此，也可能是因为光宗即位后便着手审计财赋，整顿吏治，一时间朝野风声鹤唳，草木皆兵，人人自危。

南宋承平日久，官僚文恬武嬉、贿赂公行、骄纵奢靡、挥霍享受之风渐盛，光宗决心整顿。绍熙元年(1190)正月壬午，谏议大夫何澹请置绍熙会计录，遂诏澹同户部长贰检正都司稽考财赋出入之数以闻。① 二月，殿中侍御史刘光祖摘《御史台弹奏格》中关于中外臣僚、握兵将帅、后戚、内侍以及礼乐、讹杂、讥讽及奢僭之事，各凡有二十余条以奏上，乞付下报行，令知谨恪。② 此时朝中道学朋党之论也甚嚣尘上，被斥逐者不在少数，二月辛亥，刘光祖上疏批评世风不正："近世是非不明，则邪正互攻；公论不立，则私情交起。此固道之消长，时之否泰，而实国家之祸福，社稷之存亡系焉。甚可畏也。""因恶道学，乃生朋党；因生朋党，乃罪忠谏""一岁之内，斥逐纷纷"。③ 四月，刘光祖以论带御器械吴端被罢职。如此严酷的政治生态环境下，每个官员都有可能被牵连，甚至包括奉祠之人。

范成大也暗自紧张，他虽然不是贪腐之人，但是曾经任职的成都、建康等地，官场奢靡享乐之风颇盛。《两朝纲目备要》就曾有记载，点明成都、建康滥用公款吃喝的腐败行为："诸司每会集，一分计三百八十千。成都三司互送，则一饮之费，计三千四百余缗，建康六司乃倍之，而邻路监帅司尚不与。"④范成大深受此风影响，在建康时甚至恢复每岁时的公款宴饮，"陈正献公(按：陈俊卿)为留守斥去之，其后范致能还复其旧。"而去年王希吕任平江知府时，也常用公使钱大肆宴请在乡的范成大等人，李心传《建炎以来朝野杂记》甲集卷十七《公使库》云："淳熙中，王仲行尚书为平江守，与祠官范致能、胡长文厚，一饮之费，率至千余缗。"⑤其后平江府、吴县的地方官如邱宓、赵彦真等也都与他过从甚密，时常宴饮。如今光宗整顿士风，奉祠的范成大自然要避开干系，他每每标榜自己闲极无聊的生活，如《咏怀自嘲》"退闲惊客至，衰懒怕书来"，

---

① 徐乾学：《资治通鉴后编》卷一二八，《景印文渊阁四库全书》，台湾商务印书馆 1986 年版，第 344 册，第 491 页。
② 李心传：《建炎以来朝野杂记》乙集卷十一，中华书局 2000 年版，第 675 页。
③ 徐乾学：《资治通鉴后编》卷一二八，《景印文渊阁四库全书》，台湾商务印书馆 1986 年版，第 344 册，第 492 页。
④ 佚名：《两朝纲目备要》卷八，《景印文渊阁四库全书》，台湾商务印书馆 1986 年版，第 329 册，第 810 页。
⑤ 李心传：《建炎以来朝野杂记》甲集卷十七，中华书局 2000 年版，第 394—395 页。

《早衰》"早衰头脑已冬烘，信拙心情似苦空。僚旧姓名多健忘，家人长短总佯聋"，《习闲》"闲看猫暖眠毡褥，静听獝寒叫竹篱。寂寞无人同此意，时时惟有睡魔知"，《一龛》"一龛窄似鸟窠禅，世界悠悠任大千"，《阴寒终日兀坐》"小窗日落犹棋局，穷巷更深尚屐声。莫把摧颓嫌暮景，且将闲散替劳生"，《亲戚小集》"避湿违寒不出门，一冬未省正冠巾"，《睡觉》"寻思断梦半蓇腾，渐见天窗纸瓦明"等等，但是他不宁的心绪偶尔隐晦地蕴藏在《蛮触》《偶然》等诗里，掺杂在上面诸诗以及志录风土节俗的《腊月村田乐府》等诗后，风格反差巨大。如：

> 蛮触纷挐室未虚，心知惩忿欠工夫。腹须空洞方容物，事过清凉已丧吾。万仞我山高不极，一团心火蔓难图。从今立示寒灰观，笑看苍黄走郑巫。(《蛮触》)

> 偶然寸木压岑楼，且放渠侬出一头。鲸漫横江无奈蚁，鹏虽运海不知鸠。躬当自厚人何责，世已相违我莫求。石火光中争底事，宽颜收拾付东流。(《偶然》)①

从诗中可以感受到，范成大似乎卷入什么风波，他在极力压抑自己的愤激情绪，不去和一些蚁鸠之辈计较，好在有惊无险，最终躲过一劫，不久之后，一切便风平浪静。

范成大又渐渐恢复了他的风雅生活。绍熙元年（1190）三月，原浙西提刑（提刑司在平江府）袁说友知平江府。② 袁说友为隆兴元年（1163）进士，乃范成大门生，在任提刑时便曾与同年浙西提举詹体仁（又名张体仁，字符善）发起姑苏同年会，绍熙元年正月初五日与诸人在姑苏台雅集，登临赋诗，结而成集，请当年的点检试卷官范成大作序。范成大深感欣慰，二月望日曾序曰：

> 绍熙改元，建安袁起岩、张元善俱使浙西，始以岁五日会同年之在吴下者于姑苏之台，登临胜绝，倾倒情素，献酬乐甚，赋诗相属，州里传写，一夕殆遍。好事者欢然高赞，以为《伐木》之诗也。

---

① 范成大：《蛮触》《偶然》，富寿荪标校：《范石湖集》卷三十，上海古籍出版社 2006 年版，第 414 页。
② 范成大：《吴郡志》卷二，江苏古籍出版社 1999 年版，第 83 页。

起岩谓仆尝涉春闱,属为序引。仆时位下,渠足数！独以亲见诸公贵名之起,又嘉二使君能修旧好,略记团司故实,以代扬觯之词,庶几号称同年者,闻风动怀,增重名义,或于雅道小有补焉,非直为一觞一咏设也。①

袁说友任知府后,请龚颐正书丹,将十二人所撰之诗与范成大序刻碑,立于府学。② 这一年,范成大便频繁地与平江知府袁说友次韵唱和,内容多及农事,有《次韵袁起岩瑞麦。此麦两岐已黄熟,其间又出一青枝,亦已秀实,传记所未载也》《次韵袁起岩甘雨即日应祈》《次韵袁起岩喜雨》等十余首,不一而足。袁起岩知道范成大爱花,官府池塘中并蒂莲开,便命人写生送给他欣赏,③还送两槛茉莉到范村。④ 绍熙元年(1190)五月到平江府接任浙西提刑的王正己也是一位风雅之士,王正己字正之,明州人,汪大猷妹婿、楼钥姑父,"少嗜山谷诗,造诣已深,为紫微王公洋所击赏。晚又以杜少陵、苏长公为标准。石湖参政范公成大见公近诗,叹曰:'不惟把降幡,殆将焚笔砚矣。'"⑤范成大与王正己唱酬甚欢,有《次王正之提刑韵谢袁起岩知府送茉莉二槛》《王正之提刑见和茉莉小诗甚工。今日茉莉渐过,木犀正开,复用韵奉呈二绝》等。

作为吴人,范成大不仅习作诗文,还对音乐以及音乐文学颇感兴趣。吴地音乐文化历来发达,据《吴郡志》卷二"风俗"所载,此地音乐形态多样,既有吴歈,即吴地民歌;也有古乐府《吴趋行》,《文选注》云:"此曲吴人歌其土风也。"⑥还有清乐吴音,乃古之遗音,"唐初古曲渐缺,管弦之曲多讹失,与吴音转远。议者请求吴人使之传习","吴声清婉,若

---

① 缪荃孙:《江苏金石记》(上)《同年酬唱碑》,张廷银、朱玉麒主编:《缪荃孙全集·金石》,凤凰出版社 2014 年版,第 411 页。

② 嵇璜、曹仁虎:《续通志》卷一百六十八《金石略》"同年酬唱诗",《景印文渊阁四库全书》,台湾商务印书馆 1986 年版,第 394 册,第 651 页。

③ 见范成大:《次韵袁起岩送示郡沼双莲图》《再赋郡沼双莲三绝》,富寿荪标校:《范石湖集》卷三十,上海古籍出版社 2006 年版,第 416 页。

④ 见范成大:《次王正之提刑韵,谢袁起岩知府送茉莉二槛》《再赋茉莉二绝》,富寿荪标校:《范石湖集》卷三十,上海古籍出版社 2006 年版,第 417 页。

⑤ 楼钥:《朝议大夫秘阁修撰致仕王公墓志铭》,顾大朋点校:《楼钥集》第五册,浙江古籍出版社 2010 年版,第 1840 页。

⑥ 萧统编,李善等注:《六臣注文选》,中华书局 2012 年版,第 525 页。

长江广流,绵绵徐游,国士之风。"这种清音雅乐流传于昆山一带,是昆曲之滥觞。范成大喜爱音乐,雅俗共赏,无论下里巴人的村田乐府还是文人雅士的阳春白雪,在他眼里各具其美。他也创作音乐文学,不仅仿照民歌写过《吴歈一首送丘宗卿自平江移会稽》和《腊月村田乐府》等,还擅长填词,"吟咏余思,游戏乐府,纵笔落纸,不雕而工,较之于诗,似又度骅骝前也。"①有词集《余妍亭稿》二百十有二阕。他的词作后人评曰:"音节最婉转。"②

浙西提刑王正己也是善解音律之人,曾与范成大共论琵琶妙曲,范成大有《复用韵记昨日坐中剧谈及赵家琵琶之妙,呈王正之提刑二绝》:"曹穆新声和者稀,如今妙手属天支。转关漫索都传得,想见飞凰舞绿丝。"诗末注云:"正之云:转关六么、漫索梁州、历统(按:当为弦)薄媚、醉吟商胡渭州,此四曲,承平时专入琵琶,今不复有能传者。余按《北梦琐言》载黔南节度王保义女善弹琵琶,梦吴人授曲,内有醉吟商一调,其来远矣。"③此琵琶女为赵从善家伎,为人端庄,技艺高超,范成大只是听王正己谈起,因病未能出席赵家亲见演奏,赵从善后便将琵琶女写真送给范成大一览,《戏题赵从善两画轴三首》小序曰:"王正之云'从善家有琵琶妓,甚工。'病翁未得见,借此画以戏之。"诗云:"无笑无言两断魂,一杯谁为暖霜寒。情知别有真真在,试与千呼万唤看。""搔头珠重步微摇,约臂金寒束未牢。要见低鬟擅玉腕,更须斜抱紫檀槽。"④艳羡、遗憾之余,范成大还把此事告诉了精通音律的姜夔,这位音乐才子格外留心,绍熙二年(1191)夏,游历江湖的姜夔在江东转运副使杨万里的建康府邸听到了失传的琵琶曲《醉吟商》,遂作乐谱留存。《醉吟商小品》序曰:"石湖老人谓予云:'琵琶有四曲,今不传矣。曰漫索(一曰漫弦)梁州、转关绿腰、醉吟商胡渭州、历弦薄媚也。'予每念之。辛亥之夏,予谒杨廷秀丈于金陵邸中,遇琵琶工,解作醉吟商胡渭州,因求得品弦法,译

---

① 杨长孺:《石湖词跋》,施蛰存主编:《词籍序跋萃编》,中国社会科学出版社 1994 年版,第 181 页。
② 陈廷焯:《云韶集》卷五,孙克强主编:《白雨斋词话全编》,中华书局 2013 年版,第 134 页。
③ 范成大:《复用韵记昨日坐中剧谈及赵家琵琶之妙,呈王正之提刑二绝》,富寿荪标校:《范石湖集》卷三十一,上海古籍出版社 2006 年版,第 420 页。
④ 范成大:《戏题赵从善两画轴三首》,富寿荪标校:《范石湖集》卷三十一,上海古籍出版社 2006 年版,第 427 页。

成此谱,实双声耳。"①

半年之后,绍熙二年(1191)的一个冬日,姜夔兴冲冲地载雪来访,与范成大谈词论曲,甚为相得。其《雪中访石湖》诗云:"雪矼如玉城,偏师敢轻犯。黄芦阵野鹜,我自将十万。三战渠未降,北面石湖范。先生霸越手,定自一笑粲。"②范成大也兴趣盎然地次韵,《次韵尧章雪中见赠》云:"玉龙阵长空,皋比忽先犯。鳞甲塞天飞,战逐三百万。当时访戴舟,却访一寒范。新诗如美人,蓬荜愧三粲。"③范成大家中乐班有自制曲子《玉梅令》,但苦于未填词,便嘱姜夔配词。是时范村的数亩梅花开得正盛,姜夔踏雪寻梅,很快便填就了《玉梅令》的新词。序云:"石湖家自制此声,未有语实之,命予作。石湖宅南,隔河有浦,曰范村。梅开雪落,竹院深静,而石湖畏寒不出,故戏及之。"词云:

> 疏疏雪片,散入溪南苑。春寒锁,旧家亭馆。有玉梅几树,背立怨东风,高花未吐,暗香已远。
>
> 公来领客,梅花能劝。花长好,愿公更健。便揉春为酒,剪雪作新诗,拌一日,绕花千转。④

范成大非常欣赏,意犹未尽,又留姜夔在范村小住月余,请其再创作新曲、新词,并令家班的乐工歌儿配合。姜夔和梨园弟子们花前月下,灵感乍现,两首新曲的旋律从心中汩汩流出,姜夔立刻谱下音调,并亲自填词。《白石道人歌曲》卷四《暗香》序曰:"辛亥之冬,予载雪诣石湖。止既月,授简索句,且征新声。作此两曲,石湖把玩不已,使工妓隶习之,音节谐婉,乃名之曰《暗香》《疏影》。"《暗香》词曰:

> 旧时月色,算几番照我,梅边吹笛。唤起玉人,不管清寒与攀摘。何逊而今渐老,都忘却、春风词笔。但怪得、竹外疏花,香冷入瑶席。
>
> 江国,正寂寂。叹寄与路遥,夜雪初积。翠樽易泣,红萼无言耿相

---

① 姜夔:《醉吟商小品》,夏承焘:《姜白石词编年笺校》,上海古籍出版社1998年版,第37页。
② 姜夔:《白石道人诗集》卷上,台湾商务印书馆1986年版,第1175册,第67页。
③ 范成大:《次韵尧章雪中见赠》,富寿荪标校:《范石湖集》卷三十三,上海古籍出版社2006年版,第441页。
④ 姜夔:《玉梅令》,夏承焘:《姜白石词编年笺校》,上海古籍出版社1998年版,第47页。

忆。长记曾携手处，千树压、西湖寒碧。又片片、吹尽也，几时见得。

《疏影》词曰：

苔枝缀玉，有翠禽小小，枝上同宿。客里相逢，篱角黄昏，无言自倚修竹。昭君不惯风沙远，但暗忆、江南江北。想佩环、月夜归来，化作此花幽独。

犹记深宫旧事，那人正睡里，飞近蛾绿。莫似春风，不管盈盈，早与安排金屋。还教一片随波去，又却怨、玉龙哀曲。等恁时、再觅幽香，已入小窗横幅。

范成大和姜夔每天"雪里评诗句，梅边按乐章"，[1]宾主甚为欢洽。绍熙二年（1191）除夜，姜夔在范家盘桓经月后，启程返回吴兴（治今浙江湖州），临别之际，范成大将家妓青衣小红赠给姜夔。元陆友仁《研北杂志》卷下记下这段文坛佳话："小红，顺阳公（即范石湖）青衣也，有色艺。顺阳公之请老，姜尧章诣之。一日授简，征新声。尧章制《暗香》《疏影》两曲，公使二妓肄习之，音节清婉。尧章归吴兴，公寻以小红赠之。其夕大雪，过垂虹，赋诗曰：'自琢新词韵最娇，小红低唱我吹箫。曲终过尽松陵路，回首烟波十里桥。'尧章每喜自度曲，吟洞箫，小红辄歌而和之。"[2]范成大是真正懂得欣赏艺术和美的人，他赏识姜夔的音乐、文学才华，毫不吝啬地把小红送给他。有知音之人作伴，红袖添香，琴瑟和鸣，姜夔创作激情勃发，在从石湖回吴兴的途中连续写下十首绝句，《除夜自石湖归苕溪》云："细草穿沙雪半销，吴宫烟冷水迢迢。梅花竹里无人见，一夜吹香过石桥。""三生定是陆天随，又向吴松作客归。已拼新年舟上过，倩人和雪洗征衣。"后来姜夔将这些诗抄录下来寄给杨万里，诚斋击节称赏，赞道："有裁云缝雾之妙思，敲金戛玉之奇声。"[3]可以说，范成大助推姜夔达至艺文创作的一个高峰。

① 姜夔：《悼石湖三首》，《白石道人诗集》卷下，《景印文渊阁四库全书》，台湾商务印书馆 1986 年版，第 1175 册，第 75 页。

② 陆友仁：《研北杂志》卷下，《景印文渊阁四库全书》，台湾商务印书馆 1986 年版，第 866 册，第 605 页。

③ 姜夔：《除夜自石湖归苕溪》，《白石道人诗集》卷下，《景印文渊阁四库全书》，台湾商务印书馆 1986 年版，第 1175 册，第 78 页。

三　肠断当涂

范成大在姑苏诗意地栖居。他自称过着神仙日子，"管领神仙侣，追陪山长家。往来惟意适，歌舞对年华。"①他精心营建自己的园林，家宅寿栎堂前假山上的一小山峰有凌霄花盛开，葱蒨如画，"天风摇曳宝花垂，花下仙人住翠微。一夜新枝香焙暖，旋熏金缕绿罗衣。"②范成大名之曰凌霄峰。石湖别业更是众芳烂漫，"尽把园林蒙锦绣，多添门户锁烟霞。"③他与士大夫相从，鉴赏书画，作序作跋，如《白玉楼步虚词六首》序曰："赵从善示余《玉楼图》，其前玉阶一道，横跨绿霄。中琪树垂珠网，夹阶两旁。绿霄之外，周以玉阑，阑外方是碧落。阶所接亦玉池，中间涌起玉楼三重，千门万户，无非连璐重璧。"④他为《兰亭序》石刻本作跋，"《兰亭序》，唐世摹本已不复见，今但石本耳。摹手刻工各有精粗，故等差不同。惟自定武者，笔意仿佛尚存，士大夫通知贵重，皆欲以所藏者当之，而未必然也。观此本，则不容声矣。绍兴（按：当为熙）辛亥立冬，石湖范成大书。"⑤

范成大还坚持著书立说，继续编修《吴郡志》，并亲自实地考察一些遗址。譬如他几度去虎丘，勘察天下第三泉石井的真正所在，并告知寺僧如壁。《再到虎丘》诗末注云："虎丘石井在张又新《东南水品》第三，今寺僧不能名其处，妄指寺中一土井当之。经藏后有大方井，旧名观音井，上有石柱，为挂辘轳之处，疑此是古石井。今井已埋塞百年，柱亦徙他用，累讽住山者多邈然。今以语壁老。"⑥不久，虎丘僧淘古井，绍熙二

---

① 范成大：《代儿童作端午贴门诗三首》，富寿荪标校：《范石湖集》卷三十二，上海古籍出版社 2006 年版，第 431 页。

② 范成大：《寿栎堂前小山峰凌霄花盛开，葱蒨如画，因名之曰凌霄峰》，富寿荪标校：《范石湖集》卷三十二，上海古籍出版社 2006 年版，第 430 页。

③ 范成大：《闰月四日石湖众芳烂熳》，富寿荪标校：《范石湖集》卷三十三，上海古籍出版社 2006 年版，第 442 页。

④ 范成大：《白玉楼步虚词六首》，富寿荪标校：《范石湖集》卷三十二，上海古籍出版社 2006 年版，第 436 页。

⑤ 俞松：《兰亭续考》卷一，《景印文渊阁四库全书》，台湾商务印书馆 1986 年版，第 682 册，第 160 页。

⑥ 范成大：《再到虎丘》，富寿荪标校：《范石湖集》卷三十二，上海古籍出版社 2006 年版，第 434 页。

年(1191)沈揆接任平江知府后,^①次年作屋覆井,并在井旁筑亭,以便烹茶宴坐,吴郡乡邦茶文化又增风雅之处。范成大《吴郡志》卷二十九"土物"记载:"唐张又新品第东南烹茶之水为七等,以虎丘石井为第三,吴松江为第六。今剑池傍经藏之后有大石井,面阔丈余,嵌岩自然,上有石辘轳,岁久堙塞。今寺僧乃以山后寺中土井为石井,甚可笑。绍兴(按:当为"熙")三年,主僧如壁始淘古石井,去淤泥五丈许,四傍皆石壁,鳞皴天成。下连石底渐窄,泉出石脉中,一宿水满。井较之二水味甘冷,胜剑池。时郡守沈揆虞卿闻之往观,大喜,为作屋覆之,别为亭于井傍,以为烹茶宴坐之所。自是古迹复出,邦人咸喜。"^②虎丘山中的名胜甚多,《吴郡志》记曰:"最者剑池、千人坐也""又有秦王试剑石、点头石、憨憨泉,皆山中之景"。^③ 范成大也将部分写入《虎丘六绝句》诗中,如《剑池》《千人坐》《点头石》。为了写方志,他还不耻下问,赵汝谈《吴郡志》序称:"石湖在时,与郡士龚颐正、滕宬、周南厚。三人者,博雅善道古,皆州之隽民也,故公数咨焉。而龚荐所闻于公尤多。"^④

范成大一向注重生活品质,虽然不追求奢华,但高贵清雅兼具,淳熙十年(1183)病退后尤甚。他在寿栎堂前所造假山,多为收藏的古石、奇石叠成,价格不菲。如"小峨眉"即是灵璧古石,"尤物显晦定有数,昨者惠顾不待招"^⑤;"烟江叠嶂"据诗序所云,"此石里人方氏所藏故物,非近年以人功雕斫者比,尤可贵。"^⑥他在宅邸附近置办的范村,乃购买王氏出租房拆建,占地七十楹,其中的名贵花木如梅花、菊花,各色品种齐全,达数十种之多,也是不小的开销。范成大还不断地添置新品,譬如牡丹,《吴中旧事》记:"吴俗好花,与洛中不异。""而独牡丹、芍药为好尚之最,而牡丹尤贵重。"毕希文(叔兹)家有数百株,^⑦范成大便从其购买,有《简毕叔兹觅牡丹》等诗为证。由于体弱多病,他一直很注重保养,天

① 范成大:《吴郡志》卷十一,江苏古籍出版社1999年版,第152页。
② 范成大:《吴郡志》卷二十九,江苏古籍出版社1999年版,第430—431页。
③ 范成大:《吴郡志》卷十六,江苏古籍出版社1999年版,第224页。
④ 赵汝谈:《吴郡志》序,范成大:《吴郡志》,江苏古籍出版社1999年版,第1页。
⑤ 范成大:《小峨眉》,富寿荪标校:《范石湖集》卷二十五,上海古籍出版社2006年版,第347页。
⑥ 范成大:《烟江叠嶂》,富寿荪标校:《范石湖集》卷二十五,上海古籍出版社2006年版,第348页。
⑦ 陆友仁《吴中旧事》曰:"如毕推官希文、韦承务俊心之属,多则数百株,少亦不下一二百株"。《景印文渊阁四库全书》,台湾商务印书馆1986年版,第590册,第453页。

冷要坐狨座,《狨坐覆蒲龛中》诗云:"蠹蚀尘昏度几年,蒙茸依旧软如绵。且来助暖乌皮几,莫忆冲寒紫绣鞯。"这种狨座是身份地位的标志,也比较昂贵,朱彧《萍州可谈》卷一记:"狨座,文臣两制、武臣节度使以上许用","价直钱百千"。冬天尚未到,室内便早早烧炭取暖,"未尽九秋先挟纩,犹赊十月已开炉"。① 饮食虽然不爱大鱼大肉,但也非常精细考究,《雪寒围炉小集》诗云:"席帘纸阁护香浓,说有谈空爱烛红。高钉膻根浇杏酪,旋融雪汁煮松风。"②连杨万里都感叹贵人多病,皆养之太过耳。③

然而,范成大病退故里已近十年,并没有多少经济来源。他的儿子范莘、范兹一直都没能考中进士,亦未从出仕,④这么一个大家庭的开销基本上还要靠他一个六十多岁的老人来维持,再加上这些年吃药治病花费不少,又置宅院、蓄家伎,所以渐渐入不敷出,到绍熙年间,范成大经济上便捉襟见肘了。他想再建小楼已经没有财力,只能无奈放弃念头,《廛居久不见山,或劝作小楼以助登览,又力不能办。今年益衰,此兴亦阑矣》诗云:"谒医并治庖,二事便衰疾。""尝试与匠谋,工费猬毛出。俸余强弩末,家事空囊涩。经营十年余,高兴竟萧瑟。人生不如意,十事常六七。身今况迟暮,长算屈短日。纵成此段奇,发白何由漆。且学商山翁,弯跧蛰霜橘。"⑤绍熙二年(1191)末,他写了一首《墙外卖药者九年无一日不过,吟唱之声甚适。雪中呼问之,家有十口,一日不出即饥寒矣》,诗云:"十口啼号责望深,宁容安稳坐毡针。长鸣大咤欺风雪,不是甘心是苦心。"这首诗和几年前所写《雪中闻墙外鬻鱼菜者求售之声甚苦有感三绝》有所不同,前组诗是听到卖鱼人求售的哀苦之声,不由地心生同情;而这首诗特别强调了卖药人要养活一家十口的责任,

---

① 范成大:《老态》,富寿荪标校:《范石湖集》卷三十一,上海古籍出版社 2006 年版,第 425 页。

② 范成大:《雪寒围炉小集》,富寿荪标校:《范石湖集》卷三十二,上海古籍出版社 2006 年版,第 435 页。

③ 杨万里:《谒范参政,并赴袁起岩郡会。坐中炽炭,周围遂中火毒,得疾垂死。乃悟贵人多病,皆养之太过耳》,《诚斋集》卷三十一。此诗作于绍熙元年,杨万里赴江东运副任,过苏州来访。辛更儒笺校:《杨万里集笺校》,中华书局 2007 年版,第 1588 页。

④ 范成大在桂林时给从兄范成象所写《与五一兄》曾称儿子"但未有赴试艺解者,极以为忧",并对成象之子范藻进士登科赴常州任表示祝贺与羡慕,"兄且得一子食禄,自此可以水浅长流矣"。见岳珂:《宝真斋法书赞》卷二十六,孔凡礼辑:《范成大佚著辑存》,中华书局 1983 年版,第 107 页。

⑤ 富寿荪标校:《范石湖集》卷三十三,上海古籍出版社 2006 年版,第 439 页。

他能体会到那种养家糊口的巨大压力,尽管卖药人"吟唱之声甚适",但范成大明白那"不是甘心是苦心",和自己目前的生计状况大同小异,遂多了几分同病相怜的感觉,产生情感共鸣,颇有点"座中泣下谁最多,江州司马青衫湿"的意味。

家庭生计是个现实问题,面对生活压力,一家之主范成大必须要想办法经营。他在石湖开荒,种了一块新田以增收粮食。绍熙三年(1192)所作《检校石湖新田》诗云:"今朝南野试开荒,分手耘锄草棘场。下地若干全种秫,高原无几谩栽桑。芦芽碧处重增岸,梅子黄时早浚塘。田里只知温饱事,从今拼却半年忙。"①种田所得收益非常有限,出仕还是最好的治生之途。不久前,与他隔邻而居两年的赵从善也出山了,去赴淮东漕。范成大《送赵从善少卿将漕淮东》诗云:"披草两年南北巷,折梅明日短长亭。门前车辙从今少,寂寞柴荆且暂扃。"②颇有几分落寞离索之感。和他年龄相仿的杨万里还在江东转运副使的位子上忙碌着,这位进士同年一官一集,去年给他寄来《江东集》并索要新诗,范成大惭愧于自己闲居并无什么可写。建康是他昔日曾作知府的地方,杨万里的诗集让他回想起过去的岁月,"残灯独照江东集,短梦相寻白下门",但如今的自己真地不堪一提,"事业光阴今若此,故人休说旧襟期。"③

他的亲族也日见凋敝。淳熙十二年(1185),文彦博的后人文季高曾去兴元府(治今陕西汉中市)做通判,范成大连赋五首诗为其送行。如今文季高客死成都,四川制置使京镗(仲远)诿送其家,扶护还吴。④文家门户需要有人支撑,文季高的族兄文处厚千里遥遥奔赴四川参加

---

① 范成大:《检校石湖新田》,富寿荪标校:《范石湖集》卷三十三,上海古籍出版社 2006 年版,第442 页。
② 范成大:《送赵从善少卿将漕淮东》,富寿荪标校:《范石湖集》卷三十二,上海古籍出版社 2006 年版,第 437 页。
③ 范成大:《谢江东漕杨廷秀秘监送江东集并索近诗二首》,富寿荪标校:《范石湖集》卷三十二,上海古籍出版社 2006 年版,第 432 页。
④ 范成大:《送文处厚归蜀类试》诗末注云:"处厚族弟季高客死成都,制置使京仲远诿送其家,扶护还吴。慨然远来,忘其劳费。"富寿荪标校:《范石湖集》卷三十三,上海古籍出版社 2006 年版,第 443 页。

类试,以期走科举捷径出仕。① 范成大为其送行,《送文处厚归蜀类试》云:"万里东来万里归,正怜寡妇与孤儿。""故家零落今余几,门户非君更属谁。"②透着几分凄楚。离开官场闲冷太久,不仅影响经济收入,甚至也逐渐丧失话语权。范成大在给另外一个亲戚的书信中无奈地写道:"前辱须委甚是,为宛转法司,为闲冷之久,度不能响应,故久而未有寸效。"③为了家庭生计,也为家中晚生后辈的前途,他有点想复出了。南宋祠禄制度,主动奉祠者可通过自陈复职,"因奏请得祠禄者,将来尚可以复任职守;若朝命与之,则不任也。"④范成大几次奉祠都是主动奏请,所以他仍有复职出仕的机会。但这一回光宗只给曾经的封疆大吏、参知政事安排了知太平州(治今安徽当涂县)的差事,此州领当涂、芜湖、繁昌三县,地处偏远,州小民寡,财力薄弱,范成大很不满意,"辞数四,优诏不允"。⑤ 绍熙三年(1192)五月,67 岁的范成大只能不顾高龄前去赴任了。

家人陪着范成大沿水路去当涂,不料途中 17 岁幼女得病。范成大有二子、二女。此幼女是淳熙三年(1176)生于成都,当时范成大正在四川制置使任上,家中长女已论嫁,两个儿子适值束发之年,正读书准备科举考试。⑥ 范成大年过半百得此娇女,格外钟爱。淳熙十年(1183)奉祠退居之后,年方 8 岁的小女儿便一直陪伴在身边,范成大的诗中每每出现她小小的身影:冬至节穿上新衣闹花灯,"新衣儿女闹灯前,梦里庄周正栩然。"⑦立春忙着做春卷,"择蔬翻饼闹残更,儿女喧喧短梦惊。"⑧

① 赵升《朝野类要》卷二记载:"宋川州军解士,只就安抚制置司类省试毕,径赴殿试。"中华书局 2007 年版,第 57 页。

② 范成大:《送文处厚归蜀类试》,富寿荪标校:《范石湖集》卷三十三,上海古籍出版社 2006 年版,第 443 页。

③ 范成大:《与先之帖》,孔凡礼辑:《范成大佚著辑存》,中华书局 1983 年版,第 113 页。

④ 赵升:《朝野类要》卷五,中华书局 2007 年版,第 101 页。

⑤ 周必大《资政殿大学士赠银青光禄大夫范公成大神道碑》:"绍熙三年,加资政大学士,知太平州。公。"王蓉贵、(日)白井顺点校:《周必大全集》第 2 册,四川大学出版社 2017 年版,第 582 页。

⑥ 范成大:《与五一兄》:"定女日长成,已议所向矣。""七哥、九哥远路一遭,却得安乐。……前日在桂林时,先生不得人,枉费了光阴。今已得一佳士矣,且夕事定,敦逼两人为学矣。"见岳珂:《宝真斋法书赞》卷二十六,孔凡礼辑:《范成大佚著辑存》,中华书局 1983 年版,第 108 页。

⑦ 范成大:《冬至晚起,枕上有怀晋陵杨使君》,富寿荪标校:《范石湖集》卷二十,上海古籍出版社 2006 年版,第 296 页。

⑧ 范成大:《立春枕上》,富寿荪标校:《范石湖集》卷二十九,上海古籍出版社 2006 年版,第 408 页。

给老父亲捧汤奉药,祈福许愿,"尤怜小儿女,时报鹊鸣檐。"①"二分春色到穷阎,儿女祈翁出滞淹。"②父女关系非常亲密,小的时候会给老父亲撒娇,挽着他的胡须问今年重阳节有没有写诗,"挽须儿女太痴生,更问今年有诗否。"③长大后会拦着老父亲不让他冒险出门赏雪,"十步出门九步坐,儿女遮说相苟留。谓言此是少年事,岁晚牖户当绸缪。"④她和范成大一样喜欢花,"羡渠儿女健,绕屋探南枝。"⑤"女撷蘋花献,妻倾竹叶酬。"⑥也和范成大一样喜欢去石湖别业,"儿修鸡栅了,女挈菜篮归。"⑦"舫后装儿女,舻前酌弟兄。"⑧她陪着体弱的老父亲在那里赏花游览,"渔樵引入新花坞,儿女扶登小锦城。"⑨"篮舆缓缓随儿女,引入天香洞里来。"⑩十年间,她从天真烂漫的少女,长成亭亭玉立的大姑娘,活泼健康,体贴懂事,给范成大带来无限的天伦之乐,为他的生活增添许多生机和活力。此次赴任,范成大便带着幼女同行,却万万没有想到道中得病,在溧水(治今江苏南京溧水区)东坝舅舅家久留调养也未见痊愈,到了当涂逾月竟遽然离世。

掌上明珠在人生最美好的花季突然病故,范成大无法接受这个残酷的事实,肝肠俱碎,痛不欲生。他是个极重感情、亲情的人,早年就经历了父母双亡的剧痛,如今在迟暮之年,又遭遇白发人送黑发人的至

---

① 范成大:《藻侄比课五言诗,已有意趣,老怀甚喜。因吟病中十二首示之,可率昆季赓和,胜终日饱闲也》卷二十四,富寿荪标校:《范石湖集》,上海古籍出版社 2006 年版,第 338 页。

② 范成大:《惊蛰家人子辈为易疏帘》,富寿荪标校:《范石湖集》卷二十五,上海古籍出版社 2006 年版,第 353 页。

③ 范成大:《病中不复问节序,四遇重阳,既不能登高,又不觞客,聊书老怀》,富寿荪标校:《范石湖集》卷二十七,上海古籍出版社 2006 年版,第 378 页。

④ 范成大:《爱雪歌》,富寿荪标校:《范石湖集》卷三十三,上海古籍出版社 2006 年版,第 439 页。

⑤ 范成大:《春朝早起》,富寿荪标校:《范石湖集》卷二十九,上海古籍出版社 2006 年版,第 406 页。

⑥ 范成大:《石湖中秋二十韵。十二年前尝与工部兄及宾客为此游,今有隔世者,感今怀旧而作》,富寿荪标校:《范石湖集》,卷三十一,上海古籍出版社 2006 年版,第 421 页。

⑦ 范成大:《家人子辈往石湖检校暮归》,富寿荪标校:《范石湖集》卷二十五,上海古籍出版社 2006 年版,第 354 页。

⑧ 范成大:《阊门初泛二十四韵》,富寿荪标校:《范石湖集》卷二十七,上海古籍出版社 2006 年版,第 378 页。

⑨ 范成大:《携家石湖赏拒霜》,富寿荪标校:《范石湖集》卷二十九,上海古籍出版社 2006 年版,第 399 页。

⑩ 范成大:《中秋后两日,自上沙回。闻千岩观下岩桂盛开,复檥石湖,留赏一日,赋两绝》,富寿荪标校:《范石湖集》卷三十一,上海古籍出版社 2006 年版,第 421 页。

哀。杨万里《范女哀辞》记下了老朋友无尽的断肠之悲：

> 石湖先生参政范公，有爱女名某，字某，嬺德淑茂，年十有七。绍熙壬子五月，从公泛舟之官当涂。至公舍得疾，旬日而逝。公哀痛不自制，八月，命其同年生诚斋野客杨某作辞以哀之，曰："有斋石湖之季女兮，肇俊茂而青葱。兰苗芽以芬播兮，玉在璞而光融……何若而人之不淑兮，奄一疢而长终。忍舍兰陔之孝养兮，莽玉女宓妃之与从。父曰：'嗟予膳之孰视兮。'母曰：'嗟予命之畴同？'尽两亲之哀溃兮，遗九宗之长恫。塞石湖之恸而莫之释兮，小极而隐几乎书之丛。梦漂漂而行远兮，求吾儿乎四方上下之青穹。"①

当年轻的鲜活生命倏然逝去，金钱、事功、名利全都没有丝毫意义了。伤心欲绝的范成大断然请祠，离开当涂这个断肠之地，又回到故里，"下车逾月，幼女将有行而逝。公追悼切至，遂请纳禄，复得洞霄而归。"②距离他上任太平州仅数月。绍熙三年（1192）冬，通判潭州（治今湖南长沙市）的周必大从邸报得知这一消息，来信劝慰老友：

> 某昨于邸报中，睹当涂谢章，方遣人致贺，旋审再伸祠请，莫晓其故。已而方闻爱女道中得病，久留东坝，开藩之后，竟去闺房。天性钟爱，决知难于解释。世间幻化，高明所达，既哭之恸，又津送以时，自应一笔勾断，不复留置胸臆矣。③

但范成大始终难以忘怀。女儿的离去给他内心留下巨大的空洞，无法填补。范村的梅花又开了，一片香雪海。可今年的天气作怪，连夕大风，将初绽的花儿吹落殆尽，范成大连写下三首悼花词：

> 枝南枝北玉初匀，夜半颠风卷作尘。春梦都无三日好，一冬忙

---

① 杨万里：《诚斋集》卷四十五《范女哀辞》，辛更儒笺校：《杨万里集笺校》，中华书局 2007 年版，第 2313—2314 页。

② 周必大：《资政殿大学士赠银青光禄大夫范公成大神道碑》，王蓉贵、（日）白井顺点校：《周必大全集》第 2 册，四川大学出版社 2017 年版，第 582 页。

③ 周必大：《范至能参政》，《文忠集》卷一百九十一《书稿》卷六，王蓉贵、（日）白井顺点校：《周必大全集》第 3 册，四川大学出版社 2017 年版，第 1800 页。

杀探梅人。

　　玉雪飘零贱似泥，惜花还记赏花时。赏花不许轻攀折，只许家
人戴一枝。

　　花开长恐赏花迟，花落何曾报我知。人自多情春不管，强颜犹
作送春诗。①

　　"枝南枝北玉初匀，夜半颠风卷作尘。"像极了他那个花样年华的女
儿匆匆离去。看着满眼的"玉雪飘零贱似泥"，范成大心中无限怜惜，昔
日女儿赏花时的种种情景又浮现在眼前——"惜花还记赏花时"。那时
因为太喜欢花儿，都不许爱美的小女儿多折两枝戴上，"赏花不许轻攀
折，只许家人戴一枝。"如今自己有心爱花、赏花，无奈花儿悄然零落，就
像女儿倏忽离去，"花开长恐赏花迟，花落何曾报我知。"令人猝不及防，
徒留伤感，空叹造化弄人，"人自多情春不管，强颜犹作送春诗。"几位亲
戚朋友前来看望他，范成大请他们在凌寒残梅之下小饮，枝上剩着的几
朵稀疏的梅花令他恍惚之间产生了错觉，莫非花儿还未曾开过？莫非
女儿还没有离去？"春风动是隔年期，更对残花把一卮。少待和烟和月
看，依稀犹似未开时。"②但满地的落英让他很快回过神来，花间小路都
被如香似玉的花瓣覆盖，密密挨挨，不留一丝缝隙，原来花儿真的已经
凋落了。如今心爱的女儿也香消玉殒，不能再像从前那样搀扶着他去
赏花。步履沉重的老人拄着干枯的藜杖，呆呆地望着堆积满地的花瓣，
不忍心落杖行走。"问人何处是花蹊，香玉匀铺不见泥。莫怪山翁行步
涩，更无空处着枯藜。"长歌当哭，何其痛哉！

　　范成大明显地衰老了，"范村如荒村，一老雪垂领。"③绍熙四年
(1193)癸丑新年来临，他感到"年增血气减，药密饮食稀。气象不堪说，
头颅从可知。"④但是他做了一个梦，梦里返老还童，"忽作少年梦，娇痴

① 范成大：《连夕大风，凌寒梅已零落殆尽三绝》，富寿荪标校：《范石湖集》卷三十三，上海古籍出版社
　 2006 年版，第 444 页。
② 范成大：《唐懿仲诸公见过，小饮凌寒残梅之下二绝》，富寿荪标校：《范石湖集》卷三十三，上海古籍
　 出版社 2006 年版，第 445 页。
③ 范成大：《次韵陈融甫支盐年家见赠二首》，富寿荪标校：《范石湖集》卷三十三，上海古籍出版社 2006
　 年版，第 445 页。
④ 范成大：《梦觉作》，富寿荪标校：《范石湖集》卷三十三，上海古籍出版社 2006 年版，第 445 页。

逐儿嬉""梦中观河见,只是三岁时",莫非梦里才是真实的自己,醒来后的这个世界只是一个梦,"方悟梦良是,却疑觉为非"。这个梦说明范成大的内心深处还涌动着生的热望,他希望当下这痛苦的人生只是一场梦,一切终究会过去的。当春风再度拂过石湖,他种下的海棠又盛开了,这是一种极灿烂明艳的花,一树树地绽放,千朵万朵压枝低,绚丽似锦绣,如红云,惹得无数蜂蝶流连起舞。石湖的锦城头春光烂漫,热闹非凡。范成大打起精神像以前一样带着家人前去欣赏,春日艳阳下怒放的海棠令他震撼了,和寒风中飘零的梅花不同,海棠花在枝头开得那么恣肆,地上没有一片落红,"开过十分风不动,更无一片点苍苔",①让人感到生命的希望和美好。范成大似乎也重新点燃了生活的热情,忙着赏花听曲,"家人扶上锦城头,蜂蝶团中烂熳游。报答春光须小醉,红云洞里按伊州。""低花妨帽小携筇,深浅胭脂一万重。不用高烧银烛照,暖云烘日正春浓。"但是这一切只不过是回光返照罢了。

从石湖回来不久,范成大的夫人魏氏卒。"夫人,承直郎信臣女,绍兴参知政事敏肃公之犹子。敏肃知公深,一见以远大期之。"②范成大和魏夫人结缡四十载,感情深厚。丧女未足一年,又遭丧妻之痛,范成大的身体和精神彻底垮了。他形如槁木,心如死灰,半年内只写了一首诗《寄题毛君先生莲华峰庵》,表示要像毛先生那样到天台山修道,"我衰无力供樵苏,尚能相伴暖团蒲。但愿瘦筇缘未断,会把莲峰分一半。"③他也无心再撰写《吴郡志》,这部方志凝聚了他晚年的心血,已有 50 卷,包括沿革、分野、户口税租、土贡、风俗、城郭、学校、营寨、官宇、仓库场务、坊市、古迹、封爵、牧守、官吏、祠庙、园亭、山川、桥梁、水利、人物、进士题名、土物、郭外寺、县记、仙事、浮屠等 39 门,另有 3 个附录。全志所引的正史、野史、类书、专著、别集、笔记、方志等有近 150 种,约 170 人的各类诗文,保存了很多珍贵的资料,诸如苏州旧城城垣的范围和规

---

① 范成大:《闻石湖海棠盛开,亟携家过之三绝》,富寿荪标校:《范石湖集》卷三十三,上海古籍出版社 2006 年版,第 446 页。

② 周必大:《资政殿大学士赠银青光禄大夫范公成大神道碑》,王蓉贵、(日)白井顺点校:《周必大全集》第 2 册,四川大学出版社 2017 年版,第 583 页。

③ 范成大:《寄题毛君先生莲华峰庵》,富寿荪标校:《范石湖集》卷三十三,上海古籍出版社 2006 年版,第 446 页。

制,城门的名称、数量和位置,坊巷的布局和命名,水系的分布和桥梁的名称,历次治水的步骤、级次和方法,晋唐以来的园林胜迹、衣冠文物等都清晰可见。① 但遗憾的是,范成大身心交瘁,他无法继续《吴郡志》的编撰,所以志中所有建置到绍熙三年(1192)便戛然而止。

范成大多年有疾在身,自知将不久于人世,遂日夜手编其诗文,凡 136 卷。到了九月,他的病情加剧,弥留之际,拉着儿子范莘的手,把文集交付给他,嘱托要请杨万里为之作序。"逮将易箦,执莘手而授之,且曰:'吾集不可无序篇,有序篇非序篇,宁无序篇。今四海文字之友,惟江西杨诚斋与吾好,且我知。微斯人畴可以属斯事,小子识之。'"② 又令门人上疏朝廷奏请致仕。"四年九月,公疾病。语门人曰:'吾本不待年告老,今不济矣。亟为我刻奏。'"③ 不久,光宗下诏应允,由中书舍人楼钥亲撰外制《资政殿大学士通议大夫范成大转一官致仕》,诏曰:

> 胸中之有兵甲,世称小范之才高;扁舟之泛江湖,或谓鸱夷之仙去。皆尔乡间之旧,岂其苗裔之余。④

几天之后,绍熙四年(1193)九月五日,范成大卒于平江府家中,享年 68 岁。积官至通议大夫,爵自吴县开国男累封吴郡公,食邑三千二百户,实封一百户。朝廷再次下诏《范成大赠五官》,赠银青光禄大夫,并高度评价了这位身登二府、仕历三朝的老臣:

> 敕:旧弼遗荣,方遂垂车之志;需章上奏,忍闻易箦之言。天不慭遗,人其殄瘁。具官某,身登二府,仕历三朝。词章议论之高,无惭古昔;东西南北之表,咸著威名。曾辅政之几何,乃居闲之寝久。九龄之风度可想,晋公之神明不衰。石湖忽堕乎文星,寿栎遽成于

① 参见陆振岳:《吴郡志点校说明》,范成大:《吴郡志》,江苏古籍出版社 1999 年版,第 1—10 页。
② 杨万里:《石湖先生大资参政范公文集序》,辛更儒笺校:《杨万里集笺校》,中华书局 2007 年版,第 3296 页。
③ 周必大:《资政殿大学士赠银青光禄大夫范公成大神道碑》,王蓉贵、(日)白井顺点校:《周必大全集》第 2 册,四川大学出版社 2017 年版,第 582 页。
④ 楼钥:《资政殿大学士通议大夫范成大转一官致仕》,顾大朋点校:《楼钥集》第二册,浙江古籍出版社 2010 年版,第 626 页。

陈迹。云何不淑,而至于斯。念三吴人士之无多,叹一代风流之几尽。蹍五阶而进秩,按二品以疏恩。噫!三仕三已而赋归,岂复计生前之事;一官一集之传远,尚得垂身后之名。其或有知,当自无憾![①]

惊悉范成大离世,四方老友痛悼哀祭。陆游《梦范参政》诗可谓字字血泪:

> 梦中不知何岁月,长亭惨淡天飞雪。酒肉如山鼓吹喧,车马结束有行色。我起持公不得语,但道不料今遽别。平生故人端有几,长号顿足泪迸血。生存相别尚如此,何况一旦泉壤隔。欲怀鸡黍病为重,千里关河阻临穴。速死从公尚何憾,眼中宁复见此杰。青灯耿耿山雨寒,援笔诗成心欲裂。[②]

后又作《范参政挽词》:

> 孤拙知心少,平生仅数公。凋零遂无几,迟暮与谁同。琼树世尘外,神山云海中。梦魂宁复接,恸哭向西风。[③]

姜夔连作《悼石湖三首》,并亲往平江府吊丧,哭诉内心无限的哀思。"未定情钟痛,何堪更悼亡。遗书知伏枕,来吊只空堂"。[④] 陈造既有诗《又悼石湖老人》,又有《祭石湖先生文》,深切回忆师生之谊,"念昔杖屦,日亲色笑。心铭话言,荐旨此觞。师资如在,有泪颍川。"[⑤]

挚友周必大的祭文则概括了他独擅其全的一生:

> 惟公英迈秀杰,禀之于天。文学政事,独擅其全。三馆两制,飞腾隽躔。仪曹省闱,秉执文权。入赞大钧,智略凑前。周旋四

① 楼钥:《范成大赠五官》,顾大朋点校:《楼钥集》第二册,浙江古籍出版社 2010 年版,第 627 页。
② 陆游:《梦范参政》,《剑南诗稿》卷三十,《陆游集》第二册,中华书局 1976 年版,第 812 页。
③ 陆游:《范参政挽词》,《剑南诗稿》卷三十三,《陆游集》第二册,中华书局 1976 年版,第 867 页。
④ 姜夔:《白石道人诗集》卷下《悼石湖三首》,《景印文渊阁四库全书》,台湾商务印书馆 1986 年版,第 1175 册,第 75 页。
⑤ 陈造:《祭石湖先生文》,《江湖长翁文集》卷三十,《景印文渊阁四库全书》,台湾商务印书馆 1986 年版,第 1166 册,第 386 页。

方,誉问日宣。南帅交广,北使幽燕。西镇梁益,东表海堧。牧民御众,扬善惟贤。交奏显庸,度越拘挛。绰然余裕,洒翰飞笺。一纸晨出,万夫夕传。奉祠归里,膂力未衍。主盟斯文,谓当百年。范村花竹,石湖云烟。犹曰世浊,遂蜕而仙。①

① 周必大:《祭范至能参政文》,吴洪泽:《道光刻本周必大集佚闻杂考》,四川大学古籍整理研究所、四川大学宋代文化研究资料中心编:《宋代文化研究》第六辑,四川大学出版社1996年版,第210页。

结　语

"纵有千年铁门限,终须一个土馒头。"①范成大走完了自己的人生之旅,在南宋的政治史和文化史上,留下了浓重的一笔。

图9　范文穆公祠画像

范成大生活的时代正值宋金两国对峙,形势格外复杂,发生了靖康之难、绍兴和议、隆兴和议等重大历史事件,在孝宗朝出现"乾淳之治"的中兴局面。他的个人命运和国家命运息息相关,在经历国破家亡的苦难后,通过科举步入仕途,励精图治,忧国忧民,历典名藩,身登二府,为孝宗的中兴大业做出重要贡献,"望重百僚,名满四海"②,身后谥文穆。

在政治、经济方面,范成大始终拳拳于国计民生,勇于变革,兴利除弊。周必大称其"历典名藩,所至礼贤下士,仁民爱物。凡可兴利除害,不顾难

① 范成大:《重九日行营寿藏之地》,富寿荪标校:《范石湖集》卷二十八,上海古籍出版社 2006 年版,第 390 页。
② 陈三聘:《和石湖词跋》,施蛰存:《词籍序跋萃编》,中国社会科学出版社 1994 年版,第 276 页。

易，必为之"。① 诸如推行义役法，使民间互利互助；改革广西盐政，罢盐钞法，恢复官卖，夺商人之利以利官民；对减四川折估、酒税，罢免科籴；奏罢明州海物供奉及魏王移用钱数万缗，以宽民力；大力措置建康荒政，赈济灾民，"凡荒政之大略具是，一一皆可法者。"② 主政地方期间，他尤其重视兴修水利，曾复修处州通济堰、桂林朝宗古渠等，功在当代，利在千秋。

在外交方面，他有勇有谋，捍卫南宋国体尊严。临危受命出使金国之际，在金廷之上抗辞慷慨，毫不妥协，最终全节而还，风操震撼两国臣子；在广西经略安抚使任上，他降低安南贡使的礼遇规格，挫其骄气，树南宋国威。

在军事方面，他未雨绸缪，在处州时便力主扩招弓弩手，增强地方武装力量；制置四川时，内外兼治，调兵遣将，打击青羌、吐蕃扰边行动，维护边境和平安定。任沿海制置使时，注重安营扎寨，巩固海防。足智多谋，被时人视为诸葛武侯式人物。

在文化方面，他注重通过文教移风易俗，使民心向善；大力结交、荐举、选拔各方文士，利用点检试卷官、解试官、知贡举等身份悉心为国家储才。在处州、广西等名胜处修建亭台楼阁，作为文化地标，并亲自书榜题刻，扩大文化影响。在四川任职期间，他与民同乐，带动民间文化良性发展，陆游曾评价："公素以诗名一代，故落纸墨未及燥，士女万人，已更传诵，被之乐府弦歌，或题写素屏团扇，更相赠遗，盖自蜀帅守以来未有也。"促进了蜀地文化的进一步繁荣。

范成大一生始终不忘文人本色，惜时如金，一心向学。仕宦期间，他于应酬纷挈中乃如无事，不废书卷；舟车鞍马的旅途中，仍不辍笔墨。隆兴年间他出使金国，途中创作了行程录《揽辔录》和 72 首绝句，诗歌饱含着深沉热烈的爱国之情，展现了南宋使臣的碧血丹心，奏出了还我河山、收复中原的时代最强音，激扬一代士风，推动了"后乾淳"时期的

---

① 周必大：《资政殿大学士赠银青光禄大夫范公成大神道碑》，王蓉贵、（日）白井顺点校：《周必大全集》第 2 册，四川大学出版社 2017 年版，第 583 页。
② 黄震：《黄氏日抄》卷六十七，《全宋笔记》第十编·十，大象出版社 2018 年版，第 417 页。

爱国诗潮。① 乾道年间，赴帅桂林，写有《骖鸾录》和 42 首组诗《南征小集》；淳熙中，从桂林入蜀赴四川制置使任，途中不仅创作了风土志《桂海虞衡志》，还写有纪行诗百余篇，号《西征小集》；自成都返回苏州时，又作有《吴船录》，将沿途山川风俗、物产古迹尽录笔端。

范成大有着深厚的桑梓情怀。他自幼生长于石湖之畔，一生多次奉祠归里，晚年在平江府宅第和吴县石湖别业闲居近十年，写诗作志，为乡邦文化建设做出了巨大贡献。张镃曾经称赞道："石湖仙伯住吴门，事业文章两足尊。"②他晚年的诗歌带有浓郁的江南地方特色，《腊月村田乐府》《上元纪吴中节物俳谐体三十二韵》等诗，将吴中岁末年初的节日民俗渲染无遗，在江南风俗史上具有重要意义。《四时田园杂兴六十首》书吴语、作吴声、纪吴地、名吴物，对南宋吴中乡村进行了全景式写照，"不但是他的最传颂、最有影响的诗篇，也算得中国古代田园诗的集大成。"③"于陶、柳、王、储之外，别设樊篱"，④将中国古代田园诗创作推向了一个新的艺术高峰。他退居故里后编撰的《吴郡志》，保存了重要的乡邦文献，上承北宋朱长文的《吴郡图经续记》，下启明清两代苏州方志的编纂，无论明卢熊《苏州府志》、王鏊《姑苏志》还是清代四次官修府志，都以《吴郡志》为蓝本进行增广。他依据自己园圃中所植而撰写的《梅谱》《菊谱》，为研究我国古代江南地区的花卉提供了重要资料。

范成大在《吴郡志》中曾记录谚语："上有天堂，下有苏杭。"晚年的他在人间天堂姑苏实践着诗意地栖居。他对山水园林情有独钟，退居后在平江府宅第中营造的假山、精心规划的范村园圃以及在石湖营建的别业，代表了南宋时期苏州园林艺术的最高水准。尤其是石湖，经过他多年的打造，从一片名不见经传的乡村水域成为当地著名的自然文化景观，不仅湖光山色冠绝四方，更日渐成为江南人文渊薮。后世沈周、文徵明、唐寅等名士经常雅集于此，或读书作画，或吟诗作赋，留下

① 参见韩立平：《南宋中兴诗风演进研究》，华东师范大学出版社 2013 年版，第 144—148 页。

② 张镃：《有怀参政范公因书桂隐近事奉寄二首》，《南湖集》卷六，《景印文渊阁四库全书》，台湾商务印书馆 1986 年版，第 1164 册，第 596 页。

③ 钱锺书：《宋诗选注》，人民文学出版社 1989 年版，第 193 页。

④ 宋长白：《柳亭诗话》卷二十二，《清诗话三编》，上海古籍出版社 2014 年版，第 1 册，第 601 页。

一笔笔独特而珍贵的文化遗产。

"石湖春水绿于苔,时有诗人载酒来。欲访范公遗迹去,淡烟疏雨暗苏台。"①斯人虽已远逝,其精神之光却未曾磨灭,在历史的星空闪烁,倒映在石湖的波心。那光波承载着无尽的信息,诉说着宋代政治文化名人范成大的故事,留给千载之后的人们去感悟,去寻绎……

图 10　文徵明《石湖图卷》

① 钱子义:《石湖》,《三华集·种菊庵集》卷三,《景印文渊阁四库全书》,台湾商务印书馆 1986 年版,第 1372 册,第 108 页。

范成大年谱简编

靖康元年(1126)丙午　1 岁

六月初四出生。

建炎四年(1130)庚戌　5 岁

金宗弼焚掠平江府,生灵涂炭。亲历兵火。

绍兴五年(1135)乙卯　10 岁

父范雩以左儒林郎充江阴军教授,从兄范成象登进士第。

绍兴七年(1137)丁巳　12 岁

遍读经史。

绍兴九年(1139)己未　14 岁

大病濒死。
始为诗文。

绍兴十年(1140)庚申　15 岁

父范雩已为诸王宫大小学教授。随父在临安府,居仁和枣木巷。
往来佛日山,常与寺僧慧举游。

绍兴十一年(1141)辛酉　16 岁

四月,父范雩兼亲贤宅讲书;八月,除秘书正字。

绍兴十二年(1142)壬戌　17 岁

正月二十四日,父范雩差充省试点检试卷官。

八月,高宗生母韦太后自金南归,举国献赋颂;十一月十一日诏奖文理可采者,范成大在其列,日后参加科举可免文解一次。

十一月十九日,父范雩除校书郎兼玉牒所检讨官。

是年,母蔡氏(蔡襄孙女、文彦博外孙女)卒。

绍兴十三年(1143)癸亥　18 岁

二月,父范雩除秘书郎。六月致仕,旋卒。范成大离开临安府。

绍兴十四年(1144)甲子　19 岁

寓居昆山惠严禅寺。

绍兴十五年(1145)乙丑　20 岁

免文解,直接赴临安参加礼部试和殿试,落第。

绍兴十六年(1146)丙寅　21 岁

秋季,再赴临安参加太学补试,未中。

加入昆山诗社。

绍兴十七年(1147)丁卯　22 岁

秋季,赴建康府参加漕试,顺利得解。苏州府学乡举题名碑是年有其名。

绍兴十八年(1148)戊辰　23 岁

春季,在临安府参加礼部试,再次落第。

绍兴十九年(1149)己巳　24 岁

返回昆山禅寺苦读,准备再次参加科举考试。

绍兴二十年(1150)庚午　25 岁

秋季,赴扬州参加漕试,顺利得解。苏州府学乡举题名碑是年又有其名。

绍兴二十一年(1151)辛未　26 岁

春季,再度在临安府参加礼部试,又落第,备受打击。

绍兴二十二年(1152)壬申　27 岁

五月,卧病昆山禅寺。作《问天医赋》《荣木》《两木》等诗,遂无意科举。

父执王葆归昆山丁母忧,勉以举业,留之席下亲自督学。

绍兴二十三年(1153)癸酉　28 岁

岁末赴临安,应礼部试。

绍兴二十四年(1154)甲戌　29 岁

中张孝祥榜同进士出身。

绍兴二十五年(1155)乙亥　30 岁

娶魏良臣侄女,往来宣城、溧水岳家省亲。调徽州司户参军。

绍兴二十六年(1156)丙子　31 岁

岁初,赴徽州户曹任。十一月九日李稙知徽州,范成大有《上李徽州书》,颇受其青睐。

绍兴二十七年(1157)丁丑　32 岁

在徽州户曹任。十二月从兄太学博士范成象以言者论为汤鹏举党被罢职。

绍兴二十八年(1158)戊寅　33 岁

六月八日,潘莘到知徽州任。范成大有《知郡检计斋醮祷雨,登时感通,辄赋古风以附舆颂》。

沿檄绩溪、繁昌、休宁等县,作《临溪寺》《盘龙驿》《清逸江》《隐静山》等诗。

绍兴二十九年(1159)己卯　34 岁

春季,沿檄严、杭道中,得诗《淳安》《严州》《桐庐》《富阳》《余杭》《於潜》《昌化》等,有关心农桑之作,如《刈麦》《插秧》《晒茧》《科桑》等。

闰六月,潘莘罢职。

九月十六日,洪适来知徽州。范成大有《古风上知府秘书二首》等诗,深受洪适器重,期以远大。

绍兴三十年(1160)庚辰　35 岁

再次吏檄,途中创作《祁门》《灵山口》《浮梁》《番阳湖》《回黄坦》《桑岭》《天都峰》《温泉》等诗。

岁末,徽州司户参军秩满去任,返回故乡。

绍兴三十一年(1161)辛巳　36 岁

春季,前往临安,亲赴铨司,成功改官,升从事郎。回乡等待差遣。

五月,洪适二弟洪遵知平江府。八月,奉命为洪遵作《思贤堂记》;十月,作《瞻仪堂记》。

绍兴三十二年(1162)壬午　37 岁

岁初赴临安府,入监太平惠民和剂局。与周必大、陆游、韩元吉、林栗、尹穑等人交游。

四月,洪适三弟洪迈充贺登位使使金,范成大赋诗《送洪景卢内翰北使二首》。

六月,宋孝宗赵昚继承皇位。十二月,应诏陈时弊十事。

隆兴元年(1163)癸未　38岁

正月,洪遵知贡举,范成大为点检试卷官。有回复举子楼钥谢词之作《回楼大防启》。

四月,为编类高宗圣政所检讨官,兼敕令所编修官。

周必大、陆游等因反对龙大渊、曾觌去国,赋诗送行。

隆兴二年(1164)甲申　39岁

二月,除枢密院编修。

十二月,除秘书省正字。

乾道元年(1165)乙酉　40岁

三月,迁校书郎。

六月,兼国史院编修官。

十一月,迁著作佐郎,兼国史院编修官。

十二月,为昆山县令李结作《新开塘浦记》。

乾道二年(1166)丙戌　41岁

二月,除尚书吏部员外郎。仍兼国史院编修官。

三月四日,为言者论罢,遣返故乡。

闰七月,与友人王万等登姑苏台避暑,彼此唱和。

乾道三年(1167)丁亥　42岁

二月,应吴江主簿高文虎之请,作《新修主簿厅记》。

五月,周必大省王葆疾,过平江府,与范成大相晤。

六月,应吴江县令赵伯虚之请,作《三高祠记》。

八月,为吴县县令袁祖忠作《吴县厅壁续记》。

十二月,起知处州。

是岁,开始经营石湖别业,种木开荒,建农圃堂。

乾道四年(1168)戊子　43岁

五月,被召陛对,上《论日力国力人力疏》等。

八月,抵处州任。兴义役,改建平政桥,规划水利。

乾道五年(1169)己丑　44岁

四月,修复通济堰,撰《通济堰碑》,刻《堰规》二十条,刊石以传。

五月,被召回行在,除礼部员外郎兼崇政殿说书,并兼国史院编修、实录院检讨官。

九月,与权礼部侍郎郑闻同上《论郊祭明堂位置疏》。

十二月,擢起居舍人兼侍讲,仍兼国史院编修、实录院检讨官。

乾道六年(1170)庚寅　45岁

五月,迁起居郎。闰五月,命假资政殿大学士、醴泉观使充金国祈请国信使,求陵寝地及更改受书礼。

六月十五日,出国门。途中与周必大、陆游在平江府和镇江府先后相遇。

八月十一日,渡淮。九月初九抵燕宾馆。入见金主,请归还陵寝地、更改受书礼,申辩不屈,被拘客馆。

九月十五日,辞金主。所请二事均未果,但许归钦宗灵柩。次日,离金都返程。使金途中作 72 首绝句,名曰《北征小集》;有行程录《揽辔录》。

十月下旬,返回临安府。除中书舍人,兼同修国史、实录院同修撰。

乾道七年(1171)辛卯　46岁

三月,外戚张说除签书枢密院事。朝中多人反对,范成大当制,留词头七日不草拟制词。卒罢张说新命。

八月五日,充集英殿修撰、知静江军府事、提举学事、兼管内劝农使、充广南西路兵马都钤辖、兼本路经略安抚使、兼提举买马。

返故里待阙,悠游石湖。

乾道八年(1172)壬辰　47岁

三月,周必大领宫祠返里,途经平江府,同游石湖。

是年有《壬辰三月十八日石湖花下作》《刈麦行》《壬辰天中(按:当作"申"字)节赴平江锡燕,因怀去年以侍臣摄事捧御杯殿上,赋二小诗》《壬辰七月十六日侵晨真率会,石湖路中书事》等诗。

十二月七日,赴桂林任。二十八日,发余杭,与众亲友别。

乾道九年(1173)癸巳　48岁

正月初一,泊钓台。途经严州、衢州、鄱阳湖、南昌、清江、袁州、醴陵、湘潭、湘江、浯溪、永州等地,三月十日入静江府接任府事。途中得诗42首,名曰《南征小集》;逐日记录所见所闻,名曰《骖鸾录》。

六月,作《谕葬文》;八月葬旅枢,作《祭遗骸文》,旨在移风易俗。

九月,游水月洞、七星山、栖霞洞等,有题名。

十二月十三日,安南王李天祚遣使入贡方物,过静江府,奏请降低接待规格,诏从。

十二月十五日,因其上疏奏请,诏罢广西食盐客钞法,恢复官般官卖法。

冬,上奏疏,条陈马政之弊。

淳熙元年(1174)甲午　49岁

赈昭、贺二州旱灾,乞减四等以下户租田之半。

建言严边防,以备南丹州莫延甚作乱。六月二十一日,孝宗诏从。

八月,巧用将官沙世坚捕获兴安县大盗。

九月,设鹿鸣宴,赋诗劝驾。

十月,奏罢宜州买马,并弹劾宜州溪洞巡检常恭,罢黜之。

十月,除敷文阁待制、四川制置使、知成都府。十二月十九日,诏改管内(成都路)制置使。

是年在桂林作癸水亭、壶天观,修复朝宗古渠,有碧虚亭题名,作《屏风岩铭》等。

淳熙二年(1175)乙未　50 岁

正月二十八日,离桂林赴成都。取道全州、永州、衡阳、潭州、江陵、峡州、夔州、忠州、遂宁等地,六月七日,入成都府界。途中作诗 135 篇,名为《西征小集》;撰成广西风土志《桂海虞衡志》。

七月,复四川制置使,以成都府路安抚制置使摄使事。

到任前后,上疏言边事。八月五日,诏加强黎州屯戍;二十日,诏前黎州知州宇文绍直编管秦嵩;二十二日,降度牒五百道,措置成都路边防。二十五日,孝宗赐奖谕,认为所进"内教将兵、外修堡寨、团结土丁"三说皆善。

九月二十二日,诏令从诸司共选辟守官;二十六日,诏令兴州都统司可应机增援凤州,均从范成大奏请。

十月十六日,奏请选差绵州、潼川屯驻西兵轮戍黎州,从之。

淳熙三年(1176)丙申　51 岁

春季多游宴,与陆游等人诗词唱和。

文州蕃部扰边,榜告示之。制作弓箭,积极备战。

六月十二日,从范成大之请,诏减放四川酒税、折估钱。

七月,仓部员外郎李蘩来总领蜀赋,上疏言和籴之害,诏范成大同详度。

八月,筹边楼建成,九月陆游为作记。

十一月,青羌、吐蕃扣黎州边境,出奇兵退之。

是岁,应范成大之请,免关外阶、成、西和、凤四州和籴一年。

淳熙四年(1177)丁酉　52 岁

正月,大病上疏请归。奉诏列上兵民十五事。

四月,加封敷文阁直学士,诏赴行在。

五月二十九日,离成都。离蜀前主持撰成《成都古今丙记》,刻《隶释》等。

出成都,经永康军、江原、眉州、嘉州、泸州、忠州、夔州、江陵、黄州、池州、建康、常州等地,十月初三至平江府。行程近万里,历时四月余,途中随日所记,名曰《吴船录》。

十一月,入朝觐见孝宗,除权礼部尚书。

淳熙五年(1178)戊戌　53岁

正月九日,以权礼部尚书知贡举。

四月初二,迁中大夫,拜参知政事。兼权监修国史日历。

五月,与史浩、王淮、赵雄等奏论朋党事。

六月十二日,罢参知政事,在任仅70天。

奉祠退居故里,畅游石湖诸胜迹。

九月,孝宗遣使传诏抚问。

淳熙六年(1179)己亥　54岁

继续经营石湖别业,建北山草堂、千岩观等。与平江知府单夔、浙西运使徐本中等人交游。

三月,杨万里自常州移官广东提举常平,过平江府来晤范成大,二人同游石湖。

是年,与从兄范成象等亲邻频游石湖。

淳熙七年(1180)庚子　55岁

二月,差知明州,兼沿海制置使。

三月赴任。四日过临安陛对,奏请罢明州海物贡奉及魏王移用钱数万缗。

三月二十一日到任。颇多兴利除弊之奏,诸如论蕃舶贸易、铜钱外流之弊、沿海军政等。

与汪大猷、魏杞、刘应时、法恭、智鉴等明州名流交游。

淳熙八年(1181)辛丑　56岁

二月二十三日,除端明殿学士。

三月二十一日,除江南东路安抚使知建康府兼行宫留守。

闰三月十一日,过临安召对。十四日,辞于后殿。十六日,孝宗赐宴,并书"石湖"二大字以赐。

四月十三日,抵建康任。

是年适逢大旱,极力措置荒政,赈济灾民。

十二月,进上元县所种二麦,推动江南麦作生产。

淳熙九年(1182)壬寅　57 岁

正月六日,奏安抚流民归业。诏从之。

七月九日奉旨,朝廷所颁米斛,专委守臣认数桩管,总司不得干预。上《奏拨隶转般仓札子》《乞蠲免大军仓欠负札子》,请求将转般仓隶属守臣,并蠲除大军仓欠负米数。

八月十九日,因赈济有劳,诏转一官免二年磨勘。

九月九日,登临赏心亭。

十一月初二日,特授太中大夫。

是年重建凤凰台。

淳熙十年(1183)癸卯　58 岁

元日赋诗,有倦仕思归之意。

七月,广西废除范成大所推行的食盐官般官卖法,恢复客钞法。

自夏徂秋,五上章求闲。八月三十日,除资政殿学士,提举临安府洞霄宫。返回故里养病。

十月四日,诏两浙义役从民便。

淳熙十一年(1184)甲辰　59 岁

正月十六日,监察御史谢谔奏请诸路监司州县义役、差役听从民便。

在平江府宅第养病,甚少外出,与龚颐正、严焕等交游,与周必大书信往来。

五月和七月,右正言蒋继周进言严限监司、守倅接送等物,核实处州丁籍以便催科等。有针对范成大之意。

淳熙十二年(1185)乙巳　　60 岁

继续居家养病,与平江知府邱崈有词唱酬。

仍关心国计民生,有诗《题张戡蕃马射猎图》不忘抗金;《咏河市歌者》《雪中闻墙外鬻鱼菜者求售之声甚苦,有感三绝》等,同情怜悯穷苦百姓。

是年在城居之南买地,营建新圃,名范村。广种梅花,撰写《梅谱》。

淳熙十三年(1186)丙午　　61 岁

正月赋诗书怀,叙退居生活,间有不能忘怀政事之意。

是岁,身体渐康复,往来石湖别业,写成名作《四时田园杂兴六十首》。同时,撰写方志《吴郡志》。

淳熙十四年(1187)丁未　　62 岁

春季发生疫情,作诗悯吴民。自己身体状况亦欠佳。

夏季,姜夔来谒,自度新曲《石湖仙》为范成大祝寿,词中有行将起用之传闻。

重九,自勘寿藏之地,有《重九日行营寿藏之地》《得寿藏于先陇之傍,俯酬素愿,感慨交怀》。

十月初八,宋高宗崩。

淳熙十五年(1188)戊申　　63 岁

作高宗挽词数首。国丧期间,居家等待任命。

十一月,起知福州。十二月召对,延和殿奏论数事。辞行,孝宗赐御书,太子题"寿栎堂"字送之。

淳熙十六年(1189)己酉　　64 岁

正月,赴福州任。二月初二,孝宗内禅,光宗即位。行至婺州,称疾,力请奉祠,从之。

重返故里,应诏上疏论当世要务,覃恩转一官,封吴郡开国侯。

五月,挚友周必大罢相。

与浙西提刑袁说友、吴县县令赵彦真等交游甚密。作《重修行春桥记》《腊月村田乐府十首》。

绍熙元年(1190)庚戌　65 岁

正月初五,隆兴元年(1163)进士发起姑苏同年会,雅集赋诗,二月望日为诗集作序。同日,作《范村记》。

是岁,与平江知府袁说友、浙西提刑王正己交游甚密,次韵唱和,赏花听曲。

绍熙二年(1191)辛亥　66 岁

闲居故里,生计渐紧。继续编修《吴郡志》。

冬季,姜夔来访,盘桓经月,为范成大谱新曲并作词《暗香》《疏影》。除夜别去,范成大赠与青衣小红。

绍熙三年(1192)壬子　67 岁

春季,加资政殿大学士,知太平州。五月赴任。

六月,幼女病逝。大恸,请奉祠归。

绍熙四年(1193)癸丑　68 岁

春季,夫人魏氏卒。范成大病中自编全集。九月疾转剧,疏请致仕。

九月五日卒。赠银青光禄大夫。

主要参考文献

1. 毕沅:《续资治通鉴》,中华书局 1957 年版。

2. 蔡戡:《定斋集》,《景印文渊阁四库全书》,台湾商务印书馆 1986 年版。

3. 蔡伸:《友古词》,唐圭璋编纂:《全宋词》,中华书局 1999 年版。

4. 陈邦瞻:《宋史纪事本末》,中华书局 2015 年版。

5. 陈国灿、方如金:《宋孝宗》,吉林文史出版社 1997 年版。

6. 陈桱:《通鉴续编》,《景印文渊阁四库全书》,台湾商务印书馆 1986 年版。

7. 陈骙:《南宋馆阁录》,中华书局 1998 年版。

8. 陈寅恪:《金明馆丛稿二编》,上海古籍出版社 1980 年版。

9. 邓小南:《宋代文官选任制度诸层面》,中华书局 2021 年版。

10. 范成大:《吴郡志》,江苏古籍出版社 1999 年版。

11. 方万里等纂:《宝庆四明志》,《宋元方志丛刊》,中华书局 1990 年版。

12. 富寿荪标校:《范石湖集》,上海古籍出版社 2006 年版。

13. 龚明之:《中吴纪闻》,上海古籍出版社 2012 年版。

14. 龚昱:《昆山杂咏》,中华书局 1986 年版。

15. 顾大朋点校:《楼钥集》,浙江古籍出版社 2010 年版。

16. 顾潜:《(弘治)昆山县志》,清桂云堂抄本。

17. 洪亮吉等:《宁国府志》,《中国地方志集成》,江苏古籍出版社 1998 年版。

18. 洪迈：《夷坚志》，中华书局1981年版。

19. 洪迈撰，孔凡礼点校：《容斋五笔》，中华书局2005年版。

20. 胡铨：《胡澹庵先生文集》，清乾隆二十二年(1757)刻本。

21. 黄宽重：《宋代的家族与社会》，国家图书馆出版社2009年版。

22. 黄宽重：《艺文中的政治——南宋士大夫的文化活动与人际关系》，台湾商务印书馆2019年版。

23. 黄畬校注：《石湖词校注》，齐鲁书社1988年版。

24. 黄震：《黄氏日抄》，《全宋笔记》第十编·十，大象出版社2018年版。

25. 黄之隽等：《乾隆江南通志》，《中国地方志集成》，凤凰出版社2011年版。

26. 嵇璜、刘塘等：《续通典》，浙江古籍出版社2000年版。

27. 靳治荆：《康熙歙县志》，清康熙年间刊本。

28. 孔凡礼：《范成大笔记六种》，中华书局2002年版。

29. 孔凡礼：《范成大年谱》，齐鲁书社1985年版。

30. 孔凡礼辑：《范成大佚著辑存》，中华书局1983年版。

31. 李庆甲：《瀛奎律髓汇评》，上海古籍出版社2005年版。

32. 李心传：《建炎以来朝野杂记》，中华书局2000年版。

33. 李心传撰，胡坤点校：《建炎以来系年要录》，中华书局2013年版。

34. 李遇孙：《栝苍金石志》，《续修四库全书》，上海古籍出版社1996年版。

35. 梁庚尧：《宋代科举社会》，东方出版中心2017年版。

36. 凌郁之辑校：《鄱阳三洪集》，江西人民出版社2011年版。

37. 刘公纯等点校：《叶适集》，中华书局1961年版。

38. 刘时举：《续宋编年资治通鉴》，《景印文渊阁四库全书》，台湾商务印书馆1986年版。

39. 卢熊撰：《洪武苏州府志》，成文出版社1983年版。

40. 陆友仁：《吴中旧事》，《景印文渊阁四库全书》，台湾商务印书馆1986年版。

41. 陆友仁：《吴中旧事》，《景印文渊阁四库全书》，台湾商务印书馆 1986 年版。

42. 罗愿：《新安志》，《宋元方志丛刊》，中华书局 1990 年版。

43. 马端临：《文献通考》，中华书局 2011 年版。

44. 梅应发、刘锡同：《开庆四明续志》，《宋元方志丛刊》，中华书局 1990 年版。

45. 莫震：《石湖志》，《续修四库全书》，上海古籍出版社 1996 年版。

46. 潘绍诒：《处州府志》，《中国地方志集成》，江苏古籍出版社 1993 年版。

47. 钱谷：《吴都文粹续集》，《景印文渊阁四库全书》，台湾商务印书馆 1986 年版。

48. 钱仲联、马亚中：《陆游全集校注》，浙江教育出版社 2011 年版。

49. 潜说友：《咸淳临安志》，《宋元方志丛刊》，中华书局 1990 年版。

50. 沈朝宣纂修：《嘉靖仁和县志》，《四库全书存目丛书·史部》，齐鲁书社 1996 年版。

51. 沈松勤：《南宋文人与党争》，人民出版社 2005 年版。

52. 沈翼机等：《雍正浙江通志》，《中国地方志集成》，凤凰出版社 2010 年版。

53. 孙逢吉：《职官分纪》，《景印文渊阁四库全书》，台湾商务印书馆 1986 年版。

54. 田汝成辑撰，尹晓宁点校：《西湖游览志》，上海古籍出版社 2017 年版。

55. 脱脱等：《宋史》，上海古籍出版社、上海书店 1986 年版。

56. 王鏊：《正德姑苏志》，《中国地方志集成·善本方志辑·第一编》，凤凰出版社 2014 年版。

57. 王德毅：《范石湖先生年谱》，吴洪泽、尹波主编：《宋人年谱丛刊（九）》，四川大学出版社 2003 年版。

58. 王峻、顾登:《乾隆昆山新阳合志》,乾隆十六年(1751)刻本。

59. 王明清:《挥麈录·后录》,上海书店出版社 2001 年版。

60. 王蓉贵、(日)白井顺点校:《周必大全集》,四川大学出版社 2017 年版。

61. 王瑞来:《周必大集校证》,上海古籍出版社 2020 年版。

62. 王瑞来:《宋宰辅编年录校补》,中华书局 1986 年版。

63. 王应麟辑:《玉海》,广陵书社 2003 年影印本。

64. 王兆鹏:《宋南渡词人群体研究》,凤凰出版社 2009 年版。

65. 王曾瑜:《宋高宗》,吉林文史出版社 1996 年版。

66. 吴儆:《竹洲集》,《景印文渊阁四库全书》,台湾商务印书馆 1986 年版。

67. 吴寿宽等:《民国高淳县志》,《中国地方志集成》,江苏古籍出版社 1991 年版。

68. 夏承焘:《姜白石词编年笺校》,上海古籍出版社 1998 年版。

69. 辛更儒:《杨万里集笺校》,中华书局 2007 年版。

70. 辛更儒:《范成大集》,中华书局 2020 年版。

71. 熊子臣等:《栝苍汇纪》,《四库全书存目丛书·史部》,齐鲁书社 1996 年版。

72. 徐乾学:《资治通鉴后编》,《景印文渊阁四库全书》,台湾商务印书馆 1986 年版。

73. 徐松辑、刘琳等校点:《宋会要辑稿》,上海古籍出版社 2014 年版。

74. 杨士奇:《历代名臣奏议》,《景印文渊阁四库全书》,台湾商务印书馆 1986 年版。

75. 佚名:《绍兴十八年同年小录》,《景印文渊阁四库全书》,台湾商务印书馆 1986 年版。

76. 佚名:《宋史全文》,中华书局 2016 年版。

77. 游彪:《靖康之变》,中华书局 2007 年版。

78. 于北山:《范成大年谱》,上海古籍出版社 2006 年版。

79. 于北山:《陆游年谱》,上海古籍出版社 2006 年版。

80. 余英时:《朱熹的历史世界:宋代士大夫政治文化的研究》,生活·读书·新知三联书店 2011 年版。

81. 俞信芳点校:《史浩集》,浙江古籍出版社 2016 年版。

82. 虞云国:《宋光宗 宋宁宗》,吉林文史出版社 1997 年版。

83. 袁桷纂:《延祐四明志》,《宋元方志丛刊》,中华书局 1990 年版。

84. 袁说友等编,赵晓兰整理:《成都文类》,中华书局 2011 年版。

85. 岳珂:《桯史》,上海古籍出版社 2012 年版。

86. 张鸣凤:《桂故》,《景印文渊阁四库全书》,台湾商务印书馆 1986 年版。

87. 张廷银、朱玉麒主编:《缪荃孙全集·金石》,凤凰出版社 2014 年版。

88. 张铉:《至大金陵新志》,《景印文渊阁四库全书》,台湾商务印书馆 1986 年版。

89. 张照等:《石渠宝笈》,《景印文渊阁四库全书》,台湾商务印书馆 1986 年版。

90. 张仲文撰,吴晶、周膺点校:《白獭髓》,当代中国出版社 2014 年版。

91. 章如愚:《群书考索》,广陵书社 2008 年版。

92. 赵升:《朝野类要》,中华书局 2007 年版。

93. 郑虎文:《吴都文粹》,《景印文渊阁四库全书》,台湾商务印书馆 1986 年版。

94. 周淙:《乾道临安志》,《宋元方志丛刊》,中华书局 1990 年版。

95. 周密:《齐东野语》,中华书局 1983 年版。

96. 周密:《武林旧事》,浙江古籍出版社 2011 年版。

97. 周密撰,王根林校点:《癸辛杂识》,上海古籍出版社 2012 年版。

98. 周去非:《岭外代答》,上海远东出版社 1996 年版。

99. 周应合:《景定建康志》,《宋元方志丛刊》,中华书局 1990 年版。

100. 朱杰人、严佐之、刘永翔主编:《朱子全书(修订本)》,上海古籍出版社、安徽教育出版社 2010 年版。

101. 祝穆:《方舆胜览》,中华书局 2003 年版。

102. 祝尚书:《宋代科举与文学考论》,大象出版社 2006 年版。

103. 曾维刚:《南宋中兴诗坛研究》,人民出版社 2018 年版。

104. [美]伊沛霞著,韩华译:《宋徽宗》,广西师范大学出版社 2018 年版。

105. [美]何瞻著,冯乃希译:《玉山丹池——中国传统游记文学》,上海人民出版社 2020 年版。

后　记

　　几年前,接到江苏文脉整理与研究工程的任务,负责"研究编"中《江苏历代文化名人传·范成大》的撰写。我是一个举轻若重的人,立刻停下自己既有的研究计划,一门心思投入新的课题。

　　我的博士论文是《宋代田园诗研究》,对于以田园诗著称的范成大自然关注较多,近二十年有意无意总会搜集他存世的诗文集、手迹,以及后人所编年谱、研究著作等,但是若要为其立传,现有的了解还远远不够。我开始细读范成大的每一篇作品,以及南宋高宗、孝宗、光宗三朝的历史文献,包括其交游者的文集,希望尽可能全面了解传主及其生活的时代。

　　对范成大有了大致的整体印象之后,开始做年谱简编和作品系年。非常幸运的是,在20世纪80年代,于北山和孔凡礼两位先生几乎同时出版过《范成大年谱》,当把这两部年谱放在一起对读,问题就出现了。两位学识渊博、思虑缜密的老先生所作编年有些是一致的,有些则可以互通有无,还有一些却有分歧,这部分引起我浓厚的兴趣,希望能判定孰是孰非。于是便去查阅王德毅等人所作的简谱,如果还无法确定,就自己考证。这项工作耗费了很长时间,但是弄清楚了许多具体细节。随着考证的深入,慢慢地又发现一些新的问题,于、孔等先生都没有关注到,比如范成大的舅父是蔡襄之孙、赵构康王幕府旧僚、南渡词人蔡伸,范大与蔡氏家族尤其是表兄蔡洸、表侄蔡戡始终声应气求,荣辱与共;范成大早年寓居昆山禅寺并非"十年不出",而是一直参加各类科举考试,但屡战屡败,十年后才成功登进士第;所居之处当时名为"惠严禅寺"，而非"荐严资福禅寺"，高宗朝参知政事王绹亦曾居于此地，且与范成大家族有姻亲关系，抗金名臣、曾任四川宣抚使和参知政事、枢密使的王炎乃其子，如此则可以理解范成大出使金国时尽力化解王炎与西夏密约的危机、任四川制置使时的主战思想，以及与王炎幕僚陆游的深度关联；范成大晚年辞去建康知府，长期奉祠家居，不仅仅是因为病情，更有他倡导的义役法、广西盐法被废除等政治斗争失败的因素……

把传主生平事迹考证得尽量清楚之后，便开始谋篇布局。王水照先生曾经说过，宋代士大夫多是集官僚、文士、学者三位于一身的复合型人才。范成大不仅如我们所熟知的那样，是南宋中兴四大诗人、著名的文学家，更是孝宗朝的名臣。他出身官宦家庭，自幼读书应试，登进士第后获得文官身份，从徽州户曹任起，直至封疆大吏、参知政事，即便退居仍是奉祠官员的身份，随时可以出仕，所以围绕他一生的仕宦经历，便可以很自然地设定章节。但范成大又非普通的官僚，他被黄震誉为"一世文豪"，曾自编文集一百三十六卷，虽然大多已经散佚，所幸的是一些奏议、笔记以及三十余卷诗集比较完整地留存下来。通过奏议可以了解他的政治作为，笔记可以反映他的学术成就，而诗集中蕴藏着丰富细腻的思想情感，是诗人心灵的写照，细细品读，便能进入其内心深处，感知幽微却真实的本色。通过诗歌情感脉络的起伏变化，还可以反观其生平遭际，甚至开启对传主新的认知。所以在撰写每一章节时，都立足史料与范成大的文集尤其是诗集，以诗证史，以史证诗，互证互参，以期还原传主不同寻常又不为人知的真实人生。

写作是辛苦的。白天在单位有许多编辑工作要处理，常常利用周末和晚上的时间钻故纸堆查资料，为考证出一个小问题费尽周折；时不时发现的一些新材料有可能会推翻原先的事迹编年和诗文系年，之前的理解和构思就要重新调整；因为引用了很多原始资料，选择善本标点或比较好的整理本逐条核对引文，也是一项非常繁难琐碎的工作。

写作是快乐的，尤其是有了新发现的时候。至今我仍记得在一个周末黄昏，因为找到了范成大之母与蔡伸为一母同胞的证据，情不自禁地鼓起了掌，内心兴奋、激动不已。写作还时常带我穿越时空，瞬间回到那个文化鼎盛的朝代，跟随着传主一起体验、经历，尤其是夜深人静的时候，每每思接千载，如同庄周梦蝶，不知今夕何夕，那是一种沉醉的快乐。

写作也是遗憾的。这几年突如其来的疫情，打乱了原定的计划和节奏。更不利的是，由于封控，很多地方无法前往。范成大一生仕宦四方，足迹遍及九州，留下许多文化遗存，这些都是研究其生平的第一手资料，稀见的地方文献中应当也能寻觅到更多踪影，可惜的是没有办法沿着他的人生轨迹去实地考察。幸得苏州大学钱锡生教授、薛玉坤教授、广西师大马一博教授、蒙显鹏博士，以及丽水、宁波等地的师友代劳，帮我拍摄珍贵图片、拓片，翻检相关地方文献，在此深表感谢！

即便得到如此众多的助力，文献方面的疏漏还是在所难免，对文本的揣摩和阐释也有主观因素的掺入，是故书中呈现出来的传主，只是此时此地的我能认知到的范成大。希望来日一切向好，可以方便到各地查阅资料，自身学识也有进一步积累和提高后，也许传主形象还会有些不一样的呈现。那就再做修订吧，我自己也很期待。

付梓之际，是为记。